AF649770

STEPHAN REHM ROZANES

THE SHOW MUST GO ON

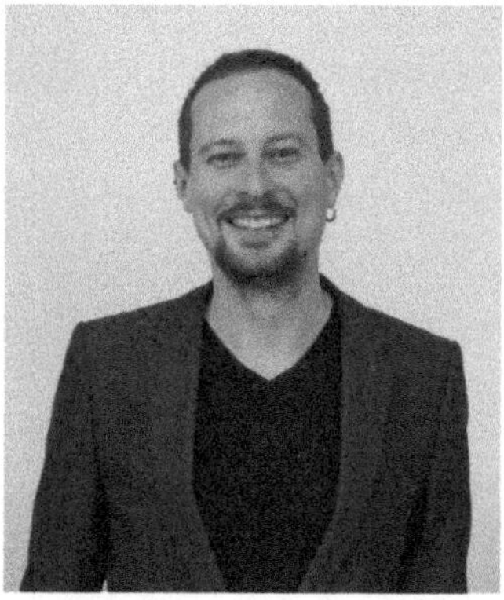

STEPHAN REHM ROZANES, geb. 1980, ist Mitglied der Chefredaktion des *Musikexpress* und hat als DJ, Radio- und Podcastmoderator gearbeitet. Zuletzt erschienen von ihm bei Reclam *Die Ärzte. 100 Seiten* und, zusammen mit Fabian Soethof, *Back for Good. Warum uns die Musik der 90er nicht loslässt.*

STEPHAN REHM ROZANES

THE SHOW MUST GO ON

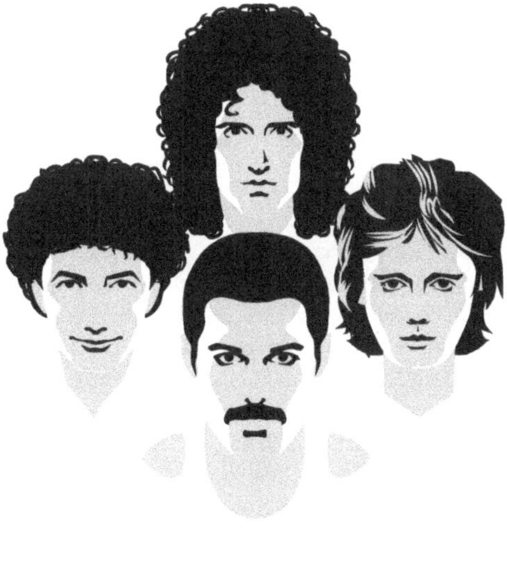

QUEEN

DIE BANDBIOGRAPHIE

Mit 64 Abbildungen

RECLAM

Für meine Queen Ella Sophia, für Benjamin und Jonathan – born to be Kings – und für Shani, Love of My Life. »Mother Love« Ilse und »Father to Son« Georg: I thank you all.
... and nobody played synthesizer ... again.

2022, 2024 Philipp Reclam jun. Verlag GmbH,
Siemensstraße 32, 71254 Ditzingen
Durchgesehene und aktualisierte Ausgabe 2024
Umschlaggestaltung: Philipp Reclam jun. Verlag GmbH
Umschlagabbildung: Gutentag-Hamburg
Druck und buchbinderische Verarbeitung: GGP Media GmbH,
Karl-Marx-Straße 24, 07381 Pößneck
Printed in Germany 2024
Reclam ist eine eingetragene Marke
der Philipp Reclam jun. GmbH & Co. KG, Stuttgart
ISBN 978-3-15-011495-7

Auch als E-Book erhältlich

www.reclam.de

MIX
Papier | Fördert gute Waldnutzung
FSC® C014496

Inhalt

Play the Lists 9

1 **God Save Queen: Provokation als Markenzeichen** 11

2 **Staying Power: 50 Jahre Faszination** 15

3 **Live Killers: Auf den Brettern, die die Welt rockten** 52

4 **They Want It All: Die Kings of Queen** 76

Freddie Mercury: The Great Pretender 77
Brian May: Father to Son 90
»Ich kann nur versuchen, die beste Version meiner selbst zu sein«: Interview mit Brian May 99
Roger Taylor: Modern Times Rock 'n' Roll 104
»Wir wollten nie, dass ein Album wie das davor klingt«: Interview mit Roger Taylor 107
Coming Soon: Von 1984 über Smile zu Queen 117
John Deacon: The Invisible Man 123

5 **How Music Changes Through the Years: Werk und Wirkung** 133

As It Began (1971–1974) 133
Now I'm Here (1974) 144
The Millionaire Waltz (1975–1976) 150
No Time for Losers (1977–1978) 167
Ready, Freddie! (1979–1983) 181
Someone Still Loves You (1983–1990) 208
I Can Fly, My Friends (1990–1991) 254
Let Me Live (1995–1996) 268

6 **Fight from the Inside: Hahnenkampf mit vier Siegern** 275

7 **Scandal: Majestätsbeleidigungen und Kontroversen** 280

8 You Don't Fool Me: Fakten und Fiktion im Film *Bohemian Rhapsody* 289

9 Who Wants to Live Forever: Lang lebe die Königin 295

10 The Prophet's Song: Queens Œuvre im Wandel der Zeit 304

Anmerkungen 323
Literaturhinweise 328
Diskographie 339
Abbildungsnachweis 346

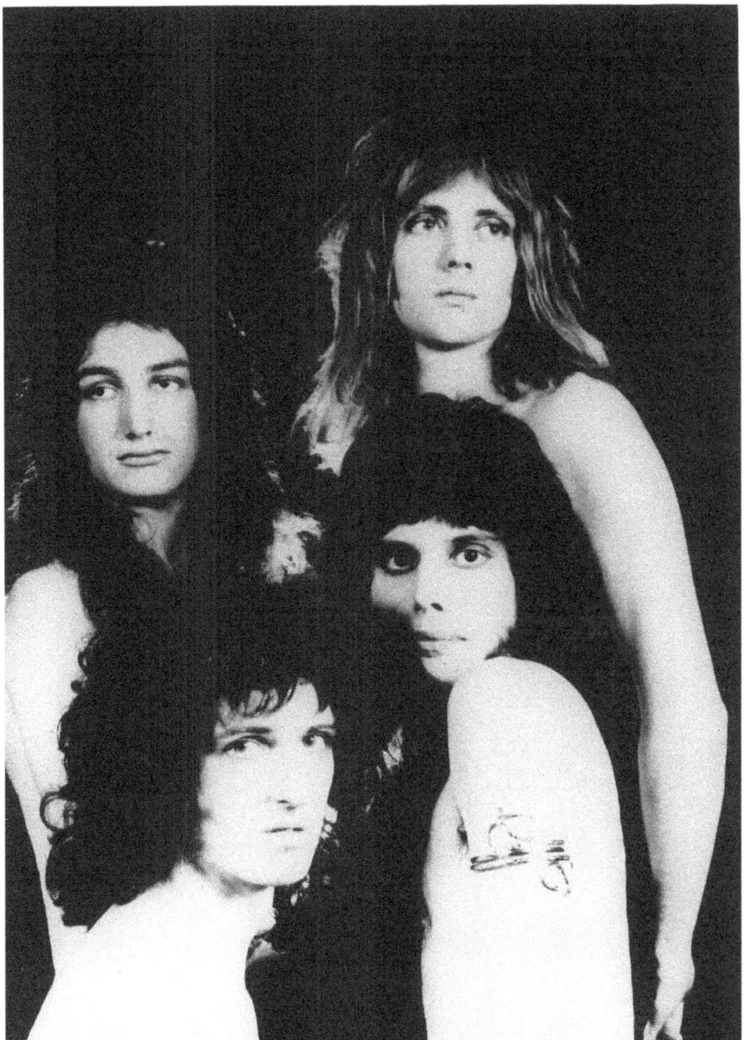

Stormtroopers in Stilettos:
Queen auf dem Höhepunkt ihrer Glamrock-Jahre

Play the Lists

Dieses Buch erzählt die Geschichte hinter Queen. Die eigens erstellten Playlists laden dazu ein, sich thematisch geordnet durch das Œuvre der Band und die Soloprojekte der einzelnen Mitglieder zu hören. Sie finden die Playlists hier: www.reclam.de/queen bzw. unter:

The Hitmen – Ultimate Queen: Die Königinnenklasse. Die Bibel des Bombast-Rock. Die Champions League. All die unsterblichen Welthits von »Another One Bites the Dust« über »Bohemian Rhapsody« bis »We Will Rock You«.

… Revisited – Beside the Hits: Raritäten, Deep Cuts, übersehene Glanzminuten. Ein B-Side-Rendezvous. Zusammen überragender als die meisten Best-ofs aller anderen Rockbands.

Live Forever – Queen on Stage: Das perfekte Queen-Konzert, die packendsten Live-Aufnahmen aus den 1970er- und 80er-Jahren.

Living on My Own – Freddie Mercury Solo: Ob als Dancefloor-Diva, Interpret gewaltiger Balladen oder Opernstar – der »Great Pretender« brillierte als Tänzer auf allen Hochzeiten.

Resurrection – Brian May Solo: Zweitwichtigster Songwriter seiner Hauptband, Doktor der Astrophysik, Tierschützer, Buchautor – und dennoch hat der Jahrhundertgitarrist Zeit für eine vielseitige Solokarriere. Eine Einführung.

Fun Outside Queen – Roger Taylor Solo: Gerne auf seine Rolle als Bewahrer des reinen Rock 'n' Roll reduziert, tobt sich der Schlagzeuger auch in allerhand Genres wie Reggae, Funk und Synthiepop aus. In seinem Solowerk lässt er seiner Experimentierlust freien Lauf – und seine politische Stimme laut erklingen.

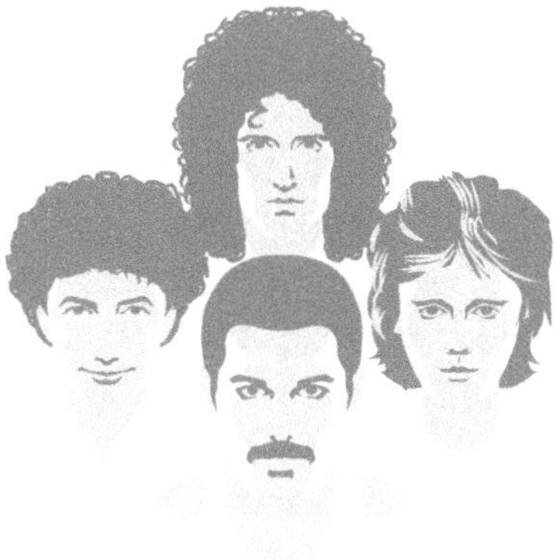

1 God Save Queen: Provokation als Markenzeichen

Queen ist der perfekte Bandname. So. Gleich mal mit der Tür ins Haus fallen, auch wenn der Gastgeber die Stirn runzelt. Doch genau das ist die Idee dahinter. Denn der Name ist oft das Erste, was wir voneinander erfahren, und vermittelt den bekanntlich zählenden ersten Eindruck. Allein ein »Ach, und dann kommt später noch John, den kennst du zwar nicht, aber …« erzeugt ein Bild von diesem John, evoziert Hoffnung, Vorfreude, Skepsis – alles, aber in der Regel keine Gleichgültigkeit. Oder nennen wir die angekündigte Bekanntschaft Roger. Und vielleicht kommt dieser in Begleitung eines Brian. Womöglich erscheint später, weit nach Mitternacht, sogar ein Freddie.

Zehn Tage vor seinem Tod am 24. November 1991 ließ Freddie Mercury den Manager seiner Band, Jim »Miami« Beach, zu sich kommen, um sein Erbe zu diskutieren: »Du kannst mit meinem Abbild anstellen, was du willst«, sagte er ihm. »Du kannst meine Musik remixen, sie wiederveröffentlichen, ganz egal. Nur mach mich nie langweilig!«[1] Wer selbst am Ende seiner Geschichte von einem solchen Wunsch geleitet wird, der gibt ihr am Anfang den Namen Queen – ein semantisches Kaleidoskop. In Queen bekennt sich Mercury sowohl zu seiner Herkunft aus Sansibar wie auch zu seiner Wahlheimat, dem Vereinigten Königreich, mitsamt dessen monarchischer Exzentrik. Mercury liebte die Royal Family und lud einst sogar Skandalprinz Andrew in den Londoner Gayclub Heaven ein. 2002 sollte Gitarrist Brian May dann, mit heroisch im Wind wehender Lockenmähne, auf dem Dach des Buckingham-Palasts die Feierlichkeiten zum Goldenen Thronjubiläum von Elizabeth II. mit seiner elektrischen Fassung von »God Save the Queen« eröffnen. 20 Jahre darauf unterstützte Ihre Majestät – gemeinsam mit dem animierten Paddington Bär – dann höchstpersönlich, den »We Will Rock You«-Rhythmus auf dem königlichen Teeservice klimpernd. Per Videoschalte nahm sie an Queen + Adam Lamberts Auftakt zur Party ihres eigenen Platin-Jubiläums teil. Im März 2023 wurde May von King Charles zum Ritter geschlagen und darf sich seitdem Sir Brian nennen. Mercurys Idee zum Bandnamen bezog sich aber auch auf das gleichnamige Modemagazin, das seinem jungen, hippen Publikum von 1958 bis 1970 das Swinging London nach Hause brachte. Vor allem aber ist der Name anmaßend und größenwahnsinnig – schließlich ist die Queen die Nr. 1. Doch die Gruppe hätte sich mit keiner geringeren Position begnügt. »Wenn man anfängt zu sagen: ›Vielleicht bin ich nicht gut genug und suche mir lieber einen Platz in der zweiten Reihe‹, dann kann man es vergessen«, sagte Mercury.[2] »Man braucht eine gewisse Arroganz, jede Menge Selbstvertrauen und einen eisernen Willen, ganz abgesehen von den anderen, selbstverständlichen Fähigkeiten wie der Musikalität.« Noch 1989 sollte er im größten Stadionrocker, mit dem er wegen seiner bereits schwer angeschlagenen Gesundheit nie ein Stadion rocken sollte, singen: »I want it all and I want it now«.

Selbst das Schriftbild des Bandnamens signalisiert Dominanz. Um alle zu überragen, muss man herausragen. Gruppen mit den

Initialen ›B‹, ›R‹ und vor allem ›S‹ füllen die entsprechenden Fächer im Plattenladen. Unter ›Q‹ warteten in den 1970ern indes nur Queen auf ein neues Zuhause – auch, weil sich eine andere Band mit dortiger Niederlassungsberechtigung noch exotischer schrieb: ? and the Mysterians. Auch heute, mehr als ein halbes Jahrhundert später, findet man in den entsprechenden Karteien meist Combos mit Appendixen des genialen Originals wie Queensrÿche und Queens of the Stone Age. Dazu erhält man für den Einsatz des Buchstabens ›Q‹ zehn Punkte bei Mercurys Lieblingsspiel *Scrabble* – gleichauf mit ›Y‹ und, im englischsprachigen Raum, ›Z‹ mehr als für jeden anderen Buchstaben. Außerdem besteht der Name nur aus vier in fünf Lettern gesetzten Lauten. So hat er auch auf dem noch so kleinsten Button am Revers Platz. Schnell lässt er sich in eine Schulbank ritzen, an eine Wand sprühen oder auf einem weit entfernten T-Shirt erkennen. Selbst die griffig benannten Rolling Stones setzen bei ihrer Vermarktung seit 1971 eher auf ihr reduziertes Logo mit der Ätschi-Zunge.

Und natürlich, *natürlich* ist Queen auch total schwul. Im Deutschen etwa mit dem Begriff ›Tunte‹ zu vergleichen, war der Name 1970 freilich noch deutlich gewagter als heute. Galt er damals als abwertende Bezeichnung für einen affektiert und effeminiert auftretenden homosexuellen Mann, hat er längst eine emanzipatorische Umdeutung erfahren. Angesichts dieser weiteren Konnotation trugen Mercurys Bandkollegen ihre Bedenken, entstammten sie doch zu zwei Dritteln den Ruinen der absolut zeitgemäß wie absolut harmlos benannten Spät-60er-Gruppe Smile. Gitarrist und Science-Fiction-Fan Brian May hatte »The Grand Dance« als Name für deren Nachfolger vorgeschlagen, inspiriert von C. S. Lewis' Romantrilogie *Perelandra* (1938–1945). Das abstruse, auch noch zusammengeschriebene »Topfactsnewsandinfo«, sowie »The Rich Kids« waren die Kandidaten von Drummer Roger Taylor – 1977 sollte sich unter letzterem Namen eine kurzlebige Band um (S)Ex-Pistol Glen Matlock und Midge Ure formieren. Zwei Figuren, die uns in diesem Buch wiederbegegnen werden.

Doch Mercury, der zunächst den Namen und erst dann die zugehörige Band hatte, ließ sich nicht beirren: »Ich war mir der Assoziation zur Schwulenszene natürlich bewusst, aber das war nur eine Facette davon«, sagte er und an anderer Stelle: »Wir wollten schockieren und unverschämt sein. Wir wollten, dass die Leute nicht erst darüber nachdenken mussten, ob sie uns mochten oder nicht, sondern dass sie sich in dem Moment, wo sie uns sahen, eine Meinung bildeten.«[3] Eine Band wie diese hätte mit keinem passenderen Namen vorstellig werden können. Er erzwingt ein sofortiges Urteil. Dies zu belegen, zu widerlegen und völlig anders auszulegen sind Nebenanliegen dieses Buchs, dessen Ansinnen es ist, der anhaltenden Attraktivität dieser Band auf den Grund zu gehen. Queen gehören nach wie vor zur Popkultur der Gegenwart. Doch was macht den Mythos der Bombast-Rocker aus? Wir suchen und finden Hintergründe in den Lebensläufen der Bandmitglieder, unternehmen einen Gang durch das Gesamtwerk der Gruppe und vollziehen dessen Einfluss nach. Dazu blicken wir in die Zukunft – wie werden Queen uns auch in Zukunft in Atem halten?

»Let me welcome you, ladies and gentlemen
I would like to say hello
Are you ready for some entertainment? Are you ready for a show?«

(»Let Me Entertain You«, 1978)

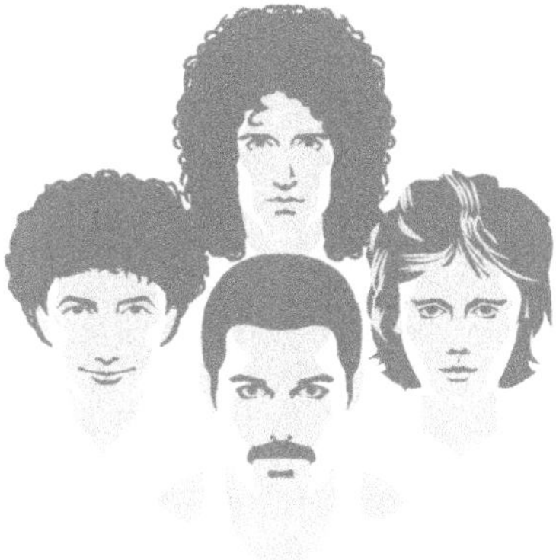

2 Staying Power: 50 Jahre Faszination

»Meine Songs sind wie ›Bic‹-Einwegrasierer. Sie machen Spaß, sie entsprechen dem modernen Konsum. Nach dem Benutzen kann man sie entsorgen wie ein benutztes Taschentuch. Man kann sie sich anhören, mögen, wegwerfen und sich dann dem nächsten widmen. Einweg-Pop.«[1]

Freddie Mercury

Während diese Zeilen gedruckt werden, feiert Queens *Greatest Hits* seine 1095. Woche in den UK-Charts. Mehr als sechs Millionen Fans machten es zum erfolgreichsten Album der britischen Geschichte. Noch 2021 stand es auf Platz 5 der meistverkauften Alben des Jahres im UK. Auf Rang 2 der langlebigsten Queen-Tonträger in den UK-Bestsellern kommt mit 317 Wochen ein Set aus *Greatest Hits I, II* und *III* – genannt *The Platinum Collection.*

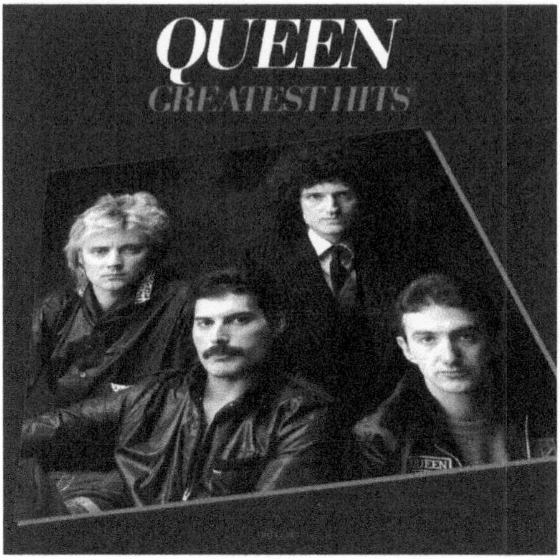

Über 1000 Wochen in UK-Charts: Queens *Greatest Hits*

Kein Act hat mehr Wochen in den britischen Albumcharts verbracht, nicht einmal die Beatles. Sogar der Ende 2018 veröffentlichte Soundtrack zum Biopic *Bohemian Rhapsody* (R: Bryan Singer) mit mehrheitlich alternativen Fassungen der bekanntesten Hits, aber auch Mays gewitzter Version der *20th Century Fox*-Fanfare, brachte es auf mehr als ein Jahr in den britischen Top 100, in Deutschland kam er auf 50 Wochen. Der Film selbst füllte im Herbst 2018 die Kinos, wie es sonst nur hammerschwingende Rächer, Ritter des Jedi-Ordens und genmanipulierte Urzeitechsen vermögen – dazu weder von einem Jubiläum noch sonstigem Anlass flankiert. Seit 2012 treten Queen mit ihrem neuem Sänger Adam Lambert in den größten Spielstätten der Welt auf. Zu Lebzeiten Freddie Mercurys waren sie eine der kommerziell erfolgreichsten Bands des Planeten. Mehr als 30 Jahre nach seinem Tod haben sie sogar diesen Status überholt – längst lässt sich ihr Einfluss nicht mehr in Zahlen bemessen. Ein Ende dieser Entwicklungsautobahn ist nicht auszumachen. Dafür sorgen starke Pfeiler und Brücken, die sie festigen und rasantes Tempo garantieren. Doch wie konnten Queen all diese Gipfel stürmen? Lassen Sie uns die Wege über die Hochplateaus erkunden.

Der erste führt uns nicht nur ins Jahr 1984, sondern auch ins Untergeschoss des riesigen Arabella-Hochhauses in Bogenhausen, einem der feinsten Stadtteile der feinen Stadt München. Hier, in den Musicland Studios von Giorgio Moroder, nehmen Queen seit 1979 auf.

Mercury fand einen solchen Gefallen an seiner Anonymität in der Isarmetropole und deren Schwulenszene, dass er eher mehr als weniger bis 1986 gleich dortblieb. So wirkt er entsprechend ›griabig‹, wie man in Bayern sagt, wenn man ›behaglich‹ meint, während er sich Rudi Dolezal, einer Hälfte der Wiener Filmproduktionsgesellschaft DoRo, im Aufenthaltsbereich des Studios zu einem seiner aufschlussreichsten Interviews gegenübersetzt. Der damals 37-jährige Mercury kauert vor einer Buchenfurnierwand in einem weißen Unterhemd, wie er es im Jahr darauf bei Queens ikonischem *Live Aid*-Auftritt tragen wird, trinkt aus einem bayerischen Bierkrug und steckt sich eine Zigarette an – eine Gewohnheit, die er sich erst mit Anfang 30 aus rein optischen Gründen zugelegt hatte. Mit stechenden Augen schießt er los: »Komm schon, frag mich nach meinem Soloalbum!«[2] Dolezal: »Was ist mit deinem Soloalbum?« Mercury: »Oh, es ist großartig!« In seiner Solo-LP *Mr. Bad Guy* manifestiert sich die ganze Furchtlosigkeit dieses Mannes. Seine Band steht damals an einem kritischen Punkt. Ihr jüngst in diesen Räumlichkeiten beendetes Album *The Works* hieß nicht umsonst so: »it has to work«. Der mit dem Funkflop *Hot Space* zwei Jahre zuvor eingeläutete Abwärtstrend muss aufgehalten werden. Mit einem Mix aus fanversöhnendem Seventies-Hardrock und den Massen schmeichelndem Eighties-Pop tun Queen alles, um den Vorgänger vergessen zu machen. Zum ersten Mal gehen sie mit einem Album auf Nummer sicher. Doch Mercury schert aus. Den führt sein seit Jahren angekündigter bzw. angedrohter Solopfad schnurstracks zurück in die Disco. Ein aussichtsloser Weg, auf dem er aber nicht nur dahinschreitet, sondern auf ihm frivol tänzelt, wilde Pirouetten dreht und die Luft boxt, als gälte es alle Zweifler auszuschalten. »Glücklich zu sein, Spaß zu haben ist das Wichtigste in meinem

Leben«, sagt er Dolezal. Ganz nebenbei entsteht hier eine lebenslange Partnerschaft. Nach dem Gespräch bietet Dolezal Bandmanager Beach seine Dienste an, im Jahr darauf wird er Queens »One Vision«-Video drehen und mit dem Clip zu Mercurys »Living on My Own« zu dessen »Leibfilmer« werden. Insgesamt wird er bei 32 mit Queen assoziierten Videos Regie führen.

Zwar war Mercury ein Kind der Vorsicht: Trotz aller Exzesse mied der sehr bedacht und strukturiert Lebende stets potentiell gefährliche Situationen. Spinnen, die sich ins Badezimmer verirrten, hatte etwa sein Langzeitpartner Jim Hutton zu entfernen – und dabei keinesfalls zu verletzen. Doch wenn Mercury die Kontrolle hatte, war er zu allem fähig. »Ich werde kein Star sein, sondern eine Legende. Ich will der Rudolf Nurejew des Rock 'n' Roll werden«, lautete seine Direktive.[3] Scheinbar widersprüchliche Aussagen wie: »Wird meine Musik die Zeit überdauern? Das ist mir doch scheißegal! Ich werde nicht mehr hier sein, um mir darüber den Kopf zu zerbrechen. In zwanzig Jahren [...] da bin ich längst tot, meine Lieben. Was glaubt ihr denn?«[4] sind, wie der ebenso Draufgängertum suggerierende Kippenkonsum, stilistisches Ablenkungsmanöver. In Wahrheit setzte Mercury das Podest für seine posthume Statue fein säuberlich selbst. Für ein unendliches Leben in der Welt des Pop akzeptierte und instrumentalisierte er sogar seinen eigenen Tod. Mit dem letzten Queen-Album *Innuendo* verabschiedete er sich ganz bewusst von der Welt, seinen Fans – und seinen Katzen. Noch auf seinem Totenbett überredete er May, dessen kommende Solosingle »Driven By You« nicht aus Pietätsgründen zu verschieben – schließlich gäbe es keine bessere PR als seinen Tod.[5] Am 23. November 1991 erfuhr die Welt via Queens Management von Mercurys AIDS-Erkrankung, am Tag darauf starb er – und schuf sogar mit diesem letzten Akt eine Blaupause. David Bowie, mit dem Queen zehn Jahre zuvor ihren zweiten Nummer-1-Hit »Under Pressure« gelandet hatten, nahm sehr genaue Notiz von Mercurys orchestriertem Abgang. Der Großmeister im Aufgreifen und Popularisieren fremder Ideen setzte 25 Jahre später einen ähnlichen dicken Schlussstrich unter sein Leben, als er am 10. Januar 2016 starb. Zwei Tage davor hatte er an seinem 69. Geburtstag das Album *Blackstar* veröffentlicht – ein Werk voller Anspielungen auf seinen bis dato von der Öffentlichkeit zurückgehaltenen Leberkrebs und seinen bevorstehenden Tod. Wo Mercury in den letzten Sekunden des Videos zu »These Are the Days of Our Lives« ein letztes Mal den Fans ins Auge blickt und »I still love you« zuflüstert – bevor er mit einem Fingerschnippen May und Taylor die Bühne überlässt –, zieht sich Bowie im »Lazarus«-Video in einen sarg-ähnlichen Holzschrank zurück. Mercurys früher Tod verhinderte, dass seine größte Furcht wahr wurde: irgendwann »ins zweite Glied zurückzufallen«.[6] Dazu starb der Ordnungsliebende nach seinem 45. Geburtstag, pünktlich im 20. Jubiläumsjahr seiner Band, kurz nach der Veröffentlichung ihrer Compilation *Greatest Hits II*. Alles war gesagt, alles abgerundet. Ein Kreis hatte sich geschlossen. Ein Kreis, hellstrahlend wie ein Scheinwerferlicht.

In diesem genoss Mercury all die Freiheiten, die seinem schüchternen Schöpfer Farrokh Bulsara, wie er mit bürgerlichem Namen hieß, fehlten. Authentizität war zwischen den Ären der Hippiekultur und des Grunge ohnehin nicht maßgeblich. Entsprechend nennt er sich Dolezal gegenüber einen »musikalischen Prostituierten« – ein Scherz, mit dem er aber den Schutzpanzer um den verletzbaren Bulsara festigt. Schließlich nimmt diese Selbstdefinition jedwedem Sell-out-Shitstorm den Wind aus den Segeln. Unter dieser Prämisse konnten Queen ungeniert unseren Alltag unterwandern. So gibt es sie mittlerweile als im Mangastil gehaltene Funko-Pop!-Figuren – Mercury dabei sogar in fünffacher Ausführung; dazu auch den Band-metzelnden Roboter vom *News of the World*-Cover. Bandai brachte zwei Actionfiguren von Mercury auf den Markt, im *Magic*-Tour- sowie im *Live Aid*-Outfit – etwas makaber jeweils mit drei austauschbaren Köpfen. Revell bietet ein 3D-Puzzle eines Queen-Tourbusses an. Unter dem Balla-Balla-Werbespruch »We Will Sock You« erschien im März 2020 eine Queen-Edition der Buntstrumpfmarke *Happy Socks*. Auch eine Queen-Version von *Mo-*

nopoly ist erhältlich – passend, da die Band bereits 1990 ihren Geburtstag mit einer exquisiten Torte in Form des Brettspiels feierte. May verfasste dazu ein Begleitschreiben. Als Spielfigur dient unter anderem der Staubsauger aus dem Video von »I Want to Break Free«. 2007 veröffentlichten die Eiscremehersteller »Ben & Jerrys« die Geschmacksrichtung *Bohemian Raspberry*. Queen sind, wie gewünscht, zu Gebrauchsgegenständen geworden. Seit Jahren wird zudem in Erste-Hilfe-Kursen sowie in der Ausbildung von medizinischem Fachpersonal die Basslinie von »Another One Bites the Dust« als Hilfsmittel für die Herzdruckmassage verwendet. Mit ihren etwa 110 Schlägen pro Minute dient sie als geeignete Richtlinie für den Rhythmus unseres Herzschlags.

Vor allem haben sich Queen aber mit ihrer Musik in unseren Leben breitgemacht. Songs wie »We Will Rock You« und »We Are the Champions« wurden umgehend zu Volksliedern; wie sich eine Welt ohne »Zum Geburtstag viel Glück« kaum denken lässt, ist es unvorstellbar, dass es diese Songs einmal nicht gegeben haben soll – und das sogar über Jahrtausende! Die Menschheit hat sie sich so sehr zu eigen gemacht, dass sie als stehende Ausdrücke wahrgenommen werden und so etwa Mitklatsch-Monchichi Tony Marshall als Grundlage für seinen seit 1987 von den Bolzplätzen ebenfalls nicht mehr wegzudenkenden Schlager »Wir sind die Champions« dienten. Sie wissen schon, der mit dem »Olééé, olé, olé, olé«. Ein Schlüssel für diese Dauerpräsenz liegt in der Slogan-artigen Unmissverständlichkeit der Queen-Lyrics: Sei es als Eigenprägung wie »A Kind of Magic«, »Don't Stop Me Now« und »You're My Best Friend« oder als Übernahme einer Phrase wie »The Show Must Go On« – allein durch die dankbare Zitierfähigkeit dieser auf Eindeutigkeit bedachten Titel verbleiben Queen in unserem kollektiven Gedächtnis. Gut illustriert dies ein Internet-Meme, in dem Mercury auf den Kandidatenstuhl der Ratesendung *Wer wird Millionär?* gesetzt wird, wo er den Satzbeginn »I want« korrekt vervollständigen muss. Die Optionen sind: »to break free«, »to ride my bicycle«, »it all« und »to make a supersonic man out of you«. Vielleicht mit Ausnahme der letzten Möglichkeit lassen sich diese Sätze problemlos mehrfach am Tag aufgreifen. Und bei jeder Erwähnung geht das Kopfradio an. Möglicherweise ein Erlösmodell in einem Zeitalter, in dem wir längst mit Mikrochips im Gehirn durchs Leben gehen. Neben den Beatles dürften hier vor allem Queen abkassieren. Das hat einen einfachen Grund: »In unseren Liedern ging es immer um echte Menschen, echte Emotionen«, sagte May. »Statt um Rockstar-Kram ging es bei uns um Liebe, Schmerz, Enttäuschung. Und das sind Themen, mit denen sich jeder identifizieren kann.«[7]

Was die Bandmitglieder vom Durchschnittsbürgertum etwas abhebt, ist ihr Bildungs-Background. Queen sind Astrophysiker, Designer, Biologe und Elektrotechniker. May trägt sogar einen Doktortitel. Allen hätten also reizvolle Alternativkarrieren offengestanden, Mercury sogar noch am wenigsten aussichtsreiche. Doch sie entschieden sich für die Musik – trotz der Tatsache, dass keiner dieser vier Virtuosen eine klassische Musikausbildung genossen hatte. Abgesehen vom schulischen Musikunterricht, etwas Chor und Klavierstunden, sind sie alle Autodidakten. Ihre Liebe zur Sache, vereint mit Fleiß und ausgeprägtem Konkurrenzdenken, ließ sie zu Ausnahmemusikern werden. Wie ihr Chef-Roadie Peter Hince in seinen Memoiren *Queen intim* festhält, waren Queen »trotz der Uniabschlüsse und ihrer Arroganz […] eine Band des Volkes«.[8] Auch Mercury sagte:

> »Meine Musik kann man nicht in eine bestimmte Kategorie einordnen. Sie ist nicht nur für die Japaner oder die Deutschen gemacht. Sie ist für jedermann. Musik ist eine internationale Sprache, und was mich betrifft, so möchte ich, dass alle kommen und mir zuhören.«[9]

Music for the Masses. Daher auch dezidiert unpolitisch. Vor diesem Hintergrund hatte Mercury auch kein Problem damit, zu »Rock You«[10] mit einer riesigen Union-Jack-Flagge auf die Bühne zu stolzieren, um diese dann in dramatischer Geste umzudrehen und die jeweilige Fahne des Gastgeberlandes auf der Rückseite offenzulegen, in Budapest 1986 somit auch die eines kommunistischen Regimes. 1984 sagte er:

> »Die Leute sind sich der Hochs und Tiefs der heutigen Welt bewusst, da muss man doch nicht drüber singen [...] im Grund sind meine Songs Fantasie, zum Spaßhaben oder Tanzen da [...] das hat nichts mit der momentanen Weltlage zu tun.«[11]

Queen vermittelten uns: Wir sind für dich da. Wir sind deine Band. »Freddie akzeptierte – bis zu einem gewissen Grad –, dass er Gemeingut war«, sagte Mercurys persönlicher Manager Peter Freestone. »Er wusste, dass er ohne die Fans nichts hätte«.[12]

Sozusagen als Fan-Service wurden auch die Songtexte sukzessive simpler. Beschrieb Mercury die Szenerie in »The Fairy Feller's Master-Stroke« 1974 noch mit dem Fremdwörterlexikon, »Oberon and Titania watched by a harridan / Mab is the queen and there's a good apothecary-man«, fragte er sich acht Jahre später: »I wonder when we're gonna make it / I wonder when we're gonna shake it«. Nymphen und Satyrn eignen sich dann doch weniger gut als Tanzpartner. Wurden Queen anfangs noch in eine Schublade mit den vergeistigten Progressive-Rockern von Yes und Genesis gesteckt, war es ihnen stets wichtig, nie die Bodenhaftung zu verlieren. 1981 sagte May dem *Melody Maker*:

> »Meiner Meinung nach geht Rock gerade in exakt die gleiche Richtung, wie Jazz es getan hat – Jazz begann als Körpermusik, wurde dann intellektuell. Ich halte das für eine große Gefahr für Rock. Das muss in erster Linie Körpermusik bleiben, und ich bin mir sehr bewusst, dass Queen nicht zu intellektuell werden dürfen.«[13]

Die Essenz der meisten Queen-Songs lässt sich mit zwei Jahren Schulenglisch ausreichend erfassen. Ein Stück wie »Love of My Life« ist, seines musikalischen Gewands entledigt, Unterstufenpoesie. Doch nur so konnte es auch die nichtenglischsprachige Welt ergreifen, wie Queen bei der ersten Stadiontour einer Rockband 1981 in Südamerika verblüfft feststellen durften, wo Hunderttausende das Lied fehlerfrei mitsangen. »I Want to Break Free«, ein weiterer textlich banaler und daher zigfach interpretierbarer Song, avancierte dort zur Hymne politischen Aufbegehrens. Mercury gab zu, dass im Vergleich zu seinen Texten seine »Melodien viel stärker« seien: »Ich wünschte, ich wäre Elton John und hätte Bernie Taupin, der all meine Lyrics schreibt.«[14]

An dieser Stelle sei ein kurzer anekdotischer Exkurs erlaubt, der die spezielle Freundschaft von Mercury und Elton John illustrieren soll, da Letzterer auf diesen Seiten noch häufig schillern wird: Bei einer Party-Rauferei in der Münchner Bar New York hatte sich Mercury 1984 das rechte Knie verletzt und hatte danach das komplette Bein eingegipst. Elton Johns Konzert am 22. Mai in der Münchner Olympiahalle sah er sich daher sitzend an der Bühnenseite an. Mit den Worten: »Dieses Stück ist für Melina, die arme Kuh«, kündigte John den folgenden Song an: »I'm Still Standing«. Mercury wandte sich Freestone zu und zischte: »Ich werde *sie* dafür umbringen.«[15]

Queen für Insider: Calling All Boys Girls

Nach guter Sitte versah Mercury seinen Freundeskreis mit weiblichen Spitznamen. Elton John war Sharon, sein persönlicher Assistent Paul Prenter wurde zu Trixie, Freestone nannte er Phoebe, seine Lebensfreundin Mary Austin wurde, dem Titelhelden der TV-Serie Der Sechs-Millionen-Dollar-Mann *Steve Austin zu Ehren, zu Steve. Mercurys Boyfriend von 1978 bis 1979 und späterer Koch Joe Fanelli wurde aufgrund der Namensähnlichkeit der Nachnamen zu Liza (Minnelli). May geriet zu Maggie in Anspielung an den Rod-Stewart-Heuler, Stewart selbst wurde zu Phyllis in Anlehnung an die homofeindliche US-Publizistin Phyllis Stewart, Taylor naheliegend zu Liz. Mercury selbst ließ sich Melina nennen, nach der griechischen Schauspielerin Melina Mercouri. Nur Bassist*

John Deacon blieb John Deacon. Der galt der Clique als zu maskulin für solcherlei Spiele. Peter Hince musste sich aufgrund seiner rattenhaft flinken Bewegungen mit Ratty als Anrede begnügen.

2011 fand die Londoner Goldsmiths University in einer groß angelegten Studie heraus, was Schlüsselfaktoren für einen einprägsamen Song sind;[16] von klarem Vorteil seien: lange und detaillierte musikalische Phrasen, multiple Änderungen der Tonhöhe im Hook sowie ein männlicher Gesang in hoher Tonlage mit spürbarem Engagement. All dies vereine der größte Ohrwurm der Geschichte: »Champions«. In einer anderen Studie mit 2000 Befragten kommt der kognitive Neurowissenschaftler an der Universität Groningen, Jacob Jolij, zu dem Schluss, dass »Don't Stop Me Now« der effektivste Wohlfühl-Song der Geschichte sei, vor ABBAs »Dancing Queen« und »Good Vibrations« der Beach Boys. Die grenzenlose Beliebtheit dieser Songs lässt sich damit sogar empirisch belegen. Eine Band als Ohrwurmzucht. May nutzte selbst seine Gitarrensoli nicht, wie es das von seinen Zunftkollegen geprägte Klischee der öffentlichen Masturbation vorsieht, sondern um auch hier hochmelodiöse Elemente zu kreieren, zu denen vor allem in Stadien des Vereinigten Königreichs eingestimmt wird, als wären sie Refrains. In Stücken wie »Seven Seas of Rhye« verschmilzt er seine Gitarre gar mit den Singstimmen. Pro Song werfen Queen gleich mehrere Haken aus. Dabei gehen ihnen alle Altersgruppen ins Netz.

Der Königin neue Kleider: Coverversionen, Videogames und ein Musical

Queen sind auch deshalb so langlebig, weil man ihnen oftmals schon in jungen Jahren verfällt und sich danach zum kaufkräftigen Fan entwickelt. Unterstützt wird dies von den humorvollen

Zwischennummern sowie den visuellen Reizen der Band – so wie Kinder meist auch über die *Yellow Submarine*-Zeichentrickfiguren zu den Beatles finden. Doch Queen leisten noch mehr zur Jugendbindung, direkt wie indirekt. 1995 sang die ravende Rasselbande Scooter in sublimer Anspielung an »Friends Will Be Friends« »Friends, we'll be friends«. 1996 kuratierte der Kölner Fernsehsender Viva die Compilation *Queen Dance Traxx 1* (die mit dem Titel in Aussicht gestellten Folgeausgaben wurden uns erspart), auf der Eurodance-Größen Queen erstaunlicherweise sogar in Original-Samples mit ihrer Bassdrum im 4/4-Takt wie ein Schnitzel weichklopften. So wagten sich Magic Affair (»Omen III«) an »Rhapsody«, DJ Ga Ga an Radio BoBo – nein: andersherum – und ausgerechnet die für Schmuddelclips bekannten E-Rotic an das anmutige »Who Wants to Live Forever« aus dem Film *Highlander* (1986, R: Russell Mulcahy). Den Song coverte im selben Jahr eine weitere deutsche Technotruppe, allerdings ziemlich originalgetreu und daher auch mit Orchester: Dune verkauften von ihrer Version mehr als eine halbe Million Stück, Sängerin Verena von Strenge schritt im Video dazu passend die schottischen Highlands ab. Ebenfalls 1996 lieferte die dauercovernde Boyband Worlds Apart ein Remake von »I Was Born to Love You«. Heute kuriose Randnotizen im mercurianischen Universum, sicherten sie damals dennoch Queens Bleiberecht in den Kinderzimmern. Dafür sorgten auch Queen selbst: 2000 brachten May und Taylor zusammen mit den Teenie-Idolen 5ive »Rock You« erstmals auf Platz 1 im UK. Familienversorger Robbie Williams sollte das Stück dann drei Jahre später bei seinen gigantischen Shows in Knebworth aufführen. 2002 taten sich Queen mit dem deutschen Technoproduzententeam Vanguard für einen Remix von »Flash« zusammen – ein Top-20-Erfolg hierzulande und im UK. Vier Jahre später landeten sie unter dem Namen Queen vs. The Miami Project mit einer Dance-Version von »Dust«, unter der Ägide des französischen, aber eben in Miami residierenden DJs Cedric Gervais, zumindest einen Hit im Mittelfeld der europäischen Charts. An dieser Stelle sei auch an das »Jedward Paradox« von 2009 erinnert, als die irischen Zwillinge John und Edward Grimes die britische Castingshow *The X Factor* aufmischten. Ihnen, genauso wie der Jury, standen die Haare zu Berge. Obwohl sie kaum singen konnten und gemeinhin als nervig wahrgenommen wurden, avancierten sie zu Lieblingen bei Presse und Publikum. Im Jahr darauf standen sie als Jedward mit einem absurd naheliegenden Medley aus »Under Pressure« und dessen Recycling »Ice Ice Baby« von Vanilla Ice, für das sie sogar diese Eintagsfliege wiederbelebten, hoch in den Charts. Im Mai 2021 manövrierten sich Queen auch in die Nähe der K-Pop-Sensation BTS, als jene einen Teaser zu ihrem Welthit »Butter« veröffentlichten. Das den 20-sekündigen Clip unterlegende Arrangement aus Bass und Drums erinnerte Queen an einen ihrer Hits, was sie zu folgendem Tweet hinreißen ließ: »Are you ready hey are you ready for this … Another One Bites the Dust x #BTS_Butter«. BTS bestritten daraufhin in gewohnter Höflichkeit, dass »Butter« mit einem Queen-Sample arbeite oder gar eine Zusammenarbeit mit der Band sei. Dennoch: Queen waren kurzzeitig *trending* in der BTS-Army. Und dort muss man hin, wenn man die junge Generation erreichen will: hinter ihre Handy-Displays.

Zuletzt veröffentlichten Queen zu diesem Zweck Ende Februar 2021 ihr mobiles Videospiel *Queen: Rock Tour*. Darin können Fans ihren Bandliebling als Avatar auswählen und 20 Hits an zehn historischen Locations wie dem Londoner Rainbow Theatre, der Münchner Olympiahalle oder dem brasilianischen *Rock in Rio*-Festival nachspielen. Seit 2020 kann man im Karaoke-Spiel *Let's Sing: Queen für Nintendo Switch* zudem genüsslich gegen Mercury verlieren. Ihre erste App hatten Queen aber bereits 2015 auf den Markt gebracht. Auf *Play the Game* kann man sich satten 900 Quizfragen stellen. Doch die Videospielgeschichte Queens reicht noch deutlich weiter zurück: 2009 hatten sie z. B. mit *SingStar Queen* ihr eigenes Karaoke-Spiel für die PlayStation 2 und 3. Lange bevor sie diese Trends aufgriffen, waren sie selbst Pioniere in diesem Segment. 1994 hatte May Solosongs zum Soundtrack des Games *Rise of the Robots* sowie 1996 zu dessen Nachfolger beigesteuert. 1997 war Queens erstes eigenes Game erschienen: *The eYe* spielt im Jahr 2140. Der titelgebende, alles sehende und alles beherrschende Supercomputer hat jede Form kreativen Ausdrucks unterbunden. Als der Geheimagent Dubroc eine Datenbank mit alter Rockmusik findet, wird er dafür zum Tode verurteilt und muss sich in der Realityshow *The Arena* gegen allerhand Krieger behaupten. Das Spiel lief bestenfalls mäßig. Laut Kritikerkonsens bestehe sein einziger Anreiz darin, die Musik von Queen zu hören. Diese war allerdings zum Großteil in Taylors Heimstudio remixt worden und musste fast ohne Gesang auskommen. Ein deutlich erfolgreicheres Nach*spiel* sollte *The eYe* mit dem Queen-Musical haben, das zentrale Ideen des Plots übernahm und (trotzdem) entscheidend zum Überleben der Band beitrug.

We Will Rock You existiert mittlerweile über einen ebensolch langen Zeitraum wie die klassische Besetzung der Band. Mehr als 15 Millionen Fans besuchten die in 16 Länder exportierten Vorstellungen. 4600-mal wurde die Show allein im Dominion Theatre des Londoner West End aufgeführt, wo auch die Premiere stattfand. Nach dieser wurde die von Bestsellerautor Ben Elton geschriebene Fantasy-Produktion im Mai 2002 allerdings von der Kritik dem Erdboden gleichgemacht. Der *Daily Mirror* ließ sich sogar zu der Empfehlung hinreißen, man müsse Elton dafür »erschießen«.[17] Tatsächlich lässt sich kaum Gutes über das Stück sagen. Die frustrierende und von Land zu Land wie die Tracklist von *Greatest Hits* variierende Handlung, die sich an mehr als 20 Queen-Songs entlanghangelt, spielt diesmal nur 50 Jahre in der Zukunft. Die Welt wurde mittlerweile in »Planet eBay« (im Englischen: »Planet Mall«, später: »iPlanet«) umbenannt und schon ob dieser Einfallslosigkeit fällt es schwer zu glauben, dass May und Taylor ersten Musical-Versuchen 1997 Einhalt geboten hatten, da sie mit dem Script nicht einverstanden waren – diesem Stuss aber ihren Segen gaben. Daher nur die Eckdaten der hiesigen Variante: Ein Konzern namens Global Soft bestimmt die

Kultur. *Deutschland sucht den Superstar* hat im Jahr 2040 den Untergang der Rockmusik eingeläutet, doch eine Bohemians genannte Rebellengruppe widersetzt sich dem weltweiten Monopol. Das Haupt-Ensemble besteht aus Figuren wie »Galileo«, »Killer Queen« und »Britney«. Der Link von Namenspatin Spears wurde dabei erst ab 2004 gesetzt, als sie zusammen mit Beyoncé und Pink für eine Pepsi-Reklame vor den Augen des Imperators Enrique Iglesias – und May und Taylor als Zuschauern – als Gladiatorinnen verkleidet »Rock You« sangen, sozusagen die Pepsi-»can all over the place« kickten. Ähnlich bezugslos werden die einzelnen Bohemians nach aktuellen Prominenten in den jeweiligen Austragungsorten geformt, so hielten in Deutschland beispielsweise auch Dieter Bohlen, Daniel Küblböck und sogar Bob der Baumeister Einzug in den Plot.

Das ist in puncto Unfug wohl nur noch von der vogelwilden Revue *Falco Meets Mercury* zu überbieten, die rätselhaft motiviert seit 2014 Mercury und Falco zusammenbringt, obwohl die einander nie begegnet waren und sie außer Dolezal als gemeinsamer Video-Regisseur nichts verband. Falco-Double Axel Herrig stellt darin den Ex-Hauptdarsteller des *Rock You*-Musicals Sascha Lien in dessen Rolle als Mercury wie folgt vor: »Egal, wie viel Curry Sie essen, Freddie isst mehr Curry«.[18] Nach negativen Publikumsreaktionen auf die dann einsetzende, wirre Handlung wurde auf sie in späteren Ausgaben gänzlich verzichtet. Stattdessen spielen die beiden Charaktere abwechselnd Songs ihrer Vorbilder. Die Abfolge der Stücke folgt keiner erkennbaren Logik. Nur ein-, zweimal fantasiert man sich eine herbei, wenn etwa »Innuendo« und »Out of the Dark« gebündelt präsentiert werden, da beide Songs angeblich nach dem jeweiligen Tod ihres Sängers erschienen seien, was nicht stimmt. Selbst all das sorgt für volle Häuser größeren Kalibers in den größten Städten im deutschsprachigen Raum. Doch dies nur als kurzes Intermezzo, um das Ausmaß der Anziehungskraft Queens, der sich offenbar auch tote österreichische Popstars nicht entziehen können, zu skizzieren. Zurück zum geringfügig weniger konfusen Musical.

Denn hinter all dem Krampf lässt sich doch ein Plan erkennen. Im Vorfeld des Musicals prophezeite Beach: »Queen werden eine aktuelle Band sein. Sie werden keine Oldies-Truppe.«[19] Tatsächlich war Queens neuestes »Produkt«, wie sie ihre Veröffentlichungen gerne nannten, höchst erfolgreich. Die Zuschauer:innen wurden zu Bohemians, trotzten der harschen Kritik, und ermöglichten dem Musical allein in London eine Laufzeit von zwölf Jahren. »Man kann es nicht jedem recht machen«, sagte May. »Ich erinnere mich daran, als *Queen II* rauskam und viele Leute sagten: ›Das ist nicht mehr Queen! Sie haben ihre Fans verraten!‹« Taylor stimmte ihm zu: »Jeder möchte, dass immer alles wie in einem Einweckglas konserviert wird, aber so funktioniert die Welt nun mal nicht.«[20]

Bei ganzen 66 Aufführungen kam May als Spezialgast dazu, meistens für die Gitarrenparts von »Rhapsody«, bei 16 unterstützte ihn Taylor dabei, der selbst nur einmal allein auf der Bühne stand – May war anwesend, konnte aber aufgrund einer Handverletzung nicht spielen. Das ist insofern erstaunlich, als Taylor im Gegensatz zu May kein Freund des Mediums Musical ist. 2013 bezeichnete er im britischen *Telegraph* die Handlung als »etwas haarsträubend«[21]; später bescheinigte er dem Musical hilfreiche Effekte für die Karriere Queens, unterstrich aber auch, dass es »nicht [s]ein Ding«[22] sei. Im 2019 veröffentlichten Dokumentarfilm *The Show Must Go On* (R: Christopher Bird, Simon Lupton) zog er abschließend Fazit: »Ich hasse es total.«[23] Doch er versicherte auch, dass Mercury das Musical »klasse gefunden hätte«. An anderer Stelle sagte er, wer glaube, »dass Freddie sich bei dem Musical im Grab umdrehen würde, versteht ihn einfach nicht«.[24] Das einzige Problem hätte nur darin bestehen können, dass Mercury die Statue über dem Eingang des Dominion Theatres »zu klein gewesen wäre«. Nach dem Ende des Musicals holte Taylor diese zu sich. Seither erfreut der ehemalige Touristenmagnet neben dem Gong aus »Rhapsody« Taylors Gartengäste. Nach neunjähriger Pause und dem Flehen der Fans kehrt die Show im Sommer 2023 für eine zwölfwöchige Verlängerung nach London

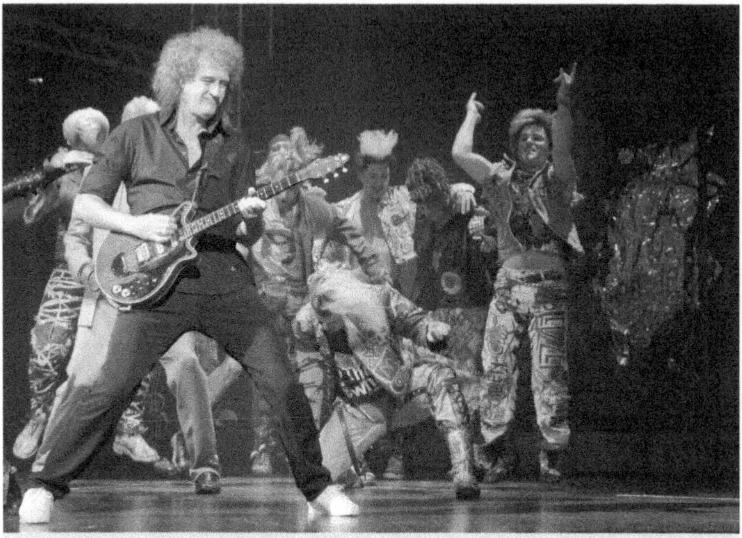

May mit dem Cast des *We Will Rock You*-Musicals, 4. September 2010

zurück. Bei aller Kritik war die Band dank des Musicals also wieder in aller Munde, der Appetit geweckt und so konnte die Gruppe zum Dessert mit dem langen Nachgang im großen (Menschen-)Fressen von *Shaun of the Dead* werden.

Die Liebe zur Vergangenheit: Queen im Soundtrack

2004, als der Zombiefilm auf dem Zenit seines cineastischen Comebacks stand, kam mit Edgar Wrights Genre-Parodie auch Queens 1979er-Hit »Don't Stop« von den Toten zurück. In einer Schlüsselszene des Films werden Opfer der Untoten-Apokalypse in einem Pub heimgesucht, als die Jukebox den Song anwirft. Es folgen ein urkomischer Kampf und der Aufstieg eines lange Zeit wenig beachteten Songs zur Partyhymne, der zehn Jahre später in der Rangliste der britischen Fernsehsendung *The Nation's Favorite Queen Songs* nur noch hinter den unerreichbaren

»Rhapsody« und »Rock You« kam. Auch bei Spotify steht er an dritter Stelle der meistgestreamten Stücke der Band, hier hinter »Rhapsody« und »Dust«. Alle drei haben dazu, wie auch »Under Pressure«, die Milliardengrenze durchbrochen. 2005 wurde »Don't Stop« vom Publikum der britischen TV-Show *Top Gear* zum »Greatest Driving Song of All Time« gewählt. 2006 erreichte das Stück als werkgetreue Coverversion der Teenie-Rocker McFly die Nr. 1 im UK. 2013 schmetterte dann der lederbekleidete Darren Criss den Song in der Musical-Serie *Glee*. Die ungezügelte Feier von Mercurys hedonistischem, männerverschlingendem Lifestyle Ende der 1970er Jahre war ursprünglich nur ein kleinerer Hit und wurde lediglich im Jahr ihres Erscheinens auf der kurzen *Crazy Tour* durchs UK live gespielt – somit auch kein einziges Mal in den USA. Auch im Programm des *Freddie Mercury Tribute* findet man den Song 1992 nicht. Ein weiteres Beispiel dafür, wie Queen auch abseits der unmittelbaren Einflusssphäre wachsen und gedeihen. Wobei sie in gewisser Hinsicht auch hier ihre Finger im Spiel hatten, vor allem May seine versierten: Wenn er den ursprünglichen Erfolg des Stücks auch nicht verhindert hat, so war ihm auch nicht daran gelegen, ihn zu ermöglichen. Zwei Probleme hatte er mit dem Song: Zum einen ahnte er voraus, dass Mercury mit seinen besungenen Exzessen auf den Abgrund zusteuerte – tatsächlich gilt es nach Recherchen von Matt Richards und Mark Langthorne für ihre Biographie *Somebody to Love* als wahrscheinlich, dass Mercury sich bereits 1981 in einem New Yorker Schwulenclub mit dem HI-Virus infiziert hat.[25] Zum anderen, weil May auf dem klaviergetriebenen Rocker bis auf ein Solo kaum zu hören ist. So ließ er sich sein Stück vom Wiedergeburtstagskuchen auch nicht nehmen und motzte für den Abspann des Biopics das Stück als »Don't Stop Me Now ... Revisited« mit Gitarren auf.

Ein weiterer Grund für das *Carry on, Carry on* dieses Songs im Besonderen und Queen generell ist dabei kein bandspezifischer. Es ist schlicht die von Simon Reynolds so treffend beschriebene retromanische Zeit, in der wir leben. Das 21. Jahrhundert kann popkulturell einfach nicht von der zweiten Hälfte des 20. Jahrhunderts lassen. Quentin Tarantino hatte mit seiner Zitatschleuder *Pulp Fiction* Nostalgie salonfähig gemacht. Jedes noch so nischige Franchise erlebt ein Revival, jeder halbwegs erfolgreiche Spielfilm kehrt als soft oder hard Reboot, als Se-, Pre- oder Requel, auf die Leinwände und Streamingportale zurück. Die Explosion der Produktionsbudgets erstickt jegliche Risikobereitschaft. Die Rolling Stones feiern ihr 60. Bühnenjubiläum, die Beach Boys haben's schon hinter sich. Bob Dylan, Kiss, Cher und Elton John befinden sich auf niemals endenden Abschiedstouren.

Am deutlichsten zeigt sich dieses Phänomen ab Ende der Nuller-Dekade alle Jahre wieder, wenn Festtagsbraten wie Slades »Merry Xmas Everybody«, Mariah Careys »All I Want for Christmas Is You« und natürlich »Last Christmas« von Wham! die Charts verstopfen. Anfang 2021 führte das in Deutschland sogar zur ersten Top-Ten-Platzierung des 1984 gefloppten »Thank God It's Christmas« von Queen. Das hat viele, vor allem kommerzielle Gründe, aber gewiss auch psychologische. Die mannigfachen Bedrohungen seit Beginn des neuen Millenniums erwecken eine falsche, aber funktionierende Sehnsucht nach einer angeblich guten alten Zeit. In dieser erscheinen etwa die von Kaltem Krieg, AIDS und der Erwartung nuklearer Komplettzerstörung geprägten 1980er, so wie sie uns Reagan, Kohl und Thatcher andrehen wollten. Die Kinder von damals träumen sich heute auf den Rücksitz ihrer die Verantwortung tragenden Eltern zurück, wo Dudelpop aus den Lautsprechern eine vermeintlich sicherere Welt beschallt. Ein Symbol für diese Entwicklung sind, neben den willkürlichen 80er-Settings von Filmen wie *Wonder Woman 1984* (2020, R: Patty Jenkins) oder *Bumblebee* (2018, R: Travis Knight), etwa die Awesome Mixtapes, die der blockbustenden Film- und TV-Serienreihe *Guardians of the Galaxy* als Soundtrack dienen. Mit den sogar als Kassetten veröffentlichten Compilations schwappten Legacy-Acts wie ELO, Bowie, The Sweet und natürlich Queen in die Jugendzimmer. Eine Welle, die Queen also bereits seit 2004 reiten, zunehmend genehmigen sie Songs für Filmeinsätze – am liebsten in den zuschauerstärksten. Queen sind schließlich ganz großes Kino!

Nach »Fat Bottomed Girls« in *Super Size Me* (2004, R: Morgan Spurlock) ist »Dust« trotz eines weitgehend von AC/DC bestrittenen Soundtracks in *Iron Man 2* (2008, R: Jon Favreau) zu hören. In den letzten Szenen von *Suicide Squad* (2016, R: James Gunn) erklingt »Rhapsody« – auf dem zugehörigen Soundtrack als Coverversion von Panic! at the Disco. Die Band um Frontmann Brendon Urie, der *A Night at the Opera* als »lebensrettend«[26] bezeichnete, hatte den Song zuvor schon mehr als 300-mal live gespielt. Die Zugeständnisse der Band an die unsere Lichtspielhäuser regierenden Superhelden gehen übrigens so weit, dass 2017 sogar eine streng limitierte Fassung von *News of the World* mit Marvel-Kreaturen als Titelfiguren angeboten wurde; ein Sentinel ersetzt hier den Riesenrobo Frank. Doch damit nicht genug: 2015 ertönt der Helmut-Vonlichten-Remix von »Rock You« in der Sci-Fi-Komödie *Pixels*. Aber auch der progressive Agenten-Blockbuster *Atomic Blonde* (2017) mit bisexueller Titelheldin arbeitete mit »Under Pressure«. Im selben Jahr peitschte »Brighton Rock« durch die klimatische Schießerei-Raserei des Actionfilms *Baby Driver*. 2021 grollte der angriffslustige Antiheld Venom: »Another one bites the dust«, und passend zur Hauptdarstellerin Emma Stone ertönte »Stone Cold Crazy« im Disney-Film *Cruella*, dessen Titelfigur Queen bereits 1978 in »Let Me Entertain You« referenziert hatten. Sam J. Jones, der 1980 den titelgebenden Weltraumhelden im von Queen untermalten Sci-Fi-Trash *Flash Gordon* gab, sollte in den Zehnerjahren in Seth MacFarlanes *Ted*-Filmreihe humorvoll zu dieser Rolle zurückkehren. Gleich vier Stücke aus Queens Soundtrack zum Original fanden Einzug in die bizarre Bär-Bromance. Immer wieder setzt MacFarlane Queen auch in seine Cartoonserie *Family Guy* ein: Dreh- und Angelpunkt der 2012er-Folge »Killer Queen« ist etwa die panische Angst des Babys Stewie Griffin vor dem *News*-Cover, dem er sich in immer groteskeren Situationen stellen muss. MacFarlane hatte sich als Kind selbst vor dem futuristischen Massaker gefürchtet. In seiner anderen Show *American Dad* thront der außerirdische Mitbewohner Roger in einem dem Queen-Crest-Bandlogo nachempfundenen Thron im Speicher der Familie Smith (Staffel 7, Episode 8: »Süßer die Glocken nie klingen«). Auch bei der übermächtigen Konkurrenzfamilie in Springfield schauen Queen immer wieder vorbei: Bereits in der zweiten Staffel der Simpsons erlegt Homer 1991 »Champions« singend den Katzenfisch General Sherman. Zwei Jahre später sieht man in einem Flashback den von »Duff«-Bierdosen umringten jungen Homer unter einem *Opera*-Poster in seinem Jugendzimmer. Im »Couch-Gag« der Folge »San Castellaneta« von 2019 stellt die gelbe Familie Queens *Live Aid*-Auftritt nach. In der 2017er-Folge »Bin ich schwul?« der Zeichentrickserie *Big Mouth* schwärmt dann der Geist Mercurys in einer Revuenummer über die Vorzüge homosexuellen Daseins – und küsst mit Gastauftritten in all diesen renommierten Cartoons einen flüchtigen Kollegen: den Zeitgeist. Mit Zunge natürlich!

Der aber wohl effizienteste Gastauftritt Queens in einem Film ist die Eingangssequenz der enorm erfolgreichen Slackerklamotte *Wayne's World* von 1992 (R: Penelope Spheeris). Als Einstimmung auf einen Jungsabend headbangen die Titelhelden Wayne Campbell und Garth Algar zusammen zum Klassiker aus dem Kassettendeck im Auto. Die Szene geht auf einen echten Moment in der Biographie von Hauptdarsteller Mike Myers zurück: »Ich war im von Abluftproblemen geplagten Toyota Corolla meines Bruders«, erinnerte er sich. »Da kam ›Bohemian Rhapsody‹ im Radio, und wir waren so: ›Was zur Hölle ist das denn? Pseudo-Oper und Heavy Metal?‹ Danach hatte ich drei Wochen lang einen steifen Rücken.«[27] Das Filmstudio wollte ursprünglich die damals deutlich mehr angesagten Guns N' Roses einsetzen, doch Myers protestierte und drohte sogar damit, aus dem Projekt auszusteigen. Mercury selbst fand die Szene urkomisch und gab ihr kurz vor seinem Tod die Zustimmung. May hatte sie ihm vorgespielt: »Er liebte es, er lachte und lachte nur. Er war sehr schwach, aber er lächelte, lachte und sagte: ›Wie wunderbar ist das?‹«[28] Der wiederveröffentlichte Song überholte dann seine bisherige Spitzenposition von Platz 9 in den USA und wurde nur von Kris Kross' »Jump« von der Nr. 1 abgehalten. Um die ganze Schlagkraft besagter *Wayne's World*-Szene zu verstehen, ein paar Hintergründe zum Verhältnis Queens zu den USA: Dieses war nach zwei Nummer-1-Hits im Jahr 1980 ab dem Video zu »Break Free« 1984, in dem die Band als Frauen verkleidet die Figuren der britischen Soap-Opera *Coronation Street* parodierten, merklich abgekühlt. Zwar waren die stark geschminkten Männer der sogenannten Hair-Metal-Bands in hautengen Leggings und mit hochtoupierten Haaren der Trend der Zeit, doch Drag-Queens gingen dem prüden Nordamerika doch zu weit. Das Fass zum Überlaufen brachte eine vom Rest des Clips isolierte Sequenz mit dem britischen Royal Ballet, mit dem Mercury bereits 1979 auf einer Bühne gestanden hatte. Hier stellt er nun in einer schnauzerlosen Doppelrolle als Vaslav Nijinsky Szenen aus *L'après-midi d'un faune* von 1912 nach. Sogar im Beisein der Band wurde dem Clip während eines Promo-Auftritts der Saft abgedreht. Es bedurfte also dieser klar als heterosexuell definierten Kerle aus *Wayne's World* in ihren Basecaps, Deep-Purple-Shirts und ärmellosen Westen, um die überkandidelte Rhapsodie auch für ›echte Männer‹ akzeptabel zu machen. Dabei sprudelten diese seit Jahr und Tag im Siegesrausch »Champions«, lagen einander in den verschwitzten Armen – vermutlich ohne jemals das zugehörige Video gesehen zu haben, in dem Mercury in einem hautengen, schwarzweißen Catsuit mit Ausschnitt fast bis zum Bauchnabel über die Bühne schreitet.

17 Jahre nach *Wayne's World* kehrte »Rhapsody« erneut auf die Bildschirme zurück, diesmal auf die unserer Computer. Die Neueinspielung der Muppets war für Rock-Puristen ein Sakrileg, für Queen indes ein viraler Internet-Hit mit 151 Millionen Aufrufen. Ein fester Platz in der Welt der Parodien ist ein weiterer Überlebensgarant. Schon Kurt Cobain wusste, dass seine Band es geschafft hatte, als »Weird Al« Yankovic sein urkomisches

»Smells Like Nirvana«-Video veröffentlichte. Schließlich muss eine Satire die Bekanntheit des Originals voraussetzen. Eine der sonderbarsten Folgeerscheinungen Mercurys kommt in dieser Hinsicht aus Österreich. Als Austrofred singt Franz Adrian Wenzl, hauptberuflich Kopf der klugen Wiener Indie-Rocker Kreisky, umarrangierte Austropop-Hits und eigene Texte über Playbacks von Queen-Instrumentals. Aus »Dust« wird so mithilfe von Wolfgang Ambros' »Zwickt's mi« ein Song namens »Eich Dodln gib i Gas«. »An Macho hoit nix auf« ist das Ergebnis einer Kreuzung aus »Don't Stop« und Rainhard Fendrichs »Macho, Macho«. Austrofred entstand zur Hochzeit der *Mashup*-Kultur, als DJs ohne Rücksicht auf Lizenzen verschiedenste Songs miteinander verflochten – eine nicht nur rebellische, sondern auch hochkreative Bewegung Anfang unseres Recycling-Jahrhunderts, bei der einzig Mut und Ideen gefragt waren und keinerlei kompositorische oder musikalische Fähigkeiten. Der logische nächste Schritt nach synthetischem Techno und dem Sampling des Hip-Hop – die ultimative Befreiung im Pop. Der Hype ging bald, doch Austrofred blieb. Mercury hätte seine helle Freude an ihm gehabt.

Etwas mehr als ein Jahrzehnt nach den Muppets ging »Rhapsody« wieder durchs Netz. Am 18. März 2020 hatte Twitter-Nutzer Dana Jay Bein den Text auf die Covid-19-Krise umgemünzt: »Is this a sore throat? / Is this just allergies? / Caught in a lockdown / No escape from reality«. Bereits vier Tage später lieferte Adrian Grimes eine erste gesungene Version. »Mama, just killed a man / I didn't stay inside in bed / I walked by him, now he's dead«. Es folgten zahllose weitere Clips, die »Coronavirus Rhapsody«-Videos wurden millionenfach geklickt. Das Original steht heute an vierter Stelle der meistverkauften Singles der britischen Geschichte. Bereits im Dezember 2018 wurde der Song zum meistgestreamten Song aus dem 20. Jahrhundert erklärt. Kurz nachdem er als Namensgeber für jenen Film fungierte, der Queens dauerhafte Präsenz mehr als jeder andere gewährleisten sollte: das rekordbrechende Biopic.

Eine Geschichte für die Ewigkeit: *Bohemian Rhapsody*

Zwei der Werbeslogans zum Kinostart von *Bohemian Rhapsody* lauteten »The only thing more extraordinary than their music is his story« und »The music you know, the story you don't«. Das ist ausschlaggebend. Ein Biopic über bedeutendere Bands wie die Rolling Stones würde weniger einspielen. Da fehlt das Drama. Brian Jones starb jung, aber Jagger und Richards leben noch immer. Charlie Watts wurde 80 Jahre alt. Mercury brachte dagegen eine sagenhafte Geschichte mit sich, inklusive aller Elemente der klassischen Rebellenstory – vom multiplen Außenseiter, der allen Hindernissen trotzt und zum Giganten wird. Das tragische Ende dann, der Fall des Helden vor seiner Zeit, triggert alle weiteren Bereiche unseres Empathiespektrums und vollendet die Unwiderstehlichkeit von Mercurys Biographie. Dabei hätte der Film nach acht Jahren in der sogenannten Development Hell und begleitet von dem Groll des ursprünglich für die Hauptrolle vorgesehenen Comedians Sacha Baron Cohen, der die exzessive Seite Mercurys hervorkehren wollte und den Film in Richtung eines rührseligen Revisionismus abdriften sah, eigentlich fehlschlagen müssen. Doch mit einem Einspielergebnis von 911 Millionen US-Dollar wurde *Bohemian Rhapsody* zur kommerziell erfolgreichsten Filmbiographie der Geschichte und gewann sogar vier Oscars – mehr als jeder andere Film bei der Preisverleihung 2019 –, darunter den besonders begehrten für Rami Malek als besten Hauptdarsteller. Und all das trotz durchwachsener Besprechungen – das bekannte Queen-Dilemma: Die Massen liegen ihnen zu Füßen, während die Kritiker:innen die Köpfe schütteln. Zwar wurden bei der Verleihung der Academy Awards auch kräftig Köpfe geschüttelt. Dies aber eher in der Art eines Headbangings, denn Queen + Adam Lambert eröffneten den Abend mit einem Medley aus den zweieiigen Zwillingssongs »Rock You« und »Champions« – unter dem Jubel von Hollywoodgrößen wie Javier Bardem, Steve McQueen, Jennifer Lopez und Lady Gaga. Standing Ovations gab es, als zum Finale Mercury als Standbild mit ausgestreckter Krone auf einer riesigen Leinwand erstrahlte. Danach hätte es der ursprünglich als Moderator der Veranstaltung vorgesehene Kevin Hart schwer gehabt. Der Comedian war von seinem Posten zurückgetreten, nachdem ihn alte homofeindliche Äußerungen eingeholt hatten. Da standen also Queen – oder saßen, im Fall von Taylor – mit ihrem neuen, offen schwulen Sänger und taten ihr Bestes, die angestaubte und zuletzt immer häufiger in die Kritik geratene Award-Show in die woke Gegenwart zu holen. Malek trug später seinen Teil mit seiner Dankesrede bei:

> »Wir haben einen Film über einen schwulen Mann gedreht, einen Einwanderer, der sein Leben lang er selbst war, ohne sich dafür zu entschuldigen. Und die Tatsache, dass ich ihn und seine Geschichte heute mit Ihnen feiern kann, beweist, dass wir uns nach solchen Geschichten sehnen.«[29]

Mercury war seiner Zeit stets einen eleganten Schritt voraus. Und wäre das auch heute noch, insbesondere wenn uns die Lage von LGBTQIA+-Menschen in Ländern wie Ungarn, Russland oder China erschaudern lässt – um nur einige extreme Beispiele zu nennen und bestimmt nicht von den Missständen hierzulande abzulenken. Doch in China, dem seit 2020 ertragreichsten Filmmarkt der Welt, wurde *Rhapsody* nur in einer begrenzten Zahl an Lichtspielhäusern gezeigt und dort auch um alle Szenen beschnitten, die Homosexualität betreffen. Auch der »schwule Mann« in Maleks Rede wurde während der Übertragung zensiert, Mercury sei stattdessen einer »speziellen Gruppe«[30] entsprungen. Aus dem Heimatland von Maleks Eltern, Ägypten, gab es zwar viele Glückwünsche, aber auch Äußerungen wie jene von Mohamed Ismail, Mitglied des ägyptischen Parlaments, der der ägyptischen News-Website *Egypt Independent* zufolge behauptete, Malek würde versuchen, Homosexualität unter Jugendlichen zu verbreiten: »Diese Auszeichnung hat ein spezifisches Ziel, nämlich die Moral der arabischen Welt zu korrumpieren. Rami Malek ist ein schlechtes Vorbild. Wäre er in Ägypten, würde man ihn henken.«[31]

Zum Film-Release öffnete für etwa drei Monate ein Queen-Pop-up-Store in der Londoner Carnaby Street Nr. 3 seine Pforten, der wichtigsten Einkaufsmeile der Stadt. Drei Tage nach Eröffnung weihten die Hauptdarsteller des Films sowie May und Taylor dort eine Lichtinstallation ein, die Textauszüge aus »Rhapsody« auf die Straße scheinen ließ. Drei Jahre später wiederholten Queen das Konzept und luden ein paar Hausnummern weiter in den Pop-up-Store *Queen The Greatest*. Auf zwei Stockwerken widmete sich der Laden jeden Monat einem anderen Thema: Musik, Kunst/Design und Zauberei. Dazu gab es vier je auf 1000 Stück limitierte 7-Inch-Singles, jeweils einem Bandmitglied gewidmet mit einem Welt-Hit, sowie einem unbekannteren Stück aus dessen Feder; *Hot Space*-ähnlich erhältlich in den vier Grundfarben, wobei Mercury sein präferiertes Gelb zugestanden bekam.

Unter dickem Make-up versteckt, wartet das Biopic übrigens mit einer der charmantesten Anspielungen der jüngeren Filmgeschichte auf: In einer Nebenrolle gibt Mike »Wayne« Myers Queens fiktiven Plattenboss beim Label EMI. Als Ray Foster bekommt er »Rhapsody« als Leadsingle aus dem 1975er-Album *Opera* präsentiert und führt, gänzlich vor den Kopf gestoßen, als Gegenvorschlag »I'm in Love with My Car« mit der Einschätzung an: »Das ist die Art Musik, bei der Teenager das Autoradio aufdrehen und richtig headbangen können. ›Bohemian Rhapsody‹ wird niemals dieser Song sein«. Mit dem Gegenbeweis zu dieser Drehbuchpassage hatte Mercury weitere Grenzen gesprengt: In einer Zeit, in der man homosexuelle Künstler maximal akzeptierte, wenn sie artig in ihren weiblich konnotierten Nischen blieben, etwa als Village People die quietschbunten Discos zum Hopsen brachten oder in Form von Elton John rührende Balladen trällerten, dominierte Mercury auch die Männerdomäne Hardrock. Seine Manifestation fand dieses

Crossover knappe zehn Wochen nach dem Filmstart von *Wayne's World* auf der anderen Seite des Atlantiks, am 20. April 1992 beim *Freddie Mercury Tribute* im Londoner Wembley-Stadion.

In Loving Memory of Freddie Mercury

Von May als »the biggest send-off in history« anmoderiert, geriet das Megakonzert zum Schaulauf von Vertretern der härteren Spielart des Rock 'n' Roll. So stand neben Gay-Ikonen wie Liza Minnelli, Elizabeth Taylor, Annie Lennox und der mit Lockenwicklern im Haar und Staubsauger zur Hand auftretenden Lisa Stansfield (Taylor hatte ihr die Skepsis gegenüber dieser Ausstattung im Vorfeld genommen: »Schlechter Geschmack ist es, was diese Band ausmacht«[32]) vor allem die megamaskuline Hardrock- und Heavy-Metal-Elite auf der Bühne: die schlimmen (Mittel-)Finger von Guns N' Roses, 70er-Sexgott Robert Plant von Led Zeppelin, der sein Mikrokabel wie ein Lasso schwingende Jeanshemd-Cowboy Roger Daltrey von The Who sowie die Rockkarikatur Spiñal Tap, um nur einige zu nennen. James Hetfield von Metallica (zu deren Ankündigung in einem sehr seltenen Moment Deacon ans Mikro gegangen war) würdigte zusammen mit Tony Iommi von Black Sabbath Queens »Stone Cold Crazy«, das seine Band bereits 1990 gecovert hatte. Im Jahr darauf erschien das Stück sogar als mit einem Grammy ausgezeichnete B-Seite von »Enter Sandman«, mit dem sie das *Tribute*-Konzert eröffneten. Allerdings nicht ohne das frivole Szenario »Walking down the street / Shooting people that I meet / With my rubber Tommy water gun« mit einer »fully loaded tommy gun« abzuhärten und danach noch zwei »fucks« einzustreuen. Axl Rose sprang zum Rock-Part von »Rhapsody« unter Feuerwerk zu seinem Idol Elton John auf die Bühne. Damit setzte er eins der eindrucksvollsten Statements des Abends, der den Untertitel »Concert for AIDS Awareness« trug. Rose, der nach den Zeilen des Gunners-Songs »One in a Million« (1988), »Immigrants and faggots, / They make no sense to me. / They come to our country / And think they'll do as they please / Like start some mini-Iran / or spread some fucking disease« als Rassist und Homofeind gebrandmarkt war, Arm in Arm mit einer Queer-Institution par excellence. Ironischerweise sangen sie dabei: »Nothing really matters, anyone can see«. Doch es zählte so viel. Dabei war der Moment beileibe kein sorgfältig geplanter: Rose war selbstredend nie zu den Proben erschienen und traf John zum ersten Mal auf dieser Bühne. Wer dazu bei der von Minnelli angeführten Allstar-Schlussnummer »Champions« genau hinsieht, erblickt erstmals die Scorpions am Bühnenrand. Diese waren als Ersatz für Guns N' Roses bestellt worden, falls das Publikum die Kalifornier nicht akzeptiert hätte. Die Message war klar: Wenn sogar all diese Testosterontitanen hier ihren Respekt zollen, dann ist AIDS ein gesamtgesellschaftliches Thema. Dann war es das seit jeher und wird es für immer sein. Das dunkle Zeitalter der Stigmatisierung ist vorbei. Und das spürten nicht nur die 72 000 Zuschauer:innen, die das Stadion innerhalb von drei Stunden zu einem Zeitpunkt ausverkauft hatten, als noch kein einziger Act des Line-ups bekannt war. Sondern auch bis zu einer Milliarde Menschen, die das Spektakel in 76 Ländern im Radio und Fernsehen bestaunten – damals knapp ein Fünftel der Weltbevölkerung. Das *Freddie Mercury Tribute* wurde so zum *Live Aid* des AIDS-Zeitalters. Die Welt war damit freilich noch nicht gerettet – so lieferte Elton John neun Jahre darauf ein Update seines Duetts mit Rose, als er bei der Grammy-Verleihung mit Eminem den Song »Stan« sang – dem Rapper wurde immer wieder Homofeindlichkeit vorgeworfen. Was spätestens ab diesem Frühlingstag 1992 aber als gerettet galt, war der endlose zweite Frühling Queens.

Das eilig zusammen mit »These Are the Days of Our Lives« wiederveröffentlichte »Rhapsody« war bereits zum Weihnachtsgeschäft 1991 zurück an die britische Chartspitze geschnellt und hatte eine sensationelle Million Kopien verkauft.

Im Mai 1992 sollte das neu veröffentlichte Doppelalbum *Live At Wembley '86* die Hitlisten emporschnellen. Zum ersten Todestag Mercurys erschien dann mit *The Freddie Mercury Album* eine Art Best-of aus seinen Soloprojekten – mehrheitlich remixt. Obwohl die Originale großenteils verschmäht wurden, entwickelte sich die Platte zum europaweiten Renner. Das Geschäft mit den Remixen sollte 1993 noch ungeahnte Höhen erreichen: Als House-Remix von Colin Peter und Carl Ward am Mischpult und Produzent Serge Ramaekers erreichte Mercurys »Living on My Own« Platz 2 in Deutschland, Rang 1 im UK und führte für 15 Wochen die französischen Charts an. Endlich war Mercury damit dort angekommen, wohin er schon 1985 wollte: in die Clubs. Zum Weihnachtsgeschäft 1995 brachten May, Taylor und Deacon dann den Schwanengesang *Made in Heaven* heraus, Queens dank 20 Millionen Verkäufen tatsächlich erfolgreichstes Studioalbum, an das sich heute aber kaum jemand erinnert. Der anhaltende Schock von Mercurys Tod ließ blind, oder in diesem Fall: taub zugreifen.

Queen setzen nach 1991 voll auf diesen Effekt und somit auf Mercury als Imageträger der Band. Davor hatte die Band in ihrer Außendarstellung stets auf Gleichberechtigung geachtet. Außer auf ihrer Debüt-LP, allerdings unkenntlich, sowie der »Don't Stop«-Single, und dort nur als Rückansicht, ist Mercury lediglich auf Sondereditionen der Single »Break Free« allein zu sehen – während den anderen Bandmitgliedern aber auch je eigene Hüllen gewidmet wurden, wenn auch in geringerer Auflage. Die posthumen Live-Platten *Live at Wembley '86*, *Queen Rock Montreal* (2007), *Hungarian Rhapsody: Queen Live in Budapest* (2012), *Live at the Rainbow '74* (2014) und *A Night at the Odeon – Hammersmith 1975* (2015) zeigen nur Mercury auf dem Cover. Mercurys Sampler *Solo* (2000), die Wiederveröffentlichung von *Wembley '86* als *Live at Wembley Stadium* (2003) und der *Bohemian Rhapsody*-Soundtrack arbeiteten sogar mit demselben Foto vom leidenschaftlich nach hinten gebeugten Frontmann als Vorlage. Bereits zur Zeit ihres Debütalbums hatte May festgestellt: »Freddie als Sänger wird unser Aushängeschild – also lasst ihn uns auch als solches benutzen!«[33]

Wie diese Auflistung nahelegt, geizen Post-Queen nicht mit Output. Netter Nebeneffekt: Sie füllen damit die Seiten von Magazinen und Onlineportalen. Nach einer Reihe hanebüchener Compilations wechselte die Band 2011 von EMI zu Island, einem Unterlabel des Giganten Universal – gerade noch rechtzeitig vor der Zerschlagung von EMI. Universal ergriff die Gunst der Stunde und veröffentlichte zum 40-jährigen Bandjubiläum sämtliche Studioalben der Band in remasterter Version neu, jeweils mit einer Bonus-Disc mit B-Seiten, Live-Aufnahmen und Raritäten. Begleitet wurde diese Wiederveröffentlichungsreihe mit drei Compilations aus längst verfügbaren Albumtracks, *Deep Cuts* genannt. 2016 stand dann das bis zu sechs CDs umfassende Set *On Air* in den Läden, mit sämtlichen BBC-Sessions der Band und zahlreichen Radio-Interviews. Im Jahr darauf erschien *News* gesondert als aufwändige *40th Anniversary Edition* in mehreren Formaten. Mercury hätte mit dieser Flut wohl das geringste Problem gehabt – solange sie die Menschen erreicht: »Das Einzige, was mich davon abhalten könnte, weiter Musik zu machen, ist, wenn die Leute aufhören, meine Platten zu kaufen«[34], sagte er. Damals konnte er nicht erahnen, dass Plattenverkäufe bereits die längste Zeit die Haupterlösquelle von Popstars dargestellt hatten. Heute muss man auf andere Pferde setzen. Die Musikindustrie ist kein »Day«, sondern »A Life at the Races«.

»I've come here to sell you my body
I can show you some good merchandise«

(»Let Me Entertain You«, 1978)

Zum Thema Vermarktung sagte Taylor: »Man kann entweder viel Trara um seine Musik machen und sagen: ›Nein, mit der machen wir doch keine Werbung für Schokolade.‹ Oder man sagt: ›Okay, ich will nicht, dass Queens Musik nur auf einem Stück Vinyl aus den Siebzigern ist. Ich will, dass sie im Radio und überall gespielt wird.‹«[35] Die akribisch arbeitende Fansite *Queenpedia* listet bis zum Jahr 2012 ganze 62 internationale Einsätze von Queen-Songs in der Werbung, darunter zehn verschiedene von »I Want It All«. Seitdem kamen zahllose hinzu. Nur einer davon – »Don't Stop« als Reklame-Untermalung für die irische Limo »Club Orange« – datiert aus der Zeit vor Mercurys Tod. Derselbe Song lief in der ersten Jahreshälfte 2019 in fünf verschiedenen US-Werbekampagnen: für Toyota, Amazon, Mandelmilch, *American Idol* sowie für L'Oreal. In letzterem Clip bewegt Popstar Camila Cabello ihre Lippen zu dem Song, der 19 Jahre vor ihrer Geburt erschienen ist. Mercury hätte es köstlich gefunden, mitzuerleben, wie »Champions« 2004 Viagra in den USA bewirbt. Basierend auf dem Firmenslogan »Everything we do is driven by you« schrieb May 1992 sogar einen Song für eine Kampagne des Autoherstellers Ford. In abgewandelter Form erzielte er mit »Driven by You« seinen ersten Solohit. Acht Jahre später entschied sich mit Lancia ein weiterer Vehikelvertreiber sogar für einen Song ohne nennenswerten Bekanntheitsgrad, Mercurys Duett »Guide Me Home« mit Montserrat Caballé, zur Untermalung eines Clips – und wies den männlichen Interpreten auf der heute für ein Schweinegeld erhältlichen Promo-Single als »Freddy Mercury« aus, ein verblüffend häufig anzutreffender Fehler.

Mit Werbung lässt sich nach dem weitgehenden Kollaps von Tonträgerverkäufen einerseits also noch viel verdienen, andererseits weckt man so das Interesse der jeweiligen werberelevanten Zielgruppe 14- bis 49-Jähriger für Queen. Cross-Promotion. Warum Queen so beliebt bei Supermarktketten, Fast-Food-Restaurants und Kreditkartenfirmen sind, lässt sich leicht erklären: Werbung muss sofort auf den Punkt kommen – und dies ist auch ein Wesensmerkmal vieler Queen-Songs. Dazu bleiben sie hängen, da sie meist originell, witzig, herzerwärmend oder alles zusammen sind. Sie bringen uns zum Schmunzeln, sie berühren uns, sie verbinden uns.

Don't Look Back – it's a Rip-off: Die Ära Queen+

Wie die explosionsartig angestiegene Popularität von Musikfestivals zeigt, ist es uns ein Bedürfnis, Connections dieser Art auch mit anderen auszuleben. Das funktioniert bis zu einem gewissen Grad über soziale Medien. Doch das Erlebnis eines zu Tausenden gemeinsam in den Nachthimmel geschrienen Lieblingslieds kann kein Like-Daumen ersetzen. Queen haben das verinnerlicht. Um präsent zu bleiben, mussten sie, nun ja: präsent bleiben. »Live is Life«, wie wir wissen. Bereits 1992 orakelte May nach dem *Freddie Mercury Tribute*: »Wer weiß, vielleicht machen wir so was in zehn Jahren noch einmal?«[36] Die Rückkehr sollte sich zwar anders gestalten, aber mit der zeitlichen Einschätzung kam May ganz gut hin. 2001 spielte er nicht nur Gitarre auf Robbie Williams' »Eternity«, sondern mit diesem und Taylor auch ein Cover von »Champions« für den Soundtrack des US-Spielfilms *Ritter aus Leidenschaft* (2001, R: Brian Helgeland) ein. Die Neufassung, obwohl auf dem Höhepunkt von Williams' Popularität veröffentlicht, erschien nur als Promo-Single und wird heute noch nicht mal auf der Wikipedia-Seite des Originalsongs erwähnt. Fast 20 Jahre später enthüllte Williams, dass er damals ein konkretes Angebot bekommen habe, mit der Band weiterzuarbeiten. Aus zwei Gründen lehnte er ab: Er sah sich Mercury schlicht nicht gewachsen – »Für mich ist er engelhaft, er ist gottgleich. Davor hatte ich zu viel Respekt«[37]. Dazu war Williams damals allein groß genug, um die größten Stadien Europas zu bespielen. Er hätte Queen gar nicht gebraucht. Doch es ging auch ohne ihn. Im November 2003 war May und Taylors Auftritt bei Nelson Mandelas Kapstadter Benefizkonzert zur AIDS-Bekämpfung 46664 (eine Anspielung auf dessen Häftlingsnummer) auf überwältigende Resonanz gestoßen. Das Festival gilt als das am weitesten verbreitete Medienereignis der Geschichte, dank eines TV-Publikums von geschätzt mehr als zwei Milliarden Menschen in 166 Ländern.

Im September 2004 verspürte May einen gewissen Zauber, als er mit seinem alten Weggefährten Paul Rodgers dessen Klassiker »All Right Now« bei einem All-Star-Konzert des 50. Geburtstags der »Fender Stratocaster«-Gitarre spielte. Bald darauf wurde eine gemeinsame Welttour mit Taylor angekündigt, versehen mit dem Vermerk, Rodgers sei keinesfalls als Ersatz für Mercury gedacht, sondern würde die Queen-Stücke in seiner ureigenen, am Blues geschulten Art interpretieren. Doch das Gefälle an Popularität in der Setlist war zu gewaltig: Wie hätten die Songs von Rodgers Bands Free und Bad Company mit denen Queens mithalten können? Überdies hatte der bereits zum Tourstart in der Londoner Brixton Academy 55-jährige Rodgers nie das Potential, ein junges Publikum anzusprechen. »Reaching Out« hieß ein neuer Song der drei, ursprünglich 1996 für Mays Benefiz-Allstar-Band Rock Therapy geschrieben, mit dem sie ihre erste Tour eröffneten. Die Jugend wurde damit aber erst nach Ablauf der vier gemeinsamen Jahre 2009 als Sample im Eminem-Song »Beautiful« erreicht. Queen + Paul Rodgers waren vor allem ein Fall für rüstige Altrocker.

Für diese führte das triumphlose Triumvirat vor allem zu kostenschonenden 2-für-1-Konzertdeals. Außerdem zum Live-Album *Return of the Champions*, auf dessen Cover ausgerechnet der zentral abgebildete Zuschauer in einem Besuchermeer den Blick vom Bühnentreiben abwendet, einem auf DVD festgehaltenen Konzert auf dem Freiheitsplatz des ukrainischen Charkiw vor 350 000 Menschen – und einem angeblichen TV-Publikum von zehn Millionen –, einer dafür wenig besuchten US-Tour sowie einer künstlerischen wie kommerziellen Niederlage mit

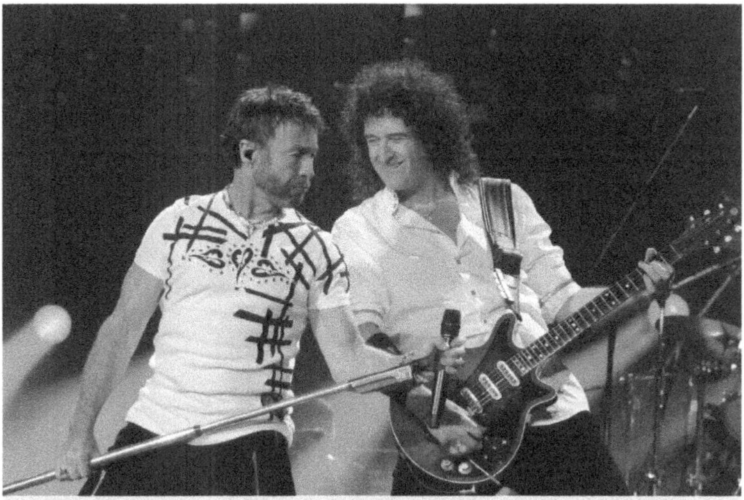

The Cosmos Flops:
mit Interimssänger Paul Rodgers am 13. Oktober 2008 in London

dem Album *The Cosmos Rocks* (2008). Im Magazin *Classic Rock* blickte May 2015 auf die in Taylors Heimstudio aufgenommene Platte zurück: »Ich glaube nicht, dass sie auch nur den kleinsten Eindruck in der öffentlichen Wahrnehmung hinterlassen hat. Ich wäre als musikaufnehmende Gruppe namens Queen ohne Freddie künftig also vorsichtig.«[38]

Mercury schien recht behalten zu haben – vorerst. Bereits 1985 sagte er: »Wir werden einfach weitermachen, bis einer von uns tot umfällt oder so oder einfach ersetzt wird. Ich glaube, wenn ich plötzlich ausstiege, hätten sie alle Hände voll zu tun, mich zu ersetzen. Nicht leicht, mich zu ersetzen, hm?«[39] Doch während Queen und Paul Rodgers am 12. Mai 2009 bekanntgaben, einvernehmlich künftig wieder getrennte Wege zu gehen, zeichnete sich schon Rodgers Nachfolger ab. Nur acht Tage später standen May und Taylor zusammen mit den beiden Finalisten der achten Staffel der US-Talentshow *American Idol*, Kris Allen und Adam Lambert, vor der Kamera und begleiteten sie bei deren Gesangsduell »Champions«. Lambert hatte sich bereits beim Casting für die Sendung mit Michael Jacksons »Rock With You« und, beispielhaft mutig, »Rhapsody« vorgestellt. Zur Selbstsicherheit hinter der Songauswahl befragt, sagte er uns im Interview:

> »Ich wollte einfach meine Bandbreite demonstrieren. Außerdem versucht die Jury dich immer mit einem Label zu versehen – bist du der Rock- oder R'n'B-Typ oder der Mann fürs Klassische? Ich dachte, der Song könnte wie kaum ein anderer dabei helfen, mich leicht zu kategorisieren. So erhoffte ich mir die größten Chancen aufs Weiterkommen. Solche Castingshows funktionieren in Teilen wie ein Strategiespiel, dessen war ich mir bewusst.«

Wie so viele seiner US-amerikanischen Altersgenossen war auch der 1982 geborene Lambert durch *Wayne's World* auf Queen aufmerksam geworden, sein Vater stattete ihn mit LPs aus dessen Jugend aus. Ein Video von Lamberts Aufnahmeprüfung machte die Runde und fand mehrfach Eingang in Mays E-Mail-Postfach – einhelliger Tenor der Absender: »Das ist euer Mann!« Nach Lamberts Performance von Led Zeppelins »Whole Lotta Love« rief Queens Live-Keyboarder Spike Edney bei Taylor an und riet auch ihm dringend, sich mit diesem jungen Herrn zu beschäftigen. Zum Staffelfinale eingeladen, reisten May und Taylor nach Los Angeles. Lambert verlor zwar, doch der Funke war übergesprungen. In einem Interview mit dem amerikanischen *Rolling Stone* machte May bereits zwei Tage darauf vage Zukunftsandeutungen: »Es ist nicht so, dass wir, als Queen, übereilig eine Verbindung mit einem anderen Sänger eingehen würden. Aber ich würde bestimmt gerne mit Adam arbeiten.«[40] Nebenbei hatten sie Gefallen am Format der Castingshow gefunden – Mitte November traten sie mit den Finalist:innen der UK-Show *The X Factor* auf und intonierten »Rhapsody«. Zwei Jahre darauf brachten sie mit Lambert die MTV Europe Music Awards in Belfast zum Abschluss. Fangirl Katy Perry hatte ihnen dort zuvor den »Global Icon Award« überreicht. Die Gerüchteküche brodelte.

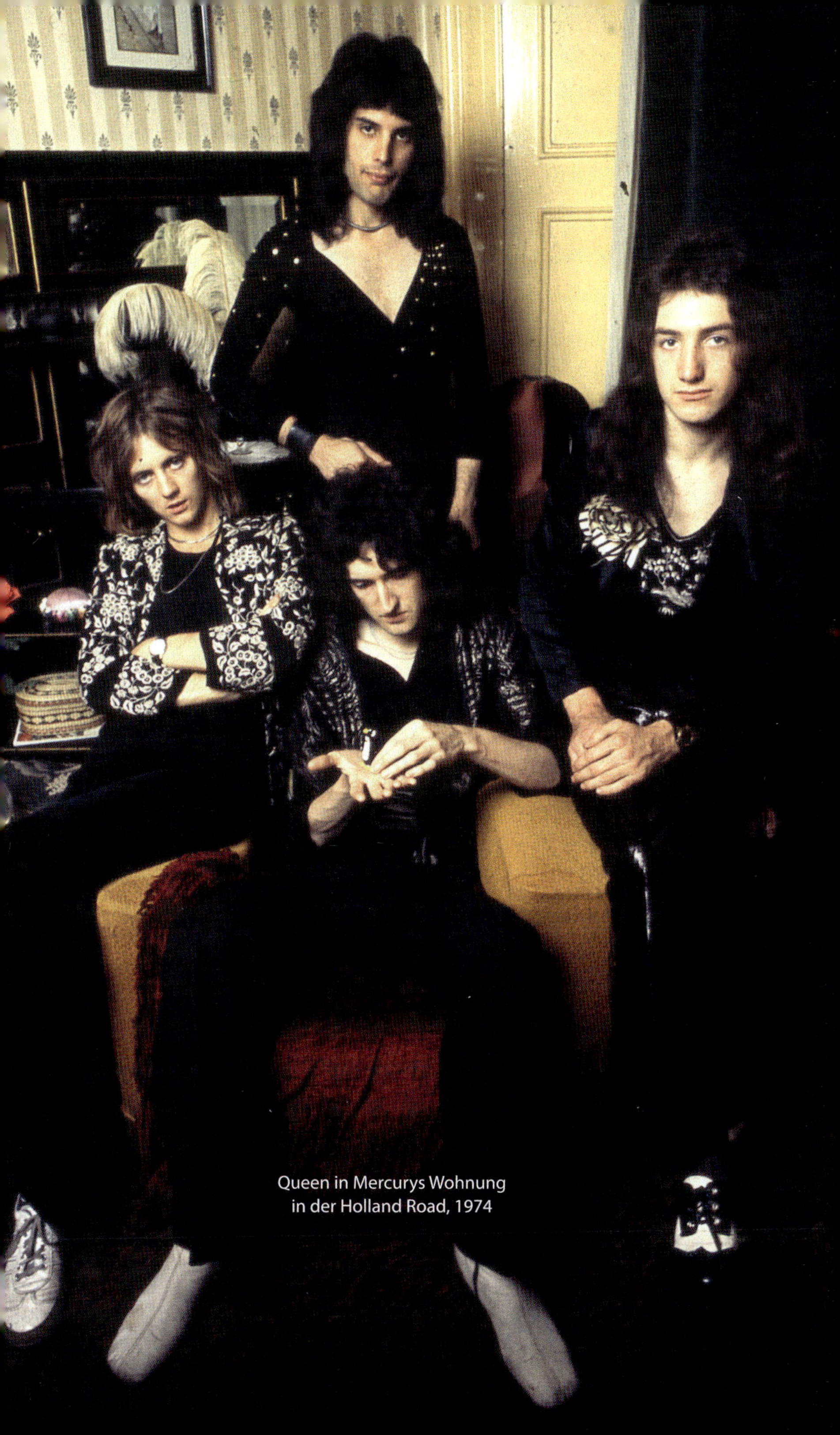

Queen in Mercurys Wohnung
in der Holland Road, 1974

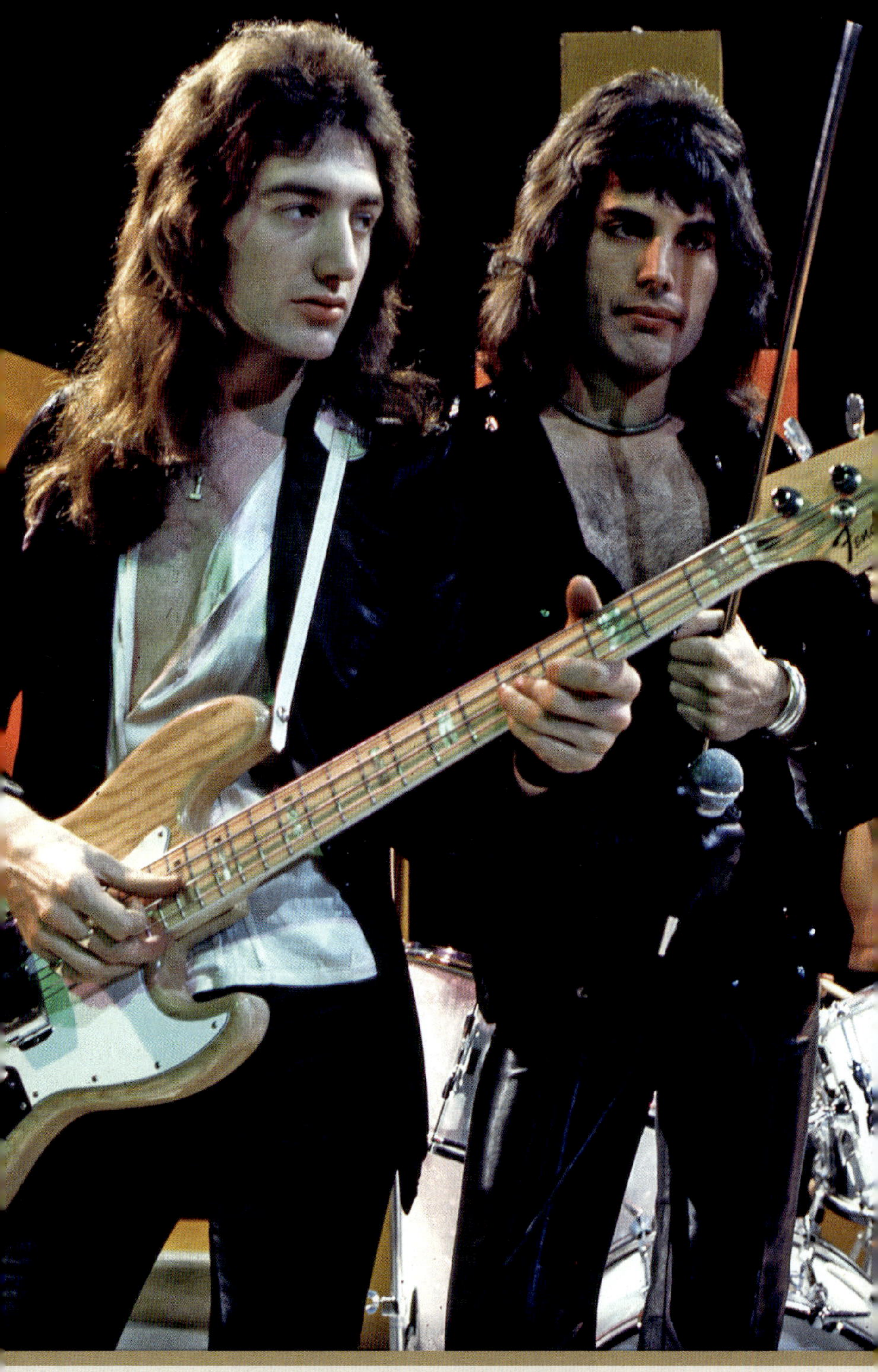

John Deacon und Freddie Mercury
mit dessen Allzweckwaffe, dem abgetrennten Mikroständer

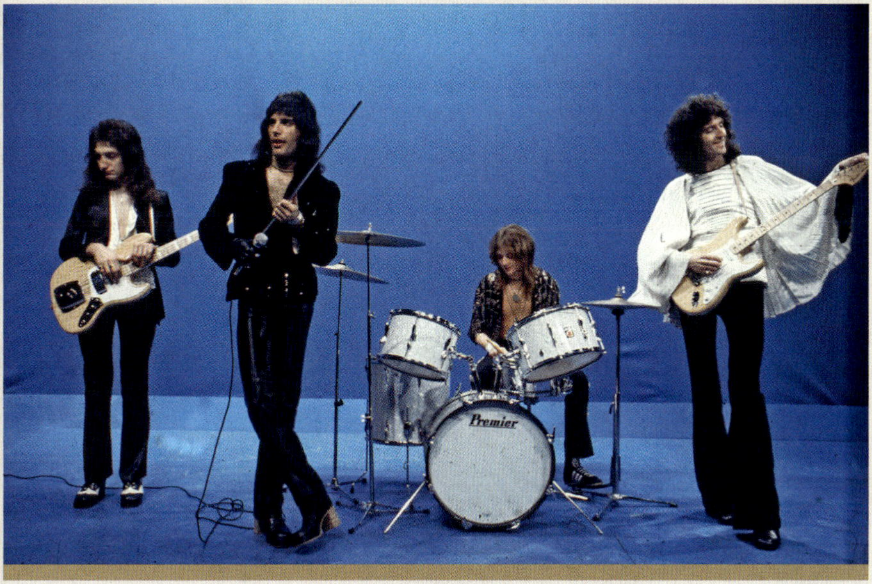

Queen mit ihrer Durchbruchssingle »Killer Queen«
zu Gast bei der niederländischen TV-Show *TopPop* am 22. November 1974

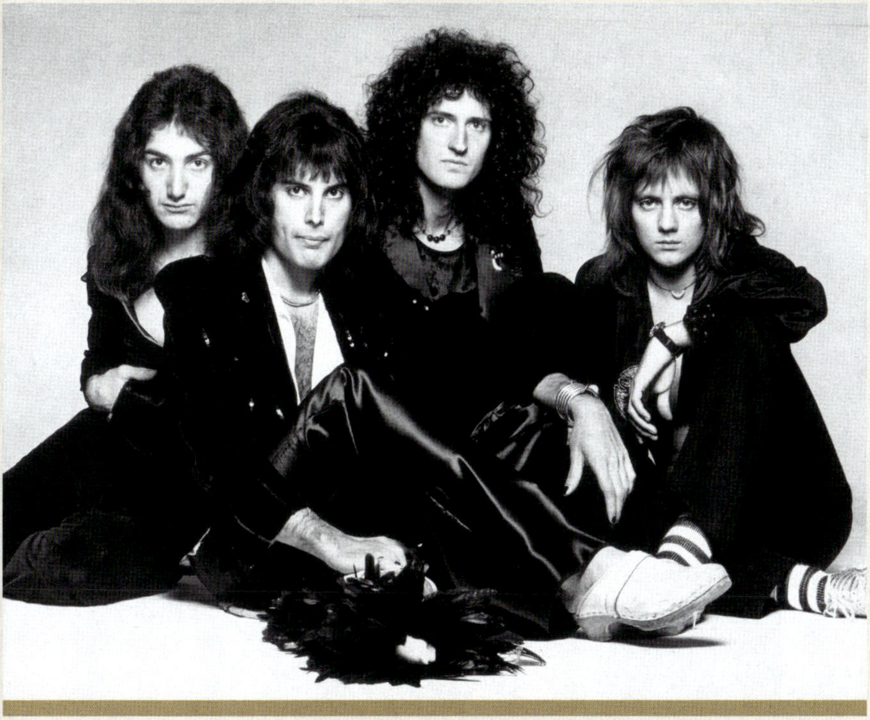

Fotoshooting für das UK-Artwork des Millionensellers »Bohemian Rhapsody«, 1975

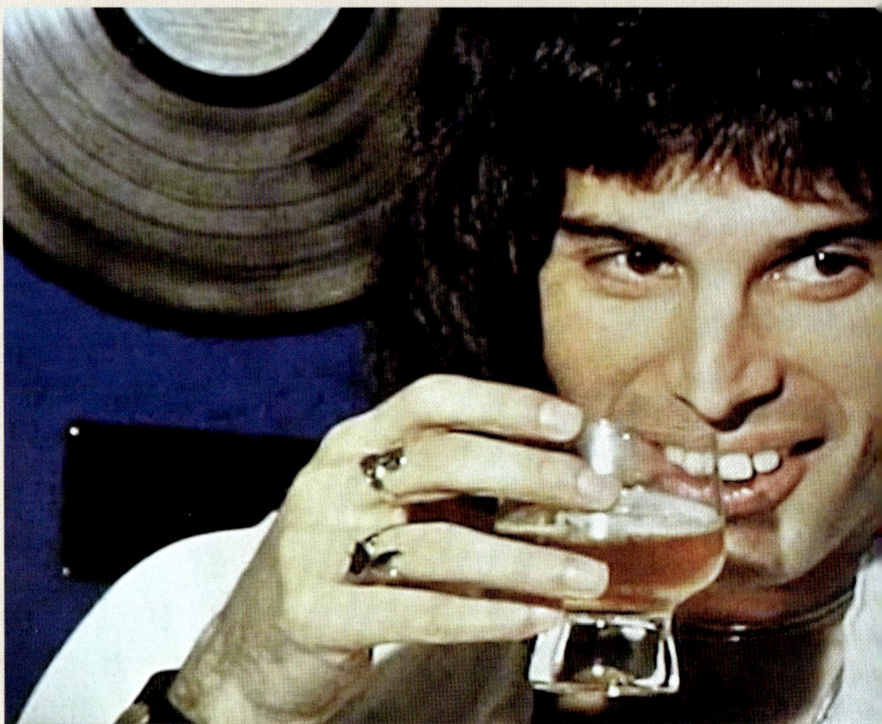

Mercury genehmigt sich einen Drink
während eines Interviews in Perth, 1976

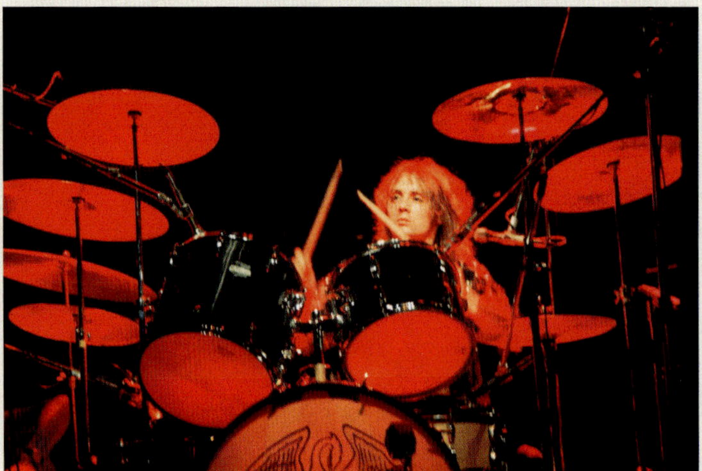

Roger Taylor bei der 78 Shows umfassenden *Sheer Heart Attack*-Tour

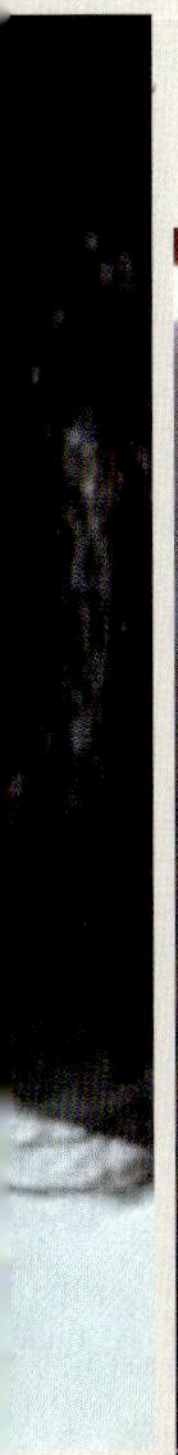

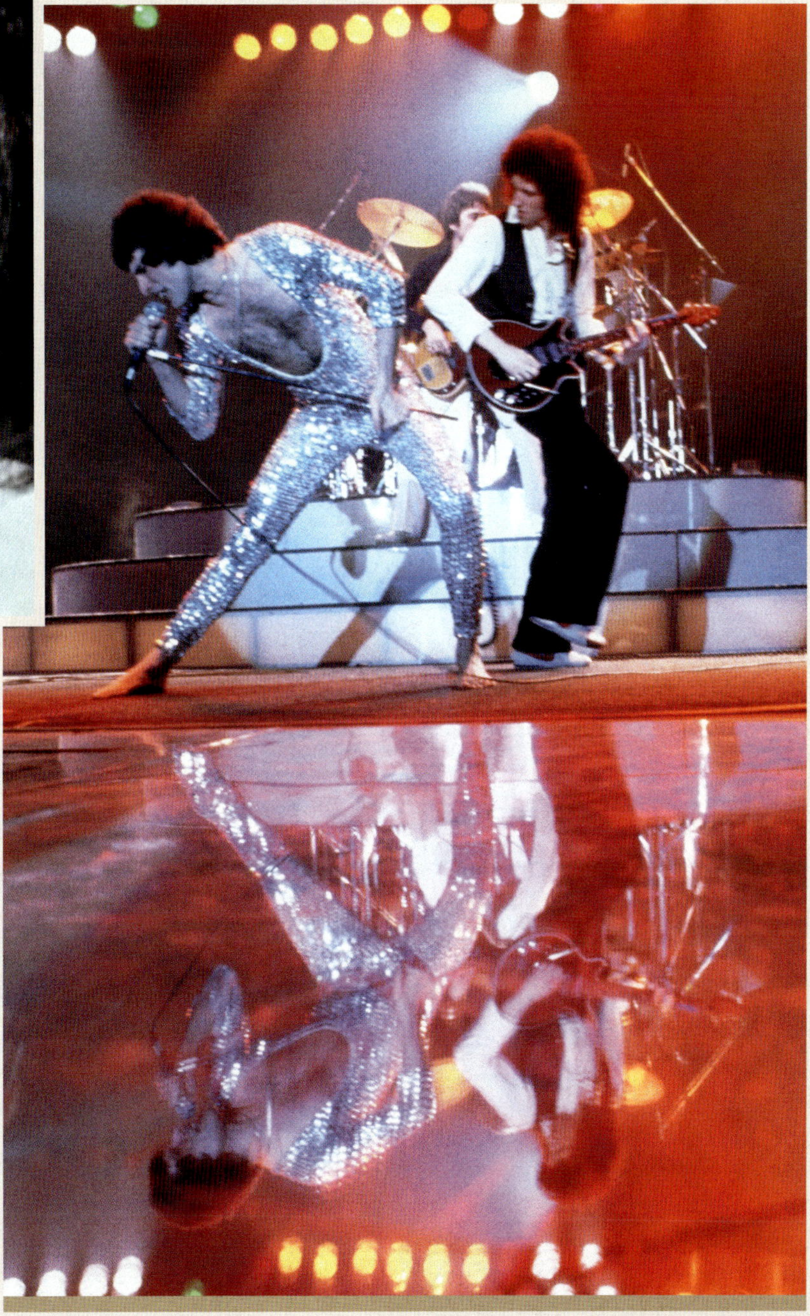

The United States of Glamerica: Queen im New Yorker Madison Square Garden, Dezember 1977

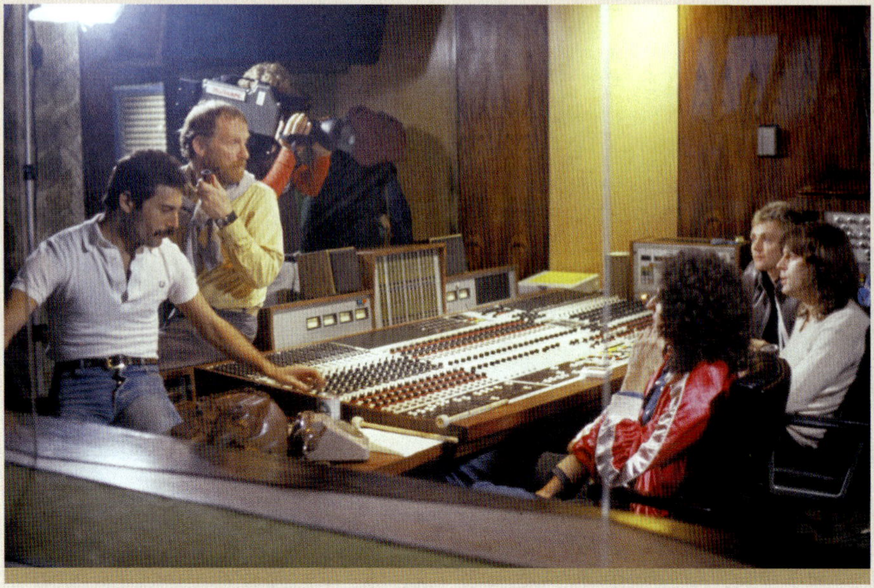

Mit Produzent Reinhold Mack in den Münchner Musicland Studios, 22. Oktober 1980

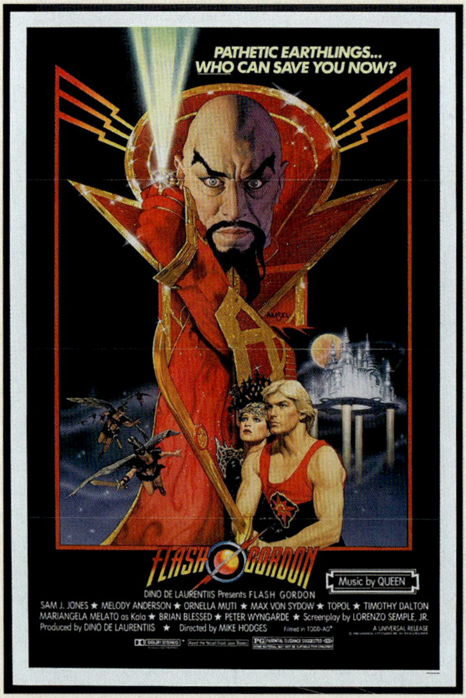

»He's for every one of us /
Stand for every one of us«:
Filmplakat zu *Flash Gordon* (1980)

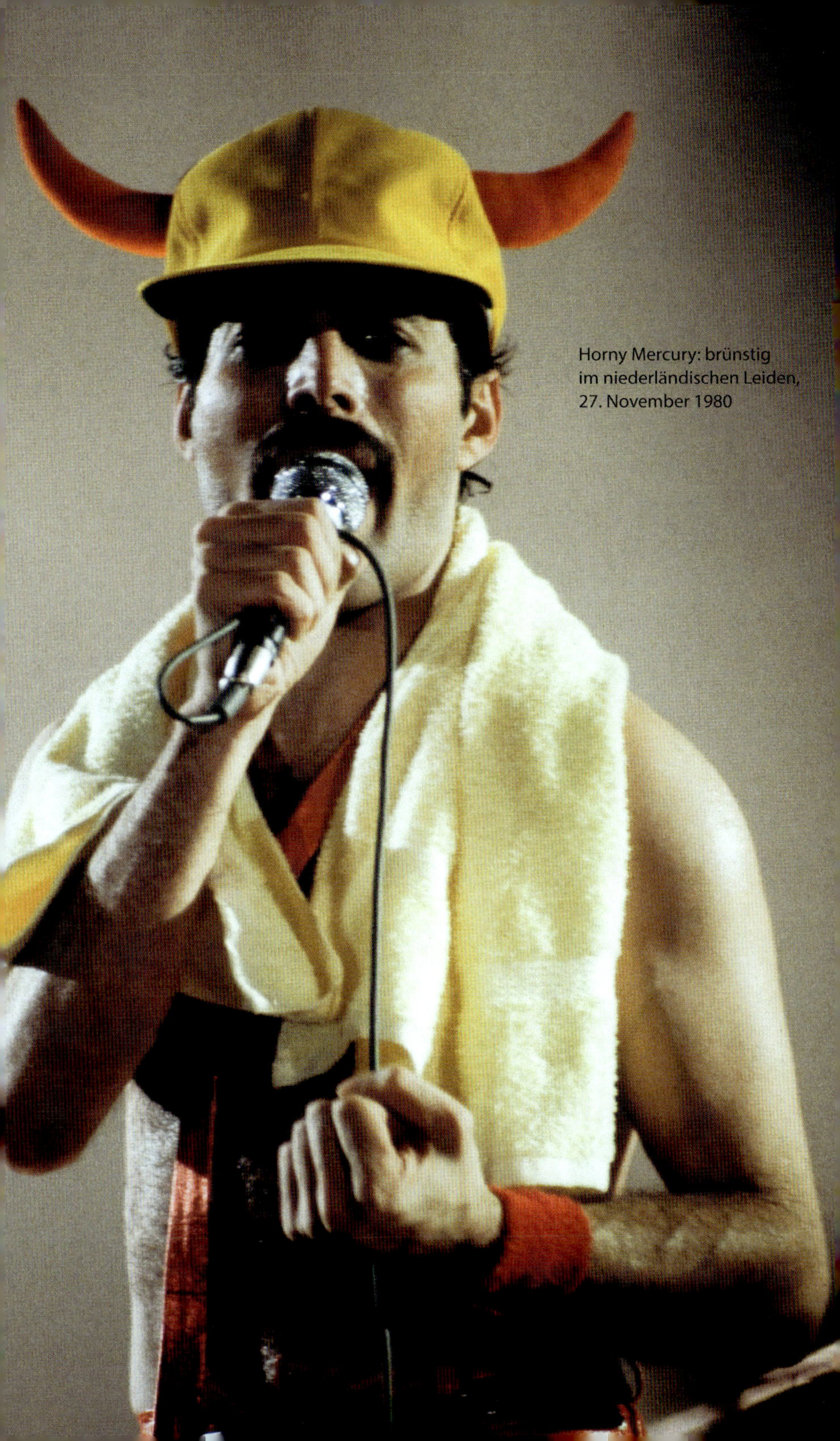

Horny Mercury: brünstig im niederländischen Leiden, 27. November 1980

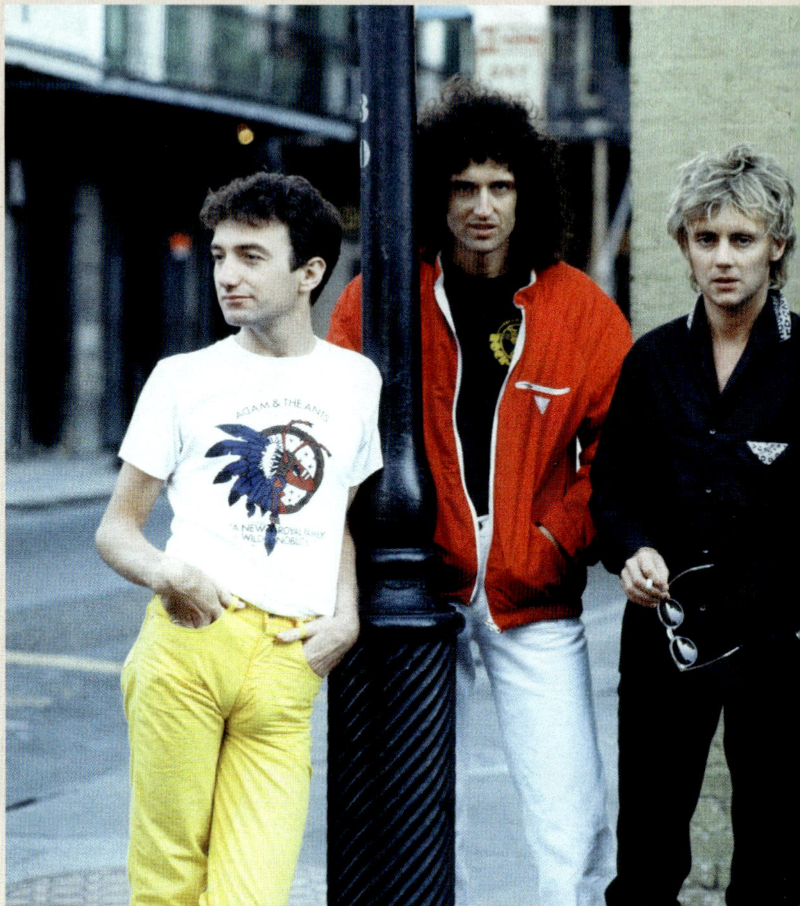

Queen in New Orleans 1981,
hier bereiten sie die Eroberung
Südamerikas vor

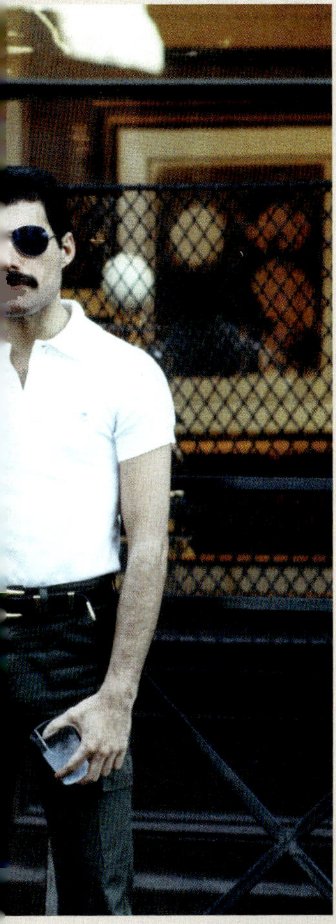

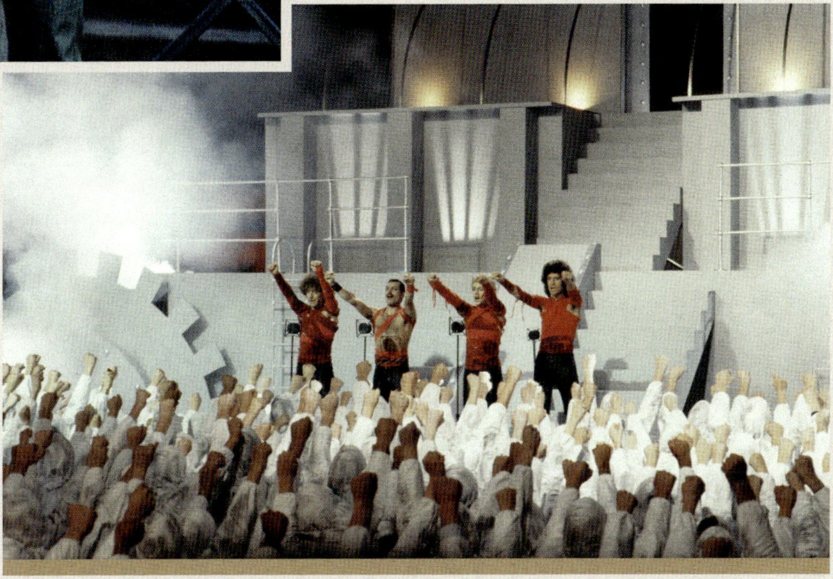

»All we hear is …«:
Von Fritz Langs *Metropolis* inspiriertes Video zu »Radio Ga Ga«, 1984

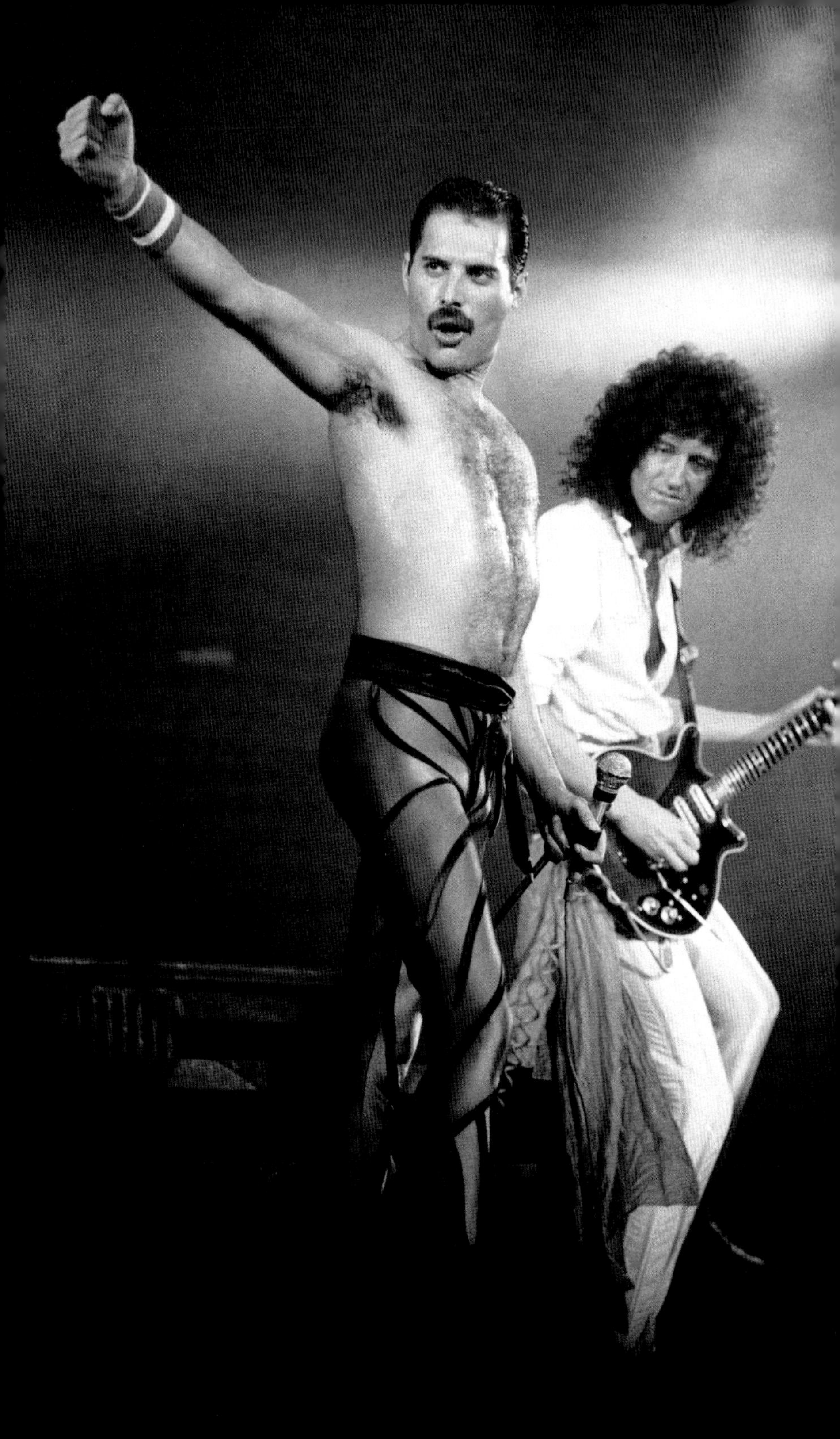

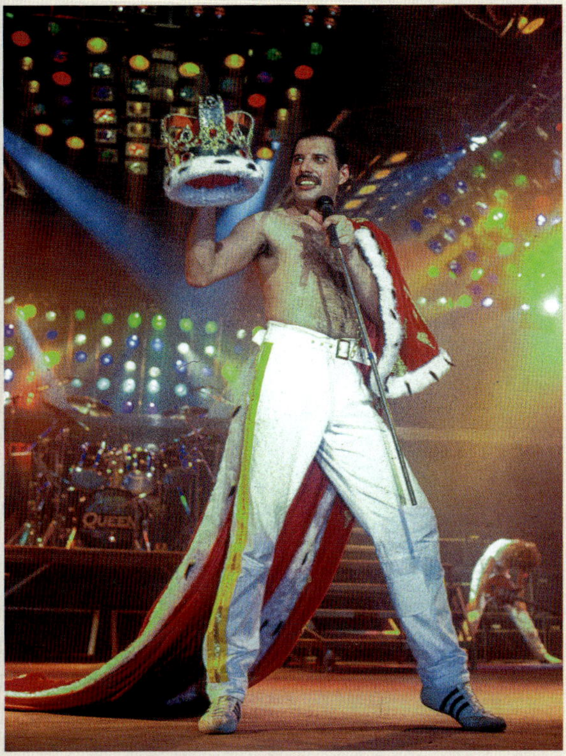

Die Krönung nach der Dröhnung: Highlight der *Magic*-Tour 1986

»Goobye everybody, I've got to go«: Queen verabschieden sich von Schweden, Stockholm, 7. Juni 1986

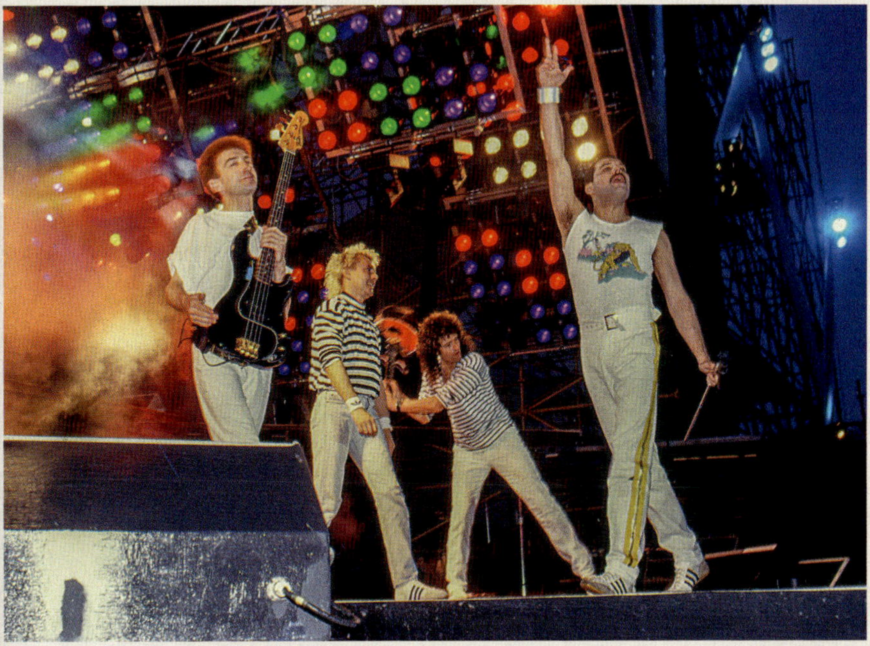

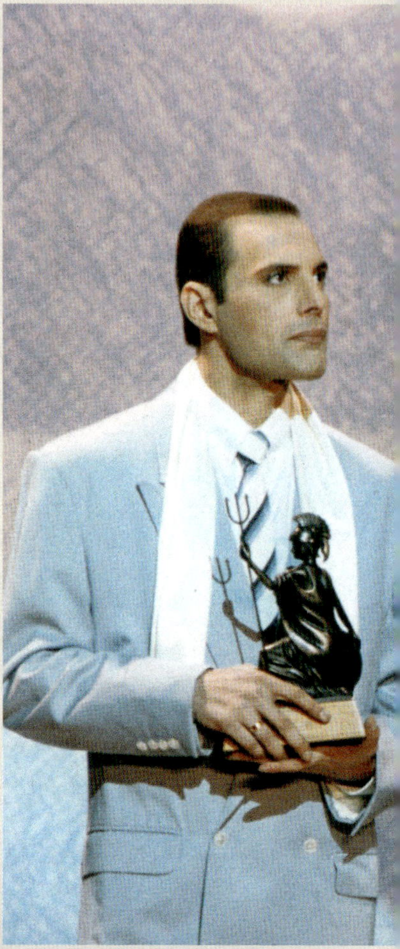

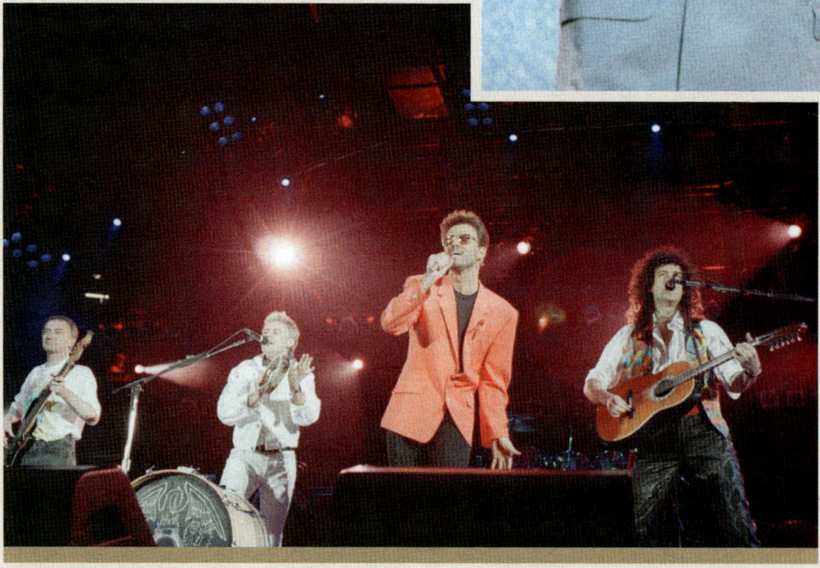

»Somebody to Love«: George Michaels emotionaler Auftritt beim *Freddie Mercury Tribute*, 20. April 1992

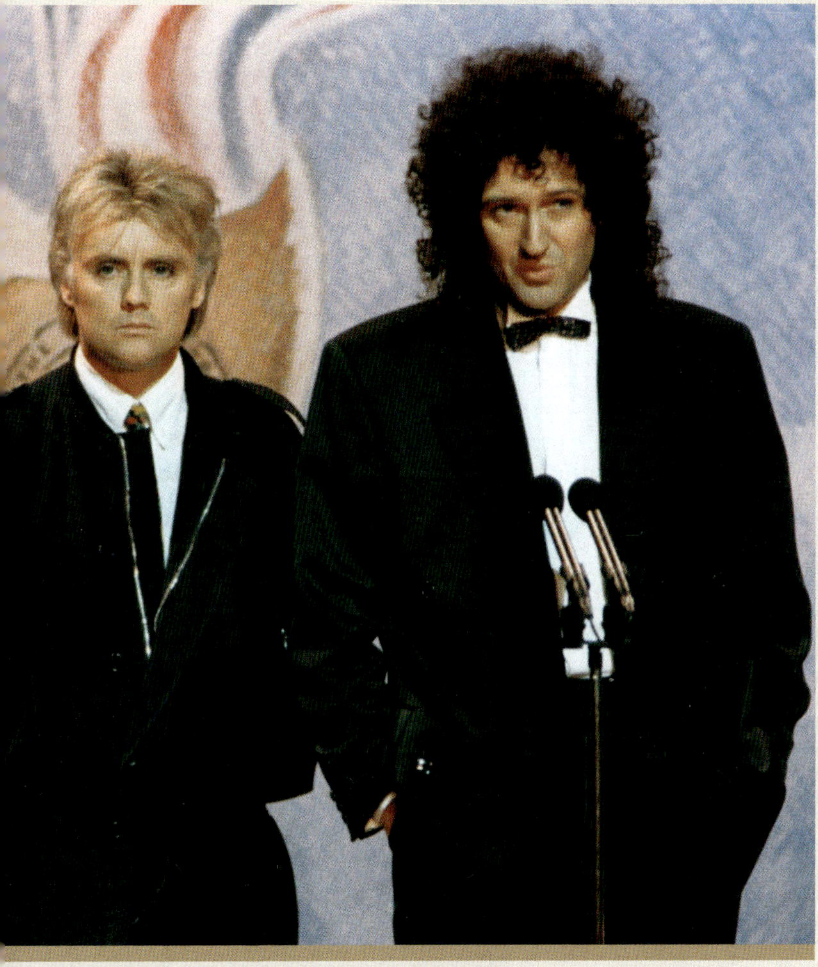

Mercurys letzter öffentlicher Auftritt bei den Brit Awards am 18. Februar 1990

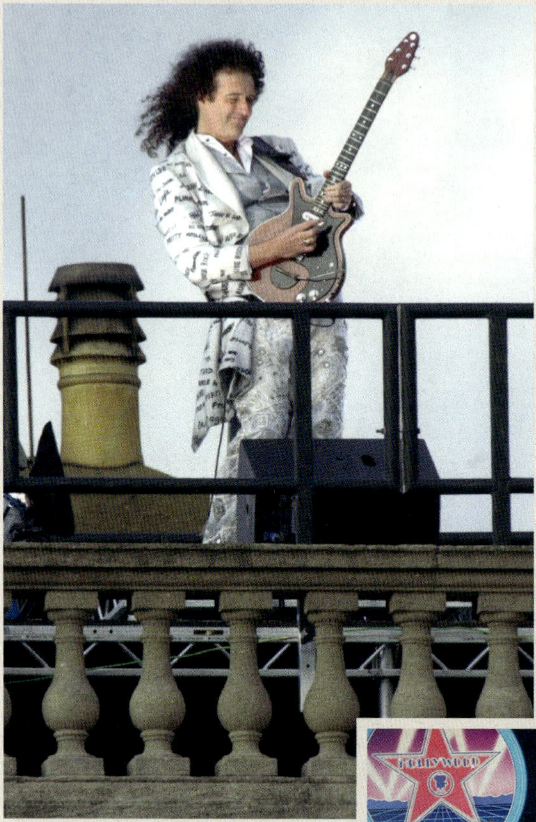

»God Save the Queen Guitarist«: May steigt den Windsors aufs Dach zum Goldenen Thronjubiläum von Queen Elizabeth II., 3. Juni 2002

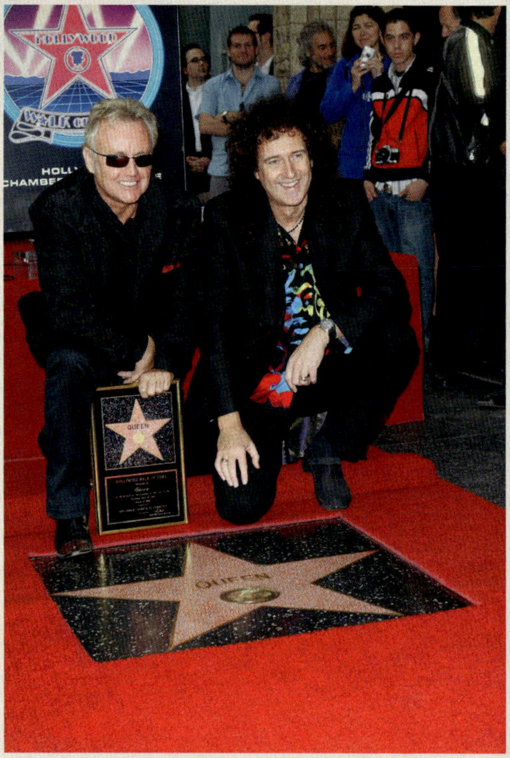

Taylor und May enthüllen ihren Stern auf dem Walk of Fame in Hollywood, 18. Oktober 2002

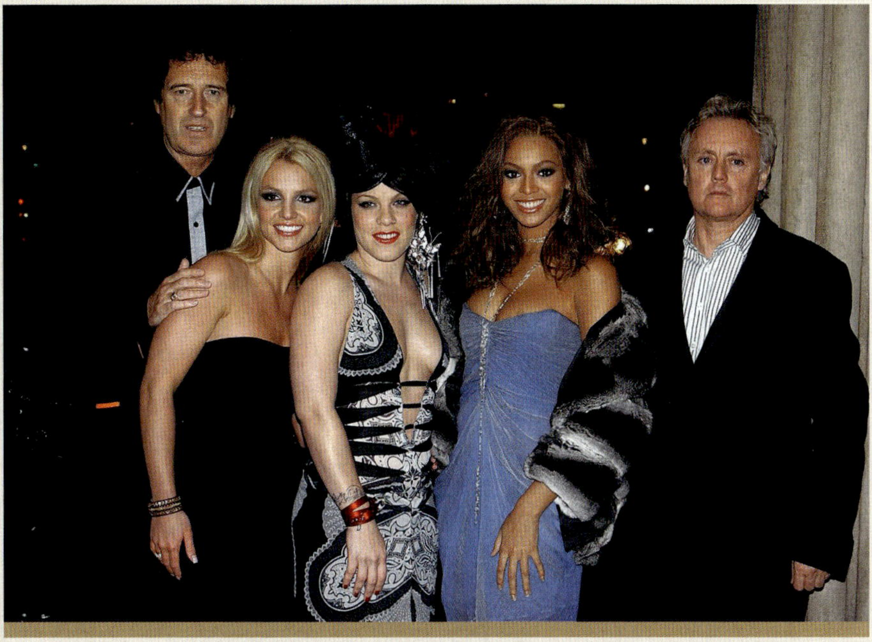

May und Taylor mit (v. l.) Britney Spears, Pink und Beyoncé bei der Premiere ihres Pepsi-Werbespots 2004

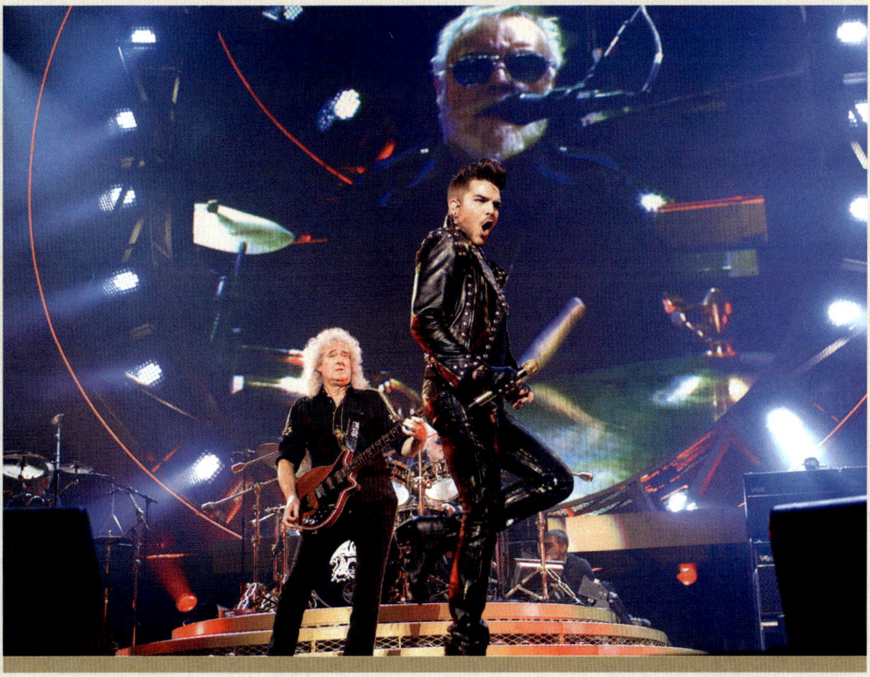

Three men, one goal: mit Adam Lambert in Glasgow, 14. Januar 2015

May und Mercurys Schwester Kashmira Cooke vor dem Haus der Bulsaras in Feltham, 1. September 2016

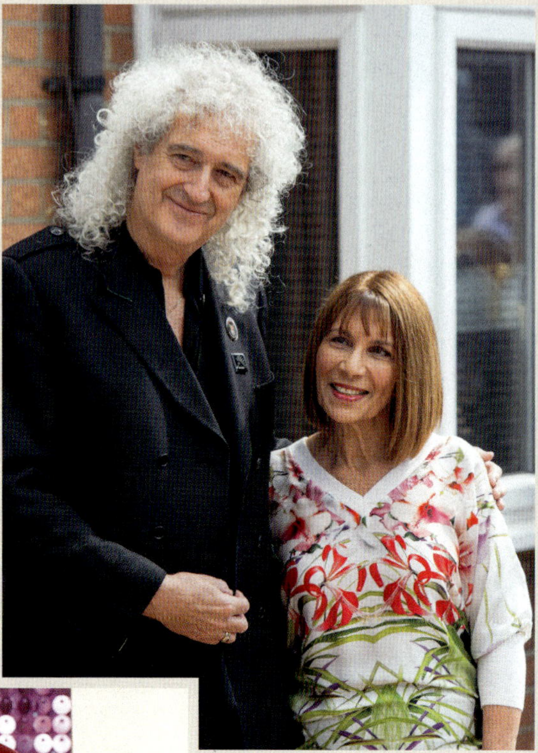

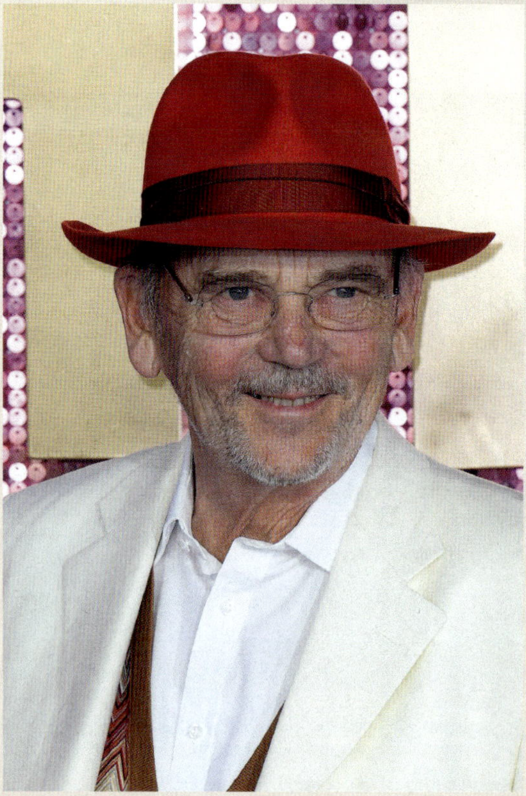

Jim »Miami« Beach, seit 1978 Manager von Queen, 2018

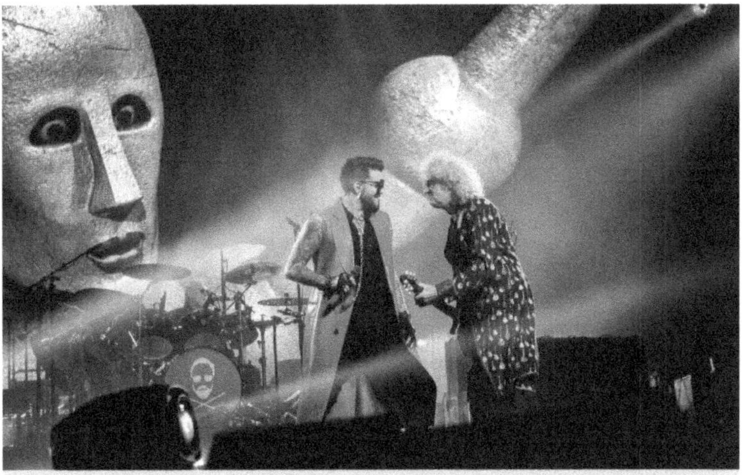

»Nanu, wer bist du denn?«:
Roboter Frank bestaunt den neuen Queen-Sänger Adam Lambert,
Mailand, 25. Juni 2018

Noch im Dezember beruhigte sie sich wieder, als bestätigt wurde, dass man Planungen für Konzerte mit Lambert begonnen habe. Nach einer zwei Auftritte umfassenden Rückkehr des neuen Trios zu *American Idol* im April 2012 erlebte Lambert dann seine Konzert-Feuertaufe am 30. Juni auf dem Unabhängigkeitsplatz von Kiew – die Ukraine scheint es Queen *MK III* angetan zu haben – im Rahmen eines Gratis-Benefizfestivals vor 350 000 Menschen.

Um Gegenwind gar nicht erst aufbrausen zu lassen, installierte man einen längeren Monolog in der Setlist. Hier erklärt Lambert seine Rolle in der Band neben den »Rock-'n'-Roll-Legenden« May und Taylor: »Manche von euch schauen mich gerade an und denken sich: Hmm ... ein Freddie ist das aber nicht. Echt jetzt? Ohne Scheiß?«[41] Natürlich sei er das nicht, es gäbe schließlich nur einen »Rock God« Mercury, und dessen Erbe gelte es hier und heute zu feiern. »Ich hätte mir nie vorstellen können, dass dieses Projekt so lange weitergeht«, sagte Lambert uns. Und weiter:

»Aber es hat einfach so gut funktioniert und daraus entstand dieser Schneeballeffekt – aus sporadischen Auftritten wurden ganze Touren, immer größere, in allen Teilen der Welt. Ich bin Brian und Roger auf ewig dankbar, dass sie an mich geglaubt und mir ihre Songs anvertraut haben.«

Die harte Schule von *American Idol* hatte Lambert mindestens eins beigebracht: sich gegen Widerstände durchzusetzen. Und massiver als in seiner neuen Karriere könnten diese kaum sein. Die Rechnung von Manager Beach schien jedenfalls aufgegangen zu sein: Lambert zog den Altersdurchschnitt von Queen-Fans nach unten. Vielleicht verzichteten May und Taylor auch deshalb darauf, ihr 50. Bandjubiläum im Jahr 2021 in großem Stil zu begehen. Wahrscheinlich will man einfach die Marke jung halten.

Denn das sind Queen nun mal, durchaus beabsichtigt, geworden – ähnlich den Kollegen der Stones. In beiden Gruppen spielen derzeit nur noch zwei der Gründungsmitglieder. Wie lange können Queen noch Queen sein? Und stellt sich diese Frage überhaupt? Denn womöglich haben sie ihren Tod längst überwunden. Bereits 1978 ließen die selbsterklärten »Musikarbeiter« Kraftwerk Promo-Auftritte von Dummy-Nachbauten ihrer selbst wahrnehmen und schicken deren Roboter-Folgemodelle seit 1991 auf Konzerte um die Welt. Wenn eines Tages mit Ralf Hütter auch der letzte Originalkraftwerker den Geist aufgibt, muss das also keineswegs das Ende der Gruppe bedeuten. Um das zu belegen, genügt ein Blick nach London, wo Ende Mai 2022 höchst erfolgreich die ABBAtare zu den neuen Dancing Queens und Kings geworden sind. Queen werden ähnliche Wege beschreiten, möglicherweise sogar noch die von Beethoven und Mozart ausgetretenen. Irgendwann wird sich das »Produkt« vermutlich gänzlich vom Schöpfer entkoppelt haben. Wer denkt bei IKEA schließlich noch an den Gründer der Möbelkette, Ingvar Kamprad vom Bauernhof Elmtaryd nahe des Dorfs Agunnaryd? Und ist der Disney-Konzern nicht auch mehr als ein halbes Jahrhundert nach dem Tod seines Namensgebers noch quicklebendig und am Puls der Kinder? Queen sind größer als die Summe ihrer Teile. Wer oder was nach dem Verlust Mercurys weitermachen kann, der oder das überdauert auch May und Taylor und kann für immer leben. *Forever is our today.*

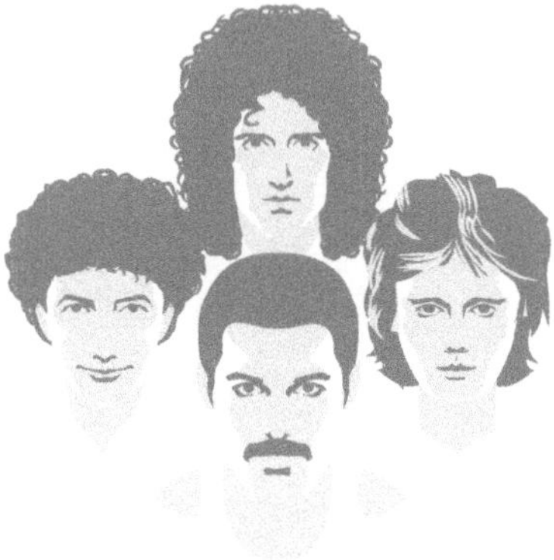

3 Live Killers: Auf den Brettern, die die Welt rockten

»Ein Konzert ist keine Live-Wiedergabe unseres Albums. Es ist ein theatralisches Ereignis!«

Freddie Mercury[1]

Queen haben die künstlerischen Möglichkeiten, die ihnen das Aufnahmestudio bot, bis ins letzte Eck ausgeschöpft. Doch anders als Techniktüftler wie The Smashing Pumpkins oder Arcade Fire verstanden sie auch die Wichtigkeit des Live-Moments für die erfüllende Langzeitbeziehung mit den Fans. Wie der offizielle Band-Archivar Greg Brooks berechnete, brachten Queen 58 Prozent ihres Materials auf die Bühne – eine Zahl, die noch größer wirkt, wenn man bedenkt, dass die Band ihre letzten beiden Alben nicht mehr mit Konzerten begleiten konnte. Die Rollenaufteilung beim Dialog mit dem Publikum war dabei klar geregelt: Mercury war der Animateur, heizte auf, kühlte aber auch herunter, wenn es wie etwa 1986 im irischen Slane Castle zu Tumulten im 92 000-köpfigen Publikum kam. May gab sich vor Akustikeinlagen auf dem Stuhl in Plauderlaune, Taylor und Deacon hielten sich mit Ansprachen dezent zurück. Deacon hätte noch nicht einmal die Chance dazu gehabt. Sein Mikro diente meist nur der optischen Balance. Um die Sonderstellung Queens zu begreifen, muss man sie auf der Bühne erlebt haben – mit der eierlegenden Wollmilchrampensau Mercury. Zahlreiche Live-Alben und Konzertfilme helfen, die Unmöglichkeit dieses Unternehmens aufzufangen. Versuchen wir, die *Live Magic* einzufangen, indem wir die wichtigsten Auftritte Queens schildern.

Live Aid: Der weltweite Wurlitzer

»Das Ziel war immer klar«, sagte May, »du nimmst dieses Publikum, das du nur in diesem unwiederbringlichen Moment hast, und verfeuerst alles, was dein Arsenal hergibt.«[2] Bis an die unverkennbaren Zähne war Mercury sowieso stets bewaffnet: Neben einem Mikrokabel, das er gerne als Peitsche zweckentfremdete, wurde das verchromte Obergestänge eines Mikrophonständers zu seinem Wahrzeichen, das ihm als Tambourstock, Maschinengewehr, Gitarrenersatz, vor allem aber als Genitalverlängerung dienen sollte. So nannte er sein Zubehör auch »meinen Schwanz, Darling!«[3] Zu seinen weiteren Accessoires gehörte die Welt der Flora: Mitte der 1970er-Jahre war es guter Brauch, dem Publikum Rosen zu reichen – »a dozen red roses for my darlings« –, die allerdings von Tourmanager Pete Brown entdornt werden mussten, weshalb Mercury bald lieber zu Nelken griff, die in Wassereimern unter seinem Flügel frisch gehalten wurden. Wen er damit beglückte, konnte er dabei nie genau wahrnehmen. Im Laufe seiner Karriere sollten sich bis zu zwölf Scheinwerfer gleichzeitig auf ihn richten, ihr Publikum bekam die Band bei Hallenkonzerten praktisch nie zu sehen. Das zentrale Motto war stets: »Blende sie und gib ihnen was auf die Ohren!«[4] Doch ausgerechnet dies konnten sie bei ihrem größten Live-Triumph nicht beherzigen:

diesen 20 Minuten in der seltenen Londoner Gluthitze des 13. Juli 1985 beim Benefiz-Bash *Live Aid.*

Ende Oktober des Vorjahres hatte die BBC eine Reportage des Journalisten Michael Buerk über die Hungersnot in Äthiopien ausgestrahlt, die daraufhin weltweit auf 425 TV-Kanälen lief. Unter den Zuschauer:innen: Bob Geldof, Kopf der verbleichenden New-Wave-Größe The Boomtown Rats und Hauptdarsteller des düsteren Films *Pink Floyd – The Wall* (1982, R: Alan Parker). Alarmiert kontaktierte er seinen Kollegen Midge Ure von Ultravox, gemeinsam entstand die Idee zu einer Charity-Single fürs Weihnachtsgeschäft, wenn die wohlhabende Menschheit des Westens Nikolausmützen und Spendierhosen trägt. Begleitet von einer beispiellosen Medienkampagne löste »Do They Know It's Christmas?« der Band Aid – ein Wortspiel um das englische Wort für Pflaster – im Dezember 1984 »Rhapsody« als meistverkaufte Single des Vereinigten Königreichs ab. Dank Musiker:innen wie Culture Club, Duran Duran, Bananarama, Wham! war Spenden auf einmal *in.* Vom Erfolg motiviert, beschlossen Geldof und Ure die Organisation eines gigantischen Wohltätigkeitskonzerts, Kontinente überspannend im Londoner Wembley-Stadion sowie im John-F.-Kennedy-Stadion von Philadelphia ausgetragen. Das Konzert sollte von Highlights gespickt sein, z. B. Paul McCartneys erstem Live-Auftritt seit der Ermordung John Lennons sowie der mit Hochspannung erwarteten Reunion Led Zeppelins fünf Jahre nach dem Tod ihres Drummers John Bonham. Doch entgegen allen Vermutungen stach der Auftritt Queens all dies aus. Beständig wurde das Minikonzert zur besten Live-Performance der Geschichte gewählt. Im März 2021 erklärte die britische Konzertagentur Ticket-Source die Show zu dem Live-Konzert, das online bis dato mit weitem Abstand die meisten Klicks erzielt hat – aktuell steht das komplette Set bei 155 Millionen Abrufen. So überragend war Queens Performance aus sechs Songs, dass sie im Biopic in voller Länge als großes Finale penibel genau nachgestellt wird (die Kinofassung verzichtete dabei aus Zeitgründen auf »Crazy Little

Thing Called Love« und »Rock You«). Was von bemerkenswertem Handwerk zeugt, allerdings auch ein bisschen wie der Nachbau des Eiffelturms im chinesischen Tianducheng wirkt. Hätte man hier nicht auch einfach das Original zeigen können? Rami Malek quasi als Supportact und Mercury anschließend als Hauptattraktion? Denn was Queen da ablieferten, war schlicht unnachahmlich – Oscar hin oder her. Obwohl: Queen selbst hätten das durchaus nachahmen können. Und genau darin liegt diese Meisterleistung begründet. Denn Queen wurden hier nicht etwa von der Muse geküsst oder von einem Prinzen oder gleich einer Schar »Princes of the Universe« aus einem Schneewittchenschlaf wachgeknutscht. Zwar wird der Auftritt, so auch im Film, gerne als Comeback dargestellt, und in gewisser Weise stimmt das sogar. Doch es war Welt, die zurückkam, die nach langer Zeit mal wieder hingesehen und -gehört hatte. Für Queen standen Shows wie diese auf der Tagesordnung. Erst zwei Monate zuvor hatten sie in Osaka ihre *The Works*-Tour beendet, in deren Rahmen sie beim *Rock in Rio*-Festival vor 325 000 Menschen gespielt hatten. Die Band war eine gutgeölte Maschine – die 72 000 Besucher:innen des Wembley-Stadions konnten sie nicht einschüchtern.

Doch eigentlich hätte es gar nicht so weit kommen sollen. Aus Angst vor Vereinnahmung und stets um die Unabhängigkeit ihrer Identität besorgt, wollte die Band eigentlich nie explizite politische Statements machen – einzige Ausnahme war bis dahin am 26. Dezember 1979 ein Auftritt in einer Benefizkonzertreihe für die notleidende Bevölkerung Kambodschas gewesen, mit dem Queen sich neben Punkgrößen wie The Clash und Ian Dury einreihten. Sonst sollte die Band selbst Botschaft genug sein. Ihre Konzerte standen allen offen. Bis heute begeistert Taylor »der vereinende Charakter«[5] ihrer Auftritte. Vor Queen sind alle Menschen gleich … oder? Zur anfänglichen *Live Aid*-Skepsis der Band hatte beigetragen, dass ihr das apolitische Selbstverständnis kurz zuvor zum Verhängnis geworden war. Im Oktober 1984 hatte sie entgegen dem Boykott der internationalen Entertainmentbranche neunmal im Luxusressort Sun City von Bophuthatswana im Apartheid-Regime Südafrikas gastiert und sich dafür harsche Kritik eingefangen. Dazu hatten Queen gerade eine erfolgreiche, aber auch problembehaftete Tour beendet und sich auf eine sechsmonatige Auszeit voneinander gefreut. Und auf Geldof hatten sie sowieso keine Lust. Der hatte sie für »Do They Know It's Christmas?« gar nicht erst angefragt – und Queens eigene Weihnachtssingle »Thank God It's Christmas« an den Chartsrand gedrängt. Geldof wollte an die Geldbörsen der kaufkräftigen Jugend und hatte sich auf Teen-Acts eingeschossen. Die New Romantics waren wie ihr Name schon nahelegt: neu. Queen hingegen ein Legacy-Act, trotz dreier Top-Ten-Hits aus ihrem aktuellen Album. Mercury stand bei *Live Aid* vor seinem 39. Geburtstag. George Michael war gerade erst 22 geworden. Doch Geldof wusste, dass er für die umfassende Umsetzung seiner Vorstellung auch die etablierten Namen brauchte. Über das gemeinsame Bindeglied, Multiinstrumentalist Spike Edney, der schon mit Dexys Midnight Runners, Bucks Fizz und Geldofs Boomtown Rats gearbeitet hatte und seit 1984 als Keyboarder im erweiterten Live-Personal Queens war, ließ er bei der gerade im neuseeländischen Auckland spielenden Band anfragen. Gerade Deacon zeigte sich pikiert darüber, dass Geldof sich nicht persönlich an sie gewandt hatte. Den letztgültigen Ausschlag für eine Absage hätte Mercurys Gesundheitszustand geben müssen. Noch drei Wochen vor dem Konzert hatte er im Interview BBC-DJ Simon Bates zu dessen Entsetzen seine krankhaft befleckte Zunge herausgestreckt, als Beweis, dass er es zuletzt zu bunt getrieben habe und Ruhe benötige. Dazu hatte ein Infekt seinen Hals entzündet. Seine Ärzte rieten ihm dringend von einem weiteren Auftritt ab. Doch der personifizierte Ehrgeiz Geldof hakte nach. In Japan erreichte er Beach und bestellte ihm in Richtung Mercury: »Erzähl der alten Schwuchtel [sic], das wird das größte Ding, das es je gegeben hat – das absolute Riesen-Mega-Ding!«[6] Alle Tickets waren zu dem Zeitpunkt bereits verkauft. Aber Mercury war überzeugt. Er witterte eine Chance, sein Stammpublikum zu erweitern, und wollte dazu nichts dem Zufall überlassen. Drei Tage mieteten sich Queen im Londoner Shaw Theatre ein und studierten ihr Set ein, bis es perfekt in die vorgegebenen 20 Minuten passte – am Bühnenrand des Wembley-Stadions warnten Ampeln die Acts vor Zeitüberschreitung: Wer bei Rot immer noch keine Anstalten machte zu gehen, dem wurde der Strom abgedreht. »Ich neige zu der Überzeugung, dass die Aufmerksamkeit, die eine Band dem Soundcheck schenkt, definiert, wie ernsthaft und professionell sie ist«[7], schrieb May später. Außerdem stellte Mercury Bedingungen: Er wollte, dass seine Band gegen 18 Uhr auftritt. Das galt zwar nicht als prestigeträchtige Primetime, doch de facto war es in Großbritannien die Hauptsendezeit. Zu dieser Uhrzeit wäre die arbeitende Bevölkerung zu Hause – es war kurz nach *Teatime*. Dazu wäre das US-amerikanische Parallelpublikum noch frisch und aufnahmebereit vor den Fernsehern.

Eine Stunde vor Stagetime traf Mercury dann im Stadion ein. Dennoch fand er die Zeit, seinem Journalistenfreund Wigg ein Interview zu geben. Darin sprach er über seine privilegierte Kindheit, die ihm vor allem in seinen Internatsjahren in Indien bewusst wurde. Darüber, dass er den BBC-Bericht über die äthiopische Katastrophe von Hilflosigkeit überwältigt abschalten musste. Er maße sich nicht an, hier und heute die Welt retten zu wollen, freue sich aber über die Gelegenheit, sie vielleicht ein wenig verbessern zu können.[8] In einem anderen, im Vorfeld des Auftritts aufgezeichneten Interview mit der ganzen Band antwortete er auf die Frage, ob Queen hier eher den guten Zweck unterstützen würden oder sich eine Teilnahme angesichts der Dimension des Events gar nicht vermeiden ließe: »Um ehrlich zu sein, trifft beides zu.«[9]

Auch backstage schrieb er Geschichte – eine sehr persönliche. So präsentierte er sich erstmals in größerer Öffentlichkeit mit seinem neuen Partner Jim Hutton, einem Friseur. Hutton war noch nie zuvor auf einem Rockkonzert gewesen. Doch nur so konnte das Paar funktionieren. »Ich habe ein Monster erschaffen«, beklagte Mercury zuvor das zweischneidige Schwert seiner Bühnenexistenz. »Meine Kunstfigur beeinträchtigt mich, daher muss ich sie bekämpfen.«[10] Die Welt war einer Inszenierung verfallen, um die Hutton sich aber nicht scherte. Er hatte keine Ahnung, wer Queen war. Er hatte sich in einen Menschen aus Fleisch und Blut verliebt. Bis zu dessen Tod sollte er nicht mehr von Mercurys Seite weichen. Neben Mary Austin war er seine große Liebe.

Während die Comedians Griff Rhys Jones und Mel Smith in Polizeiuniform Queen als »Ihre Majestät« ankündigen, sorgt deren Toningenieur James »Trip« Khalaf unbemerkt am Mischpult des Stadions dafür, dass diese Band die lauteste des Tages sein sollte. Um 18:41 Uhr läuft die Gruppe auf die Bühne. Bloß keine Sekunde Spielzeit verlieren, aber auch, um den Leuten zu zeigen, dass sie noch nicht zum alten Eisen gehören. Ähnlich dem Spurt, den der 77-jährige Joe Biden zum Pult seiner Dankesrede nach gewonnener Präsidentschaftswahl 2020 hingelegt hatte. Mercury winkt mit breitem Lächeln (der soeben noch gekippte Wodka-Tonic mag seinen Teil dazu beigetragen haben) und zeigt sich in schockierend unschockierendem Outfit: ausgewaschene hellblaue Wrangler, ein weißes Unterhemd und weiße Adidas-Stiefel. Als einzige Reminiszenz an alte Glam-Tage: ein zum schwarzen Nietengürtel passendes Oberarmband. Dann die nächste Überraschung: Queen machen keine Gefangenen und beginnen, wie zuletzt vor neun Jahren bei der *Opera*-Tour, mit ihrem größten heimischen Hit, »Rhapsody«. Die Band weicht dem unmöglich live aufzuführenden Intro, sowie den »Galileos« und »Figaros« aus und leitet in »Radio Ga Ga« um. Ein Roadie reicht Mercury dessen Mikrophonständer mit dem gewohnten Shure Unisphere 1 Model 565 darauf. Mercury singt die Bridge, und die Winston Churchills 1940er-Rede »This Was Their Finest Hour« zitierende Weissagung aus den letzten Zeilen geht in Erfüllung: »You had your time, you had the power / You've yet to have your finest hour«. Queen galten als abgeschrieben. Doch ihre größte (Viertel-)Stunde sollte erst jetzt schlagen. Pünktlich zum Refrain präsentiert das Publikum die im »Radio Ga Ga«-Video eingeführte Choreographie aus zweifachem Klatschen und einer Ypsilon-förmigen Körperhaltung – einer der denkwürdigsten Momente des Sets. Auf einem Queen-Konzert wäre eine solche Reaktion vielleicht zu erwarten (in der üblichen Dunkelheit allerdings nicht zu sehen) gewesen – aber vor einem Festivalpublikum zwischen den Dire Straits und David Bowie? Oder konnte man Musikvideos in Zeiten, in denen die meisten Haushalte gerade einmal über vier Fernsehkanäle verfügten, als allgemein bekannt voraussetzen? Die immer wahrscheinlicher werdende Antwort – Queen waren doch weit größer als gedacht – spornte Mercury zu den legendären 40 Sekunden an, in denen er die Konzertbesucher:innen seine Scat-Fetzen alias »Ay-oh« imitieren ließ. Erhebungen, wie viele der geschätzten 1,9 Milliarden TV-Zuschauer:innen es ihm auf den heimischen Sofas gleichgetan haben, liegen leider nicht vor. Eine vier Sekunden lang gehaltene Note im Gesangsduell ging als »The Note Heard Round the World« in die Geschichte ein. Danach blieben Queen beim Programm von *The Works* und spielten »Hammer to Fall«, nur ein mäßiger Hit zwar (Platz 13 im UK), aber eben ein zeitgemäßer Arenarocker, an dem dazu Mays Herz zu hängen scheint; so endet sein einziges Solo-Live-Album 1993 mit diesem Song – noch nach »Rock You«. Bevor dieses Kommando das Stadion zumindest mittels erster Strophe und Refrain zum zweiten, dem von »Ga Ga« ähnelndem Klatschen bringt, hält Mercury den Massen siegestaumelnd noch seinen Po hin, und Queen erinnern die zugeschalteten USA dann, dass sie dort vor gar nicht allzu langer Zeit eine sehr große Nummer waren, eine Nr. 1, um genau zu sein: »Crazy Little Thing«. Mit Mercury an der Rhythmusgitarre! Nach dem unausweichlichen Finale räumen Queen die Bühne als die soeben besungenen »Champions of the World«. Mercurys anfängliches Grinsen war einer Ehrfurchtsstarre gewichen. Der größte Gangbang der Welt lag hinter ihm. Queen hatten Geldofs Auftrag der »globalen Jukebox« vollauf beherzigt und damit die zeitliche Wahrnehmung dieser zurückliegenden Minuten mit einem Stilmix aus Hardrock, Synthiepop, Rockabilly und hymnenhaften Balladen gedehnt – und dabei noch nicht mal alle Register gezogen. Ihre erfolgreichste Single »Dust« ließen sie außen vor. Mit einer gänzlich anderen Setlist, beispielsweise aus dem Gospel »Somebody to Love«, dem Klopfer »Now I'm Here«, dem Massenchor »Love of My Life«, »Break Free« zur Gegenwartsverortung, eben dem funky »Dust«, sowie zum Abschluss ein »Under Pressure«-Duett mit dem folgenden Bowie hätten sie wohl ähnlich reüssiert. Der größte Gig aller Zeiten war also einerseits *business as usual*, andererseits fand er aber auch jenseits von Queens Komfortzone statt: Die Band trat hier fast nackt auf, ohne Kunstnebel und ohne ihr Bühnenlicht-Brimborium. Queen hatten ›nur‹ ihre Songs und die unfassbare Energie Mercurys. Wie ein Sternekoch, der es versteht, auch aus einem Butterbrot eine Delikatesse zu zaubern. Er hatte die Welt in der Hand und die Welt hatte ihre Hände dort, wo Geldof sie haben wollte: an der Geldbörse. Nach Queens Auftritt stieg die Spendensumme von 65 US-Dollar pro Sekunde auf 400.

Backstage prescht Elton John in Mercurys Umkleidewagen und kreischt scherzhaft: »Ihr Bastarde … ihr habt die ganze Show gestohlen!«[11], bevor Mercury dem Nächsten in der Reihenfolge, den in einem eleganten hellblauen Anzug gekleideten Bowie hinübermurmelt: »Wenn ich dich nicht so gut kennen würde, mein Lieber, dann würde ich dich jetzt fressen!«[12] Aus einem skurrilen Zufall heraus hatte Hutton dabei wenige Tage zuvor Bowie die Haare für dessen Auftritt geschnitten. Um 21:48 Uhr, als Wegbereiter für Paul McCartney, kommen Mercury und May für eine kurze Akustikeinlage zurück: »Is This the World We Created?«, der phrasenhafte Abschluss ihres aktuellen Albums, zu diesem Anlass passt er ganz gut.

Nach der großen Schlussnummer in London verzichtete Mercury auf die Aftershow-Party im Legends-Club. Er verbrachte die Nacht mit Hutton zu Hause in seinem Anwesen Garden Lodge, trank seinen präferierten Stolichnaya-Wodka und verfolgte die weiteren Auftritte des Parallelkonzerts in Philadelphia. Doch in seinem Kopf verfestigte sich eine Gewissheit: Wembley und er, sie würden einander bald wiedersehen. Nur dann mit vertauschten Rollen. Queen wären dann ganz sicher keine Gäste mehr. Demnächst würden sie einladen, zur größten Tour ihres Lebens.

The Magic Tour

Am 7. Juni 1986, fünf Tage nach Veröffentlichung ihres Albums *A Kind of Magic*, starteten Queen ihre ambitionierteste Konzertreise, *The Magic Tour*: Fünf Jahre nachdem sie sich in Südamerika von den Stadien in die Fan-Herzen gespielt hatten, gaben sie wieder zum Großteil Open Airs. Kick-off war im schwedischen Nationalfußballstadion in Stockholm. Während 26 ausverkaufter Shows in elf europäischen Ländern sollte es auf die ganz großen Bühnen gehen. Und wo es keine gab, brachten Queen eben selbst eine mit: 150 Meter war sie lang, mit zwei Rampen versehen, damit Mercury sich breitflächig austoben konnte, wobei ihm erstmals ein Funk-Mikro von Sony half, das er gegen sein geliebtes Shure eintauschte. Doch die Perspektive schüchterte ihn auch etwas ein:

> »Ich genieße die räumliche Freiheit der Bühne und renne auch gerne ein bisschen herum, aber als ich die Entwürfe für die *Magic*-Bühne sah, dachte ich: ›Ach du großer Gott! Was soll ich denn da bloß machen? Da brauche ich ja Rollerskates, um von einer Seite zur anderen zu gelangen.‹«[13]

Tatsächlich machte sich Mercury Sorgen um sein Alter, das auch an ihm nicht spurlos vorüberging – durch ungünstige Kameraeinstellungen ließ sich bereits auf Mitschnitten der *Crazy*-Tour von 1979 ein beginnender Hubschrauberlandeplatz um seinen Haarwirbel nicht mehr leugnen. Seinen Friseurfreund Hutton bat er allerdings nie, die kahle Stelle zu überdecken. »Ich habe ein kleines Bäuchlein bekommen«, sagte er damals, »ein bisschen Wohlstandsspeck zugelegt, und in dem Moment, wo sie auch nur ein winziges Stückchen davon zu Gesicht bekommen, werden sie anfangen mich ›Fatty Mercury‹ zu nennen.«[14] Und so sollte es dann auch kommen: als »*speck*takulären Freddie«[15] zog ihn der *Daily Mirror* auf. Doch auf der gewaltigen Bühne sollten die Pfunde purzeln. In dreifacher Ausführung gab es diese: Eine wurde irgendwo ab-, die andere irgendwo aufgebaut und auf der dritten wurde gespielt. Jede wurde in sechs jeweils 15 Meter langen Trucks transportiert. Dazu kamen noch neun Trucks der gleichen Größe nur für das Equipment der Band. *The Grand Dance* – zum ersten und wie sich zeigen sollte: einzigen Mal. May erinnerte sich an einen Backstage-Streit in Spanien, als Mercury in der Hitze des Gefechts den anderen vor den Kopf knallte: »Ich werde das hier nicht ewig machen! Das ist wahrscheinlich das letzte Mal!«[16] Auch mit einer anderen Ansage am 12. Juli auf der Bühne in London sollte Mercury recht behalten:

> »Wisst ihr was? Es gibt da seit kurzem viele Gerüchte über eine gewisse Band namens Queen. Die Gerüchte besagen, dass wir uns trennen – was sagt ihr dazu? *(deutet auf seinen Hintern)* Die reden hieraus! Entschuldigt, aber ich sage, was ich will. Ihr könnt diese Gerüchte vergessen, wir bleiben zusammen, bis wir verdammt noch mal sterben, das versichere ich euch.«

»That's right«, pflichtete ihm May fern seines Mikros bei. Danach intonierten sie »Who Wants to Live Forever«. Auf dem Mannheimer Maimarktgelände variierte Mercury diese Vergewisserung vor etwa 86 000 Fans:

> »A lot of people are saying that Queen are gonna split up. But that's a lot of bullshit, okay? It's all Scheiße! It's the only German word I know. And a little bumsenbumsen and all that shit.«

Unter dem Gefeixe lauerte eine düstere Vorahnung dessen, was geschehen würde. Doch vordergründig verbot sich jegliche Abschiedsstimmung. Es regierte der Aufbruchsgeist mit allem, was dazugehört, oder besser: mit allem, wovon man das dachte. In die letzte Kategorie fallen beispielsweise die gigantischen Aufblaspuppen, die der Comicversion der Band auf dem arg infantilen Albumcover nachempfunden waren. Diese waren dazu gedacht, ab »A Kind of Magic« heiter über die Köpfe der Fans zu hopsen. Doch Deacons Ballonbuddy, gemäß seinem Song »Break Free«, löste sich in London los und entschwand in den Himmel. 2017 tauchte eine Anzeige bei eBay auf, in der ein privater Händler aus dem 60 Kilometer entfernten Chelmsford behauptete, die Mercury-Puppe sei in seinem Garten gelandet. Bei genauerem Hinsehen entpuppte sich die Puppe als die des verlustig gegangenen Deacon; man hatte ihr nur in der Hoffnung auf einen höheren Verkaufspreis dreist einen Oberlippenbart draufgepinselt.

»I had a dream when I was young / A dream of sweet illusion« – bei der *Magic*-Tour erfüllte sich für die Band ein lange gehegter Jugendwunsch: zum ersten – und aufgrund der hohen Nachfrage auch gleich zweiten Mal Wembley headlinen, der Ritterschlag für jeden Rockstar, im Nordwesten ihrer Heimatstadt. Der seit 2003 erstmals in voller Länge erhältliche Mitschnitt *Live at Wembley Stadium* gibt Zeugnis von der Perfektion der Konzerte am 11. und 12. Juli. Die Band hatte sich ein den neuen Dimensionen entsprechendes, fast cineastisches Intro überlegt: »One Vision«, eine von *Live Aid* beflügelte Weltverbesserungshymne, die allerdings wie ein Weltuntergang beginnt: Aufbrausende Synthiestreicher, darüber verlangsamter, fast Doom-Metal-artiger Rückwärtsgesang – in Originalform singt Mercury hier »God works in mysterious ways … / mysterious ways …« – bis eine treibende Bassdrum und eine vorwärtsschreitende Synthiefigur einsetzen, kurz überlagert von einem stimmlichen Fetzen Mercurys, als würde der schon neckisch durch den Bühnenvorhang grinsen. Die Melodie gefriert auf einer hohen Note, und die Spannung entlädt sich in einem ekstatischen Riff von May.

Der schießt los wie ein Polizeiboot der Küstenwache auf Verfolgungsjagd. Deacon und Taylor setzen ein – wie der Rest ganz in Weiß gekleidet. Schon zu Frühzeiten galt der Dresscode: In kleinen Hallen schwarz, in großen Hallen und allem darüber hinaus aus Gründen besserer Sichtbarkeit weiß. Ein Dualismus, der sich wie ein roter, in diesem Falle schwarzweißer, Faden durch die Geschichte der Gruppe zieht. Mercury sprintet mit seiner gelben Bolerojacke über weißem, an *Live Aid* erinnernden Achselhemd auf die Bühne, stimmlich auf Höchstleistung, und entfacht einen Hexenkessel. Danach der packendste Hardrocker der Band, »Tie Your Mother Down«, der bei Erscheinen 1977 mit Platz 31 im UK unverständlich floppte. »Take your little brother / swimmin' with a brick, that's all right«, Gewaltfantasien eines hormongesteuerten Notgeilen, ausgerechnet aus der Feder des besonnen May. Mercury hatte dessen anfängliche Bedenken ausgeräumt und zu dem Brutalotext, letztlich eine Metapher für Rebellion gegen elterliche Bevormundung, ermuntert. Ab hier ist ihnen das Publikum verfallen. So kann sich die Band sogar ein Experiment erlauben und »In the Laps of the Gods … Revisited« ausgraben, von 1974 bis 77 aufgrund der epischen »Hey Jude«-Coda ein Standard bei ihren Konzerten, zehn Jahre später ein Schmankerl für ältere Semester. Deren Euphorie schwappt über, und schnell schwenkt das ganze Stadion die Arme, als wäre man schon bei den »Champions« angelangt. Dabei läuft hier erst der dritte Song.

Im Verlauf der Show stellen Queen immer wieder Bezüge zu den 70er-Jahren her, etwa im »Liar«-Intro von »Seven Seas of Rhye«, aber auch zu ihrer sozusagen prähistorischen Zeit. Mit Elvis Presleys »(You're So Square) Baby I Don't Care« und dem von Ricky Nelson popularisierten »Hello Mary Lou« beginnt ein Medley aus Rock-Evergreens, das die Band zunächst minimalistisch darbietet. Taylor verlässt sein Drumset, schüttelt nur das Tamburin und konzentriert sich auf seinen Gesang, May greift zur Akustischen. Queen geben hier eine kurze Ahnung davon, wie sie als Gäste von *MTV Unplugged* geklungen hätten. In diesem Format hätten sie brilliert, wie man bereits 1977 anhand der für Konzerte umarrangierten Akustikversion von »Love of My Life« hören konnte. Dazu genossen sie es auch, live mit weniger auskommen zu müssen. Den Budenzauber im Studio zu belassen. Für eine Band, die auf Platte Harmonie-Hochburgen baute, live aber nur auf drei Sänger zurückgreifen konnte, gelang dies stets erstaunlich gut. Das *Back-to-basics*-Medley endet in Little Richards 1955er-Urschreitherapie »Tutti Frutti«. Auf Mercurys Befehl »A-wop-bop-a-loo-bop-a-wop-bam-BOOM!« rennen alle zu ihren Stamminstrumenten zurück und feuern wieder los. Am nächsten Tag sollten sie den Ehrerweisungsreigen um »Gimme Some Lovin'« der Spencer Davis Group erweitern. Als erste Zugabe griffen sie »Big Spender« neu auf. Der Musical-Hit aus dem Jahr 1966 hatte bereits 1971 einen festen Platz im Repertoire der Band und wurde bis 1975 gerne im Verbund mit Stücken wie Connie Francis' »Stupid Cupid«, Gene Vincents »Be-Bop-A-Lula«, Big Joe Turners »Shake, Rattle & Roll«, Little Richards »Bama Lama Bama Loo« und Elvis' »Jailhouse Rock« präsentiert. Dieser Mix zeigte von vornherein die Priorisierung des Publikums, das vertraute Songs in der Regel unbekannten vorzieht.

Je größer die Show, desto durchorchestrierter ist sie normalerweise. Angesichts dessen verblüfft es, wie Queen bis zuletzt live mit Freiflächen und Variationen arbeiteten. Stets unterlag die Setlist Mercurys letztem Wort; bisweilen nahm er noch, abhängig von seiner Stimmung oder der stimmlichen Verfassung, in der letzten Minute vor Showtime Änderungen vor. So spielten Queen nur während des Berlin-Konzerts der *Magic*-Tour den »Immigrant Song« von Led Zeppelin – unfreiwillig komisch allerdings: Bei der Imitation von Robert Plants Falsett-Schlachtrufen klingt Mercury, als wäre er auf einen Legostein getreten. Mercury kann nicht Plant, und wie das *Freddie Mercury Tribute* zeigen sollte: Plant kann nicht Mercury. Am 27. Juli singt Mercury dann, von May begleitet, im Budapester Népstadion (›Volksstadion‹, heute: Puskás Ferenc Stadion) während des größten Konzerts einer westlichen Band in den Staaten des Warschauer Pakts, das ungarische Volkslied »Tavaszi Szél Vizet

Árasztॠ, zu Deutsch: »Der Frühlingswind lässt die Flüsse über die Ufer treten«. Der später von den Scorpions besungene »Wind of Change« beginnt bereits hier zu wehen. Queen waren stilvoll von Wien per Boot angereist und winkten ihren an den Ufern wartenden Fans zu. Zwar hatten Künstler wie Elton John und die Dire Straits zuvor schon den Eisernen Vorhang zu Ungarn gelüftet, doch waren sie nur unter ihm durchgeschlüpft und gastierten in kleinem Rahmen. Queen hingegen rissen den Vorhang auf. Eine Viertelmillion Fans hatten sich um Tickets bemüht – jedes davon etwa so teuer wie ein durchschnittlicher Monatslohn dort. 80 000 Fans wurde Eintritt gewährt; teilweise hatten diese zweitägige Anreisen in Kauf genommen. Trotz eines strikten Verbots von Alkohol und Tabakwaren und gut beobachtet von schwerbewaffneten Soldaten bekamen die Ungarn eine Ahnung davon, was es heißt »to break free« – und wurden dazu Zeuge der wunderlichen ungarischen Wave-Popper Z'zi Labor, die für ihren Support-Slot einen mehrköpfigen Frauenchor in Volkstracht mitbrachten. Bereits 1987 unter dem Namen *Live in Budapest* als Heimvideo erschienen, kam die Show 2012 erneut auf den Markt, diesmal einfallsreicher *Hungarian Rhapsody* betitelt, in Anlehnung an Franz Liszts »Ungarische Rhapsodien«. Weiter sollten Queen nicht in den Osten vordringen. Mercury erklärte 1984: »Ich möchte einmal nach Russland […], aber sie haben sich unsere Album-Cover angesehen und entschieden, dass wir zu schlüpfrig seien und ihre Jugend verderben würden.«[17] Erst im Oktober 2004 sollten Taylor und May mit dem Cast ihres Musicals im Staatlichen Kremlpalast auftreten. Taylor sagte, es sei ohnehin »unmöglich, hieraus Profit zu schlagen«. Budapest wurde angesteuert, um Geschichte zu schreiben, wie fünf Jahre zuvor in Südamerika. Die andere Ausnahme war 1986 der Auftritt im britischen Newcastle, dessen Erlöse der Organisation *Save the Children* zugute kamen. Ansonsten wurde die *Magic*-Tour zur ersten, mit der Queen Geld verdienten, wie May sagte.[18] Bis dahin wurde jeder Gewinn eines Konzerts in das nächste reinvestiert.

Queen für Insider: Ay-oh!

Wann hat das eigentlich alles mit diesen gesungenen Tonleitern, den sogenannten Ay-Ohs begonnen? Bereits von Anfang an wusste Mercury, dass er das Publikum aktiv auf seine Seite ziehen musste. »Das ist Teil meiner Rolle«, sagte er 1984 im Interview mit David Wigg. »Ich muss sie für mich gewinnen, sonst ist es kein erfolgreicher Gig.«[19] *Und so trat er schon immer direkt mit der Menge in Kontakt. Bereits auf den Aufnahmen der Novembershows aus dem Londoner Rainbow 1974 findet sich eine Szene, in der er dem Publikum einen angeblich mit echten Diamanten besetzten Handschuh präsentiert: »Wie gefallen euch meine Krallen?«, fragt er. »Das ist ein Geschenk des Teufels persönlich. Ihr glaubt mir nicht? Die glauben mir nicht!« Im Jahr darauf rief er die Fans im japanischen Kobe dann zum ersten Mal zu einer Call-and-Response-Interaktion auf. n Montreal unterbrach Mercury am 1. Dezember 1978 erstmalig »Now I'm Here«, um in der Auszeit das Publikum zum Mitsingen von Vokalen, »Yeahs« sowie Songschnipseln des auf seine Rückkehr lauernden Songs zu aktivieren. In ausgereifter Form fand dieser Zwischenakt Platz auf Live Killers. 1982 setzte er sich an den Bühnenrand der Milton Keynes Bowl und sprach: »Okay, Leute, lasst uns ein Spiel spielen«, worauf diese seine »Heys« und »Yeahs« wiederholen sollten. Die klassischen »Ay-ohs« hatten ihr Debüt dann bei Live Aid und durchzogen die Konzerte der* Magic*-Tour. So waren sie dann auch das von einer Videoeinspielung losgetretene Highlight der Wiederaufführung des* Live Aid*-Sets von Queen + Adam Lambert während ihres* Fire Fight Australia*-Auftritts am 16. Februar 2020. In diesem Rahmen gesellte sich May übrigens auch zu John Farnham auf die Bühne, um dessen 80er-Klassiker »You're the Voice« zu spielen. Die beiden eint eine gemeinsame Geschichte: Bereits 2003 verlängerten sie für eine gemeinsame Neueinspielung von »Rock You« eines der treffsichersten Enden populärer Musik und transferierten den minimalistischen Kracher zu einem GN'R-artigen Epos.*

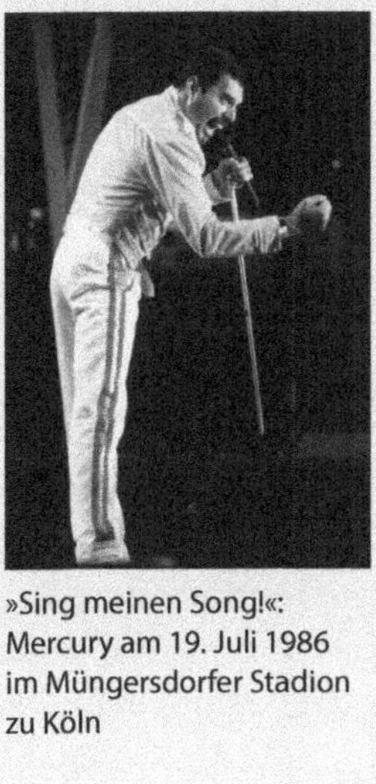

»Sing meinen Song!«: Mercury am 19. Juli 1986 im Müngersdorfer Stadion zu Köln

Fester unfester Bestandteil der 1986er-Konzerte war, wie zuvor schon bei der *Works*-Tour, neben der allabendlichen Vokalgymnastik »Ay-oh« auch ein Freestyle namens »Impromptu«: gesangliche Kapriolen im Stil des Outros von Mercurys Solostück »Man Made Paradise« und seinem späteren »Exercises in Free Love«. Der Jam ging in Mays fast zehnminütiges »Brighton Rock Solo« über. Dieses Interludium mag für sich genommen anstrengend sein, ist aber von signifikanter Bedeutung für den weiteren Konzertverlauf. Mercury hatte so die Möglichkeit zum Kostümwechsel. Dazu war es nun an der Zeit, dem ausgehungerten Publikum wieder einen Brocken hinzuwerfen: »Now I'm Here«, den buchstäblichsten Song im Live-Repertoire der Band. Widmen wir ihm einen Absatz und reisen dazu zwölf Jahre in der Zeit zu seinen Ursprüngen zurück – damit es uns dabei nicht schwindlig wird, bleiben wir immerhin in London.

Gleich nach der Namensgebung war es Mercurys entscheidender Beitrag gewesen, die Gruppe optisch umzukrempeln. Ästhetik sollte ebenbürtig neben der Musik stehen. Songs wurden für die Präsentation geschrieben. »Now I'm Here« ist ein frühes Paradebeispiel dafür und eröffnete so effektvoll die Konzerte der *Sheer Heart Attack*-Tour. Das Saallicht erlischt am Abend des 19. November 1974 im prestigeträchtigen Rainbow Theatre. Vom Band ertönt der instrumentale Opener von Queens zweitem Album, »Procession«, eine Vermählung von dem auf der Platte folgenden »Father to Son« mit Richard Wagners Brautchor »Treulich geführt«. Eine Basstrommel wie ein Herzklopfen, wie sie im Vorjahr schon Pink Floyds *The Dark Side of the Moon* eingeleitet hatte, verheißt unmissverständlich: große Emotionen. Dann Mays repetitives Staccato, Mercurys Gesang beschreibt die Szenerie eins zu eins: »Here I stand / Look around, around, around, around, around / But you won't see me«. Nach 30 Sekunden dann kurzer Scheinwerfer auf Mercury am linken Bühnenrand, umhüllt von einer plissierten Fledermaus-Tunika der Stardesignerin Zandra Rhodes, schwarz lackiert sind die Fingernägel der linken Hand (als DIY-Rechtshänder stand ihm nur diese zur Verfügung), von Kayal umrundet die Augen: »Now I'm here …«. Zurück in die pechschwarze Nacht, wo die Gitarre weiterschrubbt. Dann noch mal Mercury, diesmal im Zentrum des Geschehens: »Now I'm there.« Der Blitz schlägt ein, Taylors Drums donnern wie ein Gewitter, Alarmsirenen schrillen, die Band erstrahlt in vollem Glanz. May entlässt sein vielgliedriges Riff wie eine Sci-Fi-Riesenspinne ins Publikum, das sich bereitwillig verzehren lässt. »Now I'm Here« ist Mays Manifest. Taylor litt zwar immer etwas unter den Strapazen des hart zu spielenden Stücks, aber der Einsatz lohnte sich: Der Song sollte zum Inventar praktisch jeden Queen-Konzerts werden, bis zuletzt. Und somit zurück in das Jahr 1986.

Queen hätten damals das Wembley-Stadion sogar mindestens dreimal ausverkaufen können. Doch weil es schon ausgebucht war, entschied man sich für eine noch größere Location: die Parkanlage des Landhauses Knebworth House in der englischen Grafschaft Hertfordshire. Seit 1974 Austragungsstätte für Megashows von Pink Floyd und Led Zeppelin. Bereits 1975 hätten Queen dort das *Knebworth Fair*-Festival headlinen sollen, wurden vom Veranstalter aber fallen gelassen, nachdem sich auch die Rolling Stones angeboten hatten. Elf Jahre später sollte es nun der gewaltige Schauplatz für Queens 704. und letztes Konzert mit Mercury sein, der hier passend vom US-Sportbekleidungshersteller Champion ausgestattet wurde. Die Homecoming Queens nach 16 Live-Jahren, in denen sie in 27 Ländern vor insgesamt zehn Millionen Menschen gespielt hatten. Schätzungen zufolge strömten weit mehr als die 125 000 zugelassenen Besucher:innen auf das Feld, man geht von bis zu 200 000 aus. Mit adäquat herrschaftlicher Geste flog die Band per Helikopter ein. Stilgerecht sollte sich Mercury am Ende zu den Klängen von »God Save the Queen« noch einmal mit der wohl pompösesten Geste zeigen, an die sich je ein Rockstar gewagt hat: umschlungen von einer überlangen, von seiner Freundin und Modedesignerin Diana Moseley entworfenen Robe aus Samt, Seide und Hermelin, reckte er seine juwelenbesetzte Krone hoheitsvoll in den Nachthimmel. Erstmals hatte er sich so im Juni beim Konzert im Pariser Hippodrom präsentiert – passend, schließlich stand hier Napoleons Krönungsmantel von 1804 Pate. Und so verabschiedete er sich auch in Knebworth, »Good night and sweet dreams«, vom Publikum dieses unvergesslichen Abends sowie für immer vom Live-Geschäft. Zumindest tat er das in seiner irdischen Form. 2012 erschien er in seiner gelben Jacke auf vier riesigen Bildschirmen während der Abschlussfeier der Olympischen Spiele in London. Als Teil der Show »A Symphony of British Music« lieferte er sich mit dem Publikum den »Ayoh!«-Battle. Danach verzauberte May mit seinem »Brighton Rock«-Solo, bis Taylor mit dem markantesten aller Beats einsetzte und Jessie J, damals der britische Popstar der Stunde, gleich in zweifacher Anlehnung an 1986 in einer endlosen gelben Robe einstolzierte und »Rock You« schmetterte.

Der Nachhall der *Magic*-Tour war also noch über Jahrzehnte zu spüren. Zur Frustration der Fans wurde das 1986 zum Weihnachtsgeschäft nachgeschobene Dokument *Live Magic* der Begeisterung nicht gerecht. Statt wie beim Vorgänger *Live Killers* von 1979 auf ein Doppelalbum mit annähernder kompletter Konzertdauer zu setzen, entschied man sich lediglich für eine Auswahl an Songs auf einer Einfach-LP. Auf 47 Minuten Spielzeit – in etwa die Hälfte einer regulären Show der Tour – beschränkt, wurden viele der Songs zusätzlich schmerzhaft gekürzt, um zumindest eine amtliche Tracklist von 15 Stücken (elf davon in Knebworth aufgezeichnet) abzudrucken. Bei »Rhapsody« wurde der vom Band eingespielte Opernteil entfernt, »World We Created …?«, »Rock You« und »Champions« müssen jeweils mit nur einer Strophe und einem Refrain auskommen, »Friends Will Be Friends« erreicht gerade mal die Minutenmarke. Die Angaben beziehen sich hierbei auf die CD-Version, auf LP und MC erschienen die Stücke noch verstümmelter. Die Platte verbrachte dennoch ganze 43 Wochen in den britischen Charts. Das 1992 veröffentlichte Doppelalbum *Live at Wembley '86* bildet die *Magic*-Tour deutlich besser ab. Einziges Manko: die auf dem Cover eingeklinkten Cartoonfiguren vom *Magic*-Album, die Mercurys Heldenpose vor der kolossalen Stadionkonstruktion etwas die Erhabenheit nehmen.

Bühne frei für Krönungen, Peepshows und Superhelden

Acht Jahre bevor sie sich derart karikieren ließen, galten Queen noch selbst als wandelnde Rockstar-Persiflage, die *on* und *off stage* alles und alle mitnahm. Wie wäre es angesichts ihres irrsten Albums *Jazz* auch anders möglich gewesen? 1978/79 brachen bei Queen die letzten Schamgrenzen – und was war dahinter? »Licht, mehr Licht!«, um die angeblichen Sterbensworte Goethes aufzugreifen. Noch bei den beiden Finalshows der *A Day at the Races*-Tour am 6. und 7. Juni 1977 im Londoner Earls' Court stellte die Band quasi als Cliffhanger »The Crown« vor, eine sich bewegende, zwei Tonnen schwere und 50 000 Pfund teure Lichttraverse, welche die folgende *News of the World*-Tour erhellen sollte. Sie war die erste ihrer Art. Zu Beginn der Shows erhob sie sich aus dichtem Trockeneisnebel wie ein Ufo und wurde mit kronenzackenartigen Tüchern Richtung Decke gezogen. Auf ihrem Design und ihrer Wirkung aufbauend, brachte der US-Abschnitt der *Jazz*-Tour dann den »Pizzaofen«.

So nannte die Crew die massive Beleuchtungsanlage, die aus 320 an fächerförmigen Gittern befestigten Lampen in den Farben der italienischen Flagge rot, weiß und grün mit je 1000 Watt Leuchtkraft bestand und der Band so ordentlich einheizte, während die versuchte, das Gleiche mit dem Publikum zu tun. In minimalistischem Kontrast dazu hatten Queen ihrer Crew diese Vorrichtung nach einer Show in der Garderobe der Berliner Deutschlandhalle vorgestellt – anhand von Zigarettenschachteln. Am linken und rechten Bühnenrand sollte je ein Turm mit zwei Scheinwerfern errichtet werden, um den für »Rhapsody« wichtigen Gong hinter Taylors Schlagzeug, den er sich von seinem Idol John Bonham abgeguckt hatte, sollte ein aus 15 Lampen

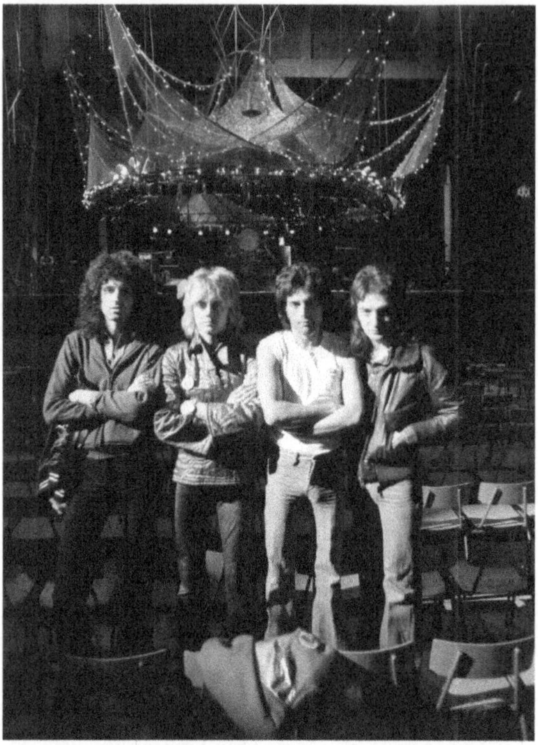

Vier Königinnen und ihre Krone, die gigantische Bühnenkonstruktion »The Crown«

bestehender Halbkreis arrangiert werden. Deckenbeleuchtung gab es keine. Den Pizzaofen zu installieren bedurfte etwa neun Stunden Arbeit. Vor der Show verdeckte er die Bühne, hob sich dann langsam zu den Klängen der »Fast Version« von »Rock You« und stand am Ende von »Champions« hinter der Band fast senkrecht zum Publikum, wie auf dem Titelbild von *Live Killers* (mit dem, auf Koh Hasebes Frontaufnahme in LP-Form leicht erkennbar, später hinzugeschummelten May) zu sehen ist. »We found the right location / Got a lot of pretty lights / The sound and amplification, listen«. Manch einem war das zu viel. Für *Musikexpress*-Autor Hermann Haring, der dem Tourstopp in Hamburg beiwohnte, starb die Band hier den »Heldentod im Lichtgewitter«: »Keine Farbspiele, keine optischen Kompositionen.

Nur gnadenlos herunterdonnernde Lichtfluten, die mal aus- und mal eingeschaltet und meistens zusammengeschaltet werden. Der Mann am Lichtschalter ist kein Künstler, sondern Soldat. [...] Wollt ihr die totale Lichtpower?«[20] Einen Gleichgesinnten schien er in Deacon gefunden zu haben, »ein liebenswürdiger, offenherziger Gesprächspartner. Einer, der sich auch so seine Gedanken macht.« Deacon erklärte im Interview, diese »gigantische Ausrüstung« sei nie so beabsichtigt gewesen, sondern das Resultat vieler Einzelentscheidungen, bis sie der Band buchstäblich über den Kopf gewachsen sei. »Im Moment spielt das Licht eben die Hauptrolle. Und es ist auch nicht sonderlich phantasievoll, sondern auf einige dick aufgetragene Grundelemente reduziert.« In Variationen war der Pizzaofen bis 1982 im schweißtreibenden Einsatz.

Als die Band im November 1978 im New Yorker Madison Square Garden spielte, kamen auf Mercurys Kommando »Get on your bikes and ride!« spärlich bekleidete Fahrradfahrerinnen, wie aus dem »Bicycle Race«-Video bekannt, auf die Bühne. Im Februar darauf sollte die Band das Spektakel auf der Bühne der Münchner Rudi-Sedlmayer-Halle wiederholen, wo sie für zwei Tage gastierten. Nach dem großen medialen Aufsehen der Strip-Einlage und dem drohenden Zeigefinger der bayerischen Behörden mussten sich die Frauen am Folgeabend aber wieder wärmer anziehen.

Auf ihrer Peepshow auf Rädern etablierte Mercury auch seinen Lederlook. Hatte er bei der *News*-Tour noch Leder- und PVC-Jacke mit seinen hautengen Onesies kombiniert, bekannte er sich nun ganz zum Castro-Stil des gleichnamigen Schwulenviertels San Franciscos. Populär gemacht hatte das Outfit Glenn Hughes, Motorradfanatiker und »Leatherman« der Village People. Der hatte dazu wiederum den Dresscode des New Yorker BDSM-Gayclubs The Mineshaft angenommen – im »Don't Stop«-Video trägt Mercury ein Hemd mit dem Logo des Ladens. Nach Hughes' Krebstod wurde er 2001 in seiner Lederkluft begraben. Zur zweiten Zugabe »Rock You« erschien Mercury dann auf den Schultern eines oder sogar von zwei Supermännern – eine Figur, die in den Lyrics von »Bicycle Race« ebenso auftaucht wie indirekt Darth Vader (»Jaws was never my scene / And I don't like Star Wars« – in Wahrheit liebte Mercury die Abenteuer Luke Skywalkers, war allerdings nur selten auf einem Fahrrad anzutreffen). Ab 1980 sollte er dann auf seinem als tragischem Sith-Lord verkleideten Security-Mann Wally Verson Einzug halten – bis George Lucas nach der Show am 30. August in Toronto dem Treiben per Unterlassungsverfügung Einhalt gebot. Das »Sitting on the shoulders of giants« hatte dabei schon länger Tradition: Bereits am 22. Dezember 1977 hatte der Weihnachtsmann persönlich einen Mercury im Paillettenkostüm auf die Bühne in Los Angeles getragen. Queens damaliger Manager Jim Reid gesellte sich als Elfe dazu. Mercurys Wunsch, sich wie Kleopatra von als nubische Sklaven verkleideten Helfern auf die Bühne hieven zu lassen, wurde ihm gottlob verwehrt.

Zum Abschluss der *Jazz*-Tour bekamen Queen im Nachtclub Alcazar de Paris von einem Double Ihrer Königlichen Hoheit eine Goldene Schallplatte verliehen. Diese Tour etablierte auch das statische Finale eines jeden Queen-Konzerts aus dem Doppelschlag »Rock You« / »Champions« und den Danksagungen und Verbeugungen zum Konservensound des elektrifizierten »God Save the Queen«. Doch Queen wären nicht Queen, würden sie nicht auch diese heilige Kuh schlachten, und so ertönte 1986, um zu unserer Dreh- und Angeltour zurückzukehren, nach »Rock You« »Friends Will Be Friends«. May: »Das ist das Letzte, was jemand erwartet hätte, und es ist gut, das Letzte zu tun, was jemand erwartet hätte.«[21]

Das Allerletzte, das jemand erwartet hätte, wurde allerdings vereitelt. Erwähnung soll Mercurys geplanter Coup dennoch finden. In seinem Luftschloss hatte er Ende der 1970er die Skizze einer Vorrichtung mit dem Konzeptnamen »Schwanz-Mobil« angefertigt, eine Variation der menschlichen Kanonenkugel mit einem erigierten Penis als Kanonenrohr. Darauf hätte Mercury zu Beginn einer Show, von Scheinwerfern angestrahlt, über das

Publikum reiten wollen, um letztlich, an der Bühne angekommen, aus dem Rohr gleißendes Licht auf eine Lippenattrappe aus Hartkunststoff zu schießen. Fast eine direkte Übersetzung seiner Zeilen aus »Don't Stop«: »I'm a rocket ship on my way to Mars / On a collision course / I'm a satellite out of control / I'm a sex machine ready to reload.« Abschließend sei dazu gesagt, dass Mercury trotz Plänen wie diesem und trotz seiner animalischen Live-Präsenz auf der Bühne nur in wenigen Ausnahmefällen betrunken war. Auf seinem Flügel, üblicherweise einem Steinway, standen zwar meist diverse Plastikbecher voll Bier, geleert wurden diese allerdings so gut wie nie. Mercury hielt sich eher an Wasser. Anders als das stille Wasser John Deacon. Der hatte eine ganze Bar hinter dem Bühnenvorhang zur Verfügung, bestückt mit Wasser und Soft Drinks, aber auch mit Bier, Wein, Whiskeylikör der Marke Southern Comfort, Wodka und Tequila, Nüsse und Schokolinsen zum Knabbern. Für May und Taylor stand Bier bereit. Bevor es auf die Bühne ging, genehmigte sich Taylor noch zwei Stamperl Scotch – »nicht mehr, nicht weniger!«[22] Eine außergewöhnliche Tendenz zur Mitte angesichts einer Band, die stets nach den Sternen gegriffen hatte.

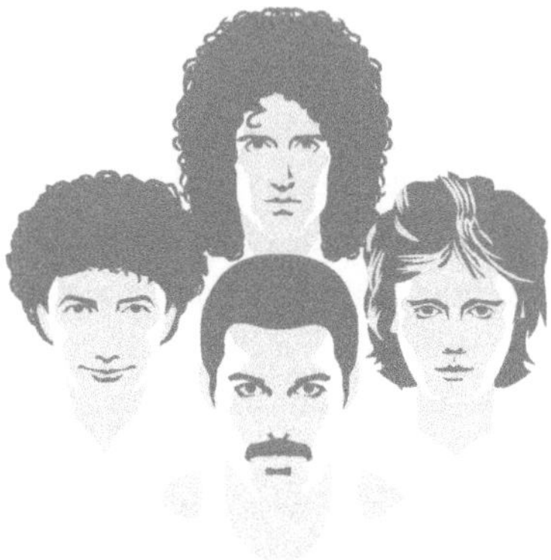

4 They Want It All: Die Kings of Queen

Historische Einzigartigkeiten prägen die Band: Über exakt zwei Jahrzehnte – von 1971 bis 1991 – blieb ihre Besetzung identisch. Keine Band dieses Kalibers hat es so lange miteinander ausgehalten. Obwohl ihre Charaktere kaum miteinander vereinbar und die gemeinsamen 20 Jahre von Streitigkeiten bestimmt waren, hielten Queen zusammen, bis dass der Tod sie schied. Bedeutender Bestandteil ihres Kitts war unverhohlen finanzielles Interesse. Geeint im Ziel der Weltherrschaft, schrieben alle vier Mitglieder Nummer-1-Hits – noch ein Alleinstellungsmerkmal, keinem anderen Quartett ist dies jemals gelungen. Aber Queen konnten auch deswegen nicht voneinander lassen, da sie bewusst oder unbewusst zur Ersatzfamilie gewachsen waren. Mercurys Eltern hatten ihn als Kind um die halbe Welt geschickt und ins Internat abgegeben, May kämpfte Jahrzehnte um die Anerkennung seines Vaters, der von Deacon starb früh, und Taylor war Scheidungskind. Ihre dysfunktionalen Backgrounds schweißten Queen aneinander. 1985, nach dem Höhepunkt seiner Karriere mit Queen befragt, antwortete Mercury: »Dass wir all die Jahre zusammengeblieben sind.«[1] Dazu wussten Queen, dass sie wie die Avengers trotz individueller Superkräfte nur im Verbund unbesiegbar waren – somit auch stark genug, um einander Freiheiten zu geben. Mit der Band als Sicherheitsnetz konnte Mercury sich etwa als Ballerino, Opernstar und Discotizer ausprobieren. Sehen wir uns die einzelnen Mitglieder an, um dieses Dream-Team zu verstehen.

Freddie Mercury: The Great Pretender

> *»Ich habe mich nie als Anführer [der Band] gesehen. Vielleicht als wichtigste Person.«*[2]
>
> Freddie Mercury

Als Freddie Mercury wird man nicht geboren. Genauso wenig wie die Namen David Bowie, Billy Idol und Lady Gaga in den Geburtsurkunden ihrer Namensträger:innen stehen oder, um auch der Kreativität bei der Künstlernamenwahl hierzulande die Ehre zu erweisen: Tobias Scheiße von den Bad Honnefer Punks Hammerhead. Im 21. Jahrhundert, einem Zeitalter, in dem Kinder namens X Æ A-Xii Musk oder Psalm West geboren werden und deutsche Standesämter Vornamen wie Imperial-Purity, Sheriff, Despot und sogar Nussi akzeptieren, mag das verwundern. Aber in der ersten Hälfte des vorherigen Jahrhunderts wurden keine Freddie Mercurys geboren, schon gar nicht auf ostafrikanischen Inseln in eine Familie traditionsbewusster Parsen. Die lautliche Ähnlichkeit zu Persern ist dabei kein Zufall: Ursprünglich waren die Parsen in Persien angesiedelt, kamen im 7. oder 8. Jahrhundert auf der Flucht vor der Islamisierung nach Indien. Obwohl sie also viele Jahrhunderte im Exil leben, begreifen sich Parsen in der Regel immer noch als Perser. Auch Mercury bezeichnete sich, zu Beginn seiner Karriere nach seiner ethnischen Herkunft befragt, schlicht als Perser. Was ihm aus vielerlei Gründen nicht leichtfiel. Zum einen, weil er seinen Ursprung als Hindernis für seinen Aufstieg an die Spitze des Rock 'n' Roll verstand – internationale Rock- und Popstars hatten in den 1960er und 70er Jahren entweder aus den USA oder dem Vereinigten Königreich zu kommen. Die Idee des weltweiten Siegeszugs des heutzutage die Jugendkultur prägenden K-Pop wäre damals verlacht worden. Zum anderen hinderten die Vorschriften seines parsischen Glaubens Mercury daran, er selbst zu sein. Der Zoroastrismus, dem die Parsen folgen, ist eine der ältesten Religionen der Welt, überragt das Christentum um mindestens sechs Jahrhunderte und basiert auf den Lehren des iranischen Priesters Zarathustra, der im 1. oder sogar 2. Jahrtausend v. Chr. wirkte. In der westlichen Welt ist er vor allem als Titelgeber von Friedrich Nietzsches dichterisch-philosophischem Werk *Also sprach Zarathustra* bekannt, das 1896 von Richard Strauss sinfonisch vertont wurde und sich in dieser Form durch den Einsatz in Stanley Kubricks *2001: Odyssee im Weltraum* sowie als triumphalische Einleitung von Elvis Presleys Konzerten der 70er Jahre ins kollektive Gedächtnis einbrannte.

Im Vendidâd, einem Teil des Avesta, dem heiligen Buch der zoroastrischen Religion, das Vorschriften über Buße und Sühne versammelt, heißt es: »Der Mann, der mit dem Männergeschlecht liegt, wie der Mann mit dem Frauengeschlecht liegt oder wie die Frau mit dem Männergeschlecht liegt, ist ein Daeva (ein Dämon); dieser ist ein Anbeter der Daevas, ein männlicher Geliebter der Daevas.«[3]

Im Erwachsenenalter verzichtete Mercury auf alle religiösen Praktiken. Lautstarke Proteste gab es in Sansibar gegen die geplanten Feierlichkeiten zu Ehren seines 60. Geburtstags 2006. Abdallah Said Ali, Anführer der einflussreichen Association for Islamic Mobilisation and Propagation verlautbarte: »Wir möchten keinesfalls unserer jungen Generation den Eindruck vermitteln, dass Homosexuelle auf Sansibar akzeptiert werden [...].

Mercury mit Sansibar zu assoziieren, würde unsere Insel als einen Ort des Islam herabsetzen [...]«.[4]

Man mag nur erahnen, welchen gesellschaftlichen Stellenwert Homosexuelle innerhalb der parsischen Religionsgemeinschaft im Geburtsjahr Mercurys hatten – der eben nicht als solcher zur Welt kam, sondern als Farrokh Bulsara. Der Vorname spricht sich »Farroch« aus, anders als weithin angenommen das arabische Farouk. Der Nachname geht auf den Geburtsort seines Vaters Bomi zurück, der in einem kleinen Ort namens Bulsar nördlich des heutigen Mumbai 1908 das Licht der Welt erblickte. Arbeitsuchend erreichten er und seine acht Brüder nach und nach Sansibar, das bis 1963 ein Teil des britischen Protektorats war. Bomi Bulsara kam als Kassenangestellter im Dienst des britischen Gouverneurs am Obersten Gerichtshof unter. Bei einer Heimreise nach Indien lernte er seine spätere Frau, die 14 Jahre jüngere Jer kennen. Da beide unter britischer Kolonialherrschaft geboren wurden, war ihre Nationalität Britisch-Indisch. Nach ihrer Hochzeit im damaligen Bombay zogen sie zu Bomi nach Sansibar. In Stone Town, dem ältesten Stadtteil von Sansibar-Stadt auf der Insel Unguja, bezogen sie ein zweistöckiges Haus in der Shangani Street. Dort brachte die gerade mal 18-jährige Jer am 5. September 1946, dem parsischen Neujahrstag, ihr erstes Kind Farrokh zur Welt. Ein Stammhalter als Erstgeborener, insbesondere der Vater war überglücklich. Der Erhalt des Familiennamens galt als gesichert.

Die Bulsaras genossen durch die Beamtenanstellung des Vaters ein komfortables Leben. Mit einem festen Platz in der Mittelschicht konnten sie sich sogar Hauspersonal leisten. Zu seiner Kindheit machte Mercury später widersprüchliche Angaben, einerseits prahlte er damit, ein Diener hätte ihm zum Aufstehen zunächst ein Glas Orangensaft serviert und ihm dann das Fenster mit Strandblick geöffnet. An anderer Stelle behauptete er, dass er sehr strenge Eltern mit bescheidenen Mitteln gehabt hätte. Sechs Jahre nach Farrokh kam seine Schwester Kashmira zur Welt und vollendete die Familie. Kashmira, die heute den Nachnamen ihres Mannes Roger Cooke trägt, vergötterte ihren Bruder; zeitlebens sollten die beiden in engem Kontakt stehen. Nach seinem Tod erbte sie 25 Prozent seines damals auf acht Millionen britische Pfund geschätzten Vermögens, ebenso viel wie seine Eltern. Dazu sei gesagt, dass Mercury zu Lebzeiten einen Großteil seines Reichtums verprasst und an Wohlfahrtseinrichtungen gespendet hatte. »Ich bin das einzige Bandmitglied, das nicht sehr am Geld hängt«, sagte er. »Ich gebe es gleich aus.«[5] Bulsara galt als fröhlicher, höflicher Junge, der gerne mit Freunden Fußball spielte. Seine primär schüchterne Natur glich er mit Momenten purer Präsentationslust aus: Als er als Kind bei einer Strandparty auf Sansibar zu Chubby Checkers »The Twist« tanzte, scharten sich die Mädchen um ihn. Er war von zierlicher Statur und aufgrund seiner kleinen Eltern zu keiner Existenz als Riese berufen – bei 1,77 Metern endete sein Wachstum. Von seiner Mutter hatte er sein besonderes Gebiss geerbt, deren leichten Überbiss toppte er allerding mit vier zusätzlichen Schneidezähnen. Sein ganzes Leben litt er unter seinem prominenten Oberkiefer. Etwas krampfhaft schob er die Lippe darüber, hielt sich beim Lachen die Hand vor den Mund und ließ sich nicht zuletzt deswegen 1980 seinen markanten Schnauzbart stehen. »Mir gefällt es nicht, wie meine Zähne hervorstehen«, lautet eine seiner meistzitierten Selbsteinschätzungen. »Ich werde mich um sie kümmern, aber ich hatte noch nicht die Zeit dafür. Aber außer ihnen … bin ich perfekt!«[6] Tatsächlich sollte er sie nie operativ behandeln oder gar teilweise entfernen lassen, da er davon ausging, dass ein Eingriff seine gesanglichen Fähigkeiten beeinträchtigen könnte. Er war der Meinung, dass die überzähligen Zähne seiner Stimme den entscheidend größeren Resonanzkörper gaben, um ihm einen Umfang von vier Oktaven mit seinem einzigartig vollen Klang zu ermöglichen.

Bulsaras Eltern lebten zwar nach den Vorschriften ihres zoroastrischen Glaubens, zeigten sich aber auch weltoffen. So schickten sie ihren Sohn im Alter von fünf Jahren auf eine Missionarsschule unter die Fittiche anglikanischer Nonnen. Jer und Bomi galten als liebevoll und fürsorglich, auf körperliche Nähe legten sie allerdings wenig Wert. Für die Erziehung der Kinder war mehrheitlich die Nanny Sabine zuständig. Seinen späteren Geliebten Barbara Valentin und Jim Hutton legte Mercury seine Theorie nahe, dass die fehlenden Liebkosungen seiner Eltern womöglich in seinem unstillbaren Verlangen nach ausschweifendem Sex mit so vielen Partner:innen wie möglich resultierten. Hutton beschrieb dieses Bedürfnis nach Berührung als eine »Sucht, die sich nur zu oft in sinnentleertem Sex niederschlug, weil er eines nicht ohne das andere bekommen konnte. Sex konnte ihm nie das geben, wonach er sich am meisten sehnte, und das war Zuneigung.«[7]

Den größten Beitrag zur Entfremdung von seinen Eltern leistete aber seine schulische Ausbildung. Da sein Vater geschäftlich oft in Indien zu tun hatte und seine Eltern mit vielen Aufenthalten in der alten Heimat ihr Möglichstes taten, die familiären Bande aufrechtzuerhalten, erschien es ihnen als nicht allzu abwegig, ihren Sohn auf der Suche nach der bestmöglichen Einrichtung, mit acht Jahren 1955 auf eine gehobene Privatschule nach Indien zu schicken. Dazu kam, dass Bomi zu dieser Zeit auf die Insel Pemba versetzt wurde, wo die Schulen noch schlechter ausgestattet waren als auf Unguja. Nach zehntägiger Schiffsreise kehrten Bulsara junior und senior zunächst abwechselnd bei der ebenfalls Jer genannten Tante väterlicher- und seiner Großmutter mütterlicherseits in Bombay ein, bis die Weiterreise per Zug ins 250 Kilometer entfernte Jungeninternat St. Peter's führte, nördlich der Bergstadt Panchgani gelegen. Dort trat er in die dritte Klasse ein und sollte für annähernd zehn Jahre auf der Schule mit ihrem einladenden, 23 Hektar großen Campus verbleiben, seine Eltern würde er nur noch in den Ferienwochen sehen. Doch selbst in diesen Zeiten entschied er sich häufig dafür, seine Wochen lieber mit Tante Jer oder der Schwester seiner Mutter, Sheroo Khory, zu verbringen. Zwar dankte er später seinen Eltern für die finanziellen Opfer, die sie für seinen Unterricht erbringen mussten. 1974 nannte er seine Zeit dort rückblickend sogar »fabelhaft. Du lernst dort, auf dich zu achten und Verant-

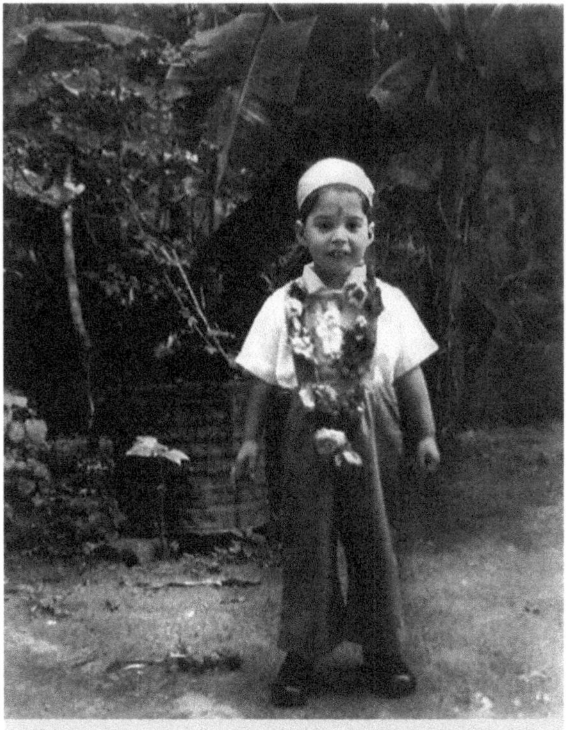

Mercury in seinem früheren Leben als Farrokh Bulsara
auf Sansibar, 1952

wortung zu übernehmen.«[8] Doch vor allem die erste Zeit in der Fremde erlebte er als traumatisch: Im mit 19 anderen Jungen geteilten Schlafsaal durchtränkte er das Kopfkissen seines engen Betts mit Tränen des Trennungsschmerzes. Ein Telefon stand ihm im Internat nicht zur Verfügung. Richards und Langthorne zitieren in ihrer Mercury-Biographie den Psychotherapeuten Nick Duffel, der es mit Kindesmissbrauch gleichsetzt, wenn man ein achtjähriges Kind in ein Internat gibt:

»Kinder diesen Alters verfügen weder über die emotionale Intelligenz noch die Reife, mit dieser Art Verlust umgehen zu können. Sie entwickeln, was ich eine Persönlichkeit des ›strategischen Überlebens‹ nenne. Nach außen wirken sie kompetent und selbstsicher. Doch innerlich sind sie zurückhaltend und unsicher. Für viele wird diese Unsicherheit auch für den Rest ihres Lebens bestimmend.«[9]

Auch der Psychiater Bon Johnson beteuert, dass man den »Effekt« des Internataufenthalts »auf Farrokh nicht unterschätzen«[10] könne. Noch Mitte Mai 1991 flehte Mercury im Angesicht des Todes während seiner letzten Gesangsaufnahmen zu »Mother Love«: »I don't want pity, just a safe place to hide / Mama please, let me back inside«.

Die 1904 unter britischem Vorbild gegründete Internatsschule legte Wert auf Disziplin und sportliche Leistungen. Heißes Badewasser gab es etwa lediglich zweimal pro Woche – generell wurde nur unter Aufsicht einer Oberin geduscht. Dennoch herrschte eine angenehme Atmosphäre. Ein herrliches Bild zur Vorstellung der dortigen Verhältnisse gibt eine Szene in dem Dokumentarfilm *Freddie Mercury: The Untold Story* (2000, R: Rudi Dolezal, Hannes Rossacher)[11], in der der damalige Schuldirektor Roy Robinson vor den Toren seiner Einrichtung etwas steif deren Vorzüge herausstellt, während Hirten im Hintergrund ihre Schafherde vorbeitreiben. Mercury war sportlich, vor allem im Boxen war er ein As. Seine späteren Tanzroutinen werden von Haken und Schlägen geprägt sein. Hier machte sich »Bucky«, wie man ihn aufgrund seiner Zähne verspottete – ›Hasenzahn‹ bedeutet im Englischen »buck tooth« –, aus der Not eine Tugend: Um seine sich als Zielscheibe gut anbietenden Zähne zu schützen, trainierte er kraftvolle Ersttreffer. Sein geschicktes Tischtennisspiel konnte er auf den Schiffsfahrten während seiner Heimreisen üben. Außerdem nahm er an Produktionen des Schultheaters teil – häufig in Frauenrollen, obwohl er kein großer Freund des Crossdressing war. Bereits als Kleinkind begeisterte er sich für Spielarten der Musik, doch erst im St. Peter's trat sein Sangestalent in Erscheinung. Mit stimmgewaltigen Darbietungen wie »'O Sole Mio« verblüffte er sein Publikum. Schnell gehörte er auch zur Elite der Klavierspieler, unnachahmlich war seine Gabe, gerade erst im Radio aufgeschnapptes Material umgehend notengetreu wiedergeben zu können, sogar verschachtelte indische Rhythmen. Seine Eltern kamen der Empfehlung des Schuldirektors nach, ihren Sohn Klavierstunden nehmen zu lassen. Dem Schulchor, dem Ort seiner einzig formellen gesanglichen Ausbildung, trat er als Sopran bei – auch, weil dies zu gemeinsamen Proben mit den Mädchen der Schwesternschule führte. Die 15-jährige Gita Bharucha hatte es ihm angetan. Laut ihr ging die Romanze aber nie über unschuldiges Händchenhalten, gemeinsame Fahrradfahrten und einen Ruderausflug hinaus. Bharucha hatte keinen Zweifel an seiner Heterosexualität. Anders als manche Mitschüler, denen er als »Erzschwuchtel«[12] galt. Ein Mathematiklehrer aus Bulsaras Internatszeit behauptete 2008, dass es so auffällig gewesen sei, wie nah dieser damals einem Mitschüler stand, dass man sogar seinen Vater informiert habe.[13] Sein Jugendfreund Shubash Shah erinnerte sich, wie Bulsara einst in einem Buchladen auf Sansibar ein Magazin stahl, da es eine Großaufnahme des oberkörperfreien Rock Hudson enthielt.[14] Von seiner Tante Sheroo in Bombay mit Farben und Leinwand ausgestattet, entwickelte er sich zudem als Maler. Die Briefe, die er seinen Eltern schickte, sind bezeichnend. Geprägt von einer gewissen Reserviertheit, aber auch von einem nachvollziehbareren Willen nach Anerkennung; Leistung als Währung im Verhandeln um Liebe. Hier der erste seiner Art:

»*Panchgani, 5. Februar 1958*

Liebe Mama und Papa,
ich hoffe, ihr seid alle wohlauf und dass es der erkälteten Kashmira besser geht. Macht euch keine Sorgen, mir geht es gut. Ich und meine Freunde im Ashlin-House [*seinem Schulwohnheim*] *sind wie eine zweite Familie. Die Lehrer sind sehr streng, und Disziplin ist oberstes Gebot hier in St. Peter's. Ich freue mich*

sehr, euch mitteilen zu können, dass ich eine große Trophäe gewonnen habe: Best Allrounder Junior. Ich bekam eine große Trophäe, und sie schossen sogar ein Foto von mir, das im jährlichen Schulmagazin abgedruckt wird. Ich bin sehr stolz und hoffe, ihr seid es auch. Bestellt Kash liebe Grüße, ich liebe meine kleine Schwester ebenso wie euch alle.

Farrokh[15]«

Seinen Geburtsnamen sollte er bald schon abstreifen. In einem britisch geprägten Umfeld – das ihm auch seinen indischen Akzent abtrainierte – fiel es ihm leicht, Fred oder Freddie als Rufnamen zu etablieren. Hier begann die Neuerfindung seiner Person. Auf sich allein gestellt, fühlte er sich zunehmend nur noch sich selbst verpflichtet. Seine Unsicherheiten konterkarierte er mit exaltierter Arroganz, Freunde jeden Geschlechts nannte er provokant »Darling«, gab sich bewusst weiblich. Jeden Spott nahm er zum Anlass, seinen Schutzpanzer zu festigen. Ende der 1950er Jahre spielte ihm bei dieser Transformation eine alles verändernde Bewegung voller Selbstinszenierung, Loslösung althergebrachter Gepflogenheiten und Aufweichung der Geschlechterrollen in die Karten: der Rock 'n' Roll. Der Höhepunkt der Woche war für Bulsara und seine Freunde, der Hitliste im Radio zu lauschen. Elvis war Gott. »Jailhouse Rock« sollte der erste Song werden, den Bulsara je auf einer Bühne darbot und sich jahrelang im Live-Repertoire Queens aufhalten. 489-mal würden Queen ihn spielen, den größten Teil der *The Game*-Konzerte sogar damit eröffnen. Als noch anschlussfähiger empfand Bulsara allerdings den Briten Cliff Richard. Das eklektische Material seiner späteren Band speiste sich auch aus dem Programm des öffentlich-rechtlichen Radios, das neben modernem Hindi-Pop etwa auch zeitlose Musik der »Nachtigall Indiens« Lata Mangeshkar ausstrahlte. Von Mangeshkar war Bulsara so angetan, dass er 1959 eines ihrer Konzerte besuchte. Zwei Jahre später trat sie sogar beim Sommerfest im St. Peter's vor ihm auf.

Weitere Bestandteile seiner Geschmackspalette waren die Wucht der religiös verehrten ägyptischen Contralto-Sängerin Umm Kulthum, Opernaufnahmen, traditionelle arabische Musik, die 1978 etwa einen Widerhall in »Mustapha« finden sollte, oder die klassischen Töne des Musikunterrichts. Bulsara saugte all das auf, und in seinem Schwammkopf formten sich daraus erste Songs. Mit seiner Schulband The Hectics, die er im Alter von 13 Jahren mit vier Freunden und improvisierten Instrumenten gründete – Bassist Farang Irani hatte sich mit einer von einem Draht umspannten, hölzernen Teekiste mit einem Bambusstock als Hals zu begnügen –, verließ man sich allerdings noch auf Cover populärer Schlager wie Fats Dominos »Whole Lotta Lovin'« und Paul Ankas »Diana«. Aus heutiger Sicht unfassbar, fungierte Bulsara als Klavierspieler und überließ seinem Kumpel Bruce Murray das Singen – weil der nach eigener Aussage am besten aussah. Nur für Backing Vocals wagte Bulsara sich ans Mikrophon. Auf Schulbällen avancierten The Hectics zu einer lokalen Sensation. Augenzeugin Gita R. Choksi, auf die Mercury ebenfalls ein Auge geworfen hatte, erinnerte sich: »Elvis Presley, Pat Boone – ja, die gab's alle. Aber wir hatten The Hectics, und sie standen in Fleisch und Blut vor uns.«[16]

Bulsara hatte seine Zukunft erblickt, alles andere interessierte ihn nicht mehr. Mit fortschreitender Pubertät nahmen seine schulischen Leistungen ab. In der 10. Klasse fiel er durch, am 25. Februar 1963 verließ er St. Peter's ohne Abschluss. Mit seiner nach Cliff Richard geformten Haartolle kehrte er nach Sansibar zurück, zog wieder bei seinen Eltern ein und beendete seine Schullaufbahn an der römisch-katholischen St. Joseph's Convent School. Nach Mercurys Tod feierte ihn Indien als »ersten asiatischen Popstar«. Doch er betrat das Land nie wieder und vermied es, über seine Zeit dort zu sprechen. Das Muster, mit allem – Menschen, Orten, Genres – radikal zu brechen, sollte sein Leben prägen. Gelangweilt von der Provinzialität Sansibars und abgeschieden von den Verheißungen des Westens flüchtete sich Mercury in britische Musikzeitschriften, die er sich mit wochenlanger Verspätung schicken ließ, und hörte obsessiv das Programm des BBC World Service. Als seine Eltern es als einzigen Ausweg sahen, vor einer sich anbahnenden politischen Katastrophe auf Sansibar zu flüchten und in das gelobte England umzuziehen, hätte ihm nichts Besseres passieren können.

Lange Zeit schon hatten Spannungen zwischen den verschiedenen ethnischen Gruppen Sansibar aufgerüttelt. Die arabische Bevölkerung dominierte politisch wie kulturell, obwohl sie weniger als 20 Prozent der Einwohner:innen ausmachte. 1961 und 1963 gewann eine Allianz der arabisch geprägten Zanzibar Nationalist Party mit der Zanzibar and Pemba People's Party durch Wahlkreisschiebung die Wahlen, obwohl die marxistisch-leninistischen, afrikanischen Nationalisten der Afro-Shirazi Party jeweils mehr Stimmen bekommen hatte. Am 10. Dezember 1963 endete das britische Protektorat, und das Vereinigte Königreich entließ Sansibar als unabhängiges Land im britischen Commonwealth unter der Regierung von Sultan Dschamschid ibn Abdullah. Die Afro-Shirazi-Partei mobilisierte daraufhin die Schwarze Mehrheit gegen die arabischstämmige Oberschicht. Am 12. Januar 1964 kam es zum Staatsstreich unter dem selbsternannten Feldmarschall John Okello. In Folge des Coups floh der Sultan ins Ausland; bis ihm Ende 2020 die Regierung Sansibars die Rückkehr erlaubte, lebte er im britischen Portsmouth. Die konstitutionelle Monarchie auf Sansibar wurde abgeschafft. An ihre Stelle trat die sozialistische Volksrepublik Sansibar und Pemba, die allerdings weniger als ein Jahr Bestand hatte. Der nur wenige Wochen andauernden Revolution fielen tausende arabisch- und indischstämmige Menschen zum Opfer. Zunächst war das Leben der Bulsaras nur durch eine nächtliche Ausgangssperre ab 19:30 Uhr eingeschränkt. Bald aber schon verstärkten sich die Befürchtungen, dass für die britische Regierung arbeitende Bewohner wie Bomi Bulsara in Gefahr waren. Schließlich hatten die Briten den Arabern die Macht überlassen. In England sollte Bulsara junior später einem Freund erzählen, man habe seinem Vater damit bedroht, ihn zu köpfen, sollte er das Land nicht verlassen. Seinen Eltern machte die Aussicht auf ein deutlich bescheideneres Leben als Immigranten in einem fremden und erheblich kälteren Land zu schaffen. Doch der Sprössling war begeistert. Wo könnte man sich schließlich besser neu erfinden als im Zentrum der Popkultur? Tatsächlich färbte dieser Optimismus auf seine Familie ab, die im Westlondoner 50 000-Seelen-Vorort Feltham eine Bleibe fand, inmitten der Flugschneise des Heathrow-Flughafens.

Doch der Fluglärm blieb zunächst das einzig Aufregende im ansonsten verschlafenen Kaff. Immerhin wurden die Bulsaras von Rassismus verschont. Zunächst zog die Familie zu Verwandten am Hamilton Close 19, dann in die Hamilton Road 122, bevor sie in einem viktorianischen Reihenhaus mit vier Zimmern in der Gladstone Avenue 22 sesshaft wurde. Bomi Bulsara fand eine Anstellung als Kassenbeamter bei Forte, einer Firma für Hotel-Catering, seine Frau wurde Verkäuferin in der örtlichen Ausgabe der Kaufhauskette Marks & Spencer. Auch der Sohnemann musste anpacken – buchstäblich. Neben seinem Unterricht am Isleworth Polytechnic College wurde er kurzzeitig Kistenschlepper im Gewerbepark der North Feltham Trading Estate. Von seinen Kollegen wegen seiner zarten Hände verspottet, entgegnete er, ohnehin zum Künstler berufen zu sein. Seine Kumpel beschreiben den Neuankömmling rückblickend als naiv und unsicher, aber auch als nett und überschwänglich. An Wochenenden war er Stammgast im Eel Pie Island Hotel, das auf einer kleinen Insel in der Themse lag und wo er Konzerte des Bluesmusikers Zoot Money und von Rod Stewart sah. Auch ihn selbst zog es auf die Bühne. Zu Weihnachten 1964 spielte er etwa in der Schulaufführung des gesellschaftskritischen Theaterstücks »Die Küche« von Arnold Wesker. Er gehörte dem Schulchor an und verbrachte Pausen meist am Klavier der Aula, wo er Pop-Hits wie »I Get Around« der Beach Boys zum Besten gab – die er gerne variierte, weil er sie als noch nicht interessant genug empfand. Sein neckischer Hochmut prägte sich aus. Trotz eines gewaltigen Castings weiterer Mitglieder scheiterte der Versuch, mit seinem Kumpel

Patrick Connolly eine Band hochzuziehen. Sie machten schließlich in Connollys Kinderzimmer weiter – Bulsara am Klavier, Connolly als Sänger, obwohl dieser sich selbst nicht als besonders begabt ansah. Doch Bulsara wollte davon nichts wissen, stachelte ihn an, über sich hinauszuwachsen. Diese Gabe, Menschen zu ›empowern‹, sollte er Jahre darauf auf Konzerten ausspielen, wenn er zigtausende Wildfremde mit gewiss mehrheitlich überschaubarem Sangestalent im Handumdrehen dazu bringt, seine »Ay-oh«-Aufwärmübungen nachzuschmettern. Mit strategischer Weitsicht bezeichnete er sich als nicht clever genug, um in die Fußstapfen seines Vaters zu treten oder gar etwas so Hochrangiges wie Anwalt zu werden, und drängte seine Eltern, ihn auf eine Kunsthochschule zu schicken.

Zwar war er ein versierter Zeichner, doch hatte er genügend britische Musikmagazine studiert, um zu wissen, dass eine Kunsthochschule vor allem eine Schmiede für angehende Popstars ist. Bulsara liebäugelte mit dem nahe gelegenen Ealing Art College, an dem sich 1963 auch Ronnie Wood und Pete Townshend eingeschrieben hatten. Zugangsvoraussetzung war ein mit dem Abitur vergleichbarer A-Level-Abschluss in Kunst, den er nach zwei Jahren in der Tasche hatte – nicht ohne dabei etwas getrickst zu haben. Als die Abschlussarbeit ein Gemälde der Kreuzigung Jesu sein sollte, überredete er seinen Mitschüler Connolly, für ihn die umstehenden römischen Soldaten zu malen, nachdem ihm selbst nur die Christusfigur geglückt war. »One man, one goal«. Und das Nächste tat sich gleich auf: Im Herbst 1966 begann er sein ersehntes Studium an der Kunsthochschule, doch Bulsaras anfängliches Interesse flachte schlagartig am 13. Dezember ab. An dem Tag hatte Jimi Hendrix sein Debüt im britischen Fernsehen. Seine Performance in der Sendung *Ready Steady Go!* wurde zum Erweckungserlebnis für Bulsara. Obsessiv folgte er dem Gitarrengenie – weniger allerdings wegen dessen technischer Fähigkeiten. Hendrix' schillerndes Auftreten in *Sgt. Pepper's*-artigen Fantasie-Uniformen und sein multiethnischer Stammbaum hatten ihn inspiriert.

Wenn es ein Nichtweißer mit Afroamerikanern, Cherokee und Iren als Vorfahren an die Spitze schaffen konnte, dann sollte auch Bulsara dieser Weg offenstehen. Seine letzten beiden Hochschuljahre nutzte er dazu, seine Idole aus dem Showbiz wie Liz Taylor, Paul McCartney und vor allem Hendrix zu zeichnen, insbesondere aber, um seinen Platz in der Szene zu finden. Mit seinem Studienkollegen Mark Malden verband ihn nicht nur, dass sie die einzigen Männer in ihrer 30-köpfigen Modedesign-Klasse waren, sondern auch ein gemeinsamer Musikgeschmack. So verdienten sie sich tagsüber etwas Extrageld als Aktmodelle im Kunstunterricht, um damit ihre nächtlichen Trips ins Crawdaddy im benachbarten Richmond zu finanzieren. Dort sahen sie Acts wie The Who, Pink Floyd und Elton John, der damals noch unter seinem bürgerlichen Namen Reginald Dwight auftrat. Im Januar 1967 erlebten die beiden erstmals Hendrix live im Bag O'Nails. Angeblich folgte Bulsara ihm daraufhin in 14 aufeinanderfolgenden Nächten zu diversen Pub-Konzerten. Er war hin und weg. Hin zum Rock 'n' Roll, weg von der Hochschule. Zumindest de facto. Auf dem Papier musste er noch eingeschrieben bleiben, um sein Lotterleben voll auszukosten. Um seine Lehrjahre etwas zu verlängern, wechselte er zu Grafikdesign. Nach Hendrix wartete die nächste schicksalhafte Begegnung schon auf ihn: Der Grafikkurs brachte ihn mit dem 19-jährigen Tim Staffell zusammen. Dieser spielte in einer Cover-Band namens 1984. Deren Gitarrist war wie Bulsara ein Junge aus Feltham, doch dort waren sie einander nie über den Weg gelaufen. 1969 machte Staffell die beiden miteinander bekannt. Er hieß Brian May.

Brian May: Father to Son

Nicht nur auf der Gitarre steht Brian May für schnell gespielte Rhythmen. Mit seiner hohen Posting-Frequenz in den sozialen Medien kann der Mittsiebziger locker mit der Influencer-Generation mithalten. Fast täglich wendet er sich an seine Online-Gefolgschaft, der »Bri Army«. Einerseits war dies Mays Weg, um das Social Distancing der Coronazeit zu ertragen. Wie Mercury kann auch er nicht allein sein. Bereits in einer alten Presse-Info aus den frühen 1970ern listete er als Abneigungen auf: »Leber, Lärm, kalte Füße, Nichtkontakt und Politik.«[17] 1974 schrieb er nach einem Traum über eine große, Menschen voneinander trennende Flut das Epos »The Prophet's Song«. Andererseits hatte ihm schon sein Vater stets gepredigt: »Wenn eine Sache wert ist, sie zu tun, ist sie es auch wert, sie zu übertreiben.«[18] Klingt wie das Motto Queens. Der alte May hatte enormen Einfluss auf seinen Sohn. In seinen Selfie-Clips benutzt May umsichtige Worte, voll britischen Understatements, die aber auch von Akkuratesse und Dringlichkeit geprägt sind. Engagiert äußert er sich zu Herzensthemen wie Queen, dem Tierschutz und dem Nachwirken seiner Soloarbeit. Im Sommer 2021 stachelt er seine Fans beherzt dazu an, die Wiederveröffentlichung seines 1992er Soloalbums *Back to the Light* zu kaufen. Dieser Mann hat mit Queen bis zu 300 Millionen Tonträger vertickt. Allein in den ersten beiden Jahren nach dem Filmstart dürfte er 11,6 Millionen Euro nur an *Bohemian Rhapsody* verdient haben.[19] Wieso ist es ihm so wichtig, dass ein bei Erscheinen nur mäßig erfolgreiches Album (Platz 6 im UK, Platz 159 in den USA) heute noch auf ein Echo stößt? Diese empfundene Beweisschuld wurde ihm wohl ebenfalls vom Vater mitgegeben. Obwohl dieser sogar Landkarten mit den Reiserouten Queens erstellte, ihre Chart-Positionen in präzisen Diagrammen darstellte, akzeptierte dieser Mays Berufswahl lange Zeit nicht. Mitte der 1970er Jahre herrschte für fast zwei Jahre Funkstille zwischen den beiden. »Es hatte meinen Dad gedemütigt, dass mir die Band wichtiger war, als meinen Doktor zu Ende zu bringen«[20], sagte May.

Seine Mutter litt sehr unter dem zerrütteten Verhältnis der beiden. Die Wende kam erst 1977, als Queen zum ersten Mal im prestigeträchtigen Madison Square Garden spielten. May ließ

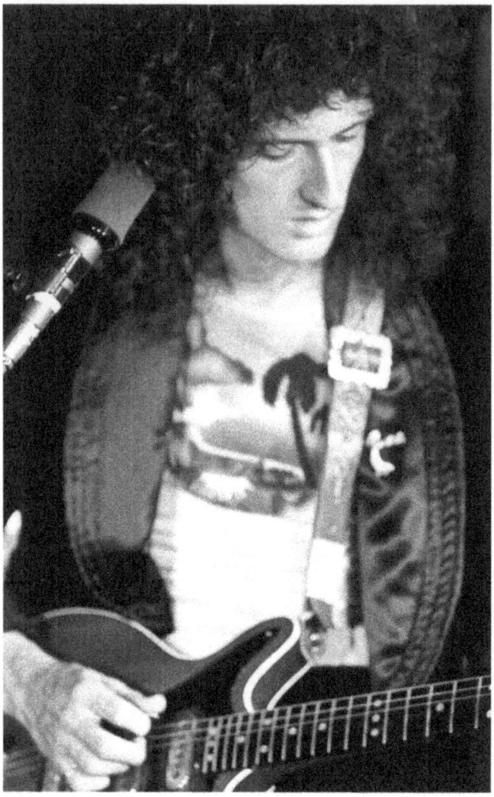

Brian May, 1976

seine Familie per Concorde – an der Entwicklung der Instrumentenlandeanlage des Überschallfliegers war sein Vater beteiligt gewesen, er war aber bis dato nie damit geflogen – nach New York bringen »und nach der Show kam Dad zu mir, schüttelte meine Hand und sagte: ›Okay, Sohn, ich hab's jetzt begriffen.‹« Für May ein »Schlüsselmoment« in seinem Leben: »Ich hatte seine Zustimmung so bitter benötigt.« Es ist nie zu spät für eine glückliche Kindheit. Sehen wir uns deren Eckdaten genauer an.

Brian Harold May wurde am 19. Juli 1947 im Südwestlondoner Twickenham der Engländerin Ruth May, geborene Fletcher, und dem Schotten Harold May, einem Technischen Zeichner beim Luftfahrtministerium, geboren. Seinen Status als Einzelkind sollte er 1980 im Song »Sail Away Sweet Sister (To the Sister I Never Had)« verewigen. May besuchte die Jungenschule Hanworth Road im nahe am heimischen Feltham gelegenen Hampton. Schon früh unterstützten die Eltern sein musikalisches Interesse mit Klavierunterricht am Samstagmorgen, woran May aber nur wenig Freude fand. Der Funke sprang im Alter von sechs Jahren über, als ihm sein Vater das Spiel auf der Banjolele beibrachte, einem Hybriden aus Banjo und Ukelele. Zum nächsten Geburtstag bekam er eine billige Egmond-Akustikgitarre. Bereits hier zeigte sich seine Bastellust, verbunden mit seinem Verständnis von Elektronik: Um sich dem ersehnten Sound einer E-Gitarre anzunähern, fertigten sein Vater und er dem Instrument einen Tonabnehmer an, das heimische Radiogerät diente als Verstärker. Auch Mays zweitem Hobby, der Astronomie, frönten die beiden gemeinsam. So verfolgten sie staunend die BBC-Sendung *The Sky At Night.* Durch die 700. Ausgabe sollte May später mit dem langjährigem Moderator Patrick Moore führen und mit ihm die Bücher *Bang! The Complete History of the Univers* (2006, dt. 2008: *Bang! Die ganze Geschichte des Universums*) und *Cosmic Tourist* (2012) veröffentlichen. Sogar ein Teleskop bastelte er mit seinem Vater. »Dad konnte alles machen«, sagte May. »Er baute unser Extra-Schlafzimmer in eine Werkstatt um, wo er alle unsere Haushaltsgeräte entwickelte, darunter unseren Fernseher.«[21] Sein Taschengeld investierte May in 7-Inch-Singles und analysierte die kristallklaren Harmoniegesänge der Everly Brothers und von Buddy Hollys Begleitband The Crickets. Er brillierte als Schüler und kam mit elf Jahren per Stipendium an die Hampton Grammar School.

Im magischen Rockalter von 16 Jahren begann er sein größtes und lebensveränderndes Projekt mit seinem Vater: den 18 Monate währenden Bau jener legendären Gitarre, die er auf jedem Album und auf jedem Konzert mit Queen – ab 1975 setzte er auch Nachbauten ein – spielte, die die unterschiedlichsten Songs der Band mit ihrem warmen Klang eint: »Red Special«. 2014 widmete er ihr ein ganzes Buch. Da die Familie nicht in Geld schwamm, mussten Ersatzteile für die Konstruktion herhalten: neben zwei Ventilfedern eines Motorrads und einem stumpfen Brotmesser als Tremolohebel, so auch für den Hals wurmstichige, per Taschenmesser herausgeschnitzte Stücke einer über hundertjährigen Mahagoni-Kaminverkleidung. Im Herbst 1963 war sie fertig, Produktionskosten: acht Pfund. Seinen unverwechselbaren Sound erzeugt May auch, weil er statt eines üblichen Plektrums mit einer gezackten Sixpence-Münze spielt, deren Rillen beim Anschlag eine obertonreichere Tonentfaltung ermöglichen; er präferiert dabei die letzte Prägeserie von 1970; die Umstellung auf das Dezimalmünzsystem erübrigte die Münze 1973.

Als Teenager besuchte er ein Konzert seines Mitschülers Tim Staffell, der bei den Railroaders sang und Bass spielte. Schnell gründeten die beiden die nach George Orwells gleichnamiger Dystopie benannte Bluesrock-Combo 1984. Der Höhepunkt ihres dreijährigen Bestehens war ein Supportslot für Jimi Hendrix am 13. Mai 1967 im großen Hörsaal des Londoner Imperial College; am Tag zuvor war Hendrix' Debüt-LP *Are You Experienced* erschienen. 1984 ehrten ihr Idol mit einem Cover von »Purple Haze«. May war am Imperial College seit 1965 als Student der Physik mit dem Spezialgebiet Infrarotastronomie eingeschrieben – dank glänzender Leistungen erneut mit einem Stipendium. Als Mitglied des Entertainment Committee hatte May nicht nur Hendrix, sondern auch seine eigene Band gebucht. Am Tag vor Heiligabend gastierten 1984 bei einem Weihnachtsfestival im Olympia Theatre neben Traffic, Pink Floyd, The Herd, den drei Jahre später »T. Rextasy« auslösenden Tyrannosaurus Rex und wieder: Hendrix. Allerdings konnten sie die Bühne nicht vor fünf Uhr morgens betreten. Das Restpublikum war alles, aber nicht mehr aufnahmefähig. Während die Band spielte, wurden ihnen backstage die Geldbörsen gestohlen und der Tourbus abgeschleppt. Frustriert löste sich die Gruppe Anfang 1968 auf. Auch weil May sehr in sein Studium eingespannt war, das ihn damals auf eine aufwändige Forschungsexkursion schickte. In luftigen 3,5 Kilometern über dem Meeresspiegel betreute er auf dem Felskopf Testa Grigia im Schweizer Zermatt den Bau einer Schutzhütte zur Lagerung von Geräten, mit denen sich das sogenannte Tierkreislicht gut beobachten lässt, ein sich aus interplanetarischem Staub unseres Sonnensystems, quasi *Stardust*, speisender Lichtkegel am Horizont. Wegen des schlechten Wetters musste das Projekt aber bald nach Teneriffa umziehen. Dort wachte May eines Morgens mit dem Riff und dem Titel für »Tie Your Mother Down« im Kopf auf. 2015 sagte er dem *Telegraph*, dass er sich dem Teide-Nationalpark auf der kanarischen Insel so verbunden fühle, dass er sich wünsche, dort als verstreute Asche eines fernen Tages seine letzte Ruhe zu finden.[22] Mit einem Bein stand er damals allerdings immer noch fest in London. Dort raufte er sich wieder mit Staffell zusammen, und gemeinsam gab man der Musik mit der im Herbst 1968 gegründeten Band Smile eine zweite Chance. Auf ihre Anzeige am Schwarzen Brett der Studentenvereinigung von Mays College suchten sie einen Schlagzeuger im Stil von Ginger Baker (Cream) und Mitch Mitchell (The Jimi Hendrix Experience). Kommilitone Les Brown gab ihnen einen Tipp: dessen WG-Mitbewohner in der Sinclair Road, Roger Meddows Taylor. Beim Vorspielen im Jazz Room des Imperial College überzeugte dann neben der musikalischen Raffinesse vor allem Taylors Frohnatur, sowie die Tatsache, dass er seine Snare-Drum stimmte – eine unübliche Praxis unter Schlagzeugern, die Akribie und wahre Professionalität offenbart. Das gefiel May.

53 Jahre später kam dieser als Überraschungsgast auf die Bühne von Taylors London-Konzert, anmoderiert mit den Worten: »It's my brother from another mother!« Eins der größten Rock-'n'-Roll-Märchen liegt zwischen diesen beiden Momenten. Dabei ist May eigentlich überhaupt nicht für ein Leben im Rampenlicht gemacht. Mit seiner wilden Lockenmähne à la Jimmy Page, Joe Perry, Eddie Van Halen und Slash gibt er zwar den prototypischen Rock-Gitarristen ab. Was ihn aber abhebt, ist sein Rock-unkonformer Lebensstil: May rauchte in Ablehnung des über-

mäßigen Zigarettenkonsums seines Vaters nie, rührte keine Drogen an, war nur ab und an einem Kahlúa mit Sahne oder einem Wodka-Mixgetränk nicht abgeneigt und achtete stets auf seine Ernährung. Seit 2020 lebt er vegan. Sein Drang nach zwischenmenschlichem Miteinander ist wie bei Mercury Mittel zum Zweck, eigene Unsicherheiten zu überwinden. Eine Anekdote von einem der ersten Gigs Queens ist bezeichnend: »Da gab es so einen Sandwich-Stand«, erinnerte sich May, »zu dem ich ging, aber ich hatte Angst davor, da Menschen anzusprechen – du wirst zum Rockstar, weil du es werden musst!«[23] Immer wieder suchten ihn Depressionen heim. Als May 1992 nach dem *Freddie Mercury Tribute* die Bühne des Wembley-Stadions verlassen wollte, packte ihn Joe Elliott von Def Leppard am Ärmel und sagte: »Brian, halt mal 'ne Minute an und schau dir das einfach an und denk drüber nach, was das ist, denn du wirst so was nicht noch mal sehen.«[24]

Nach 20-jährigem Rausch setzte der große Kater ein. Drei Monate nach Mercury war auch Mays Vater gestorben. May rettete sich im September 1992 mit seinem programmatisch betitelten Soloalbum *Back to the Light*. Im Opener »The Dark« stimmt er ein altes Schlaflied für Kinder an: »Little baby sweetly sleep / do not stir / We will bring a coat of fur / We will rock you, rock you, rock you« – 15 Jahre zuvor möglicherweise unterbewusst Inspiration für seinen bekanntesten Song, er weiß das heute nicht mehr genau.[25] Im folgenden Titelstück gemahnte er sich selbst zum Weitermachen: »Back to the streets that are paved with gold«. Zurück ins Licht – aber auf eigenen Beinen. Auf der begleitenden Tour passte er John Lennons »God« aus dessen Solodebüt seiner Lebenslage an. Hieß es bei dem Ex-Beatle »I don't believe in Beatles / I just believe in me / Yoko and me / And that's reality«, singt May: »I don't believe in being Queen any more / I just believe in me / Just you guys and me / And that's reality«. Dennoch bestritt er seine Solokonzerte dann doch vorrangig mit Queen-Material, darunter sogar Songs von Mercury wie »Love of My Life« und »Rhapsody«. Als Kopf der Brian May Band revanchierte er sich bei Guns N' Roses für deren Auftritt beim *Mercury Tribute* und eröffnete für einige Nordamerika-Konzerte der *Use Your Illusion*-Tour. 1998 erschien sein zweites und bislang letztes reguläres Soloalbum *Another World*, auf dessen Titelbild er etwas kalauernd einen Baum auf der Kanareninsel El Hierro imitiert. Mit seiner Vergangenheit konnte er erst abschließen, als er sie mit Taylor, Paul Rodgers und schließlich Adam Lambert wieder zu seiner Gegenwart machte.

Nach mehr als einem halben Jahrhundert im Geschäft denkt May nicht ans Aufhören. Und das hat Gründe, die tief blicken lassen:

> »Ich mache mir da viele Gedanken darüber: Warum zum Teufel arbeite ich so hart? Ich muss verrückt sein, aber es hält dich eben auch in Bewegung. Aber was sollte ich sonst schon tun? Ich bin keiner, der am Strand herumsitzt. Ich liebe es, zu erschaffen, Sachen zu machen und Probleme zu lösen. Wenn ich das nicht tue, dann bin ich keine unglaublich gute Gesellschaft. Es wäre ein Desaster, wenn ich nicht beschäftigt wäre.«[26]

Jede Pause bei Queen nutzte er für andere Projekte. 1983 nahm er mit Eddie Van Halen die improvisierte *Star Fleet*-EP auf. Dessen komplette zweite Seite einnehmendes »Blues Breaker« widmete er seinem großen Idol Eric Clapton. Der hatte bereits 1979 in der deutschen Zeitschrift *Pop* über May gesagt: »Da gibt es diesen Typen bei Queen, der Sachen macht, von denen ich nur träumen kann«;[27] 2021 sollte May mit Clapton als Person brechen, den Impfskeptiker einen »Verrückten«[28] nennen. 1987 produzierte May das Debütalbum der britischen Rock-Parodisten Bad News, die sich 1983 etwa gleichzeitig und unabhängig voneinander mit den weitaus erfolgreicheren, artverwandten Spiñal Tap formiert hatten. Auf dem Album befindet sich 20 Jahre vor Verbreitung der ersten Shred-Videos im Netz eine herrlich stümperhafte Version von »Rhapsody«, die im UK glatt auf Platz 44 chartete. Wie bei Queen setzte er sich auf Solopfaden keine Grenzen:

1994 nahm er mit den Grungern Soundgarden deren »New Damage« neu auf, 2002 stand er mit dem Rapper Dappy und »Rockstar« auf Platz 2 der UK-Charts. Im August 2007 – 37 Jahre nachdem er mit seiner Dissertation begonnen hatte – reichte er seine 48 000 Wörter starke Abschlussarbeit unter dem Titel »Eine Untersuchung von Radialgeschwindigkeiten im zodiakalen [interplanetaren] Staub« ein. Im Mai 2008 wurde ihm in der Royal Albert Hall die Doktorwürde verliehen. Endlich füllte er die ihn umgebende Aura eines Akademikers voll aus. Doch sein Alltag fand immer noch Raum für mehr.

Seine Leidenschaft für Stereoskopie, die Erstellung von 3D-Illusionen aus zweidimensionalen Bildern, lebte May bisher unter anderem in fünf Büchern aus, darunter das autobiographische *Queen in 3-D* – nur komplett mit eulenförmiger Stereobrille. Im Gegensatz zu Queen nimmt er mittlerweile auch explizit am politischen Geschehen teil: Auch wegen einer hohen Besteuerung gutverdienender Rockstars, wie sie die Labour-Regierung unter Harold Wilson beschlossen hatte, war May zwar traditionell Tory-Wähler. 2010 wandte er sich aber von der Conservative Party ab. Deren Positionen zur Fuchsjagd und zur Massenkeulung von Dachsen waren ihm zuwider. May wurde zum engagierten Tierschutzaktivisten und gründete so den nach dem Queen-Hit benannten »Save Me Trust«. 2013 verband er das bizarre Ur-Meme, den Flash-animierten Cartoon »Badger Badger Badger«, einen viralen Internet-Hit aus dem Jahr 2003, mit einem anderen »Flash«, nämlich dem Prinz-Vultan-Darsteller aus »Flash Gordon«, Brian Blessed. Als »Team Badger« gelang ihnen mit dem Mash-up »Save the Badger Badger Badger« ein Erfolg am unteren Chartsrand des UK. 2003 tat er sich überdies mit Slash und dem damals bereits 87-jährigen Sir David Attenborough zur Supergroup Artful Badger zusammen. Heute unterstützt May mehr als 25 Hilfsorganisationen. Mehrfach hat er bestätigt, dass ihm sein Engagement im Tierschutz wichtiger ist als all seine anderen Karrieren.

»Ich kann nur versuchen, die beste Version meiner selbst zu sein«: Interview mit Brian May

Wir sprechen mit May über seine vielseitigen Interessen und das Erbe Queens per Direktschalte in sein lichtdurchflutetes Wohnzimmer, im Verlauf trägt er uns auf seinem Laptop in einen noch helleren Wintergarten. May antwortet pfeilschnell, aber stets überlegt. Auch bei ernsten Themen bewahrt er sich ein gütiges Lächeln.

Wir sind uns noch nicht ganz sicher, wie dieses Buch heißen wird: »The Show Must Go On« oder »Break Free!«. Was finden Sie besser?
Beide beschreiben zentrale Motive von uns: das Weitermachen, das Durchbrechen vermeintlich unüberwindbarer Hürden. Das durchzieht zum Beispiel auch unser *We Will Rock You*-Musical. Auch im Biopic *Bohemian Rhapsody* geht es darum, auszubrechen, aber auch um familiären Zusammenhalt, die Gruppe als Familie. Darin geht's auch in meinem Song »Tie Your Mother Down« – das ist letztlich der Wunsch eines Kindes, dass die Eltern abhauen und es in Ruhe lassen. Der Song ist ein Ausdruck der ewigen Jugend in uns allen. An einem Punkt lehnen wir uns alle gegen unsere Eltern und unsere Erziehung auf – aber idealerweise versöhnen wir uns danach auch damit, wir wollen schließlich alle geliebt, verstanden und von unseren Eltern anerkannt werden. Mit dieser Dualität arbeiten wir.

Eine der Kernthesen dieses Buchs ist, dass Queen heute größer sind als je zuvor, vor allem weil es die ›Marke‹ erstmals geschafft hat, anhaltend den ganzen Planeten zu umspannen. Dazu entspricht eine Band, die sich unterschiedlichste Stile aneignet und zu einem großen Mash-up vermengt, mit einem bisexuellen Immigranten als Sänger, natürlich sehr dem aktuellen Zeitgeist.
Ich hoffe einerseits sehr, dass das so stimmt und dass wir so verstanden werden. Andererseits ist es als Mensch in seinen 70ern schwer, sich vorzustellen, was die Jugend heute anspricht. In

meiner Wahrnehmung sind wir die Themen unserer Zeit immer mitfühlend und teilnahmsvoll angegangen, aber aus heutiger Sicht würden bestimmt viele Leute sagen, dass wir alles falsch gemacht haben.

Inwiefern?

Nun ja, wir haben einfach noch eine Sprache benutzt, die heute als inakzeptabel gilt. Das Vokabular hat sich geändert; ich fühle mich immer, als würde ich über Eierschalen laufen. Ich versuche stets mein Bestes, das Richtige zu sagen, ohne dass es fehlinterpretiert werden kann. Uns waren all diese Themen – ethnische Herkunft, Hautfarbe, Sexualität, Geschlechter – sehr bewusst, sie finden sich in unserer Musik wieder. Daher ja auch der Name Queen, der sollte sehr inklusiv sein. Heute würde man das alles anders machen. Die Menschen würden einen nicht mehr so verstehen, heute gelten andere Begriffe. Wir haben einfach versucht, anständig zu sein und dabei einen ehrlichen Umgang mit den verschiedenen Thematiken zu finden.

Und somit zurück zu »Tie Your Mother Down«: Haben Sie schon mal darüber nachgedacht, einen heute wohl als anstößig empfundenen Titel wie diesen abzuändern?

Ja, in einer Zeit, in der sich alle über alles aufregen, wodurch auch viel Humor, viel aufrichtige Empathie und die Gabe zu vergeben verlorengegangen sind – heute wäre mir unwohl, so einen Song zu veröffentlichen. Aber er war aus einer sehr unschuldigen Perspektive geschrieben, aus der Sicht eines Teenagers. Du kannst nun mal nur dir gegenüber ehrlich sein; meine Mutter hat immer gesagt: »To thine own self be true«. Das ist die einzige Richtschnur. Wenn du deine Wahrheit sprichst, kannst du nicht mehr machen. Wenn sich Menschen daran stören, dann ist es auf gewisse Weise ihr Problem. Das mag vielleicht etwas kompromisslos rüberkommen, aber: Ich kann nur ich selbst sein. Ich kann nur versuchen, die beste Version meiner selbst zu sein. Ich stehe also hinter »Tie Your Mother Down«, weil es der ehrliche Ausdruck einer Empfindung in einer bestimmten Situation ist. Meine Mum hat den Song geliebt!

Ist Ihnen schon mal aufgefallen, dass Sie ihr wohl prägnantestes Riff – eben das aus »Tie Your Mother Down« auf Tene-Riff-a gschrieben haben?
(lacht) Nein, aber lustigerweise war ich neulich wieder dort und habe das Riff dort wieder gespielt, oben, auf dem Teide-Berg, bei dem Observatorium, dem Observatorio del Teide des Astrophysikalischen Instituts der Kanaren, wo ich es geschrieben habe [May forschte dort als Doktorand in den späten 1960er-Jahren]. Eine wundervolle Erfahrung, mit den Wolken unter mir, den Sternen über mir, dieser Ort ist der Himmel für mich.

»Hammer to Fall«, 1984 entstanden unter dem Eindruck des Kalten Kriegs, wurde 2022 wiederveröffentlicht und erfuhr so während des Ukrainekriegs neue Relevanz mit Zeilen wie »For we who grew up tall and proud / In the shadow of the mushroom cloud« und »What the hell we fighting for? / Just surrender and it won't hurt at all«. Der Song scheint Ihnen generell am Herzen zu liegen. Er taucht in Schlüsselmomenten Ihrer Biographie immer wieder auf.
Nun, ich bin mir der Schwachpunkte des Songs durchaus bewusst – der ist weniger kohärent, als ich ihn haben wollte, aber ich mag das Riff, es ist ein glorioser Spaß, den Song live zu spielen. Der ist so in meinem Unterbewusstsein verankert, der kommt völlig gedankenlos einfach aus mir raus, wenn ich mir eine Gitarre schnappe. Das ist wie ein Instinkt. Die neue Version, die es jetzt zu hören gibt, ist tatsächlich ganz anders, was mir wichtig war, weil es die nachdenklicheren Elemente des Stücks betont. Ich hoffe, ich kann diese Fassung noch mal live spielen – falls ich jemals wieder auf Solotour gehe. Es ist einfach ein schönes Gefühl, diese Worte und die Reise, die der Song zurückgelegt hat, zu genießen.

Sie haben in der Vergangenheit immer wieder offen über Ihre depressiven Phasen gesprochen, zu Weihnachten 2016 sogar konkrete Selbsthilfetipps auf ihrem *Soapbox*-Blog gegeben. Nachdem Sie Ihre vielen Interessen wie die Gitarre, Stereoskopie und Astrowissenschaft bereits in Buchform gegossen haben, frage ich mich – und somit Sie –, ob eine schriftliche Ausarbeitung Ihrer Erfahrungen mit Mental Health nicht ein nächstes Projekt sein könnte?
Wenn ich der Meinung wäre, klug genug zu sein, um das zu tun, würde ich es wohl auch machen. Das ist keine falsche Bescheidenheit! Aber ich habe nun mal nicht all die Antworten. Ich stehe über Instagram mit sehr vielen Künstlern in Kontakt – mit anderen Musikern, Designern, Dichtern – und sehe mich in vielen von ihnen wieder. Erstaunlich viele halten sich für wertlos, für Müll und stehen kurz davor, aufzugeben. In direkten Gesprächssituationen, von Mensch zu Mensch, bin ich sogar imstande manchmal zu helfen. Dann finde ich Wege, wie ich ihnen ausreden kann, nach Perfektion zu streben, sich ständig dafür zu strafen, gesetzte Ziele nicht zu erreichen. Aber eine Anleitung, wie man Depressionen hinter sich lässt, kann ich nicht liefern – sosehr ich es mir wünschte. Wüsste ich den Ausweg, wäre ich nicht depressiv. Aber ich bin nun mal depressiv. Das, was meiner Meinung nach einem Leitfaden am nächsten kommt, ist ein Buch von Melody Beattie namens *The Language of Letting Go* [dt. *Kraft zum Loslassen*], das ist ein Wunder. Diese Frau muss von göttlicher Eingebung gesegnet sein, auf jeder Seite findet man etwas, das einen regelrechten Knall in deinem Kopf auslöst. Ständig sagt man sich: Oh, darüber habe ich noch nie nachgedacht – da muss ich mir sofort Gedanken drüber machen. Wenn ich also nur eine Sache empfehlen dürfte, wäre es dieses Buch. Wenn ich noch eine empfehlen dürfte, wäre es das Gelassenheitsgebet des Theologen Reinhold Niebuhr, das nur aus ein paar Worten besteht, für mich aber der kraftvollste Text auf der Welt ist, der dir dabei hilft, deinen Scheiß zu bewältigen [May bezieht sich auf diese Passage: »Gott, gib mir die Gelassenheit, Dinge

hinzunehmen, die ich nicht ändern kann, / den Mut, Dinge zu ändern, die ich ändern kann, / und die Weisheit, das eine vom anderen zu unterscheiden«].

Sie arbeiten einerseits sehr akademisch – in der Wissenschaft wie auf der Gitarre –, andererseits sind Sie auch sehr spirituell. Wird man das zwangsläufig, wenn man sich eingehend mit dem Universum beschäftigt?
Ja, ich glaube, das bedingt einander. Ich habe nie geglaubt, dass Wissenschaft und Glaube in Widerspruch stehen – es sei denn, der Glaube ist etwas Künstliches. Ich hänge keiner irdischen Religion an. Aber für mich erreicht Wissenschaft irgendwann eine Grenze und alles, was darüber hinausgeht, kann nur auf spirituelle Art erklärt werden. Da unterscheide ich mich von Stephen Hawking – der meinte, die Annahme eines Gottes würde physikalischen Gesetzen widersprechen, aber das glaube ich nicht. Stephen Hawking ist natürlich viel klüger als ich. Dennoch habe ich meinen eigenen Instinkt und mein Bauchgefühl. Das Leben besteht aus mehr als der physischen Welt, das halte ich für fast unbestritten. Physik ist wunderbar, Astronomie ist wunderbar, aber sie haben ihre Grenzen. Ab dann muss man anders weiterdenken, mit einem anderen Empfinden vorgehen.

Eine leichte Anpassung des von May angesungenen Middle-eight in »I Want It All« erzielt eine sloganhafte Kurzdefinition seiner Person: »I'm a man with a multi-track mind / So much to do in one lifetime«. Von all seinen Passionen werden seine Meisterleistungen auf der Gitarre am leichtesten die Zeit überdauern. »Ich denke immer, dass das Solo genauso melodiös sein sollte wie der Song, auf dem es aufgebaut ist«, sagt er über sein Spiel. »Man sollte nicht einfach nur Klischees bedienen oder sich durchwursteln. Es sollte eine Struktur haben.«[29] Stets stellt May sich in den Dienst des Songs. Er ist Teamarbeiter. »Let us cling together«, wie es in einem seiner schönsten Songs heißt. Die dauerhafteste Verbindung seines Lebens ist die mit Roger Taylor.

Roger Taylor: Modern Times Rock 'n' Roll

Mit seinem kraftvollen Schlagzeugspiel holte Roger Taylor Mercury, mit dem er oft im künstlerischen Clinch stand, von diversen Höhenflügen auf den Boden der Tatsachen zurück. Aber auch mit seinem Spirit. Neben May verkörpert Taylor bei Queen die Lehre des reinen Rock 'n' Roll. Mehrfach wurde er, massiv von John Bonham (Led Zeppelin) und Keith Moon (The Who) beeinflusst, zu einem der prägendsten Classic-Rock-Drummer seiner Zeit gewählt. Verbunden mit seinen Sonnyboy-Looks, den langen blonden Haaren und den meeresblauen Augen, bildete er das klassische Rock-Animal ab, nur in Zaum gehalten von einem Käfig aus Becken und Trommeln – und einem dramatischen Gong. Um inmitten seines Instrumentariums nicht zu verschwinden, zierte Ende 1979 sein Konterfei mit gefährlich rotglühenden Augen das Schlagzeugfell der Bassdrum. Zufällig etablierte sich in den 1980ern ein Namensvetter bei den New Romantics von Duran Duran als weiterer Mädchenschwarm am Schlagzeug.

Essenziell für den Sound Queens ist auch Taylors naturheisere Stimme, mit der er jeden Rod-Stewart-Soundalike-Wettbewerb gewinnen würde. Dazu kann er diese in ein Falsett hochziehen, zu dem Nackenhaare Spalier stehen. Mit seinen »Screams« ließ er bereits auf der Debüt-LP den Song »My Fairy King« wie einen apokalyptischen Reiter galoppieren, am Anfang von »Son and Daughter« ruft er vermittels dieser wie ein Rock-'n'-Roll-Richter zu ehrfürchtigem Gehorsam auf. Erst sein finales »for meeee« im Opernteil von »Rhapsody« ermöglichte die folgende, ultimative Hardrock-Katharsis. Als raues Bad-Boy-Gegengewicht zu Mays unschuldigem, fast verletzlichem Gesang perfektionierte er die gleißenden Gesangsharmonien Queens, brillierte aber auch als Leadsänger. Trotz seiner Rock-Grundierung, die er in mehreren Stücken besang, zeichnete er für manche der größten Umbrüche im Schaffen der Gruppe verantwortlich: Ganze sieben Jahre vor Mercury machte er sich 1977 mit der

Single »I Wanna Testify« als erstes Bandmitglied auf Solopfade. Der Song war zehn Jahre zuvor erstmals als »(I Wanna) Testify« von der Doo-Wop-Band The Parliaments erschienen, die sich später um ihr Kernmitglied George Clinton in die Parallelbands Parliament und Funkadelic entwickelten. Parliament unterzogen das Stück 1974 einer Funk-Behandlung. Taylor berief sich in seiner Fassung auf beide Vorlagen, arrangierte den Song aber nochmals um. Trotz eines Auftritts in Marc Bolans letzter zu dessen Lebzeiten ausgestrahlten Folge der ITV-Sendung *Marc* verfehlte die Single die Charts.

Doch Taylor war auf den Geschmack gekommen. Im Jahr darauf und somit immer noch zwei Jahre vor »Dust«, einem Song, gegen den er sich zunächst klar als Single aussprechen würde, war er es, der mit »Fun It« den Funk bei Queen installierte. Im April 1981 folgte mit seinem *Fun in Space* das erste Soloalbum eines Queen-Mitglieds. Die Platte hatte er über einen Zeitraum von drei Jahren im kompletten Alleingang aufgenommen und produziert. Noch vor May, dem Kreativkopf hinter dem synthesizerlastigen *Flash Gordon*-Soundtrack von 1980, war es Taylor, der das Stammcredo der Band »No synthesizers« (s. Kap. 5.1) aufgab und sich an eines dieser zukunftsweisenden Geräte wagte. Als Anspielung darauf weist seine Platte scherzhaft »157 synthesizers« in den Credits aus. Das neben Taylors Aufnahmen entstandene und sogar noch weit davor im Juni 1980 erschienene Queen-Album *The Game* geriet zum ersten mit Synthesizer-Einsatz. Seit jeher war es Sitte bei Queen, Alben mit einem Überraschungseffekt zu eröffnen – hier sind es die Schleifen des von Taylor empfohlenen OB-X der US-Firma Oberheim, die uns in den Quasi-Titeltrack »Play the Game« hineinsaugen. Aufsehenerregend war dann auch die grafische Gestaltung von *Fun in Space*: Ähnlich wie der Roboter von Sci-Fi-Künstler Frank Kelly Freas, den Taylor auf der Oktoberausgabe des Jahres 1953 des Magazins *Astounding Science Fiction* gefunden und für *News of the World* hatte umgestalten lassen, fand er den außerirdischen Coverstar seines Solodebüts auf dem Deck-

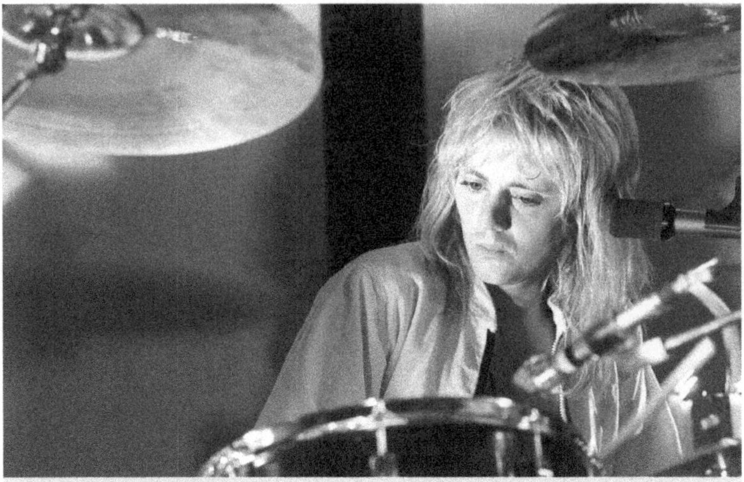

Roger Taylor, 1976

blatt des Horrorcomic-Magazins *Creepy* vom Juli 1980. Neben den prominenten Synthesizern ist hervorzuheben, dass Taylor hier vor allem textlich mit der apolitischen Norm Queens brach. Im Highlight des Albums, »My Country I & II«, besingt er seine Frustration über die britische Politik: »Don't wanna die for some old man's crusade«. Auf seinem dritten Album, *Happiness?*, zog er in einer Attacke gegen Rupert Murdoch sogar Attila den Hunnen dem Medienmogul vor. Doch es war die Leadsingle aus der Platte, die für einen kleinen Skandal sorgte: Nach dem Mantra-artig wiederholten »They're saying now it never happened« fordert er »We gotta stop these stinking Nazis«. Zu viel für den britischen Berieselungs-Funk: »Nazis 1994« wurde von sämtlichen kommerziell arbeitenden Radiosendern des UK boykottiert. Obwohl sich sogar manche Plattenläden weigerten, die Single anzubieten, wurde sie mit Platz 22 in den Charts Taylors größter Solohit. Bis heute ließ sich Taylor nicht von seinem Weg abbringen: Auf seinem Ende 2021er Album *Outsider* befindet sich neben seinem Kommentar zur Coronakrise »Isolation« – der Queen + Adam Lambert schon im Mai 2020 mit der

Durchhalte-Hymne »You Are the Champions« begegnet waren – in zwei Versionen auch das Stück »Gangsters Are Running this World«.

»Wir wollten nie, dass ein Album wie das davor klingt«: Interview mit Roger Taylor

Wir treffen Taylor im Rahmen der Promotion zu *Outsider*. Statt des erwarteten ruppigen Haudegens nimmt da ein älterer, adelig wirkender Herr gegenüber Platz, ein Gentleman.

Die Zeile »The only constant is the change« im *Outsider*-Opener »Tides« wirkt wie eine Zusammenfassung Ihrer gesamten Karriere.
Könnte man so sagen, ja. Wir haben immer versucht, uns zu verändern. Wir wollten nie, dass ein Album wie das davor klingt. Und auf den Alben wollten wir auch nicht, dass die Songs gleich klingen. Wir wollten eklektisch sein und unseren Stil immer abändern. Wir hatten das Glück, die entsprechenden Werkzeuge dafür zu haben, uns neue Genres erschließen zu können.

Empfinden Sie Ihren Status als Innovator innerhalb der Band als unterschätzt?
Nun, das müssen andere bewerten. Aber, manche von uns mussten sich auch um den Rock ’n’ Roll kümmern. Dazu muss ich sagen, dass Brian immer auf der Rock-Seite stand. John interessierte sich sehr für funky Zeug, und Freddie hatte eigentlich auf alles Lust. Es war immer wundervoll, mit ihm zu arbeiten, eine große Freude.

Der Titel *Outsider* mag zunächst verwundern: Wie könnte eine millionenschwere Rock-Legende wie Sie ein Außenseiter sein?
Ich meine, dass sich jeder irgendwann wie ein Außenseiter vorkommt. Als Queen waren wir Außenseiter, und auf einmal fan-

den wir uns im Mainstream wieder, obwohl wir das nie vorhatten. Am Anfang verstanden wir uns nicht als Pop-Band, wir hatten nicht erwartet, Single-Hits zu landen. Wir waren eine Album-Band. Das entsprach auch der damaligen Zeit. Heute werden wir natürlich als Band mit vielen Single-Erfolgen wahrgenommen. Wir sind da eher durch Zufall reingeraten und haben das System hoffentlich zumindest ein wenig verändert.

Ich glaube, das ist gelungen. Progressiv arbeitende Acts wie Radiohead, Nirvana, Lady Gaga, Nine Inch Nails, um nur einige zu nennen, beziehen sich auf Sie.
Das freut mich, zumal Radiohead zu meinen Lieblingsbands gehören. Obwohl sie sich manchmal schon in ihren eigenen Hinterteilen verirrt haben – schön aber, dass sie von dort auch wieder herausgefunden haben.

Queen gaben sich immer apolitisch. Sie hingegen behandeln in Ihren Soloarbeiten allerhand politische und soziale Themen. Mussten Sie bei Queen darum kämpfen, dass Ihre politische Stimme Gehör findet?
Nein, eigentlich nicht. Mir ging es auch nie konkret um Politik – ich stehe weder besonders links noch rechts. Mir sind moralische Standpunkte wichtig. Als Queen verstanden wir uns dagegen als Musiker, die mit ihrem Werk Unterhaltung liefern wollen. Wir wollten uns nie von einem politischen Anliegen vereinnahmen lassen – das hätte leicht kommerziellen Selbstmord bedeutet. Wir empfanden Musik nie als den geeigneten Rahmen, um zu dozieren oder die Leute zu belehren. Als Solokünstler genieße ich da andere Freiheiten, da kann ich mich expliziter ausdrücken. Auf mir lastet ja auch nicht der kommerzielle Druck wie auf der Marke Queen.

Ihr Album endet mit dem Song »Journey's End«. Nach dem, was auf »The Show Must Go On«, dem Closer des letzten regulären Queen-Albums, folgte, dürften Fans jetzt etwas besorgt sein.

Ich blicke da natürlich auf mein Leben zurück, ich nehme aber auch eine optimistische Haltung ein. Auf zum nächsten Abenteuer – oder auf ins große Nichts oder was auch immer! In dieser Hinsicht gibt es nichts, wovor ich mich fürchte.

Wenn wir schon bei diesem schwierigen Thema sind: Sie sind damals mittels einer Kontaktanzeige, in der ein Drummer im Stile von Mitch Mitchell und Ginger Baker gesucht wurde, zur Band gekommen. Seit 2019 sind beide tot, 2021 folgte Charlie Watts. Macht man sich da Gedanken, wer einst die eigenen Fußstapfen ausfüllen wird?
Ja, John Bonham, Keith Moon, alles sehr traurig. Ich weiß nicht, wer uns nachfolgen wird. Ich erkenne aber eine gewisse Bruderschaft unter zeitgenössischen Drummern wie Taylor Hawkins [Foo Fighters, am 25. März 2022, Wochen nach unserem Gespräch gestorben], Dave Grohl [als Drummer u. a. bei Nirvana], Chad Smith [Red Hot Chili Peppers] – auch Stephen Perkins aus L. A. ist ein großartiger Schlagzeuger. Wir fühlen uns alle demselben Club zugehörig.

Ihr Sohn ist der Drummer bei The Darkness.
O ja, Rufus Tiger Taylor – wie konnte ich ihn nur vergessen? Ein Teufelsdrummer! Ich ermuntere jeden dazu, ein Konzert von The Darkness zu besuchen – ein Riesenspaß.

Deren Sänger Justin Hawkins hat ja die Queen-Porträts vom *Hot Space*-Cover auf seine Finger tätowiert.
Ich konnte es nicht fassen, als ich das zum ersten Mal sah. Unglaublich. Aber Justin ist auch einfach ein sehr witziger Typ. Und ein Top-Frontmann.

Hätte eine so ungeheuerliche Band wie Queen in unserer heutigen, um Political Correctness bemühten Kultur noch eine Chance?
Viele Leute sind immer noch ungeheuerlich – ungeheuerlich lächerlich! Sieh dir nur Kanye West an, da ist ja offensichtlich eine

Schraube locker. Aber ja, man kann beileibe nicht mehr alles sagen. Man muss sehr vorsichtig sein. Ich war immer sehr stolz darauf, wie farbenblind Musiker sind. Ich kenne keinen rassistischen Musiker. Unter Musikern gibt es keine Grenzen. Wir sind eine sehr weit gefasste Gemeinde.

Sie haben sich erst spät im Leben tätowieren lassen – mittlerweile sind sie bald ganzkörperverziert. Was war ihr erstes Tattoo?
Ein Drache.

Dragon Attack!
Ja, ich mochte Drachen schon immer. Mit ein paar bin ich auch ausgegangen *(lacht)*. Es war auch meine Frau, die mich zu den Tattoos bewegt hat. Wir lieben beide gutgemachte Tattoos. Ich finde sie sehr sexy. Und in meinem Alter ist es mir auch echt scheißegal, was andere davon halten.

Seit 2018 führen Sie mit »Taylored« auch eine Modelinie. Ist das ein unerfüllter Traum, der auf Ihre Tage als Secondhand-Klamottenhändler am Kensington Market zurückgeht?
Es ist eher so, dass mir unser Merch nicht immer gefallen hat. Ich wollte etwas verkaufen, das ich auch selbst tragen würde. Bei Hoodies hasste ich zum Beispiel immer diese Känguru-Beutel am Bauch. Da wollte ich lieber reguläre Taschen haben, das wirkt doch ein wenig eleganter.

Neben Mercury haben Sie zwar den Ruf als exzessiver Partygänger der Band, aber über ihre wilden Nächte ist wenig bekannt – wohingegen Mercurys Leben hinreichend dokumentiert ist. Wie haben Sie es geschafft, dieses Leben privat zu halten?
Wenn du in einer Band mit jemandem wie Freddie Mercury bist, fällt es nicht schwer, sich hinter ihm zu verstecken. So verhalte ich mich jetzt auch mit Brian – er ist ja die deutlich markantere Figur von uns beiden. Sein Auto kommt meist zuerst beim Hotel an, wo er sofort von Leuten umgeben ist. Ich komme dann nach

ihm an und schleiche mich durch die Hintertür. So handhaben wir das, so gefällt es uns.

Ist das jetzt ein guter Zeitpunkt, um uns eine bisher unbekannte Anekdote aus ihren Ausschweifungen zu erzählen?
Lieber nicht – diese ganzen Keith-Moon-Exzesse, die sind alle sehr unwoke. Außerdem tendiert man dazu, wirklich wahre Exzesse nicht lange im Gedächtnis zu behalten.

Warum haben Sie bei *Live Aid* eigentlich nicht Ihren größten US-Hit gespielt, »Another One Bites the Dust«? Damit hätte man das soeben verlorengegangene Amerika vielleicht wieder auf die eigene Seite ziehen können?
Daran kann ich mich nicht richtig erinnern, muss ich zugeben. Wir dachten wohl einfach, dass in einem so großen Stadion ein Stadionrocker wie »Hammer to Fall« besser funktionieren könne. Aber »Dust« hätte genauso gut funktioniert.

Wie wichtig waren die Looks bei Queen – das *Hot Space*-Cover etwa funktionierte ja nur, weil Sie vier so unterschiedlich und prägnant aussahen, dass man Sie sogar skizziert sofort erkennen konnte.
Dazu muss ich sagen, dass dies gewiss das Cover ist, das mir von unseren am wenigsten gefällt. Ich hasse es. Es wird uns überhaupt nicht gerecht. Es erinnert mich auch an Platten aus dem Midprice-Segment. Nicht sonderlich elegante Kritzeleien von uns vor den vier Grundfarben. Aber mir gefällt ja auch das ganze Album nicht – es hat seine Momente aber … Was unsere Looks betrifft, da haben wir uns schon immer viele Gedanken drüber gemacht.

Sie teilten sich Anfang der 1970er eine Wohnung mit Freddie Mercury in der Sinclair Road von Kensington. Wie lebt man mit so jemandem zusammen?
Freddie war immer sehr ordentlich und gepflegt – ich auch, aber

wohl nicht in so einem Ausmaß. Das hat sehr gut funktioniert mit uns beiden.

Die im Gespräch erwähnten Tattoos sind Ausdruck von Taylors Mut, seine Meinung zu äußern – insbesondere gegenüber Obrigkeiten. Seine umfangreiche Sammlung an Hautornamenten illustriert diese Einstellung nicht in expliziten Aufstandssymbolen, sondern über den Zeitpunkt ihrer Entstehung. Taylor hat die Freuden der Körperkunst »erst sehr spät im Leben«[30], entdeckt, wie er dem *Record Collector Magazine* 2013 verriet. »Wer will mir jetzt noch etwas verbieten? Es ist meine Art zu sagen: ›Fuck you!‹« Auch mit der Wahl seiner Coverversionen spiegelte er stets eindeutig, vielleicht sogar etwas *in your face* seine politischen Positionen: So finden sich in seinem Schaffen Neufassungen von John Lennons »Working Class Hero« und von Bob Dylans Kritik am nuklearen Wettrüsten, »Masters of War«. Mit seiner Version von Bruce Springsteens »Racing in the Street« über einen Ich-Erzähler, der mit illegalen Autorennen seine aussichtslose Existenz aufzupeppen versucht, griff Taylor 1984 seine Automobilbegeisterung auf. 1975 hatte er in einem Fan-Fragebogen bereits unter seinen Lieblingsfilmen *Das große Rennen rund um die Welt* (*The Great Race*, 1965, R: Blake Edwards) und in der Kategorie Lieblingsbücher Jack Kerouacs *Unterwegs* (*On the Road*, 1957) aufgelistet.

Seinen Wunsch nach Rebellion lebte er schon früh aus: Am 26. Juli 1949 kam er als Sohn des Nahrungsmittelinspektors Michael und dessen Frau Winifred Taylor als Roger Meddows Taylor in der ostenglischen Hafenstadt King's Lynn zur Welt – der Zwischenname entstammt der Familie des Vaters. Sein Werdegang schien vorgeprägt: Unter den ersten Menschen, die er traf, war Königin Elizabeth II., die spätere »Queen Mum«. Sie eröffnete am 1. August die neue, örtliche Entbindungsstation und besuchte in diesem Zuge die jungen Mütter. Das Haus in der High Street 87, in dem die Taylors wohnten, ist heute passenderweise ein Plattenladen der HMV-Kette. Taylor hat eine jüngere Schwester namens Clare. Bereits im Alter von sieben Jahren ebnete er seinen Weg in den Rock 'n' Roll und gründete mit Freunden seine erste Band, die Bubblingover Boys. Sein Instrument, die Ukulele, hatte er sich selbst beigebracht, ebenso wie zwei Jahre darauf die Gitarre. Nach einem Umzug nach Truro im südwestenglischen Cornwall kam er per Stipendium auf das dortige Internat. Da er in unmittelbarer Nähe wohnte, besuchte er es als Externer, lief also anders als Mercury nicht Gefahr, sich von seiner Familie zu entfremden. Er sang widerwillig im Schulchor und bekam zu Weihnachten 1961 sein erstes Drumset aus Tomtom und Basstrommel. Feuer gefangen, rekrutierte er pragmatisch Familienmitglieder für seine neue Band The Cousin Jacks.

1964 trennten sich Taylors Eltern, er verblieb bei seiner Mutter. Im selben Jahr stieg er bei der von Mitschülern gegründeten Band Johnny Quayle & The Reaction ein. Nach dem Abgang Quayles 1966 übernahm Taylor am Mikro, blieb aber auch an den Drums und platzierte sich hinter ihnen prominent am vorderen Bühnenrand. In dieser Konstellation gewann die Band einen Wettbewerb und ergatterte bald darauf Supportslots für spätere Glamrock-Superstars wie Slade. Der Autor Rupert White stieß im Zuge seiner Recherchen für das Buch *Queen in Cornwall* auf einen 1967er-Mitschnitt eines Konzerts von The Reaction in der City Hall von Truro und stellte diesen ins Internet: Die Band spielt sich durch ein Set aus Covers, etwa von Wayne Fontana & The Mindbenders' »The Game of Love«, James Browns »I Got You (I Feel Good)« und des im selben Jahr dank Mercury-Idol Aretha Franklin zum Welthit avancierten »Respect«. Drei Jahre später sollten auf derselben Bühne May, Mercury und Taylor ihr erstes gemeinsames Konzert geben. Bevor es dazu kam, zog Taylor für sein Studium der Zahnmedizin in die britische Hauptstadt, wo er allerdings bald zu Biologie wechselte und dort seinen Bachelor machte. Vor allem aber spielte er neben May bei Smile und führte mit Mercury am Kensington Market einen Klamottenladen mit Gemälden und ausgefallenen Fummeln »wie russisches Fuchsfell«, wie er sagte und etwas beschämt hinzufügte, »obwohl das Brian nicht gefallen dürfte«[31]. Der sagte dazu an anderer Stelle: »Sogar ich selbst trug in den Anfangszeiten auf der Bühne einen [Fuchspelz]. Alles ist eine Reise – eine Reise der Entdeckung und der Anpassung.«[32] Ab hier stand Taylor die Welt offen: 1970 erhielt er die Offerte, bei Genesis vorzuspielen. Deren Keyboarder Tony Banks war der Überzeugung gewesen, dass ihr aktueller Drummer John Mayhew aufgrund seiner hemdsärmeligen Natur nicht mit dem universitären Auftreten der Band mithalten könne, und hatte ihn entlassen. Doch Taylor nahm die Einladung nicht an, an seiner Stelle trommelte ein gewisser Phil Collins vor. Später freundeten sich die beiden an und tourten privat durch die Pubs; 2002 sollte Collins dann sogar bei Queens Performance im Buckingham Palace an den Drums sitzen. Noch vor dem *Breakthru* seiner Hauptband lehnte Taylor aus Loyalität zu Queen ein Jobangebot von Mott the Hoople als Drummer ab.

Einer Auszeit nach der Queen-Europatour 1986 begegnete der rastlose Taylor mit der Gründung einer neuen Band, der wie seine Hauptgruppe provokant betitelten The Cross. Den Live-Keyboarder Queens, Spike Edney, zog er ins Line-up hinüber, den Rest rekrutierte er per anonymen Ausschreibungen in der Musikpresse. Die Band benötigte er zunächst, um wieder auf Tour gehen zu können. Hatte er mit Queen im vorvergangenen Sommer noch gewaltige Locations wie die Berliner Waldbühne oder gleich doppelt die Münchner Olympiahalle ausverkauft, gastierte er nun in eher mittelkleinen Hallen wie dem Metropol, respektive der Theaterfabrik in eher mittelgroßen Städten. Obwohl sich The Cross künstlerisch weiterentwickelten, etwa die Dance-Einflüsse des Erstlings *Shove It* zugunsten reinen Rock-Sounds abstreiften, war ihnen in etwa der Erfolg der Interimsband der Ärzte, King Køng und Depp Jones, vergönnt. Bereits das Zweitwerk *Mad, Bad and Dangerous to Know* (1990) verfehlte die UK-Charts. Das dritte und letzte Album *Blue Rock* (1991) mit dem an »Las Palabras de Amor« angelehnten Artwork der Leadsingle »New Dark Ages« war im UK gar nicht erst erschienen und kam 1991 nur in Deutschland auf den Markt. Dort hatte die Band zumindest moderaten Erfolg. Eine letzte Tour, als Support der britischen Rocker Magnum, deren 1986er-Album *Vigilante* Taylor zusammen mit Queen-Produzent David Richards betreut hatte, führte den Weltstar dann während 16 Deutschlandkonzerten bis in die Sporthalle Birkelbach des nordrhein-westfälischen Kaffs Erndtebrück. 1993 besiegelte das Ende von The Cross. 20 Jahre später kam es im Veranstaltungszentrum G Live in Guildford, Surrey, zu einer einmaligen Reunion.

Da Taylor zwei Bands und eine Solokarriere nicht auslasteten, hielt er sich seit 1973 auch mit anderen Projekten beschäftigt. So spielte er Schlagzeug für Künstler wie Gary Numan, Elton John, Roger Daltrey und Shakin' Stevens und produzierte mit Vorliebe Comedy-Acts wie seinen *Live Aid*-Ansager Mel Smith und die zumindest nicht ganz ernstzunehmenden Sigue Sigue Sputnik. Zum von May produzierten Novelty-Hit »The Stonk« von den Comedians Hale and Pace für den *Red Nose Day* spielte er 1991 neben Cozy Powell und Mr. Bean Schlagzeug. Initiiert hatte die Aktion die Wohltätigkeitsorganisation Comic Relief. 2007 unterstützten Taylor und May diese mit einem Cameo-Auftritt in Peter Kays witzigem Playbackvideo zu Tony Christies »Is This the Way to Amarillo?«. Über die Jahre bewiesen die beiden immer wieder ihren Sinn für Humor. So spielten sie etwa anlässlich der DVD-Veröffentlichung von Queens *Greatest Video Hits 2* (2003) in einem Werbeclip zwei Angestellte eines Multimedialadens, in dessen Heimvideoabteilung ausschließlich diese DVD verkauft wird, da dies auf Nachfrage eines Kunden »the only DVD worth buying« sei. Die eigentlichen Kassenkräfte liegen dabei gefesselt und geknebelt hinter dem Verkaufstresen. Besondere Genugtuung dürfte Taylor 2014 als Mitglied der Band Aid 30 erfahren haben: Wurden Queen für das Original gar nicht erst kontaktiert, durfte er nach Phil Collins (1984), Luke Goss von Bros (1989) und Danny Goffey von Supergrass (2004) ans Schlagzeug.

Ähnlich lebhaft wie seine Karriere gestaltet sich Taylors Privatleben: Am Rande von Queens zuschauerstarken Gratis-Konzert im Londoner Hyde Park lernte er 1976 Dominique Beyrand kennen und lieben, damals persönliche Assistentin von Veranstalter Richard Branson, Gründer des Virgin-Imperiums und heutiger Weltraumtourist. Nach wilder Ehe und zwei Kindern heirateten sie am 25. Januar 1988 und trennten sich kurz danach. Mit einer Scheidung ließen sie sich allerdings noch bis zum Jahr 2006 Zeit. Grund für den Split war eine Affäre, die Taylor mit dem Model Debbie Leng begann. Mit ihr hat Taylor drei weitere Kinder, unter anderem Rufus. Nach Taylors Seitensprung mit einer Striptänzerin verließ ihn 1999 auch Leng. Eine Reunion ab 2002 währte zwar etwas länger als die von The Cross, endete aber 2004. In diesem Jahr trat Taylor in Liaison mit der im Gründungsjahr Queens geborenen Sarina Potgieter, die er 2010 ehelichte.

Wie May ist auch Taylor zu reflektiert für schieren Hedonismus. Sogar als er sich nach einem geschichtsträchtigen Queen-Konzert in Buenos Aires 1981 um zwei Uhr morgens zu einem feierlichen Dinner setzte, quälten ihn Selbstzweifel, wie er dem *Melody Maker* offenbarte: »Hier bin ich also, nur ein verdammter Rock-'n'-Roll-Drummer, all diese tausende Kids drehen durch. Irgendwie fühlt sich das nicht richtig an, während sich England in einer Rezession befindet.«[33] Obwohl er noch im September 2021 zugab, dass auch Rockstars »wahrscheinlich« ein Verfallsdatum haben, plädierte er für ein Weitermachen, »wenn man das Alter annehmen und stilvoll damit umgehen kann. Man sollte sich zumindest noch etwas Würde bewahren.«[34] Solange es die Gesundheit zulässt, werden May und Taylor uns also weiterrocken. Deacon und Mercury kamen und gingen, doch die beiden stehen immer noch auf den größten Bühnen, bereit für das das allerletzte Kapitel einer Freundschaft, die sich mittlerweile in ihrem sechsten Jahrzehnt befindet. Gehen wir zurück an deren Anfänge, um die ganze Dimension zu erfassen.

Seine Zeit am Ealing Art College nutzte Bulsara hauptsächlich dazu, Kontakte zu knüpfen. Die King's Road lief er in rotem Samtanzug mit Fuchsfellposamenten auf und ab. Bulsara war ein Star, bevor er ein Star wurde. Er umgarnte alle Bands, die in und um den Campus gebucht wurden – darunter die Gruppe Free mit Paul Rodgers und eben 1984, die Band von May und Staffell. Als im Frühling 1969 ein noch unbekannter David Bowie zur Mittagspause am College gastieren sollte, schob Bulsara auf dessen Geheiß Tische zusammen, um dem Meister daraus eine provisorische Bühne zu bauen. Zwölf Jahre später würden sie Superstars sein und zusammen einen Welthit schreiben. »I, I will be King / And you, you will be Queen«. Doch bevor Bulsara in den Adelsstand erhoben wurde, musste er erst noch das königliche Lächeln üben und wurde so zum obersten Fanboy der Gruppe, die aus den zerbrochenen 1984 hervorgegangen war: Smile. Ein Mitstudent Taylors, Peter Abbey, versuchte sich als Manager, während Pete Edmunds, wiederum ein Schulfreund Mays, als Roadie mithalf. Auf Pressebildern posiert die Gruppe mit ihrem Logo vor der unteren Gesichtshälfte, einem naheliegenden zähnebleckenden Grinsen – den »Tongue and Lips« nicht unähnlich, die Grafikdesigner John Pasche 1970 für die Rolling Stones entwerfen sollte. Sogar noch näher dran ist das zähnefletschende Maskottchen der im selben Jahr gegründeten Pubrocker Dr. Feelgood. Für das Smile-Emblem war Staffell zuständig. Ein Demoband, das die Band später beim neuen Label der Beatles, Apple, einreichte, wurde zwar abgelehnt, wobei Paul McCartney ausrichten ließ, dass ihm das Logo gefalle. Wenn May nur gewusst hätte, welche Rolle Zähne und abgedeckte Münder in seiner Karriere noch spielen würden!

Generell ist auffällig, welche Parallelen zu seinem späteren Leben hier bereits beginnen; wir wollen sie im Folgenden mit Ausrufezeichen markieren. So erhielt May nach Abschluss seines Studiums am 24. Oktober 1968 von der »Queen (!) Mum«, die

19 Jahre zuvor schon Taylor auf Erden willkommen geheißen hatte, den akademischen Grad eines Bachelor of Science. Großbritanniens führender Astronom Bernard Lovell wurde auf May aufmerksam und bot ihm einen Job an einem prestigeträchtigen Observatorium an. Dafür hätte May aber ins szeneferne Manchester ziehen müssen, keine Option für ihn.

Zwei Tage nach der Bachelor-Weihe hatten Smile dann im Imperial College ihren ersten Auftritt als eine von zwei Vorgruppen von Pink Floyd. Bei dieser Gelegenheit sollte May auch seine spätere Frau Chrissie Mullen kennenlernen. Smile spielten schlaue, gut informierte, aber auch harte Rockmusik, bei der es um maximale Lautstärke ging. May nannte dies später in Anspielung an Phil Spectors Produktionsformel »Wall of Sound« seine »Wall of Death«. Live legten Smile den Fokus zwar auf Coverversionen, ließen diese allerdings gerne ausarten, änderten das Tempo mehrfach und überspannten die Stücke wie einen Kaugummi bis zur 20-Minuten-Grenze. Es ging ihnen darum, die Erwartungshaltungen des Publikums zu übertreffen. Zu zeigen, zu welcher Kraft und Verve nur drei Menschen in der Lage sein können. Damals bereits in ihrem Repertoire: die Small-Faces-Nummer »Rollin' Over«, 1992 der Abschluss von Mays *Back to the Light.* Die Gruppe erspielte sich einen guten Ruf und wurde bald zur Hausband des Imperial. Ihr größter Gig sollte am 27. Februar 1969 in der Royal Albert Hall stattfinden, wo sie im Rahmen einer Benefizveranstaltung für den *National Council for the Unmarried Mother and Her Child* vor der omnipräsenten Band Free mit Sänger Paul Rodgers (!) auftraten. Kurz zuvor gab es ein Gastspiel mit Keyboarder Chris Smith, dessen Hoffnungen auf einen festen Platz in der Band sich allerdings nicht erfüllten. Er war den anderen zu amerikanisch, zu Boogie-Woogie. Am Tag vor dem großen Abend wurde er freundlich geschasst. Smile präsentierten ein Set aus einem Rock-Remake von Tim Hardins Folknummer »If I Were a Carpenter«, Tommy James & The Shondells' Singalong »Mony Mony«, aber auch den Eigenkompositionen »Earth« und Mays »See What a Fool I've Been«. Diesem

Song liegt der Blues »That's How I Feel« von Sonny Terry und Brownie McGhee zugrunde. May hatte ihn im Fernsehen aufgeschnappt und versucht nachzuspielen. Später landete das Stück auf der B-Seite des ersten Queen-Hits »Seven Seas of Rhye«.

Taylor lud einen Freund aus Cornwall zur Show ein, den Fotografen Douglas Puddifoot. Dieser hielt auf seiner 8-Millimeter-Kamera immerhin drei Minuten des Auftritts fest – das erste Bewegtbild-Dokument der späteren Queen-Mitglieder. Am 19. April bei einer Show im Speakeasy wurde schließlich Lou Reizner, seines Zeichens Talentscout beim US-Label Mercury (!) Records, auf sie aufmerksam. Reizner sollte sich später auch Rod Stewart annehmen und 1976 als musikalischer Direktor für das Dokudebakel *All This and World War II* verantwortlich zeichnen.

Smile bekamen einen Vertrag, der ihnen die Aufnahme von drei Songs ermöglichte: So wurden im Juni 1969 beim Produzenten John Anthony in den Trident Studios von Soho – im selben Zeitraum verewigte David Bowie dort übrigens »Space Oddity« – Staffells »Earth«, Mays »Step on Me« aus 1984-Tagen sowie die Koproduktion »Doin' Alright« aufgenommen. Doch eine kommerzielle Veröffentlichung dieser Stücke blieb aus. Lediglich eine Promo-Single erschien in den USA. Dennoch ermöglichte das Label weitere Aufnahmen. Und so wurden im September, diesmal in den De Lane Lea Studios in Holborn, Taylors »Blag«, in dem Mays »Brighton Rock«-Solo wurzelt, und Mays »Polar Bear« festgehalten sowie eine Komposition des Songwriters Stanley Lucas, die ihnen das Label vorgelegt hatte: »April Lady«. Auch diese Stücke blieben unveröffentlicht – zumindest bis zum Jahr 1982, als sie in Mono-Form auf dem Mini-Album *Gettin' Smile* in Japan auftauchten. Bei diesen Aufnahmen verblüfft, wie ausgereift das Songwriting ist, wie nah die Strukturen an denen Queens sind: die einander umschlingenden Gesangsharmonien, Mays warme, mild psychoaktiv wirkende Gitarrenläufe, dann der Wetterumschwung hin zu stürmendem Hardrock – nicht umsonst sollte »Doin' Alright« später als »Doing All Right« auf dem Queen-Debüt erscheinen. Eine regelrecht schockartige

Überraschung dabei: wie sehr die Stimmen von Staffell und Mercury einander ähneln. Doch das war kein Zufall. Bulsara verdingte sich freiwillig als Stage-Hand von Smile, nur um die Band in ihrem Tour-Lieferwagen begleiten zu können. Nach Auftritten gab er ihnen allerlei gewollte wie ungewollte Ratschläge, vor allem was ihr Erscheinungsbild betraf. Er betonte, dass ihre theatralische Musik nach einer Performance schrie. Im Musikzimmer des Ealing Art College spielte er Staffell erste Songskizzen vor. Obwohl darunter bereits ein Fragment war, das mit der Zeile »Mama, just killed a man« begann, zweifelte Bulsara stark an seinem Songwriting-Talent. Doch Staffell ermutigte ihn, brachte ihm rudimentäre Gitarrenkenntnisse und, unter den hohen Decken des Grafikstudios, Harmoniegesänge bei. Im August 1969 lernten Smile die dreiköpfige Liverpooler Rockband Ibex kennen, die noch einen Sänger suchten. Bulsara war die offensichtliche Wahl. Spielte er das erste Konzert noch mit dem Rücken zum Publikum, entwickelte er mit jedem Auftritt seine spätere Kunstfigur weiter, stolzierte über die Bühne, ging bei Soli vor Gitarrist Mike Bersin in die Knie, stopfte sich das Mikrophon aufmerksamkeitsheischend in den Mund. Das Material bestand neben Originalen wie »Vagabond Outcast« und »Cancer on My Mind« aus Covers wie »Jailhouse Rock«.

Im September waren Smile zum letzten Mal in einem Studio – Mays Freundin Mary Davies hatte Kontakt zu Terry Yeadon hergestellt, der als Toningenieur in den Pye Studios arbeitete. Im dortigen Studio 2 betreute er in einer sechsstündigen Nachtschicht Aufnahmen von »Polar Bear« und »Step on Me« – ein reiner Gefallen, seine Arbeitgeber wussten davon nichts, weshalb die Aufnahmen auch reinen Übungszwecken dienen sollten. Doch Yeadon sollte bald darauf zu einer Schlüsselfigur werden. Am 9. September 1969 standen drei Viertel der späteren Queen-Besetzung zum ersten Mal gemeinsam auf einer Bühne: Ibex gaben ein Konzert im Liverpooler Sink Club, Smile kamen vorbei und gesellten sich zum Ende der Show für einen Jam dazu. Auf YouTube findet sich eine Bootlegaufnahme von Ibex' Set.[35] Bassist John Taylor (was für ein Name in diesem Kontext) beurteilte dies später als »mein Gott, schrecklich. Freddie war kein Winwood, Marriott oder Cocker«[36]. Doch Zeitzeuge und Ibex-Manager Ken Testi erinnerte sich an einen Abend in der Wohnung eines Freundes mit May, Taylor und Staffell als Gästen: »Sie fingen an, uns ihre Songs vorzuspielen, und erzählten uns, wonach sie noch suchten. Ich wusste sofort, dass ich Zeuge von etwas ganz Außergewöhnlichem war. Die spielten bemerkenswertes Zeug, Brians Technik war herausragend.«[37] Die Bands wuchsen immer näher zusammen. Smile hatten die Erdgeschosswohnung eines heruntergekommenen Hauses in der Ferry Road des Südwestlondoner Stadtteil Barnes angemietet, so entstand die sogenannte Barnes Commune. Dort teilten sie sich mit ihrer Gefolgschaft, so auch bald mit Bulsara, nur drei Betten. Jer Bulsara schickte ihnen wöchentlich Fresskörbe.

Inspiriert von einem Led-Zeppelin-Konzert am 12. Oktober, beschloss Bulsara die Umbenennung seiner Band in Wreckage. Am 24. November brach ihm bei einem Konzert in der Wide-Deacon(!)-Mädchenschule in Widnes der Fuß seines Mikrophonständers ab. Kurzerhand verwandelte er die Stange in einen Zauberstab. So überzeugt war er von seinem neuen Gimmick, dass er es auf dem Cover des ersten Queen-Albums verewigen würde. Zum Jahresende machten Wreckage ihrem Namen alle Ehre und lösten sich wegen Perspektivlosigkeit auf. Bulsara übernahm mit Taylor einen Secondhand-Modestand am Kensington Market – unter den Kunden: mal wieder Bowie –, um seine Tage zu füllen. In der Modeszene lernte Bulsara auch seine spätere Freundin Mary Austin kennen, die in der angesagten Gegenkultur-Boutique Biba arbeitete. Zunächst war sie mit May ausgegangen, der all seinen Mut zusammengenommen und sie bei einem Smile-Konzert angesprochen hatte. Doch die Liaison kam über ein paar Drinks und Küsschen auf die Wangen nicht hinaus. Dafür drängte Bulsara, May ihn mit Austin bekannt zu machen. Nur fünf Monate nach ihrem ersten Date zogen die beiden zusammen, zunächst in die Victoria, danach in die Holland Road und blieben über sechs Jahre ein Paar. Wie Bulsara hatte sie eine außergewöhnliche Kindheit. Ihre Eltern waren taubstumm, kommuniziert wurde in Gebärdensprache. Mit einem so geschulten Auge für Gestik und Mimik durchschaute sie Bulsaras Schauspielerei und drang zu seinem Wesenskern durch. Bulsara konnte sich der Beziehung voll und ganz widmen – während seine Kollegen weiterstudierten, hatte er bereits im Vorjahr sein Diplom gemacht und schlug sich so durch. Er nahm jedweden Illustrationsauftrag an, so etwa für einen Katalog für Damenunterwäsche. Als Taylor sich vom Modestand zurückzog, um seinen Abschluss im Biologiestudium zu schaffen, aber auch, weil er den Job als würdelos betrachtete, heuerte Bulsara nebenan als Assistent in einem Schuhladen an. Im Februar 1970 ließ er sich, um seine Nervosität zu kaschieren, von Taylor und Smile-Roadie John Harris zum Vorsingen bei der nach einem George-Harrison-Song benannten Band Sour Milk Sea chauffieren. Er stellte sich als Freddie Bull vor, bekam den Job, und schon bald spielte man im Vorprogramm von Black Sabbath. Doch seine etwa sechs Jahre jüngeren Teenage-Bandkollegen konnten mit den großen Ambitionen und dem komplexen Songmaterial ihres Sängers nicht mithalten. Bereits im April war die Band beendet. Smile ging es ähnlich: Staffell hatte Geschmack am US-amerikanischen Roots-Rock von Künstlern wie Ry Cooder gefunden und verließ die Gruppe. Er nahm ein Angebot der bestens vernetzten Humpy Bong um den früheren Bee-Gees-Drummer Colin Petersen an und wechselte die Band. Humpy Bong landeten bereits mit ihrer ersten Single »Don't You Be Too Long« bei *Top of the Pops* und gewannen Eric Clapton als Leadgitarristen für eine Solosingle ihres Sängers. Dennoch löste sich die Gruppe noch 1970 auf, ohne je ein Konzert gespielt zu haben. Heute blickt Staffell nicht im Zorn zurück: »Wenngleich ich Smile aus eigenen Gründen verlassen habe, machte ich doch in gewissem Sinn den Weg frei, und die Geburt und Entwicklung von Queen waren die natürliche Folge davon.«[38] Der entflammte Bulsara sprang ein. Die Suche nach einem Bassisten beendete Taylor mit einem Anruf bei seinem alten Freund Mike Grose.

Den Frühling 1970 verbrachte die Band im Proberaum. Nach Smiles zielloser Ochsentour durch die Pubs wollte man sich der Öffentlichkeit nun erst stellen, wenn alles ausgereift war. Die Zeile »Oh, Mother Mercury / Look what they've done to me« aus einem seiner neuen Songs, »My Fairy King«, ließ Bulsara – als Sternzeichen Jungfrau mit dem aufsteigenden Planeten Merkur – seinen Künstlernamen annehmen. Freddie Mercury war geboren. Taylors Mutter ermöglichte der Band schließlich den ersten Gig, am 27. Juni im Rahmen einer Benefizgala für das Rote Kreuz in Truro. Obwohl Taylor schon am 27. Mai in seinem Tagebuch den Namenswechsel zu Queen festgehalten hatte, spielte man die Show noch unter dem geläufigeren Namen Smile. Am 18. Juli folgte der erste Auftritt als Queen, in der Union Hall des Imperial College. Drei Tage danach warf Grose hin. Für ihn kam Barry Mitchell, auf Empfehlung eines Kumpels Taylors. Nach erfolglosen Monaten zog sich im Januar auch dieser zurück. Den gleichen Weg ging sein Nachfolger Doug Bougie. Der Bassistenverschleiß bei Queen erinnert an die Reihe abstruser Schlagzeugertode in Rob Reiners Mockumentary *This Is Spiñal Tap* (1984). Dann kam, wiederum auf Vermittlung eines gemeinsamen Freunds, im Februar 1971 John Deacon. Und blieb. Für 26 Jahre.

John Deacon: The Invisible Man

»Hallo, hier ist John Deacon. Grüße aus London! Wie üblich weiß ich nicht, was sich sagen soll, also halte ich jetzt die Klappe.«

(John Deacons letzte Botschaft an den Queen-Fanclub 1994 während der Arbeiten am Album *Made in Heaven* im Westlondoner Chiswick)[39]

Obwohl der schweigsame und optisch unauffällige John Deacon das Gegenteil zum kraftmeiernden Mercury darstellt, gilt er Fans als fast gleichberechtigt mysteriös. Anders als die dauerpräsenten May und Taylor ist er seit 1998 untergetaucht. Doch leider wird ihm der angestrebte Radikal-Ruhestand nicht ganz vergönnt: Im Internet finden sich verstörende Videos von Autogrammjägern, die ihn dazu nötigen, seine Unterschrift auf Fanartikel abzuleisten. Dabei wünscht sich der Ruhepol vor allem seit Mercurys Tod nur das: Ruhe. Die Zeit nach 1991 bezeichnete Taylor im Hinblick auf Deacon als »seltsam. John drehte völlig durch und kam nicht mehr damit zurecht, im Musikbusiness zu sein.«[40] Deacon selbst äußerte sich damals wie folgt: »Was uns betrifft, war's das. Weiterzumachen ergäbe keinen Sinn. Es ist unmöglich, Freddie zu ersetzen.«[41] Einblicke in die Tiefe der Freundschaft von Deacon und Mercury gab Mercurys persönlicher Manager Peter Freestone: »Freddie nahm John unter seine Fittiche, weil er der Neue war. Anders als Brian und Roger war er schüchtern. Freddie wollte ihn beschützen. Ohne Freddie konnte er nicht in der Band bleiben.«[42] Jacky Smith, die den offiziellen Fanclub der Band – den laut *Guinness-Buch* langlebigsten seiner Art – seit mehr als 40 Jahren leitet, bestätigte dies: »Freddie zog die ganze Aufmerksamkeit auf sich, und ohne Freddie hätte John sich alldem nicht stellen können.«[43] Der 1986er-Song »Friends Will Be Friends« stammt bezeichnenderweise aus der Feder von Deacon und Mercury.

An Queens Abschlussprojekt *Made in Heaven* war er noch vollumfänglich beteiligt. Auf der Bühne stand er nach 1991 allerdings nur noch viermal, für ausgesuchte Ausnahmen: am 20. April 1992 beim *Freddie Mercury Tribute*, am 18. September 1993 zusammen mit Taylor (May war wegen einer Solotour verhindert) bei einem Benefizfestival für das Krankenhaus King Edward VII in Midhurst, bei dem auch Eric Clapton, Pink Floyd und Genesis (mit Taylor dann doch noch am Schlagzeug) spielten, sowie am 17. Januar 1997 mit Taylor, May und Elton John bei »The Show Must Go On« als Finale der Eröffnungsgala des bis heute aufgeführten Balletts *Le Presbytère n'a rien perdu de son charme, ni le jardin de son éclat* (dt. ›Der Pfarrer hat seinen Charme nicht verloren und der Garten nicht seinen Glanz‹) in Paris. Das Stück von Regisseur Maurice Béjart wurde wegen eines Plagiats bald in

Ballet for Life umbenannt. Zu Musik von Queen und Mozart werden die AIDS-Tode Mercurys und Jorge Donns verhandelt, Béjarts Lieblingstänzer. Im Oktober desselben Jahres nahm Deacon an den Aufnahmen und dem Videodreh zu »No-One But You (Only the Good Die Young)« teil, dem einzigen neuen Song, den die drei verbliebenen Queen-Mitglieder nach Mercurys Tod eingespielt haben. Nach einem Gastauftritt im selben Jahr bei der von Spike Edney gegründeten Spike's All Star Band erklärte Deacon seinen Rücktritt vom Rampenlicht und ward kaum mehr gesehen. Heute ist er stiller Teilhaber Queens.

Sein letztes übermitteltes Zitat spricht allerdings Bände darüber, wie er das Nachleben seiner alten Band bewertet. Über Mays und Taylors »Champions«-Remake mit Robbie Williams 2001 sagte er der britischen *Sun* zufolge:

> »Ich wollte damit nichts zu tun haben und bin froh darüber. Ich habe gehört, was sie gemacht haben, und es ist Schrott. [›Champions‹] ist einer der größten Songs, die je geschrieben wurden, und meiner Meinung nach haben sie ihn ruiniert. Ich möchte nicht fies sein, aber lassen Sie uns einfach festhalten, dass Robbie Williams kein Freddie Mercury ist. Niemand wird Freddie je ersetzen können – und ganz gewiss nicht der.«[44]

Glaubt man May und Taylor, dürfte Deacon sich zumindest über die Tantiemen freuen, die Neueinspielungen zum Teil abwerfen. 2014 verpasste ihm May einen typisch britisch verhaltenen Seitenhieb: »Wir unternehmen nichts, was unsere Finanzen betrifft, ohne davor mit [John] gesprochen zu haben. Er hat immer noch ein Auge auf die Finanzen. John Deacon ist immer noch John Deacon.«[45] Taylor, der Unverhohlenere der beiden, war im Jahr davor noch weiter gegangen. Seit langem habe er »keinen Mucks von John gehört, kein einziges gutturales Grunzen. Wir stehen nicht in Kontakt miteinander, John ist echt ein Soziopath, aber er hat Brian und mir seinen Segen für alles gegeben, was wir mit unserer Marke womöglich vorhaben.«[46] Überliefert ist auch eine Anekdote von Nigel Bullen, Deacons bestem Jugendfreund und Drummer in ihrer Amateurband The Opposition: Deacon wollte 1974 Weihnachten zu Hause feiern und kehrte in seinen Heimatort Oadby zurück. Queen standen mit *Sheer Heart Attack* auf Platz 11 der Charts, und um jede Aufmerksamkeit zu meiden, insistierte Deacon, zu einem abgelegenen Pub ins Umland zu fahren. Doch auch dort umringten ihn Fans, sehr zu seinem Missfallen. Deacon stand der neue Ruhm überhaupt nicht. Anders als die Bomberjacke mit Queen-Logo, die er zu dem Anlass trug. Vielleicht hätte er die lieber davor abgelegt. Ein Freund aus College-Tagen, Robert Ahwai, behauptete, Deacon habe nach Mercurys Tod an Depressionen gelitten, »und ich bin mir nicht sicher, ob er da jemals wieder rausgekommen ist«[47]. Selbst sein Patensohn John Frederick Mack, drittes Kind von Queen-Produzent Reinhold Mack, versuchte im Erwachsenenalter Kontakt zu ihm aufzunehmen – erfolglos.

Nach Angaben mehrerer britischer Blätter lebt Deacon mit seiner Frau Veronica Tetzlaff-Deacon immer noch in dem Haus in Putney im Südwesten Londons, das er mit seinem ersten nennenswerten Tantiemenscheck in den 1970ern gekauft hat. Die beiden haben sechs Kinder zusammen. 2021 schätzte die *Sunday Times* in ihrer »Rich List« Deacons Vermögen auf 155 Millionen Pfund. Auf der Liste der wohlhabendsten Küntler:innen des UK steht er somit auf Rang 22 – vier Plätze hinter Taylor, neun hinter May. Er ist reicher als Adele. In einem seiner letzten Interviews, am Set des Videodrehs von »These Are the Days of Our Lives«, beschrieb Deacon seine Rolle innerhalb der Band: »Sänger und Gitarristen sind meistens direkter. Aber hinter den Kulissen kann ich so laut sein wie jeder andere. Ich glaube, dass wir unsere Verrücktheit über die Jahre ziemlich gleichmäßig ausgelebt haben.«[48] All diese sporadisch gestreuten, kontroversen Äußerungen machen Deacon umso interessanter. Was wissen wir über ihn?

Das jüngste Queen-Mitglied, John Richard Deacon, wurde am 19. August 1951 in Leicester als erstes Kind von Lilian Mollie, geborene Perkins, und dem Versicherungsangestellten Arthur Henry Deacon geboren. 1956 kam seine Schwester Julie zur Welt. 1960 zog die Familie in die nahe gelegene Schlafstadt Oadby. In seiner Schule war er unter den Spitznamen »Deacs« und »Deacy« mäßig bekannt. Mit seinem Vater teilte er die kontemplativen Hobbys Angeln und Trainspotting, der vor allem im Vereinigten Königreich verbreiteten Freizeitbeschäftigung der gezielten Beobachtung von Zügen.

Im Alter von sieben Jahren bekam er seine erste Gitarre geschenkt, ein Merchandise-Produkt aus Plastik mit dem Gesicht des ersten britischen Rock-'n'-Roll-Stars Tommy Steele. Unter dem unerwarteten Tod seines Vaters 1962 litt Deacon lange. Noch 1985 wurde er bei einem Interview zu diesem Thema noch stiller als sonst und sagte nur: »Es ist nicht leicht, ohne einen Vater groß zu werden.«[49] Doch die Tragödie brachte die Deacons auch in starke finanzielle Nöte. Möglicherweise liegt in ihrem knappen Haushaltsbudget das Fundament für Deacons späteren Einsatz für die wirtschaftlichen Belange Queens. Sein Interesse galt Soulmusik und jedweder Form von Elektronik. Schon in jungen Jahren las er Fachzeitschriften und konstruierte seine eigenen Gerätschaften. So baute er einen Kassettenrekorder derart um, dass dieser Musik direkt aus dem Radio mitschneiden konnte. Zur Zeit seines Wechsels auf die weiterführende Grammar School gründete er mit 14 Jahren als Rhythmusgitarrist seine erste Band – erstaunlich aufmüpfig The Opposition genannt. Nachdem sich der Bassist der Gruppe, Clive Castledine, mangels Talent verabschieden musste, übernahm Deacon und erstand seinen ersten Viersaiter der Firma Eko. Akribisch sammelte er jegliche Presseschnipsel über die Gruppe, die vor allem Chart-Hits nachspielte. Nach vier gemeinsamen Jahren voller personeller Umbesetzungen ließ er die zwischenzeitlich unter The New Opposition, schließlich dann unter dem fast schon megalomanen Namen The Art firmierende Band hinter sich und schenkte seinem Studium der Elektrotechnik in London seine ganze Aufmerksamkeit. Seinen Bass und seinen Verstärker ließ er zu Hause bei seiner Mutter, seine Musikerjahre schienen vorüber. Im September 1969 saß er im Publikum, während das später als wegweisendes Live-Album veröffentlichte *Concerto for Group and Orchestra* der Hardrocker Deep Purple und dem Royal Philharmonic Orchestra aufgezeichnet wurde. Interesse an sinfonischen Bombastklängen bestand offenkundig schon zu diesem Zeitpunkt. Doch ein Besuch der bereits als Queen tingelnden Band am 16. Oktober 1970 am University College of Estate Management ließ ihn kalt. Im selben Monat stellte er mit drei Freunden eine neue Band auf ihre acht Beine, wieder mit frappierend selbstsicherem Namen: Deacon. Nach nur einem Auftritt an seinem College trennte sich die Gruppe. 1971 beendete er sein Studium mit einem erstklassigen Abschluss und trat eine Stelle als Teilzeitlehrer an einer Grundschule an. Zu dieser Zeit besuchte er mit seinem Ex-Gitarristen Peter Stoddart und dessen Freundin Christine Farnell die Diskothek des Maria-Assumpta-Lehrerbildungskollegs. An diesem schicksalsträchtigen Abend stellte Farnell ihm drei Männer vor: May, Taylor und deren aus Smile-Tagen übernommenen Roadie John Harris (dem Rennfahr-Enthusiasten werden später »I'm in Love with My Car« und das Album *Jazz* gewidmet). Sie erzählten ihm von ihrem gerade mal wieder frei gewordenen Bassisten-Posten, und wenige Tage später erschien Deacon zum Vorspiel in einem Hörsaal des Londoner Imperial College. Ausschlaggebend für seinen Einstieg bei Queen waren neben seiner Musikalität und seinem elektronischen Fachverständnis – bereits 1972 sollte er seinen eigenen Verstärker, den »Deacy Amp« bauen, den vor allem DIY-Spezialist May oft einsetzte – laut Taylor, dass »er so ruhig war. Er würde sich ohne große Umbrüche eingliedern.«[50] Nach einem, überzeugenden Vorspiel mit Deacons Rickenbacker-Bass waren Queen komplett. Obwohl sie bereits unter dem Namen Queen gespielt hatten, erwiesen sie Deacon die Ehre, ihre offizielle Zeitrechnung erst ab seinem Engagement beginnen zu lassen. Sein Zusammenspiel mit Taylor lobte der *Rolling Stone* dann 1973 als »Sonic Volcano«[51].

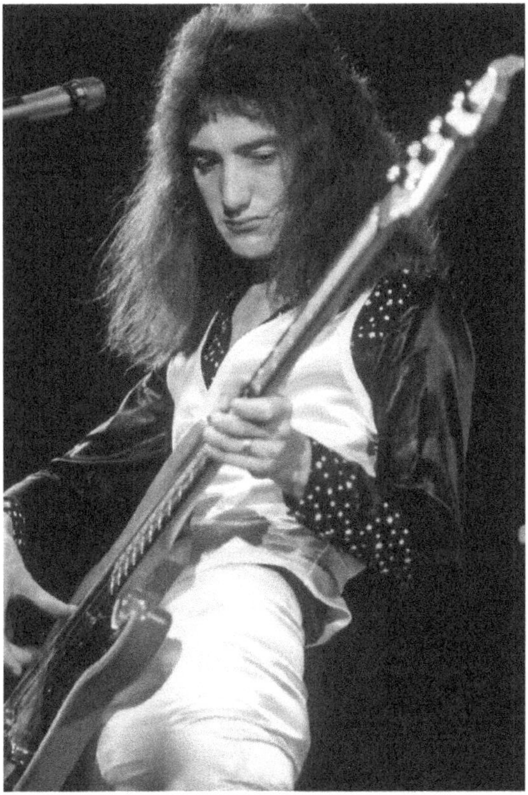

John Deacon, 1975

In den Credits von Queens Debütalbum wurde er als Deacon John aufgeführt, weil Mercury den blassen Bassisten so mit etwas Charisma aufladen wollte. Deacon selbst fand das nicht zum Lachen, es blieb bei einer einmaligen Neckerei. Schnell trat er aus dem Songwriter-Schatten von Mercury und May und steuerte auf der dritten Platte der Band seinen ersten eigenen Song bei. Selbstbewusst übernahm er fast alle Gitarrenparts auf »Misfire«, einem beschwingten Song, der von Mercury hätte sein können. Der sagte einst über Deacon: »Er ist etwas ruhig, zumindest glauben das viele Leute. Aber unterschätzt ihn nicht, unter all dem lodert ein Feuer.«[52] Wie viel seine Kollegen von ihm hielten, zeigt, dass schon sein nächster Song als Nachfolger zum Jahrhundertwerk »Rhapsody« 1976 als Single veröffentlicht wurde. Und das gegen Mercurys Widerstand, das auf dem Wurlitzer Electric Piano 200 komponierte »You're My Best Friend« auch auf diesem Instrument zu spielen. »Ich habe mich geweigert, dieses verdammte Ding zu benutzen«, sagte er. »Es klingt blechern und fürchterlich, und ich mag es nicht.«[53] Also erledigte Deacon die Aufnahme. »You're My Best Friend« wird auch aufgrund seines stöhnenden Gesangs oft als indirektes Outing Mercurys verstanden. Es erscheint daher wichtig zu betonen, dass dieser Song eine Liebeserklärung des stockstraighten Deacon an seine Frau ist. Das gleichermaßen als Bekenntnis zur Homosexualität verstandene »Break Free« stammte neun Jahre später ebenfalls von Deacon. Auf den Alben zur Jahrzehntwende, *Jazz* und *The Game*, überraschte Deacon dann mit knalligem Power-Pop der damaligen Stunde: Für »If You Can't Beat Them« und »Need Your Loving Tonight« hätten Cheap Trick und The Knack gutes Geld bezahlt. Sein Triumph war allerdings 1980 »Dust«. Die unerwartete Funknummer wurde mindestens ebenso unerwartet Queens größter kommerzieller Hit. Der Erfolg führte zu einem harten Kurswechsel in Richtung Dancefloor. Auf *Hot Space* wuchs Deacon schließlich zu voller Größe heran, übernahm die Rhythmusgitarre auf »Staying Power«, weil er seinen Motown-Stil für geeigneter hielt als Mays Rockismen. Dem verbat er auch jegliche Beteiligung auf seiner Komposition »Back Chat«, was zu einem Disput führte.

Sein auf *Hot Space* etabliertes Songwriting-Teamwork mit Mercury verdichtete sich zusehends, und so sind die beiden auf den Queen-Platten der zweiten Hälfte der 1980er-Jahre durchweg mit für die Band ungewöhnlichen Stücken vertreten wie dem im Falsett gesungenen Blue-Eyed Soul von »Pain Is So Close to Pleasure« oder dem Calypso von »Rain Must Fall«. Bereits 1977 sagte Deacon: »Wenn ich während meines Lebens mit der Band nur ein Bassist geblieben wäre, wäre ich nicht zufrieden. Das ist nur ein Teil von dem, was ich tue.«[54] Trotz seiner vielseitigen musikalischen Interessen hielten sich Deacons Soloavancen in engen Grenzen. 1983 spielte er Bass auf der stark an Grandmaster Flashs »The Message« angelehnten Single »Picking Up Sounds«, einer Man Friday & Jive Junior genannten Supergroup aus Mitgliedern von Thin Lizzy, The Pretenders und Bad Company. Mit The Immortals steuert er 1986 »No Turning Back« zum Soundtrack des Sci-Fi-Flops *Biggles* bei, in dem auch sein »Dust« kurz zu hören ist. Sporadisch spielte er Bass für Elton John und Errol Brown von Hot Chocolate. Dass er nie ein Soloalbum angehen werde, war ihm schon früh klar: »Ich würde nie eins machen«, sagte er 1977. »Ich kann nicht singen!«[55] Was hier so lapidar klingt, stellte durchaus ein Problem für einen Songwriter dar, gerade als einzigen Außenseiter unter den lieben Herrn Gesangsverein. »Manchmal ist das so, als säße man in einem Rollstuhl«, bedauerte er an anderer Stelle, »ein großes Handicap.«[56] Stellte er Mercury einen Gesangslinie für einen seiner Songs vor, tat er das auf dem Klavier.

1998 beendete Freestone seine Mercury-Memoiren mit einer augenzwinkernden Übersicht für seinen verstorbenen Arbeitgeber und Freund über den Verbleib gemeinsamer Weggefährten. Während May und Taylor etwas mit der Bemerkung getriezt werden, »Can't lose the recording bug«,[57] steht bei Deacon: »Glad it's all over«. Peter Hince sah das ähnlich. Laut ihm habe Deacon bereits 1984 mental ausgecheckt, sich eine Mähne wachsen lassen, im Alter von 33 Jahren mit dem Rauchen begonnen, vermehrt Aufnahme-Sessions verpennt. »Wir waren nicht mehr wirklich eine Band. Wir waren vier Individuen, die zusammenarbeiteten, aber unsere Zusammenarbeit innerhalb von Queen beanspruchte immer weniger Zeit in unserer Agenda«, sagte Deacon über diese Phase. »Wir hatten so viel Zeit totzuschlagen, dass ich ernsthaft gelangweilt und depressiv wurde.«[58] Vielleicht lässt sich sein damals geschriebenes »Break Free« auch als indirekte Abrechnung mit der Band lesen: »I want to break free from your lies / You're so self satisfied, I don't need you«. Auf fragwürdige Situationen, wie etwa, dass sein ebengenannter Hit sowie

»Dust« auf der *Live Aid*-Setlist nicht berücksichtigt wurden, reagierte er nach außen hin meist mit Gleichgültigkeit. Nur einmal, in einem der letztmöglichen sichtbaren Momente, ließ er seinen Gefühlen freien Lauf. Bei der *Magic*-Tour 1986 hatte er vor allem mit extrem kurzen Shorts für Aufsehen gesorgt. Doch beim Abschlusskonzert in Knebworth schleuderte er zum Ende der ersten Zugabe »Radio Ga Ga« seinen Bass mit voller Wucht in seine Verstärkerwand – natürlich nicht ohne noch die letzte Note brav gespielt zu haben. Taylor kommentierte später, Deacon habe »bei dieser Tour eine harte Zeit durchgemacht. Ich glaube, das hatte vor allem persönliche Gründe. Er war sehr flatterhaft [...] und durstig!« Deacon sei während der Show von seinem Roadie mit einigen Cocktails versorgt worden, »am Ende der Show flog der!«[59] Betrunken geflogen war Deacon zuvor schon während der US-Tour 1977 – durch eine Fensterscheibe; mit 19 Stichen musste sein Arm genäht werden. Doch die Hintergründe scheinen in Knebworth noch tiefgreifender gewesen zu sein. Laut der Bandbiographie *Queen: As It Began* von Jacky Smith und Jim Jenkins stand Deacon damals »am Rande eines Nervenzusammenbruchs«,[60] erwog sogar die Trennung von seiner Frau. Genaueres wird man nie erfahren. Trotz der Welterfolge, die er seiner Band beschert und trotz der musikalischen Risiken, mit der er sie herausgefordert (May und Taylor) und begeistert (Mercury) hatte, darf es wohl als sein wichtigster Beitrag erachtet werden, dass der schlichte Schlichter die drei Streithähne in Zaum gehalten hat. Wer, wie er, die Kraft der Ruhe verstanden und diese zum Wohl aller eingesetzt hat, der hat es verdient, in Ruhe gelassen zu werden. 2021 sagte May über Deacon: »Unsere Hochachtung vor John ist größer denn je«, und ließ ihn mit den Worten grüßen: »We still love you.«[61]

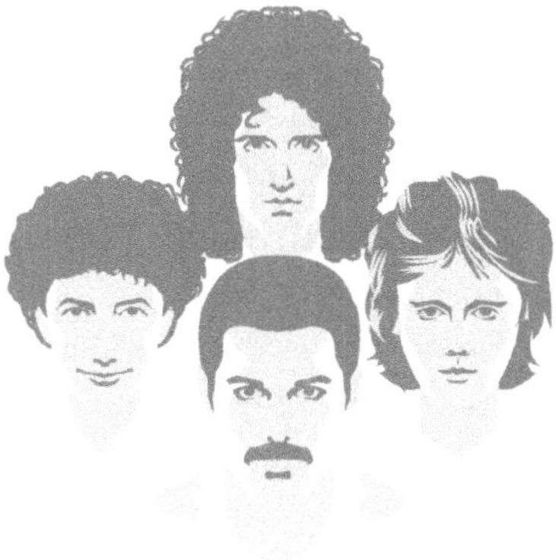

5 How Music Changes Through the Years: Werk und Wirkung

Nie entsprachen Queen den Vorlieben der Musikmedien. Zu pompös, zu albern, zu unentschlossen, zu gefällig, zu artifiziell. Indem sie sich Trends verwehrten, schufen sie ihre eigenen. Prüfsteine waren einzig sie selbst und ihre Fans. Mit jedem Schritt reagierten sie dabei auf den vorherigen – sprangen nach vorne, machten einen Rückwärtssalto, durchbrachen Absperrungen zu Seitengassen. Nur Stillstand war keine Option. »You say black, I say white / You say bark, I say bite«. Da sich der Wagemut der Band am besten im jeweiligen Kontext zeigt, empfiehlt sich ein chronologischer Blick auf ihre Evolution.

As It Began (1971–1974)

Queens Durchbruch wird im Filmporträt *Bohemian Rhapsody* per Zeitraffer gezeigt. In Wahrheit war es ein langwieriger, kräftezehrender Prozess. Fünf Wochen nisteten sie sich zu Beginn in einem Häuschen in Taylors Heimatort Truro ein, um ihr Klangbild auszuarbeiten. Doch noch ein halbes Jahr nachdem die Band am 2. Juli 1971 ihr erstes Konzert in klassischer Besetzung am Surrey College gegeben hatte, verirrten sich nur sechs Leute zu ihrem Gig am 28. Januar 1972 am Londoner Bedford College. »Das stärkt den Charakter«,[1] sagte Taylor später. Bei einem Doppelauftritt in den Midlands wurden sie von den Veranstaltern gebeten, das zweite Set gar nicht erst zu spielen.

Dennoch hatte die Band allein aufgrund ihrer geographischen Herkunft einen Standortvorteil gegenüber dem Rest der Welt. Hält man sich das Verhältnis der Bevölkerung des Vereinigten Königreichs und dessen sehr hoher Anzahl an Rockstars vor Augen, liegt die Vermutung nahe, dass man dort zwangsläufig über höchstens zwei Ecken jemanden aus der Szene kennt. Zumal 1971 nur knapp 56 Millionen Menschen auf den Pop-Inseln lebten. Und so waren es auch bei Queen die üblichen Connections, die den Ball ins Rollen brachten, sozusagen den »Dreamer's Ball« eröffneten. Toningenieur Terry Yeadon und sein Kollege Geoff Calvar hatten ihre Arbeit in den Pye Studios niedergelegt, um in den mit allen Schikanen ausgestatteten – buchstäblich, wie wir noch sehen werden – und gerade eben nach Wembley verlagerten De Lane Lea Studios anzufangen, wo schon Smile zugange gewesen waren. Dort suchte man nach Bands, die mit sehr lauten Aufnahmen die Funktionalität des High-end-Equipments testen sollten. Als Gegenleistung gab es unbegrenzt Studiozeit und eine Pressung der Aufnahmen. Queen sagten zu und hielten von September bis Dezember, während May sicherheitshalber eine Stelle als Mathelehrer an einer Gesamtschule in Brixton angenommen hatte, unter der Regie von Tontechniker Louis Austin fünf Demos fest. Vier davon sollten es in ausgearbeiteter Fassung auf ihr Debütalbum schaffen: »Liar«, »Keep Yourself Alive«, »Great King Rat« und »Jesus«. Bei »The Night Comes Down« war die Band so von der Demo überzeugt, dass sie diese auf die Tracklist des Albums nahmen. Ronnie Beck, Manager des

Musikverlags B. Feldman & Co., besuchte das Konzert der Band am 9. Dezember in den Swimming Baths von Epsom, einem alten Schwimmbad mit entsetzlicher Akustik. Dennoch erkannte Beck die Qualität des Songmaterials – anders als fast alle Labels, an die Queen ihr Material zum Jahresende sandten. Nur Charisma und Chrysalis zeigten Interesse, doch deren Angebote waren der vor Selbstsicherheit nur so strotzenden Band zu gering. Dann erhielten Queen bei einem Hörsaalkonzert im Imperial College Besuch von Smiles altem Produzenten John Anthony. In dessen Arbeitsstätte der Trident Studios hatten die Beatles auf dem ersten achtspurigen Aufnahmegerät im UK schon »Hey Jude« festgehalten. Anthony war so angetan, dass er beim nächsten Gig einen Kollegen mitbrachte: den fast royal benannten Roy Thomas Baker. Der kommerzielle Appeal von »Keep Yourself Alive« hatte ihn in Bann gezogen. Wieder bei den Trident Studios, drängten die beiden ihre Chefs, die Brüder Barry und Norman Sheffield, Queen zu verpflichten. Die Band ließ sich auf einen bequemen Allround-Deal ein, der sie allerdings komplett an das Unternehmen auslieferte: Trident Audio Productions würde sich um Produktion, Management und Verlag kümmern sowie mit dem fertigen Album auf Labelsuche gehen. Dieses könnten Queen in den luxuriösen Studios am St. Anne's Court 17 erstellen, allerdings nur nach Sonnenuntergang, wenn *the night comes down*. Erst wenn Schützlinge wie Elton John und David Bowie, der dort gerade *The Rise And Fall of Ziggy Stardust and the Spiders from Mars* aufnahm, oder Paul McCartney, der gerne Studiozeit buchte, dann aber nicht auftauchte, Feierabend hatten. Und wie sich das bei Rockstars dieses Niveaus so verhält, war das oft nicht vor zwei Uhr morgens der Fall. Dann bekamen Queen einen Anruf, mussten ins Studio spurten und konnten sich nächtlich austoben – bis gegen acht Uhr das Putzpersonal erschien.

Die strapaziösen Sessions zogen sich mit den Co-Produzenten Anthony und Baker sowie diversen Toningenieuren, von denen vor allem Mike Stone noch von großer Bedeutung sein sollte, durch das Jahr 1972. Mercury hatte Baker Ausgaben der Lifestyle-Zeitschrift *Queen* mitgebracht und erklärte sie zur visuellen Stilvorgabe für das Album. Kurz vor dessen Veröffentlichung suchte Trident-Produzent Robin Geoffrey Cable noch Musiker für eine Coverversion des Ronettes-Songs »I Can Hear Music«. Mercury, Taylor und Deacon nahmen teil. Der zusammen mit der B-Seite »Goin' Back« von Gerry Goffin und Carole King unter dem Gary Glitter parodierenden Namen Larry Lurex veröffentlichten Single war kein Erfolg beschieden.

Siegreich dagegen waren Deacon und Taylor mit ihren bestandenen Bachelor-Examen; May hatte seine Doktorarbeit bereits handschriftlich vorliegen, entschied sich aber gegen das Abtippen und für mehr Zeit mit der Band. Trident hatte mit Jack Nelson einen Manager engagiert, der dem ohnehin angefixten Ronnie Beck Queens Debüt ins Reisegepäck steckte, bevor der sich auf den Weg zur weltweit größten Musikmesse Midem in Cannes machte. Der fand dort bei Roy Featherstone, einem Talentscout der EMI, umgehend Gehör. Im März 1973 wurde der Vertrag unterschrieben: Demnach würde Queens Debüt via Trident-Lizenz gleich von einem Major vertrieben werden – gegen einen Vorschuss von 300 000 Pfund. Nach einem überzeugenden Konzert am 9. April 1973 im Londoner Marquee-Club sicherte sich Elektra-Gründer Jac Holzman die Band für den US-Markt. Entsprechend großspurig sollte das Album daherkommen: Die Namensalternative »Deary Me« – ein Bonmot Bakers – war schnell aus dem Weg geräumt. Selbstbewusst *Queen* sollte das Album heißen. Beworben wurde es mit dem hochtrabenden Slogan »Queen Has Arrived«. Ohne Absprache mit Trident reichte die Band das Cover aus Fotos von Taylors Kumpel Puddifoot ein. Der war schon für das erste Band-Shooting in Mercurys Wohnung in der Holland Road verantwortlich gewesen – eins der Ergebnisse zierte 1995 die »Let Me Live«-Single. 22 Jahre davor prangte auf der Vorderseite des Debüts eine stark eingefärbte Live-Aufnahme Mercurys vom Marquee-Gig am 20. Dezember 1972 mit seinem Mikrozepter im Licht eines kometenartigen

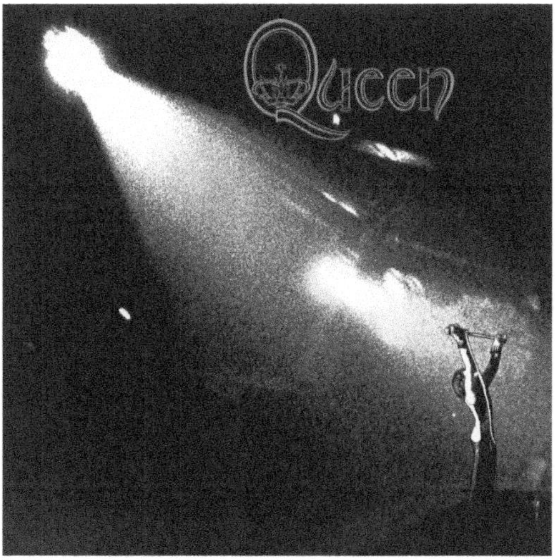

Queen (1973)

Scheinwerfers – noch wendet er dem Publikum seine Kehrseite zu – doch alle Schüchternheit war verflogen.

Auf dem Backcover begegnet uns eine wilde Collage aus mit Tapetenmessern und Scheren von May und Mercury persönlich ausgeschnipselten Bandbildern und dem von Mercury entworfenen Logo, dem stark an das Wappen des Vereinigten Königreichs angelehnten Queen Crest. Um den Buchstaben Q ranken sich die Bandmitglieder in Form ihrer Sternzeichen: links und rechts die Löwen Deacon und Taylor, darüber May als feuriger Krebs sowie darunter, dafür in zweifacher Ausführung, Feen für die Jungfrau Mercury. Die zentrale Krone bewacht der über allem stehende Phönix. Wer genau hinsieht, entdeckt über dem ebenfalls von Mercury designten Schriftzug der Band ein doppeltes Foto einer Schlagzeugerpuppe, ein Fangeschenk an Taylor – festgehalten von 3D-Enthusiast May im ersten Stereobild der Band. Als »Representing at last something of what Queen music has been over the last three years« beschrieb die Band ihr am 13. Juli 1973 endlich erschienenes Album in den Liner-Notes und legte damit schon das ganze Dilemma dar: Für die Band war das Material bereits veraltet. Für die Welt hätte es frisch, aufregend und verführerisch sein können. Doch die Welt hörte gar nicht erst hin. Trotz stapelweisen Gesangs und irren Sounds, die die Band nach Lob der vermeintlichen Synthesizer-Einsätze von BBC-DJ John Peel und *Melody Maker*-Autor Chris Welch zur stolzen Belehrung »… and nobody played synthesizer« verleiteten, ging *Queen* unter, sang- und klanglos. »Keep Yourself Alive« wurde ganze fünfmal von BBC Radio One für einen Radioeinsatz abgelehnt und geriet so zur einzigen Queen-Single, die nicht die britischen Charts erreichte. War es das ungewöhnliche Drumsolo, der unvermittelte Call-and-Response-Teil oder dass sich der Refrain erst nach einer Minute vorstellte? Später war es Queen egal, zwischen den Stühlen zu sitzen – sie schoben einfach einen Thron an die leere Stelle. Doch vorerst waren sie den Glamrockern zu hart, den Hardrockern zu farbenfroh. Die Zielgruppe für die schmale Nische dazwischen schien mit den ähnlich theatralischen Roxy Music und Steve Harley & Cockney Rebel hinreichend versorgt. Eine Zeile im Song veranschaulichte die damaligen Lebensverhältnisse: »Well, I sold a million mirrors in a shop in Alley Way / But I never saw my face in any window any day«.

Da stand Mercury nun inmitten all der Fummelbuden am Kensington Markt, doch die »Killer Queen« in ihrem Satinmantel verdingte ihren Lebensunterhalt mit der Prüfung, ob Chris Squier von Yes auch genügend Spielraum für seine Zehen in den neuen Stiefeln habe. Dabei hatte er mit dem Harmoniegeflecht von »My Fairy King« bereits seinen Welteroberungsplan in Form von »Bohemian Rhapsody« vorgelegt. May führte in »Keep Yourself Alive« seinen Solostandard aus warmen Zwillingsgitarren ein. Das war eine Band, die zwar ihr Publikum, aber nicht mehr sonderlich sich selbst finden musste. Abgesehen von der ziemlich stumpf die Geschichte des Gottessohnes nacherzählenden Banalität »Jesus«, die man wohl als Trendkonsequenz des 1971 uraufgeführten Erfolgsmusicals *Jesus Christ Superstar* verstehen muss, und Taylors unverblümtem »Communication

Breakdown«-Rip-off »Modern Times Rock 'n' Roll« ist *Queen* ein kleines Meisterwerk. Von geschichtlicher Bedeutung: Die einzige Erwähnung eines Four-Letter-Words in einer regulären Studioaufnahme Queens (»shit«) im ebenfalls Led-Zeppelin-artigen »Son and Daughter« (das Three-Letter-Word »ass« fand sich später in »Death on Two Legs« und »Body Language«). Am Ende wartet ein instrumentales Fragment aus der arpeggierten Klavierfigur von »Seven Seas of Rhye«, mit dessen ausgearbeiteter Version eigentlich das nächste Album hätte beginnen sollen. Während der Aufnahmen tourte die Band ausgiebig durch ihre Heimat, fand sich so am 13. Oktober 1973 bei ihrem ersten Auswärtsspiel wieder. Das hätte nicht unglamouröser ausfallen können: Etwa 30 Zufallsbesucher:innen sahen ihr nicht beworbenes Konzert im Underground-Club im Bad Godesberger Ortsteil Muffendorf.

Acht Monate waren zwischen Fertigstellung und Veröffentlichung von *Queen* vergangen, mehr als anderthalb Jahre seit dessen ersten Aufnahmen. Zeit, in der sich nicht nur Ambitionen, sondern auch viel neues Material angehäuft hatte – zusätzlich zu unvollendeten Überbleibseln. »Father to Son«, »White Queen (As It Began)« und »Procession« wurden so bereits 1972 live gespielt. »Ogre Battle« hatte Mercury schon 1971 geschrieben – auf einer Gitarre! Die einzige Single aus ihrem nächsten Album, »Seven Seas of Rhye« / »See What A Fool I've Been«, entstammte noch Wreckage-, respektive Smile-Zeiten. Es gab also viel zu tun. Nur zwei Wochen nach Erscheinen ihres Debüts standen Queen daher wieder im Trident Studio. Und obwohl ihr Erstling nichts gerissen hatte – erst im Zuge des Nachfolgers sollte es die britischen Charts entern und Ende Februar 1976 mit Rang 24 seinen Peak erreichen –, stellten sie diesmal Forderungen: Sie würden sich nicht mehr mit Spätschichten abspeisen lassen. Sie hielten sogar nach einem anderen Produzenten Ausschau. Doch der auserwählte David Bowie war zu sehr mit seinen *Diamond Dogs* beschäftigt, und so nahm neben der Band wieder Roy Thomas Baker hinter den Reglern Platz,

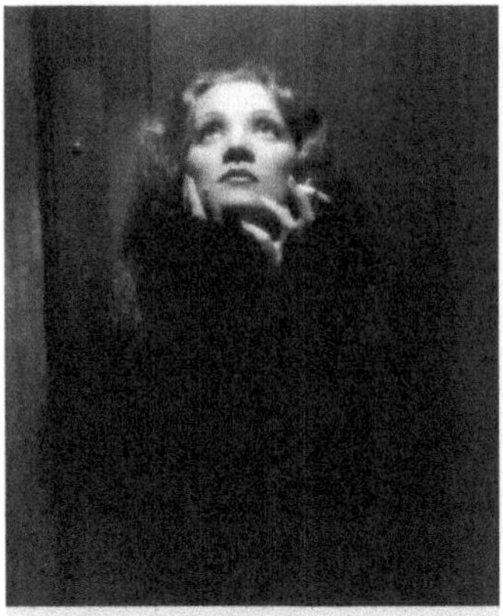

Marlene Dietrichs klassische Pose aus dem Film *Shanghai Express* (1932) war Vorlage für …

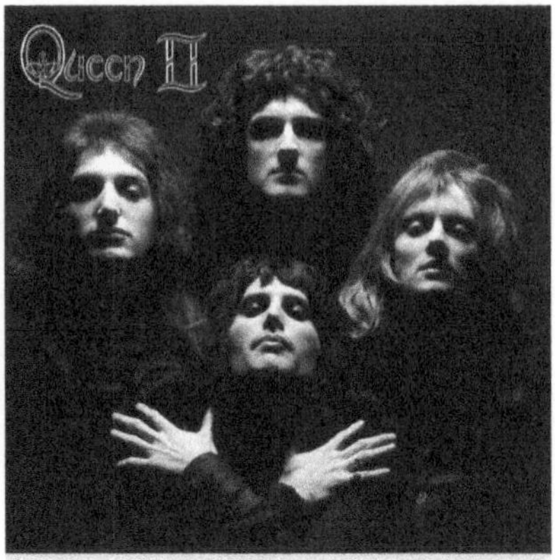

Queen II (1974)

Robin Geoffrey Cable war an drei Stücken beteiligt, mit John Anthony hatte sich Mercury überworfen. Wollen wir gar nicht erst dem Schwindel der Vorstellung verfallen, was aus dem Aufeinandertreffen Bowies mit Queen damals hätte entstehen können – ein ganzes Album auf »Under Pressure«-Level? »Queen Bitch«? Sozialkritik in Stilettos? Optisch gut eingereiht hätte es sich neben Bowies Produktionsarbeit von 1972: Lou Reeds *Transformer*. Queen heuerten dessen Fotografen Mick Rock an und setzten ebenfalls ganz auf den Kontrast von Schwarz und Weiß. Das Cover ließ die Band weit über ihrem damaligen Status überlebensgroß erscheinen, getreu dem alten Showbiz-Motto: »Fake it till you make it!« So legten Queen auch Wert auf ein opulentes, kostspieliges Gatefold-Cover, was sonst nur Doppelalben vorbehalten war. Dem von Glam-Urmutter Marlene Dietrich entliehenen Motiv aus ihrem Film *Shanghai-Express* (1932) mit den überkreuzten Händen vor schwarzem Hintergrund setzte Rock ein in Weiß gehaltenes Pendant für den Innenteil entgegen (1981 zierte diese Aufnahme Queens Best-of für den DDR-Markt auf dem staatseigenen Amiga-Label).

Zur Optik passend teilten sich May und Mercury die zwei Plattenseiten auf: May dominierte die zarte erste »Side White« und führte über den Umweg eines Taylor-Songs mit dem »misty castle« von »Some Day One Day« wie bei *Alices Abenteuer im Wunderland* ›hinter die Spiegel‹, hin zu Mercurys traumhafter »Side Black«. Zentrale Stücke jeweils: »White Queen (As It Began)« und »The March of the Black Queen«. Die meisten der Songs gehen dabei ineinander über. So weit, so Konzept. Statt des öden Albumtitels war daher auch *The Black and the White* im Gespräch, was einen Link zur Textstelle »The black and the white distinctively / Colouring, holding the world inside« aus »The Night Comes Down« vom Vorgänger ergeben hätte. Den sollte nun das ausgereifte »Seven Seas of Rhye« herstellen. Ein anderer Anwärter für den Titel war aufgrund des Exzesses an Overdubbing und feudalen Instrumenten wie einer Marimba, eines Cembalos, Röhrenglocken und einer Hammondorgel »Over the Top«, was in etwa solchen Produktbeschreibungscharakter wie Lady Gagas *Artpop*, Lou Reeds *Metal Machine Music* oder Vanessa Mais *Schlager* gehabt hätte. Auf den Scherz, den platten Plattentitel zumindest mit einem vorangestellten »Elizabeth« zu versehen, war wohl keiner gekommen. Da verließ man sich lieber auf zeittypische Aufgeblasenheit mit römischen Ziffern.

Doch zurück zu »Seven Seas« und noch etwas weiter zurück zu Bowie: Dieser hätte am 21. Februar 1974 sein »Rebel Rebel« bei *Top of the Pop*s spielen sollen, war dann aber verhindert. Nach einer gefeierten, 21 Stationen umfassenden UK-Tour im Support von Mott the Hoople, wiederum Schützlinge von Bowies Gnaden – der Maestro hatte ihr 1972er-Album *All the Young Dudes* produziert und ihnen den titelgebenden Smash-Hit auf den glitzernden Leib geschrieben –, von Mitte November bis Mitte Dezember war Queens Reputation so gewachsen, dass Ronnie Fowler, Promo-Chef der EMI, sie an Bowies Stelle zu BBC One schickte. Queen mussten nur noch kurz Mercurys Bockigkeit überwinden, der die Sendung als »Müll«[2] betrachtete, und mimten zum Playback ihrer erst zweiten Single. Die Reaktion der zehn Millionen Zuschauer:innen war derart positiv, dass die BBC den Song in ihre Heavy Rotation nahm und EMI die Veröffentlichung der Single vorzog. Während die Band ihre erste Headliner-Tour durchs UK spielte – auf Mercurys Drängen erstmals von Modedesignerin Zandra Rhodes, die schon Marc Bolan aufgeprimadonnert hatte, eingekleidet (zum Missfallen von Deacon und Taylor, der in den Satinkleidern literweiße Schweiß verlor), landete sie nach einem Charteinstieg am 9. März auf Platz 45, fünf Wochen darauf ihren ersten (von insgesamt 24) Top-Ten-Hits. Da hatte *Queen II* seinen Spitzenplatz auf Rang 5 schon wieder geräumt. Mindestens ebenso bedeutsam: Auch in den USA wurde man aufmerksam, die Platte kam dort auf einen mehr als respektablen Platz 49. Am 8. März 1974 erschienen, etablierte es die achtmonatigen Abstände zwischen den ersten drei Alben der Band. Dabei hätte die Platte noch früher erscheinen können, wäre es aufgrund der Energiesparmaßnahmen im Zuge der Ölkrise 1973 nicht zu Herstellungsverzögerungen gekommen – und hätte die Band den ersten Coverentwurf nicht abgelehnt, auf dem immer noch ein »Deacon John« aufgeführt worden war.

Neben dem Produktionsrhythmus setzte sie eine weitere Tradition fest: »... and nobody played the synthesizer ... again«, hieß es am Ende der Liner-Notes – was nicht ganz stimmte. Im Outro von »Seven Seas« begleitet Baker das einsetzende Music-Hall-Traditional »I Do Like to Be Beside the Seaside« kaum hörbar mit einem Dubreq-Stylophone, einem Mini-Keyboard, das strenggenommen der Definition eines Synthesizers entspricht. Nur ein kleines, verzichtbares Ornament. Die mehrteiligen Epen und »Rhapsody«-Vorläufer »The March of the Black Queen« und »The Fairy Feller's Master-Stroke« kamen ohne derlei Unterstützung aus. Letzteres Stück ging zumindest auf eine unlautere Inspiration zurück: das gleichnamige Gemälde des viktorianischen Künstlers Richard Dadd (1817–1886), zu Deutsch: »Der meisterhafte Schlag des elfischen Holzfällers«. Der globetrottende Maler litt unter Wahnvorstellungen; fühlte sich von Dämonen verfolgt und von der ägyptischen Gottheit Osiris fremdbestimmt.

Sein geistiger Zustand verschlimmerte sich und trieb ihn zu Gewalttaten. So erstach er seinen Vater, den er für den Leibhaftigen hielt. Daraufhin wurde er in die psychiatrische Klinik Bethlem Royal Hospital eingewiesen, wo er letzten Endes der Schwindsucht erlag. Über neun Jahre arbeitete er dort an seinem bekanntesten Stück. Das Gemälde mit von Shakespeare beeinflussten Feenwesen zeichnet sich durch so ungeheure mikroskopische Genauigkeit und eine Schichtentechnik aus, die realistische Schatten wirft, dass der Eindruck eines 3-D-Effekts entsteht. Mercury war dem Werk verfallen, trug eine Postkarte davon als Glücksbringer mit sich herum und holte Baker und die Bandmitglieder in die Tate Gallery, wo das gerade mal 54 × 39,5 Zentimeter große – somit noch etwa 20 Quadratzentimeter kleiner als da Vincis ähnlich faszinierende »Mona Lisa« – Angst und Schrecken verbreitete. Mercurys Nummer ist weniger furchteinflößend, vermittelt aber mit verflochtenen Vokalharmonien, die einen wie Geister umwehen, auf einem rasanten Tempo das Bild eines Verstands im Verfall. In manchen Märkten erschien *Queen II* mit dem Bild als Teil des aufklappbaren Covers.

May holte sich seine Eingebung für »White Queen« von Robert Graves Romanen *Die weiße Göttin* (1948) und *Ich, Claudius, Kaiser und Gott* (1934). Man merkt, wie verhaftet die Band hier noch ihrem akademischen Background ist, obwohl Mercury ein ausgewiesener Literaturmuffel war. Im September hatte Deacon sogar sein Examen zu absolvieren. Queen meinten sich damals noch gleichermaßen den Tolkien-Texten Led Zeppelins über Ungetüme (»With a mighty tongue, he catches flies and the palm of his hand incredible size«) und dem Sci-Fi-Geschwurbel von Genesis und Yes verpflichten zu müssen sowie Brian-Wilsoneskem Hippie-Bubblegum in Form von »Funny How Love Is«. Ihre ersten beiden Alben sind sozusagen ihre »Teenager«-Jahre, die zur Entwicklung jedweder Persönlichkeitsbildung notwendige Sturm-und-Drang-Phase, gleichermaßen geprägt von Selbstgefälligkeit und Unsicherheit. Auf der Bühne gab Mercury den Drachentöter, in Interviews spielte er die Texte als »nichts als kleine Märchen«[3] ab, bezeichnete den zu Kindstagen mit seiner Schwester geschaffenen Sehnsuchtsort, der fantastischen Welt von »Rhye« als »Ausbund [s]einer Fantasie«[4]. Dabei wusste er, dass dieses Schlaraffenland zum Greifen nah war. Die Reiseroute stand fest. Zwar verteidigten Queen »Keep Yourself Alive«, der Song sollte bis 1985 Teil ihres Live-Programms bleiben. Doch fürs Radio benötigte er zu lange, um sich aufzubauen. »Seven Seas« kam schneller auf den Punkt. Das war der Weg: Simplify your Song – natürlich für Queen-Verhältnisse. Der Knoten war geplatzt. »Fear me you loathsome, lazy creatures / I descend upon your earth from the skies / I command your very souls you unbelievers / Bring before me what is mine!« Sogar Deacon verzichtete nun auf einen Master-Studiengang. Jetzt war es an der Zeit, zu Legenden zu werden.

Now I'm Here (1974)

Zur Legendenbildung nutzte Mercury ein Interview mit dem *NME* im März. In dessen Vorfeld hatte er der Autorin Julie Webb gestanden: »so schwul wie eine Osterglocke!«[5] zu sein; nun ließ er sich mit ebendiesen Blumen posierend vor dem Buckingham-Palast fotografieren. Ende des Jahres widersprach er sich dann selbst im *Melody Maker*:

> »Ich spiele mit dieser Bisexualität, weil es Spaß macht [...]. Auf der Bühne ist es das Letzte, das ich will, den Leuten eine Vorstellung davon zu geben, wer genau ich bin. Ich möchte, dass die Leute sich ihr eigenes Bild machen [...]. Ich glaube, dass ein Nimbus sehr anziehend ist, dass man nicht die Wahrheit über jemanden kennt [...]. Allerdings habe ich mir dieses Image auch nicht ausgesucht. Ich bin ich selbst.«[6]

Wer auch immer das war. Vorerst hatten die USA diese harte Nuss zu knacken. Mott the Hoople luden nach den guten Erfahrungen wieder ins Vorprogramm, diesmal über den Atlantik. Am 16. April 1974 spielten Queen erstmals in den Vereinigten Staaten, im College der römisch-katholischen Regis-Universität in Denver, Colorado. Doch selbst im Team mit ausgewiesenen Glamrockern taten sich die frivolen Queen zunächst schwer in einem Land, das mit Ironie bis heute Probleme hat. »Warum verstehen uns die albernen Idioten nicht?«[7], zeterte Mercury nach einer weiteren frustrierenden Show auf dem Rückweg in die Garderobe. Beim Auftritt in Harrisburg, Pennsylvania am 1. Mai stand neben Queen noch eine Band im Vorprogramm: Aerosmith. Während sich deren Sänger zankten, wer den Abend eröffnen solle, genehmigten sich die Leadgitarristen May und Joe Perry eine Flasche Jack Daniel's. May stand daraufhin zum ersten und letzten Mal volltrunken auf der Bühne. Bei dieser Tour lernten Queen Mott-Roadie Peter Hince kennen, der später Chef ihrer Livecrew, sowie ab 1976 Haus- und Hof-Fotograf werden sollte.

Nach 25 Gigs fing sich May auf dem Weg von New York City nach Boston Hepatitis ein. Er konnte kaum mehr gehen, seine Bandkollegen schleppten ihn durch den JFK-Airport und brachten ihn nach Hause. Die Krankheit war wohl Langzeitfolge einer nichtsterilen Impfung, der sich die Band Anfang des Jahres für einen Auftritt beim australischen *Sunbury Music*-Festival am 2. Februar hatte unterziehen müssen. Bei May brach bereits unmittelbar nach dem Piks Wundbrand aus, kurzzeitig stand sogar die Amputation seines linken Armes zur Debatte. Ihr Australiendebüt war ohnehin ein Desaster gewesen: Queen spielten auf dem Festival als erste nichtaustralische Band und wurden vom Moderator Jim Keays dafür beleidigt. Von ihm angeheizt, verließen Queen nach ihrem Set unter »Schwuchtel!«-Rufen die Bühne – allerdings nicht bevor Mercury prophezeite: »Wenn wir nach Australien zurückkehren, werden Queen die größte Band der Welt sein!« Auf dem Weg dorthin wurden sie in den USA aber erst mal angehalten. Die ausstehenden 18 Konzerte mussten abgesagt werden; May war für sechs Wochen bettlägerig.

Vielleicht war es auch besser so. Anders als Mercury, dem das Internat Heimweh abtrainiert hatte, litt May stark in der Fremde – vier Jahre später sollte er den Song »Leaving Home Ain't Easy« schreiben. Dazu kam, dass Mercury es unerträglich fand, nicht die Hauptattraktion zu sein. Obwohl Mott und Queen gut miteinander befreundet waren und sogar im selben Tourbus reisten, bezeichnete er die Zeit als Vorband in typischem Pathos als »eine der traumatischsten Erfahrungen meines Lebens«[8]. Im August schlug das Schicksal erneut zu, und May brach zu Hause in England an einem Magengeschwür zusammen. Die Angst beschlich May, die Band, die mitten in den Aufnahmen zu ihrem dritten Album steckte, könnte ihn ersetzen. Doch die dachte nicht im Traum daran. »Now I'm Here« war der erste Song, den May nach seiner Rückkehr schrieb; dazu ein erstaunlich autobiographischer: »Whatever came of you and me / America's new bride to be / Ooh, don't worry, baby / I'm safe and sound [...] Down in the city just Hoople and me«. Auch musikalisch ist er seinem Leben entnommen: Die schnell gespielten Achtelnoten hatte er von »Arnold Layne«, der ersten Single seiner früheren Bühnenbuddies Pink Floyd stibitzt. Mit dem Song zeigte er seinen Kollegen, dass sie recht gehabt hatten: Deacon hatte an der Gitarre gute Aushilfsarbeit geleistet, doch May war unersetzlich. Der Song sollte eines der Highlights des kommenden Albums werden.

Dass sie dieses nicht »Queen III« nennen würden, ist Taylor zu verdanken. Der hatte sich bereits wegen der beiden müden Vorgängertitel geschämt und brachte nun als Namen den Titel eines Songs ins Spiel, an dem er seit längerer Zeit saß: »Sheer Heart Attack« – von den Hamburger Schülern Die Sterne 28 Jahre später bewusst ungelenk in »Schier Herzattacke« übersetzt.

Bereits die ersten Sekunden des Album-Openers zeigten, dass die Platte, obwohl schon am 1. November 1974 und somit die üblichen acht Monate nach *Queen II* veröffentlicht, bodenständiger als die entrückten Sphären seines Vorgängers werden würde. Wie sechs Jahre danach die Münchner Nachbarn der Spider Murphy Gang auf »Achterbahn« beginnt »Brighton Rock« mit

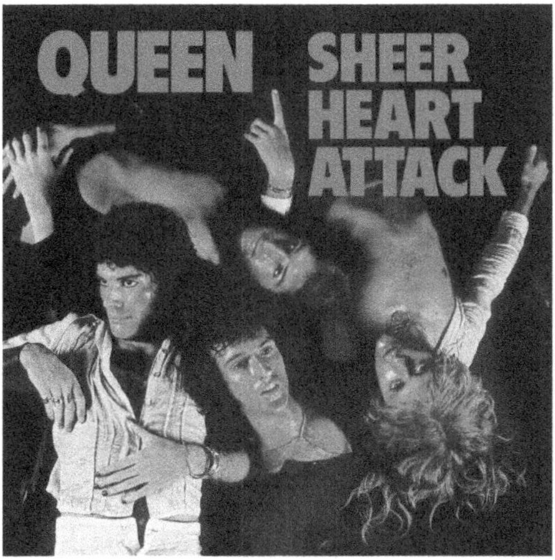

Sheer Heart Attack (1974)

Kirmesmusik wie man es von der Amüsierseebrücke der titelgebenden Hafenstadt, des Brighton Palace Pier, kennt. Der Titel ist ein Wortspiel um das gleichnamige, stangenartige Zuckerkonfekt, das klassische Mitbringsel aus dem Seebad. Dort, »'neath the gay illuminations all along the promenade«, verbringt in einer Art Fortsetzung zu The Whos *Quadrophenia* ein Jimmy mit seiner Geliebten Jenny einen Feiertag, fernab der Schlachtfelder der Oger und der Verließe der Black Queen. Während sich Mays Gitarre langsam ins Tschingderassabum des Intros schraubt, ertönt kurz die gepfiffene Melodie von »I Do Like to Be Beside the Seaside« und schlägt so eine (See-)Brücke zum Ende von *Queen II*. Mercury schwebt im Falsett noch etwas über den Dingen, doch May gibt mit seinem selbst für Punk-Verhältnisse sparsamen Riff aus zwei Powerchords die Richtung vor. Zwar schert er nach nur anderthalb Minuten in sein ikonischstes Solo aus, an dem er jahrelang gefeilt hatte, und verbleibt dort auch für ganze drei Minuten, kehrt dann aber wieder artig zum Gebretter zurück und lässt nach diesem Frontalangriff vor »Killer Queen« Luft holen und selig aufseufzen. Hier gehört die Bühne ganz Mercury, seinem Flügel und seiner Parabel von der Oberschicht-Prostituierten, der Zweischneidigkeit unserer Leben. Die Band unterstützt die Erzählung lautmalerisch. Zum Wort »address« imitiert Taylors Triangel eine Türglocke, den »laserbeam« begleitet ein futuristischer Stimmfilter. Deacon hüpft über die Beschreibung »fastidious and precise« mit einem ebenso präzisen Basslauf, zu »playful as a pussy cat« lässt May seine Gitarre miauen, bis sich die »Killer Queen« in einer triolischen Bendingfigur nach getaner Arbeit zurückzieht. Für das Product-Placement von Moët & Chandon überschüttete das französische Traditionshaus die Band mit ihrem Champagner und spendierte Tickets für das Wimbledon-Tennisturnier und zu Grand-Prix-Rennen. Einer Legende nach ließ Produzent Roy Thomas Baker Mercury auf einem Stuhl sitzend von Roadies aus der Cafeteria des Studios in den Aufnahmeraum zurücktragen, nachdem dieser sich weiteren Gesangsspuren verwehrt hatte.

Die Leadsingle der Platte – als doppelte A-Seite mit »Flick of the Wrist« – wurde Queens erster Welthit: Platz 2 im UK, wo es nur von David Essex' »Gonna Make You a Star« ausgebremst wurde, Platz 12 in den USA und in Deutschland. Am folgenden Medley lässt sich die ganze Kunst des Albums ablesen: Taylor macht den Anfang mit typischer Good-old-Rock-'n'-Roll-Sentimentalität, »Tenement Funster«, anschließend schreitet Mercury durch seine Paradenummer »Flick of the Wrist«. Am Ende steht das liebliche »Lily of the Valley«, mit dem Mercury einen letzten Abstecher zu den Luftschlössern von *Queen II* unternimmt: »Messenger from Seven Seas has flown / To tell the king of Rhye he's lost his throne«. Für May ist es eins von Mercurys Coming-out-Liedern, die unwissende Titelheldin Mary Austin. »The lily of the valley doesn't know.« Inhaltlich verbindet die drei Songs nichts, aber sie fließen hier wie selbstverständlich zusammen. Trotz seiner Stilvielfalt vom hämmernden Hardrock bis zur ersten bewusst albernen Nummer der Band, dem von einer Ukulele getragenen und mit 70 Gesangsspuren bepackten »Bring Back that Leroy Brown« (eine Art *Response*-Song zu »Bad,

Bad Leroy Brown«, mit dem Folksänger Jim Croce 1973 einen Nummer-1-Hit in den USA hatte), bei dem Deacon sogar den Kontrabass zupft, ist *Sheer Heart Attack* kohärent. Die Aufhebung dieses Widerspruchs illustrieren auch die beiden Teile von »In The Lap of the Gods«, die außer ihrem Namen nichts gemeinsam haben. Hier eine Ballade, die mit Taylors hysterischen Screams wie ein Fisch aus dem Wasser schnellt, um dann wieder in die geheimnisvolle Tiefe zu tauchen – Mercurys durch langsames Abspielen verfremdeter Gesang klingt wie in Atlantis aufgenommen –, da, in »… Revisited«-Form, ein Vorgänger zu »Champions«, eine hymnische Schlussnummer. Dazwischen mit »Stone Cold Crazy« Proto-Thrash-Metal sowie der erste Song, der alle Queens in den Credits berücksichtigt, da sich angeblich niemand mehr daran erinnern konnte, wer den Text geschrieben hatte. Dabei geht das Stück auf Mercury zurück, der eine Frühform davon bereits 1970 bei Wreckage-Konzerten gespielt hatte.

Trotz all der Änderungen verblieb man beim bewährten Personal. Zwar war die Band diesmal nicht nur auf die Trident Studios angewiesen und nahm gleich an vier Orten auf – darunter die zukunftsweisenden Rockfield Studios in Wales, für welche die Gruppe eine dreieinhalbstündige Anreise in Kauf nahm. Doch immer noch produzierte Baker, Stone assistiert und Mick Rock schoss das aufsehenerregende Cover: Passend zum direkteren, spürbareren Inhalt zeigt es eine Band im Schweiße ihres Angesichts – wobei Vaseline und kaltes Wasser die Körperausdünstungen ersetzten. Dazu in weit aufgeknöpften Hemden (und im Falle Mercurys grenzwertig tief geöffneter Hose, was weitere Shots der Sessions zeigen). In den Charts standen, also: lagen sie dann über den zwei noch leichter bekleideten Damen von Roxy Musics *Country Life* in einem Meer ihrer eigenen Haare (wobei Taylors künstlich verlängert wurden), voller Lust und Tatendrang. So begab sich die Band erstmals auf Welttour, um vor allem der wachsenden Nachfrage in den USA gerecht zu werden, wo die Platte bis auf Platz 12 kam.

Der europaweite Erfolg von »Killer Queen« ermöglichte der Band nun auch Gastspiele in Deutschland, Schweden, Finnland, den Niederlanden, Belgien und Spanien. Die 6000 Tickets für ihr Konzert in Barcelona waren in nur einem Tag ausverkauft. Bei den Vorbereitungen zu der *Sheer Heart Attack*-Tour erfuhren Queen zu ihrer großen Überraschung, dass sie in Japan populärer waren als ihre Label-Kollegen Deep Purple, die ihrer dortigen Fangemeinde mit dem Live-Album *Made in Japan* 1972 ein kolossales Denkmal gesetzt hatten. Das japanische *Music Life*-Magazin hatte mit einer Vielzahl an Queen-Artikeln für einen Hype gesorgt. Nach 40 Konzerten in den USA wurden acht im Land der aufgehenden Sonne gebucht. Und wie strahlend die Sonne dort für sie aufging! Doch davor mussten sich Queen auf ihrer Europatour im Winter noch mit den Rednecks von Lynyrd Skynyrd herumschlagen, die man in der irrigen Gleichung, dass Rock schließlich Rock sei, als Co-Headliner gebucht hatte. Vor allem in Frankfurt schlug Queen die Feindseligkeit vieler in den umliegenden Militärbasen stationierter G. I.s entgegen. An diesem Abend spielten die sieben Südstaatenrocker, die im Sommer einen großen Hit mit ihrer reaktionären Reaktion auf Neil Youngs »Southern Man« in Form von »Sweet Home Alabama« mit seiner Konföderiertenflagge auf dem Cover gelandet hatten, vor Queen. Danach verließ ein Großteil des Publikums die Halle. Queen wurden von Mitarbeitern des Lynyrd-Labels MCA mit »Shit!«- und »Queen sucks«-Plakaten begrüßt. Zuvor war die Show schon von der Jahrhunderthalle wegen geringer Nachfrage in den bedeutend kleineren Palmengarten verlegt worden. Später bezeichnete Taylor die Band als

> »absolute Arschlöcher. Wenn sie diesen Song ›Freebird‹ gespielt haben, dauerte das scheinbar Monate. Wenn ich mich recht erinnere, hatten die drei Leadgitarristen. Hmm, wir

schienen dagegen nur einen zu brauchen. Später hatten sie diesen fatalen Flugzeugabsturz, oder? Ich sollte nichts Schlechtes über die Toten sagen … ach, scheiß drauf!«[9]

Drei Tage nach Veröffentlichung ihres Albums *Street Survivor* kamen am 20. Oktober 1977 drei der Bandmitglieder bei einem Flugzeugabsturz auf dem Weg von South Carolina nach Louisiana ums Leben. 2015 wurden die Bands aber zwangsversöhnt, mit einem erstaunlich harmonischen, millionenfach abgerufenen Mash-up-Clip namens »Sweet Fat Bottomed Alabama«.[10] Queen hatten jedenfalls keinen leichten Start in Deutschland: Drei Autostunden waren sie damals zu einem Radio-Interview unterwegs, das ihnen bei Ankunft abgesagt wurde. Die Redaktion sei zu schwer beschäftigt, hieß es.[11]

Ein ganz anderes Bild als in Frankfurt bot sich Queen im April am Flughafen Tokio-Haneda: Hunderte, May spricht von 3000,[12] kreischende Teenager hielten auf Banner gekritzelte Liebesbekundungen hoch, zerrten an den Klamotten ihrer Helden, May verlor in dem Gemenge sogar einen seiner charakteristischen Clogs. Dafür bekam er zahlreiche Stoffpinguine, nachdem er im US-Presse-Info zum Queen-Debüt verlautbart hatte, er möchte einst gerne ein solcher Seevogel werden. Die beiden den Abstecher umklammernden Konzerte in der 14 200 Menschen fassenden Budokan-Arena waren ausverkauft. Nach jeder Show regnete es Geschenke auf die Bühne. Queen hatten sich an neue Gegebenheiten zu gewöhnen: Konzerte begannen in Japan pünktlich um 18 Uhr, jedwede Pyrotechnik war aus Brandschutzgründen ebenso verboten wie totale Verdunkelung. Die Ausgänge mussten jederzeit klar ausgewiesen sein. So groß waren Queen in Japan, dass sogar Taylor und Deacon je zu alleinigen Titelhelden des *Ongaku Senka*-Magazins wurden – das Gesicht des Bassisten ließ man für die achte Ausgabe 1975 dazu illustrieren. Hince belegte, dass Deacon »in Japan äußerst populär und sicherlich das beliebteste ›Mitglied‹«[13] war. Bescheidenheit ist eben eine der grundlegenden Tugenden Japans.

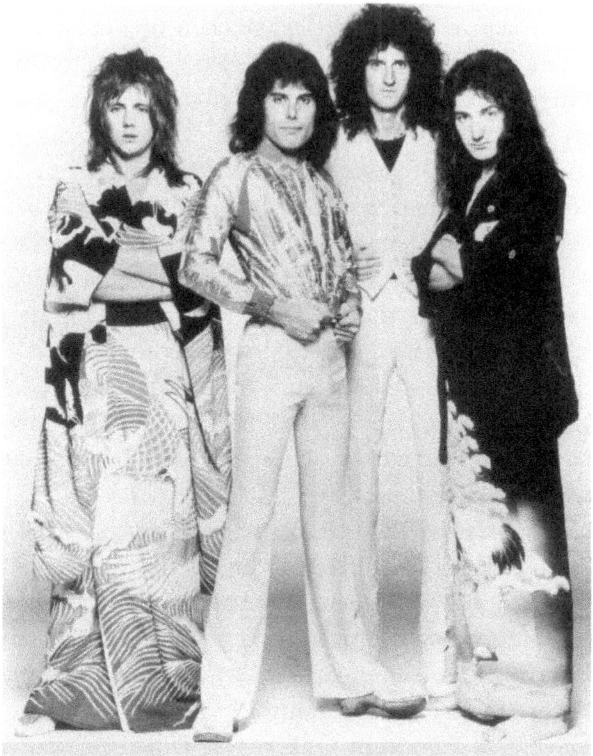

Big in Japan: 1975 herrscht in Japan Queenmania

Der Come-down danach muss sich wie eine gewaltige postkoitale Tristesse angefühlt haben: Mercury kehrte zu Austin in ihre gemeinsame, von Pilz befallene Wohnung mit den feuchten Wänden zurück, May in seine verschimmelte Zweizimmerwohnung in einem Keller der passenden Straße Queen's Gate Nr. 10, die er sich auch noch mit Freundin Mullen und der zugelaufenen Schildpattkatze Squeaky teilte. Die beiden lebten von Fischstäbchen, die sie auf ihrer einzigen Herdplatte brutzelten. Heißes Wasser gab es nur im Gemeinschaftsbad am Ende des Korridors. Taylor wurde zu behutsamem Schlagzeugspiel angehalten, da neue Drumsticks den finanziellen Rahmen sprengen würden. Dem frisch verheirateten und werdenden Vater Deacon, der sich als fahrbaren Untersatz für seine Familie nur einen gebrauchten Mini leisten konnte, wurde von Trident der Vorschuss von 4000 Pfund zu einem Hauskauf verwehrt. Trident-Chef Norman Sheffield erklärte, Trident hätten seit 1972 fast 200 000 Pfund (heute etwa zwei Millionen Pfund) in Queen investiert, was in Equipment, die von Mercury vorgeschriebenen Designer-Bühnenoutfits, Videos, Gagen sowie die entscheidenden, 3000 Pfund teuren Supportslots für Mott the Hoople geflossen war. Das Budget sei schlicht ausgereizt gewesen, und eigentlich würde nun die Band der Firma 190 000 Pfund schulden. Als Mercury aber noch nicht mal seinen ersehnten Privatflügel bekam, riss ihm der Geduldsfaden. Ein erster Versuch, sich mithilfe von ELO- und Black-Sabbath-Manager Don Arden, Sharon Osbournes Vater, aus den Trident-Verträgen zu befreien, schlug fehl. Auch mit Peter Grant, der Queen für das Swan-Song-Label seiner Schützlinge Led Zeppelin gewinnen wollte, kam man auf keinen grünen Zweig. Doch bereits im November 1974 hatten Queen sich auf Vermittlung von Bob Mercer, der Queen für EMI gesignt hatte, mit Jim Beach einen Anwalt genommen, der sie freiboxen sollte.

Beach erinnerte sich an seine erste Begegnung mit Mercury, aus dem es nur so heraussprudelte: »›Wir haben drei Alben aufgenommen, unser Manager hat gerade seinen zweiten Rolls-Royce gekauft, und wir leben von 60 Pfund pro Woche.‹«[14] Immerhin hatte Trident die wöchentlichen Vorschussbezüge der Band nach *Sheer Heart Attack* – fast einem Nummer-1-Album also (wäre nicht Elton Johns unfaire Konkurrenz mit seinem Multimillionen-Seller *Greatest Hits* gewesen – von 25 auf 60 Pfund erhöht; allerdings musste die Band den Betrag vierteln. Beach verhandelte einen Deal: Queens Freiheit würde EMI Publishing 100 000 Pfund Abfindung an Trident kosten, dazu ein Prozent der Tantiemen ihrer folgenden sechs Alben – EMI erhielt im Gegenzug die Veröffentlichungsrechte des bisherigen Queen-Katalogs. Queen ließen sich im August darauf ein, unterschrieben direkt bei EMI für den europäischen und bei Elektra für den US-Markt, und fanden in John Reid einen neuen Manager. Dessen Hauptschützling (bis 1998) und Lebenspartner (bis 1975) in Personalunion – dazu Queen-Fan – Elton John hatte vermittelt. Für das Tagesgeschäft kam Manager Pete Brown. Das Verhältnis zu Reid war dabei nie als lebenslange Partnerschaft, sondern als zweckgebundene Affäre auf drei Jahre angelegt.

Für einen Rockstar erstaunlich, für jemanden wie John Deacon aber erwartungsgemäß, legte der Bassist 1977 in einem Interview den Businessplan der Band offen: Der Dreijahresvertrag mit Reid würde im September 1978 auslaufen. Danach wolle man's auf eigene Faust versuchen.[15] Gesagt, getan – ebenso wie Reids Ratschlag an die Band, sich zurückzuziehen, nachdem die Tinte getrocknet war, um das bestmögliche Album aufzunehmen, während er sich um alles Geschäftliche kümmern würde. Reid hatte den Erfolgsweg freigemacht. Queen wussten, dass es jetzt um alles ging. Noch lebten sie im Graben zwischen der Verleihung des renommierten »Ivor Novello«-Awards für »Killer Queen« und *Top of the Pops*-Auftritten – und ranzigen Behausungen. Ihr nächster Move würde der entscheidende sein. Alles oder nichts, wobei das relativ zu sehen ist: Die Bandmitglieder hatten Optionen. May hatte sogar ein Angebot bekommen, bei der US-Band Sparks einzusteigen. Mit ihren Hochschulabschlüssen wären Queen bestimmt nicht unter die Räder gekommen. Aber wer auf die Räder eines Rolls-Royce kommen wollte, der musste jetzt vernünftig handeln. Doch pure Vernunft darf bekanntlich niemals siegen. Und so gingen Queen, statt weiterhin auf kompakte Hits wie »Killer Queen« zu setzen, einen Schritt zurück. Ihre Vision vom Bombast-Rock war auf *Queen II* noch nicht ganz vollendet gewesen. Es sollte alles noch viel, *viel* größer werden. In nicht weniger als sieben Studios wurde ihr neues Album aufgenommen. Hauptschauplatz waren die vergleichsweise günstigen Rockfield Studios im walisischen Monmouthshire. Das Artwork der Platte mit dem Queen Crest wirkt wie das eines selbstbewussten Debüts. Den Namen entliehen sie ei-

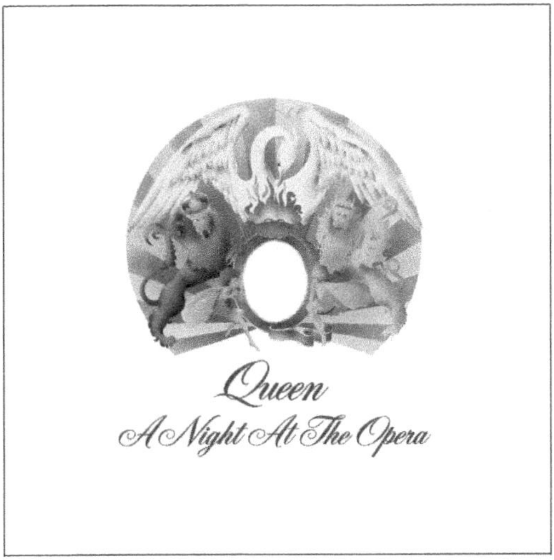

A Night at the Opera (1975)

nem 40 Jahre alten Film der Marx Brothers, den Produzent Baker nach einer erhitzten Diskussion zur allgemeinen Entspannung an einem Samstagabend in seinen Videorekorder schob: *A Night at the Opera.*

Der Titel war nicht zufällig gewählt, denn an Halloween sollte als erste Single ein Stück erscheinen, das Klavierballade, Oper und Hardrock vereinte – und sich daher in keinster Weise für eine solche Veröffentlichung anbot. Doch Queen wollten es wissen: »Make or break«. Die Inspiration zum Epos lieferte das anmutigste Amalgam der Beatles: »A Day in the Life«. Immer wieder hatte Mercury es 1968 während seiner Zeit auf der Kunsthochschule gespielt, abwechselnd mit einem noch nicht ganz ausgereiften Song, der mit ebender Zeile begann: »Mama, just killed a man«. Lange Zeit trug er den Arbeitstitel »The Cowboy Song«, da Mercury das Klaviermotiv an Westernsoundtracks erinnerte. In Ansätzen sollte er es bereits im Mittelteil von »My Fairy King« einsetzen, kurz bevor er auch hier seine »Mama« anruft: »Oh, Mother Mercury / Look what they've done to me«. Im Frühjahr 1975 hatte er Baker einen ersten Entwurf vorgespielt:

»Er setzte sich ans Klavier, spielte den ersten Teil und sagte: ›Das ist die Akkordfolge‹, danach kam ein Zwischenteil. Er spielte noch etwas weiter, bis er plötzlich abbrach und sagte: ›Und hier kommt das Opern-Segment rein!‹ Wir lachten beide laut los.«[16]

Ursprünglich war dieser Part nur auf 30 Sekunden geplant. Er sollte doppelt so lang werden. Letztlich dauerten die Aufnahmen seiner 180 Gesangs-Overdubs eine ganze Woche. Zwei weitere für den Rest des Songs. Den Schichtkuchen aus Gesangsspuren hatte vor allem Toningenieur Mike Stone kreiert. Die Masterbänder wurden im Mehrspurrekorder bis zu zehnmal bespielt, bis sich das Chrom entfernte. May:

»Einmal haben wir das Band gegen das Licht gehalten – und wir konnten glatt durchschauen. Die Musik hatte sich quasi wieder in Luft aufgelöst. Denn jedes Mal, wenn Fred den Entschluss fasste, noch ein paar ›Galileos‹ aufzunehmen, ging auch etwas verloren.«[17]

Eine ähnliche Anekdote kursiert allerdings auch zu »The March of the Black Queen«. Worum es in »Rhapsody« geht, weshalb Scaramouche, ein prahlerischer Feigling aus der italienischen Commedia dell'Arte, den spanischen Volkstanz Fandango aufs Parkett legen sollte, in welchem Zusammenhang der Astronom Galileo Galilei mit Figaro, dem Barbier von Sevilla, steht, weshalb dann noch auf Arabisch wie zu Beginn einer Koransure zum Himmel geschrien wird, »Bismillah!« – all diese Geheimnisse hat Mercury in seine Urne mitgenommen. Capitol-Radio-DJ Kenny Everett, sagte, Mercury habe ihm versichert, das alles sei »bloße Willkür, zusammengereimter Nonsens«[18]. Anderen Gerüchten zufolge sei »Galileo« für Astronomie-Ass May eingestreut worden. Doch nach May habe man in der Band nie über die Texte gesprochen, es sei ihnen zu peinlich gewesen. Am überzeugendsten wirkt die Theorie, Mercury habe hier den heterosexuellen Farrokh Bulsara getötet. Doch kurz bevor er, als bisexueller, dabei betont schwul auftretender Rockstar Freddie Mercury wiederauferstehen könne, würde ihm sein Bekenntnis die Karriere zerstören: »[...] life had just begun / But now I've gone and thrown it all away«. Journalist David Wigg gab an, Mercury habe ihm offenbart: »Alles, was ich bin, steht in meinen Songs«.[19] Weihnachten 1974 hatte Mercury seiner Freundin Austin noch einen Heiratsantrag gemacht. Sie hatte angenommen, doch Mercury später einen Rückzieher gemacht. Diplomatisch gestand er ihr ein Jahr später, er vermutete, bisexuell zu sein. Austin ermunterte ihn daraufhin, einfach zu seiner Homosexualität zu stehen. Damals hatte er bereits eine verdeckte Affäre mit seinem ersten dauerhaften Freund, David Minns, dem Manager des Sängers Eddie Howell, für den Mercury bald den kleinen Hit »Man from Manhattan« produzierte. Für Minns wiederum schrieb er »You Take My Breath Away«. Austin entließ ihn Ende 1976 in eine lebenslange Freundschaft. Später sagte Mercury über ihre Beziehung: »Ehe ist ein Begriff für andere Leute – wir glauben aneinander. Scheiß auf alle anderen!«[20] Später wird er Austin als Sekretärin seiner Firma Goose Productions einstellen, die seine persönlichen Belange regelt. Auf *Opera* widmete er Austin den Song »Love of My Life«, für den May sogar zur Harfe griff – wobei er nur einzelne Akkorde aufnahm, die der Tontechniker dann zusammensetzte.

Mit »Bohemian Rhapsody« setzten sich die Streithähne Queen in ungewohnter Eintracht gegen die Bedenken ihrer Plattenbosse durch, eine 5:55 Minuten dauernde Single, also mit der doppelten Spielzeit der üblichen Konkurrenz, würde niemals Airplay finden. Nur Deacon scherte anfangs aus und plädierte für eine gekürzte Single-Fassung und den griffigeren Titel »Mama«. Mercury bat Everett um Rat. Der lud ihn zu sich ins Studio und meinte, der Song könne eine halbe Stunde dauern und würde immer noch über Jahrhunderte die Charts anführen. Mercury und Everett waren bereits seit einem Jahr gut befreundet – beide homosexuell, aber in heteronormativen Partnerschaften feststeckend. Everett erhielt eine Pressung des Songs, mit der augenzwinkernden Vorgabe, ihn keinesfalls in seiner Show zu spielen. May war am Wochenende um fünf Uhr morgens nach Aufnahmen zu seinem »Good Company« nach Hause gekommen und hörte »Rhapsody« aus der Nachbarwohnung dröhnen. Everett würde das Stück über zwei Tage 14-mal abspielen. Die Uraufführung leitete er ein mit den angemessen staatstragenden Worten: »Ladies and gentlemen, for the first time ever, in this moment in time we present the new Queen single«. Die Telefonleitungen liefen heiß im Sender, und EMI sah sich dazu genötigt, den Song schneller als geplant zu veröffentlichen.

Ihrem langersehnten Unabhängigkeitstag ging der Tag der Abrechnung voran: Bereits in »Flick of the Wrist« hatte es geheißen »›Prostitute yourself‹, he says / ›Castrate your human pride / Sacrifice your leisure days / Let me squeeze you till you've dried‹«. Doch jetzt wurde deutlich, wer der Adressat von Mercurys Zorn war. Die drei Punkte im Titel des Album-Openers »Death on Two Legs (Dedicated to ...)« galten Norman Sheffield. Von Strophe zu Strophe geht Mercury schärfer mit seinem alten Boss ins Gericht: »You suck my blood like a leech / You break the law and you breach« über »Do you feel like suicide? (I think you should)« bis zu »Talk like a big business tycoon / You're just a hot air balloon«. Die sägenden Anfangsakkorde sollen dabei an das Titelthema von Alfred Hitchcocks *Psycho* erinnern. In einem Interview bezeichnete Mercury Trident als »verblichen. Man lässt das hinter sich wie Exkremente.«[21] Kurz vor knapp setzte er damit seine Karriere aufs Spiel. Am 22. November wurde die Platte im Londoner Roundhouse Studio einem Kreis aus 50 Freund:innen, Journalist:innen und Industrievertreter:innen vorgestellt. Mercury verbrachte den feierlichen Anlass zumeist herumblödelnd. Nur vor dem finalen »God Save the Queen« gebot er den Anwesenden, sich zu erheben: »Steht auf, ihr Fotzen!«[22] Einer der Anwesenden alarmierte danach Norman Sheffield, der mit rechtlichen Schritten gegen die Albumveröffentlichung drohte. Queen konnten diesen Todesstoß mit einem Batzen Geld vereiteln. In späteren Interviews gestand May ein, dass vor allem mangelnde Kommunikation die Ursache für das vergiftete Verhältnis gewesen sei. 2013 veröffentlichte Norman Sheffield seine Memoiren *Life on Two Legs: Set the Record Straight*, bevor er im Juni 2014 starb.

Zwei Tage vor der Albumpremiere lief erstmals das Video – damals sagte man noch »Pop-Promo« – zu »Rhapsody« bei *Top of the Pops*. Queen waren ohnehin keine Fans von Playback und registrierten erleichtert, dass sie aufgrund einer UK-Tour bis Weihnachten nicht bei der BBC erscheinen konnten. Stattdessen nahmen sie am 10. November, dem letzten Tag ihrer Proben in den Elstree Studios, in nur vier Stunden den visionären Clip auf. »Wir fingen um halb acht in der Früh an und waren um halb elf schon fertig; 15 Minuten später saßen wir auch schon im Pub«[23], erinnerte sich Regisseur Bruce Gowers, der im Jahr zuvor bereits Queens Rainbow-Show gefilmt hatte und mit dem Video seinen Durchbruch erleben sollte. Er zog danach in die USA, führte dort Regie bei diversen Award-Shows von MTV, Fox und ABC sowie in den Nuller-Jahren bei der Castingshow *American Idol*. Ähnlich wie Queen waren schon die Beatles neun Jahre zuvor vorgegangen, als sie sich mit Clips zu »Paperback Writer« und »Rain« tausende Flugmeilen sparten, da sie nicht vor Ort auftreten mussten, um zu ihrem Publikum zu sprechen. Queen haben das Musikvideo, dessen Ursprünge bis zur Jahrhundertwende zurückreichen, nicht erfunden. Aber sie waren die Ersten, die visuelle Tricks in das Format einführten, maßgeblich zu dessen Popularisierung beitrugen und so den Weg für Musikfernsehsender wie MTV ebneten, das fünf Jahre später an den Start ging. Gowers erweckte Mick Rocks ikonische *Queen II*-Fotografie zum Leben und untermalte die Mehrspur-Chöre des Songs mit in die Unendlichkeit gezogenen optischen Vervielfachungen. Ein simpler Effekt, den man erzielt, wenn eine Kamera das auf dem Monitor gezeigte Material abfilmt und so ein Video-Feedback erzeugt. Ein weiterer optischer Trick wurde durch eine Kaleidoskoplinse ermöglicht. In der Woche danach schnellte

»Rhapsody« auf Platz 1 der Charts. Die Nachricht erreichte Queen im Fahrstuhl. Die Band führte darin solche Freudensprünge auf, dass der Lift stecken blieb. Der Song sollte die Spitzenposition neun Wochen innehaben und »She Loves You« als erfolgreichste Single der britischen Geschichte ablösen. Einen Monat später grüßte *Opera* vom Gipfel der Albumbestseller nebenan. Erstmals knackten sie auch die US-Top-10 und erreichten die deutschen Albumcharts, wo es die Platte bis auf Rang 5 schaffte. Bei der Verleihung der Goldenen Schallplatte für *Opera* entnahm Mercury die LP ihrem Rahmen und wollte sie abspielen, um zu beweisen, dass es sich tatsächlich um die ausgezeichnete und nicht nur um irgendeine vergoldete Platte handelte (was gängige Praxis ist). Dabei zerbrach er sie allerdings versehentlich, wandte sich dem mächtigen Vorstandsmitglied Sir Joseph Lockwood zu und erkundigte sich, ob er noch eine weitere haben könne. Ein schöner Zufall ist es, dass ausgerechnet ABBAS »Mamma Mia!« Queen im UK von der Nr. 1 stupsen sollte. »Mamma mia, let me go!« Auch von höchster Kollegenstelle gab es Lob: Brian Wilson, der mit »Good Vibrations« zehn Jahre zuvor eine Art Vorgänger des Stücks geschaffen hatte, nannte den Song 1976 in *Sounds* »das Konkurrenzfähigste, was es seit Ewigkeiten« gegeben habe, sowie eine »Antwort auf die Gebete von Teenagern nach künstlerischer Musik«.[24] So oft lief der Clip bei *Top of the Pops*, dass die dortigen Verantwortlichen den ersten Teil des Videos nach vier Wochen mit Feuereffekten verzierten, um keine Langeweile aufkommen zu lassen. Die Produktionskosten von nur 4500 Pfund für das Video standen den 40 000 Pfund teuren Aufnahmen von *Opera* gegenüber, dem damals teuersten Album der Geschichte.

»Rhapsody« überragt das zugehörige Album, so wie es das auch auf jedem anderen Album getan hätte, und *Opera* nimmt für sich genommen keine Ausnahmestellung im Kanon der Band ein. Mays Beschreibung als »unser *Sgt. Pepper's*«[25] sitzt auch nicht so recht – was wäre dann schließlich *Sheer Heart Attack* gewesen? Anstelle ihres Ausflugs nach Dixieland, »Bring Back that Leroy Brown«, reisten Queen nun in die britischen Music Halls, um nach einem entspannten Sonntagnachmittag Kraft für ein »Seaside Rendezvous« zu sammeln. Die im dortigen Instrumentalteil vermeintlich herauszuhörenden Klarinetten, Tubas, Trompeten und sogar das Kazoo sind übrigens A-cappella-Bravourstücke aus den Mündern Mercurys und Taylors. Dazu folgte das leichtfüßige »Lazing on a Sunday Afternoon« gleich auf den Aggro-Auftakt. Auch May ließ sich diesmal zu derlei fantastischem Firlefanz hinreißen: Auf dem von einer Hawaii-Ukulele getragenen, Paul McCartneys »Altogether Now« durchaus ähnlichem »Good Company« stellt er nur mit seiner Gitarre ein ganzes Jazz-Ensemble in der Tradition der in den 1950ern populären 20er-Revivalisten Temperance Seven nach. Und auch Taylor darf Quatsch machen und am Ende von »I'm in Love with My Car« seinen Alfa Romeo aufheulen lassen. Wie Mays Hardrocker »Sweet Lady« im $^3/_4$-Takt ist auch der Song im Walzertakt gespielt, diesmal $^6/_8$. Dass an Mays »The Prophet's Song« (nicht weniger hochtrabender Arbeitstitel »People of the Earth«) bereits zu den *Queen II*-Sessions gearbeitet wurde, hört man dem mystischen Rocker schnell an. Der Japan-Trip gab dann die Idee zum Intro und Outro auf dem japanischen Saiteninstrument Koto. Mit 8:21 Minuten ist es der längste Song im Werk Queens – das Instrumental »13« auf *Made in Heaven* nicht mitgezählt –, im Mittelteil singt Mercury im Kanon mit sich selbst. Das düstere Stück ist Mays »Rhapsody« und war sogar als Single im Gespräch.

In »'39« – skurrilerweise der 39. Albumtrack Queens – bringt May dann seine Erkenntnisse aus der Astrophysik ein: Im Jahr '39 machen sich Freiwillige auf eine Reise ins Weltall, die sie nach reichen Erfahrungen ins Jahr '39 zurückbringt – allerdings das des nächsten Jahrhunderts. Obwohl nur ein Jahr unterwegs, ist die Erde aufgrund der in Einsteins Relativitätstheorie belegten Zeitdilatation exakt um 100 Jahre älter geworden, und die Angehörigen der Pioniere sind entsprechend verstorben oder stark gealtert. Ein zeitgemäßer Text wie aus dem Progressive Rock, den May allerdings in einer wunderschönen Popballade mit passend sirenenartigen Chören, die die Erdlinge fortlocken (und ein bisschen an die Titelmelodie von *Raumschiff Enterprise* erinnern) vorträgt. Im Jahr darauf ließen die Puhdys auf diesem Song ihr »Alt wie ein Baum« wachsen. Aus heutiger Sicht ist es unglaublich, dass man aus einem solchen Monsteralbum nur zwei Singles auskoppelte. »'39« hätte sich wunderbar als dritte geeignet, wäre so heute weitaus bekannter, wurde aber als B-Seite von »You're My Best Friend« verheizt. Ein Umstand, den auch May bedauert.[26] Doch Queen standen Mitte der 1970er zwischen zwei Policies: In den mittleren 60ern hatten die Beatles noch mit Rücksicht auf die Fan-Budgets darauf geachtet, dass Singles sich nicht zusätzlich auch auf Alben befinden. Zur Mitte der protzigen 80er prangte dann etwa auf Michael Jacksons nur zehn Stücke umfassendem *Bad*-Album der Sticker »This album also includes 9 hit singles«. Ganz am Ende der Platte, noch nach »Rhapsody«, stand das einzige Stück Musik, das nach dem monumentalen Meisterwerk noch hätte kommen können, ohne davon zerquetscht zu werden: die britische Nationalhymne »God Save the Queen«, ein Überbleibsel aus den Trident Studios. Von May für E-Gitarre umarrangiert, mit Hendrix im Kopf, wie dieser in den frühen Morgenstunden als großes Finale von *Woodstock* nach drei wachen Tagen »The Star-Spangled Banner« jaulen ließ.

Was also ist *Opera*? Anders als andere Alben von Queen wie *Jazz* oder *The Miracle* gaukelt es nichts vor – der Name ist Programm. Es ist ein dramatisches Album, verschwenderisch, grotesk, überfrachtet, konfus, märchenhaft, hinreißend, oberflächlich, völlig von sich selbst eingenommen. Edles Parfüm übertüncht dabei notdürftig den Schweiß der Plackerei. Es sind 43 Minuten und 11 Sekunden der unterhaltsamsten Popmusik, die je aufgezeichnet wurden. Es ist der ultimative Beweis dafür, dass der gerne auf seine Performerrolle reduzierte Mercury ein Jahrhundertmusiker war, der sogar manche von Mays Soli komponierte (hier etwa: »Lazing on a Sunday Afternoon«, davor auch »Killer Queen«) Und was es auch war: noch nicht vorbei.

Im heißen Sommer 1976 ließen sich Queen in den The Manor Studios nieder, die Richard Branson gehörten. Der über-

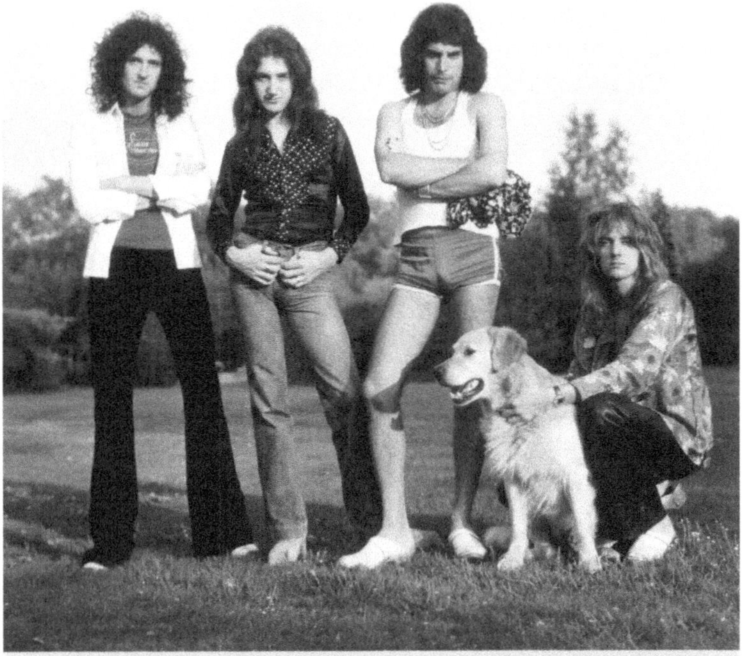

Queen 1975 vor dem Ridge Farm Studio, wo sie für *A Night at the Opera* probten

zeugte sie nach drei Zwischendurch-Konzerten in Schottland und Wales am 18. September, genau sechs Jahre nach dem Tod ihres Idols Hendrix, ein Gratiskonzert im Londoner Hyde Park zu spielen. Pink Floyd und Jethro Tull hatten die Anlage 1968 zur Bühne für Rock 'n' Roll gemacht, May war damals im Publikum. Die Stones waren hier zwei Tage nach dem Tod ihres ehemaligen Mitglieds Brian Jones geschichtsträchtig zurückgekehrt. Nach all der negativen Presse, mit der Queen von Anfang an zu kämpfen hatten, trugen sie Sorge, ob sie sich neben diese Legenden einreihen dürften. Bis zu 200 000 Fans sollten ihnen den Zweifel nehmen. Das an diesem Abend installierte Akustik-Intermezzo sollte künftig einen festen Platz in den Setlists haben. Den ersten

Eintrag in diese Reihe bestritten sie mit »'39« und dem noch nicht mal aufgenommenen »You Take My Breath Away«. Hoffnungen auf ein Zusammentreffen mit Elton John wurden bereits im Vorprogramm zerstreut: Die dort neben einer weiteren Band namens The Rich Kids, die wieder nichts mit der von Midge Ure zu tun hatte, auftretende Kiki Dee sang ihr »Don't Go Breaking My Heart«-Duett mit einem Pappimitat des »Rocket Man«. Nachdem Queen verspätet auf die Bühne gegangen waren, damit ihre Lichtshow in der Dunkelheit besser zur Geltung kam, wurde ihnen von der Polizei unter Androhung eines Gefängnisaufenthalts eine Zugabe verwehrt. Zusätzlich hatte sich die Stimmung unter den Massen erhitzt, die Mercury zu beschwichtigen suchte: »Setzt euch auf eure Ärsche und hört zu!«[27] Trotz einer mediokren Show sahen Queen mit einer Rekordsingle und diesem Massenpublikum ihr ohnehin gigantisches Selbstvertrauen legitimiert und trauten sich zu, das kommende Album allein zu produzieren. Der Vertrag mit Roy Thomas Baker über vier Alben wurde nicht verlängert, lediglich dessen Gehilfe Mike Stone sollte als Toningenieur helfen. *A Day at the Races* erschien nach sechsmonatiger Produktionszeit, wie der Vorgänger, zum Weihnachtsgeschäft. Doch nach einer halben Million Vorbestellungen, die einen sicheren Nummer-1-Platz garantierten, machte sich zunächst Enttäuschung breit. Wieder stand ein Film der Marx Brothers Pate für den Titel, wieder war das Queen Crest das zentrale Motiv, nur diesmal eben vor schwarzem Hintergrund – eine Wiederholung der Schwarzweiß-Spielereien des gerade mal zweieinhalb Jahre alten *Queen II*.

Doch auch inhaltlich drängten sich erneut Parallelen auf: Das den perfekt gebügelten Anzügen des neuen Managers Reid gewidmete »The Millionaire Waltz« mit seinen auf der Gitarre imitierten Tubas, Celli und Piccoloflöten konnte es in puncto Komplexität fast mit »Rhapsody« aufnehmen, Deacon folgte seinem Lovesong »You're My Best Friend« mit »You and I«, May seinem »'39« mit dem auf einem Burns-Zwölfsaiter gespielten, beatlesähnlichen »Long Away« (als einzige nicht von Mercury gesunge-

A Day at the Races (1976)

ne Single veröffentlicht, allerdings nur in den USA und dort auch folgenlos), der Ragtime-Schunkler »Good Old-Fashioned Lover Boy« (mit seiner gewagten Aufforderung »Sit on my hot-seat of love« und einem Gesangsbeitrag von Mike Stone: »Hey boy, where'd you get it from / Hey boy where did you go?«) stand in einer Linie mit den Vaudeville-Nummern aus *Opera*. Nach dem Höher-Schneller-Weiter ihrer ersten vier Alben verspürte man erstmals Stagnation. Es hilft daher, *Opera* und *Races* als zusammengehöriges Doppelalbum zu begreifen, mit einer hellen Nacht und einem dunklen Tag. Dessen erster Höhepunkt steht gleich am Anfang: Nach einem Gitarrenriff experimentiert May, wie Aerosmith im Jahr zuvor auf »Round and Round«, mit der Shepard-Skala, einer akustischen Täuschung einer unendlich ansteigenden Tonleiter, abfallend aufgenommen auf einem Harmonium und rückwärts abgespielt, bevor dies »Tie Your Mother Down« durchbricht. Doch der Auftakt ist irreführend: Außer dem »Sweet Lady«-Pendant »White Man«, einer etwas holprigen Abrechnung mit der Eroberung Amerikas aus Sicht der indigenen Bevölkerung, dominieren auf *Races* Balladen. Die verschachtelten Ein-

Mann-Harmonien von »You Take My Breath Away« erinnern an 10ccs »I'm Not in Love« aus dem Vorjahr. Das hypnotisch-fluide »Drowse« nimmt die Shoegaze-Bewegung der sehr späten 1980er-Jahre vorweg. Mit »Teo Torriatte (Let Us Cling Together)« bedanken sich Queen bei ihren japanischen Fans in deren Landessprache für den überwältigenden Empfang – May eignete sich dazu sogar die japanische, fünfstufige Tonleiter an –, bevor die Shepard-Skala uns wieder kirre macht. Pink Floyd hatten so einen Shepard-Ton bereits am Ende von »Echoes« eingesetzt; deren mehrteiliges »Shine On You Crazy Diamond« hatte Queen auch dazu gebracht, mit diesen Sounds ihr Album harmon(ium)isch einzukreisen. Dazwischen funkelt Mercurys Lieblingssong, die Gospelnummer »Somebody to Love«, die seine verzweifelte Suche nach einer beständigen Partnerschaft beschreibt. Mehrfach betonte Mercury, dass dieser Song musikalisch viel anspruchsvoller sei als »Rhapsody« und *Races* somit ein klarer Schritt nach vorne. Mit Platz 2 in den UK-Charts geriet er zum größten Hit des Albums. Passend wurde dessen Veröffentlichung auf der Pferderennbahn Kempton Park im Südwesten Londons zelebriert. Alle vier in dieser Sportart völlig unbewanderten Bandmitglieder setzten unabhängig voneinander auf das siegreiche Pferd. Groucho Marx gratulierte zur Platte per Telegramm. Im Rahmen ihres L. A.-Konzerts der nach den Weihnachtsferien beginnenden Tour trafen sie dann auf ihren Helden. 86-jährig und bereits an den Rollstuhl gebunden, empfing Marx die Band (ohne Deacon, der zu nervös war) in seinem Haus in Beverly Hills. Von seiner Pflegerin am Klavier begleitet, sang er sich durch einige seiner schrägen Nummern, Queen revanchierten sich nach beherzter Aufforderung – »Ihr seid doch Sänger – singt, verdammt noch mal!«[28] – mit einer Darbietung von »'39«, überreichten Marx eine vergoldete *Opera*. Für Queen muss das ein Moment gewesen sein wie der Besuch der Beatles bei Elvis in Graceland 1965. Anders als damals mündete die Visite nicht in lange Jams. Marx war müde. Weniger als ein halbes Jahr später starb er. Doch davor sollte er die Band noch einmal zum Lachen bringen.

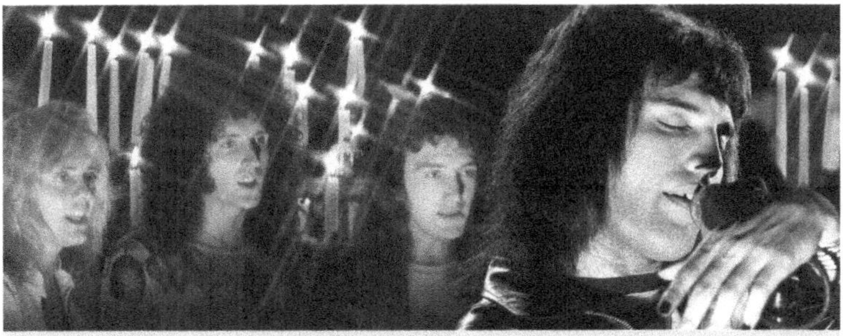

Gute Freunde kann niemand trennen:
»You're My Best Friend«-Videodreh, 28. Juni 1976

No Time for Losers (1977–1978)

Die Tour, die Queen über die erste Hälfte des Jahres 1977 durch Europa und Nordamerika führte, hatte viele Namen: *A Day at the Races*-Tour, *World Tour '77*, *Summer Tour 1977* und sogar dem Silbernen Thronjubiläum Ihrer Majestät zu Ehren, *Jubilee Tour*. Das Album, das unmittelbar nach Tourende im Juni entstehen sollte, stand dagegen namentlich noch sehr in der Tradition der erfolgreichen Vorgänger und folgte erneut dem Schema (Unbestimmer-Artikel-)Substantiv-Präposition-bestimmter Artikel-Substantiv. Der ursprünglichen Idee, mit der Platte eine Trilogie zu vollenden und sie nach dem Marx-Brothers-Film *Duck Soup* zu benennen,[29] hatte Groucho Marx eine humorvolle Absage erteilt und stattdessen den Titel seines angeblich nächsten Films vorgeschlagen »The Greatest Hits of the Rolling Stones«.[30] Doch *News of the World*, benannt nach einer sensationslüsternen Sonntagszeitung, sollte musikalisch ebenso mit der Vergangenheit brechen, wie *Sheer Heart Attack* es mit *Queen II* getan hatte. Im Vergleich zu *Opera* war die Kritik an *Races* verhalten ausgefallen. Die britische Wochenzeitschrift *Sounds* nannte das Album »die definierteste Berechtigung für Punk, die je aufgenommen wurde«.[31] Unabhängig davon hatte die Band selbst den Eindruck, ihre bewährte Formel ausgereizt zu haben. Doch in welche Richtung es als Nächstes gehen sollte, ließ sie offen. Im Januar 1977 stellte Mercury im US-Magazin *Circus* noch eine orchestrale Begleitung in Aussicht, dem *NME* sagte er dann aber im Juni: »Wir haben Mehrspur-Harmonien an ihr Ende gebracht, zu unserem Wohl und dem der Öffentlichkeit wollen wir jetzt ein anderes Projekt verfolgen. Und das nächste Album wird genau das sein.«[32] Mit ihrem Zurück-zu-den-Wurzeln-Ansatz lagen Queen zufällig genau im Zeitgeist des aufkommenden Punk, der es zum Ziel hatte, dem aufgeblähten Progressive Rock die Luft in einer letzten, erbärmlichen Flatulenz entweichen zu lassen. Untypisch kurz in nur sechs Wochen von Juli bis Mitte September in den Basing Street und den Wessex Studios aufgenommen, hielt man sich nicht lange mit Schnörkeln auf. Der punkigste Song auf dem Album, Taylors »Sheer Heart Attack«, wurde lange Zeit als Queens Antwort auf das Genre gesehen, sogar als Parodie darauf: »Well you're just seventeen, all you wanna do is disappear / You know what I mean, there's a lot of space between your ears«.

Dabei war der titelgebende Song für Queens drittes Album *Sheer Heart Attack,* bereits 1974 fast vollendet gewesen und Queen somit mal wieder ihrer Zeit voraus. Die erste Single aus dem Album fiel einerseits noch rudimentärer, andererseits großspuriger aus als alles, was Queen bisher geschaffen hatten. Und doch hängen die beiden Stücke der Doppel-A-Seite untrennbar zusammen, US-Radiostationen spielten sie meist im nahtlosen Übergang zueinander. Mit dem »We« in den Titeln war nicht die Band gemeint, sondern die Allgemeinheit. Die Songs sollten die Gesetzmäßigkeiten von aktiver Performance und passivem Zuhören aufheben und das Publikum maßgeblich an der Entstehung der Musik beteiligen. Mays »We Will Rock You« funktioniert ohne das Mitstampfen und -klatschen Zigtausender ebenso wenig wie das Gegenstück, Mercurys »We Are the Champions« ohne die auch noch so windschiefen Chöre seliger Massen. Beide Songs speisen sich aus so unterschiedlichen Quellen wie Frank Sinatra und Fußballkultur und gehen auf einen gemeinsamen

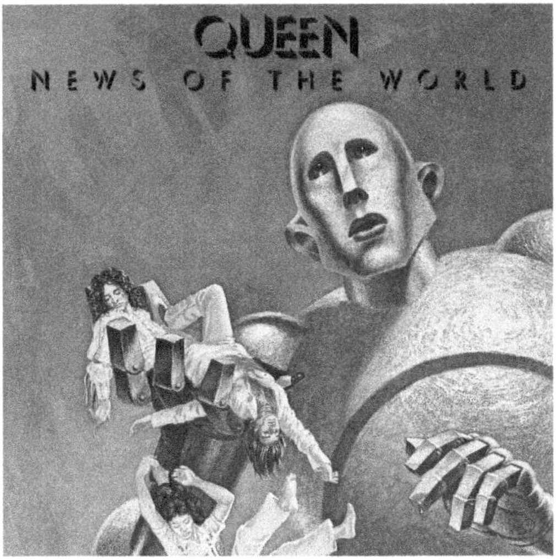

News of the World
(1977)

Erleuchtungsmoment ihrer Komponisten zurück. Am 29. Mai 1977 hatten Queen in der New Bingley Hall in Stafford gespielt, unüblich für die damalige Zeit hatte die Menge jeden Ton mitgesungen. Nachdem die Band die Bühne verlassen hatte, stimmte das Publikum »You'll Never Walk Alone« an – das Finale des 1945er-Musicals *Carousel*, das noch im selben Jahr Sinatra popularisierte und 18 Jahre in der Version der Beatgruppe Gerry & The Pacemakers zur Stadionhymne des FC Liverpool avancierte. May überlegte, welche weiteren Mitmachmöglichkeiten eng beieinanderstehenden Menschen zur Verfügung stünden; die zündende Idee kam ihm noch in dieser Nacht im Traum. Er hatte sich an den tollen Sound des holzverkleideten Boston Garden erinnert, wo Queen am 9. Februar gespielt hatten, und so ließ er die Band, Toningenieur und Co-Produzent Stone sowie sämtliche Studiomitarbeiter und sogar die Teefrau Betty (übrigens hatte auch Stone einst als »Tea-Boy« bei Trident angefangen) sich in einem höhlenartigen Nebenraum auf hölzerne Plattformen stellen, um auf diese zweimal heftig einzutreten und dann einmal auf dem Offbeat in die Hände zu klatschen. Diese Aufnahme wurde dann mit zahlreichen Mehrfachüberspielungen angefettet und mit diversen Delay-Effekten versetzt, um die Zahl der Mitmachenden noch viel höher erscheinen zu lassen. Die E-Gitarre ist das einzige Instrument im Song, das sich dazu erst nach drei Vierteln des Stücks heranpirscht, um sich dann, ganz untypisch am Ende, in Mays beständigstem Solo zu entladen. In nur einem Take aufgenommen, was der Rohheit Ihrer Hoheit damals entsprach, wurde die letzte Phrase des Solos dabei dreimal in Loops wiederholt, daher auch die hörbaren Rutscher über die Gitarrenbünde, die bei regulärem Spielen des Parts nicht entstehen würden. In der Webserie *Queen: The Greatest* analysierte May 2021 den Text über einen exemplarischen jungen Menschen, der loszieht, um die Welt zu verändern, und in der Rückschau die Grenzen seiner Möglichkeiten erkennt.[33] Der Song ist also deutlich reflektierter als eine stumpfe Ankündigung unabwendbaren Gerockes. Um den inklusiven Charakter des Stücks hervorzuheben, begann die Standard-Setlist der *News*-Tour mit dem »Rock You«-Beat vom Band. Das Publikum ging reflexhaft mit und bekam so den Eindruck, die Show selbst zu eröffnen, als Mercury im Scheinwerferlicht erschien. Zum Solo wechselte das Spotlight auf May. Da man als zweites Stück unmöglich bereits die große Schlussnummer »Champions« spielen konnte, ließ May sich etwas einfallen: »Rock You« kam einfach noch mal, diesmal aber mit vollem Bandeinsatz in der »Fast Version«. Dazwischen erhob sich stimmungsvoll die Lichttraverse »The Crown« während die Bühne vernebelt wurde. Welche Hochspannung das erzeugt hat, lassen diverse Clips der legendären Show der Band am 11. Dezember in der Houstoner Mehrzweckhalle The Summit erahnen – legendär vor allem, weil das Konzert zwar gefilmt, bisher aber nur häppchenweise in Dokumentationen veröffentlicht wurde. Aufnahmen des Konzerts zählen zu den begehrtesten Bootlegs Queens.

Für sein Pendant kombinierte Mercury die Selbstgefälligkeit von »My Way«, das Paul Anka vom französischen Chanson »Comme d'habitude« adaptiert und für Sinatra mit gänzlich anderem Text versehen hatte (und das Mercurys damaliger Erzrivale Sid Vicious 1978 covern sollte – übrigens sehr zum Gefallen von Leonard Cohen), mit dem vereinenden Charakter von Fußball-Singalongs. Eine Eingebung dazu mag er von Stephen Sondheims Musical-Nummer »Send in the Clowns« von 1973 bekommen haben, das gewisse melodische Ähnlichkeiten aufweist UND ebenfalls von Sinatra zu Weltruhm geführt wurde. Dass Mercury den Song kannte, zeigt seine im Internet zirkulierende Instrumentalversion aus den mittleren 1980ern. Im Video zum Lied, am 6. Oktober im New London Theatre vor Fanclubmitgliedern (die im Laufe der Jahre noch so einige Einladungen zu Filmarbeiten erhalten sollten) gedreht, schreitet Mercury immer wieder in die Menge, um die Union zu demonstrieren – »I thank you all!« In der Dokumentation *Queen: The American Dream* (erschienen 2017) äußerte sich Taylor 1977 zu Mercurys Verständnis des Songs. Mercury habe Rock 'n' Roll als den einzigen Ort empfunden, in dem sich jeder als Teil eines Teams fühle, ohne dabei gegen jemanden antreten zu müssen.[34] Der US-Hörfunkmoderator und Wegbegleiter Mercurys Paul Gambaccini erinnerte sich, wie er den Song damals zum ersten Mal im knisternden Autoradio eines Kumpels gehört hat: »Nach den ersten Sekunden von ›Champions‹ drehte ich mich herum und sagte: ›John, ich kann nicht fassen, wie groß dieser Song werden wird. Wir sind in der Gegenwart eines Giganten.‹«[35] Ebenso absonderlich wie es im Rückblick erscheinen mag, zwei der bekanntesten (Rock-)Songs des 20. Jahrhunderts auf nur einer Single zu verbraten, so kratzt man sich auch am Kopf bei der Erkenntnis, dass diese Songs in keinem Land der Welt Platz 1 der Charts erreichten. »Rock You« hat übrigens eine Spielzeit von exakt zwei Minuten, »Champions« genau drei. Zusammengenommen fünf perfekte Minuten Pop.

Mercury jedenfalls hatte seinem Prachtstück nicht mehr viel hinzuzufügen. »Champions« war das große Finale Queens als Bombast-Rocker. Mercury war leer. Ausgeblutet wie sein Bildnis in den unbeabsichtigt mörderischen Klauen des grobmotorischen Roboters auf dem Albumcover. Lediglich zwei weitere Songs steuerte Mercury zur Platte bei: die aus New Yorker Nachtclubs importierten Sounds des zukunftsweisenden »Get Down, Make Love« sowie »My Melancholy Blues«, was viel, zum Beispiel ein vortrefflicher Rausschmeißer für Sitzengebliebene nach der letzten Bar-Runde, aber eben kein Blues ist. Den lieferte May auf »Sleeping on the Sidewalk« – mit passend müdem Gesang und amerikanischem Akzent als Stilmittel und nur in einem Take ohne Beteiligung Mercurys aufgenommen. Mit vier Stücken wurde May zum ersten und letzten Mal (mit Ausnahme von *Flash Gordon*) zum Hauptkomponisten eines Queen-Albums. Sein sanftes »All Dead, All Dead« mag zwischen »Sheer Heart Attack« und Deacons beherzter Aufstiegsfantasie eines Unglücksrabens »Spread Your Wings« – in bester Springsteen-Manier in der dritten Person erzählt – etwas untergehen, dafür legt »It's Late« am Ende einen Phoenix-artigen Höhenflug hin. Davor belegte Deacons Samba »Who Needs You«, dass *News* eine reine Songsammlung war, ohne zugrunde liegendes Konzept. Was aber nur ein paar Kritiker störte. Mit ihren Stadionhymnen eroberten Queen endlich die USA, wo die Platte mit Vierfach-Platin ausgezeichnet wurde. Es sollte das einzige Album der Band sein, dass in den Staaten besser chartete als zu Hause (ein enttäuschender Platz 4 nach zwei Hitlistenanführern). Die im November beginnende Tour zum Album stellte mit der »Fast Version« von »Rock You« die Weichen für Queens Zukunft: Beschleunigt sollte sie sein und zügellos. Der *Daily Mail* sagte Mercury damals: »Ich bin wie ein tollwütiger Hund. Ich gehe mit allem ins Bett. Mein Sextrieb ist enorm.«[36] Ende der 1970er vernachlässigte er zusehends und bewusst sein angestammtes soziales Umfeld und startete als Mittelpunkt seiner neuen Gang, der »New York Sisters«, als Partyhengst in der Gayszene Manhattans durch.

Inmitten dieses Ausbruchs kehrten Queen nach zwei Alben Auszeit für ihre siebte Platte zu Roy Thomas Baker zurück. Mike Stone war nach einer gescheiterten Liebe außer Gefecht gesetzt und sollte nie wieder zur Band finden; 2002 erlag er nach Hits wie Journeys »Don't Stop Believin'«, Asias »Heat of the Moment« und Whitesnakes »Here I Go Again '87« seinem Alkoholismus. Baker hatte 1977 noch mit Mercury die Platte von dessen Busenfreund, dem durch das Musical *Hair* bekannt gewordenen, aber auf dem Weg zum Star angehaltenen Peter Straker, *This One's On Me,* produziert und war so wieder im Spiel. Doch *Jazz* sollte alles andere als eine sichere Bank werden. Sicher war gar nichts mehr, vor allem nicht die Einnahmen der Band.

Die Labour-Regierung unter James Callaghan hatte einen Spitzensteuersatz von 83 Prozent auf Erwerbseinkommen von Steuerpflichtigen eingeführt, die sich mindestens 183 Tage im Jahr im UK aufhalten. Zwölf Jahre zuvor hatten die ähnlich geschröpften Beatles einen Song über ihren versickernden Geldregen geschrieben: »Taxman« adressierte die verantwortlichen Premierminister Harold Wilson und Edward Heath sogar direkt. Queen hatten sich gerade, wie geplant, von ihrem Manager John Reid getrennt. Stilvoll unterschrieben die Parteien die Vertragsauflösung auf dem Rücksitz von Mercurys neuem Rolls-Royce im Januarschnee 1978 außerhalb von Taylors neuerstandenem Herrenhaus bei Surrey. Die Band befand sich dort für den Videodreh von »Spread Your Wings«, dem man spontan noch innerhalb von zehn Minuten einen Clip zu »Rock You« nachschob. Da der Hauskauf noch nicht abgeschlossen war, und Taylor das Gebäude nicht betreten durfte, wurde zwischen Rhododendren im Garten gefilmt. Reid würde eine stolze Abfindung sowie 15 Prozent Tantiemen für alle bis dahin erschienenen Alben erhalten. Wieder einmal hatten sich Queen befreit. Fortan sollten sie sich selbst managen. In der Regel trafen sie einmal pro Woche zu einem Meeting zusammen, in dem sie Projekte planten, Feedback bewerteten und Entscheidungen fällten. Mercury hatte bereits 1977 seinen Kumpel aus dem Nachtleben, Paul Prenter, als persönlichen Assistenten ins Team geholt. Für die Geschäfte engagierten sie ihren alten Anwalt Jim Beach. Der überredete die Band nicht nur zur Gründung einer

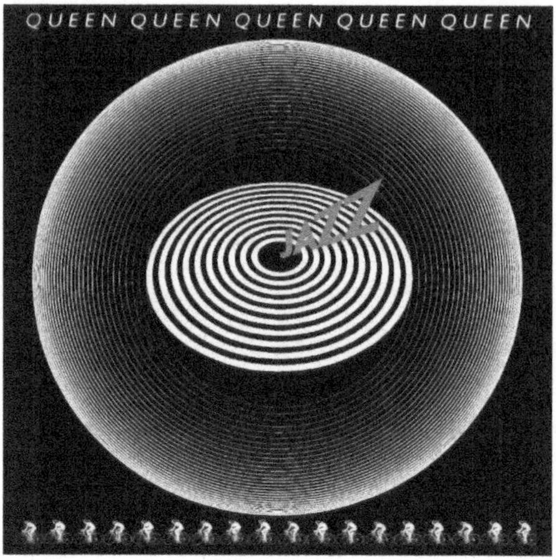

Jazz (1978)

Reihe steuereffizienter Firmen wie Queen Productions Ltd. für die Tonträgeraufnahmen, Queen Films Ltd. für Musikclips und Queen Music Ltd. für Plattenveröffentlichungen. Nach einem für die Band sehr unvorteilhaften Steuerbescheid im Juni holten sie auch den Rat von Steuerberater Peter Chant ein, der einen Kniff zur Vermögensrettung nahelegte: Die Band muss ins Ausland. Und zwar sofort.

Jazz entstand zwischen Juli und Oktober 1978, den letzten Schliff bekam die Platte zwar in den Super Bear Studios im französischen Berre-les-Alpes bei Nizza. Der Großteil war zuvor aber in den Mountain Studios von Montreux in der Steueroase Schweiz aufgenommen worden. Die Band hatte beim dortigen *Montreux Jazz Festival*, das nebenbei als Namensgeber für die Platte fungierte, den in einem Vorort von Montreux lebenden David Bowie getroffen. Dieser riet ihnen zu den Studios, selbst arbeitete er dort gerade an seinem *Lodger*. Vielleicht war es die Ausbruchsfantasien evozierende Langeweile des beschaulichen Montreux, auf die Mercury noch oft zu sprechen kommen sollte, oder generell die sich durch den Ortswechsel ergebenden Einflüsse aus dem europäischen Festland. *Jazz* wurde zum irrsten Album der Band. Queen war bewusst, dass eine Hymne wie »Champions« selbst in ihrem an Hymnen nicht armen Werk einzigartig bleiben würde. Was andere entmutigt hätte, beflügelte Queen. Konsequenterweise hätte das Album *Free-Jazz* heißen müssen, denn wie in Improvisationen dieses Genres passt hier kaum etwas zusammen; in mehreren Momenten noch nicht mal mehr die Band, die öfter als je zuvor vom Zerfall bedroht war. Dass genau in diesem Chaos der Reiz des gern verschmähten Albums liegt, wollten vor allem die Amerikaner, die gerade noch so gerne archaisch zu »Rock You« stampften, nicht sehen. Bumm, bumm, Klatsch – das ginge gerade noch. Aber was war das hier? Welcher Muezzin ruft hier in Arabisch, Englisch und einer Annäherung ans Persische wozu auf? Dann wird »Mustapha« plötzlich sogar noch lauter (bis zum Gitarreneinsatz hatte Baker die Lautstärke der Monoaufnahme zunächst gedrosselt, die dann urplötzlich auf beiden Stereokanälen explodierte).

Noch abgedrehter war die Leadsingle, der Versuch, Pink Floyds »Bike« auf Zauberpilzen nachzuspielen: Die Tempi wechselten auf »Bicycle Race« so häufig wie die der Athleten der Tour de France, deren 18. Etappe 1978 durch Montreux führte. Queen waren dort Zaungäste von ihren Hotelzimmern aus. Nach der ersten Strophenzeile »You say black, I say white« verließen Queen ihr angestammtes Terrain. Noch kurz eine Bestandsaufnahme aktueller Straßenfeger, dann lakonische Kirchenkritik: »You say God, give me a choice!« Das Sprecher-Ich ist zwar kein Kind mehr (»I don't believe in Peter Pan / Frankenstein or Superman«), will von den süßen Früchten des Erwachsenenalters zwar kosten (»You say coke, I say 'caine«), nicht aber den Ernst des Lebens wahrhaben (»So forget all your duties, oh yeah«). Mit der Zeile »Income tax, I say Jesus!« ergibt sich eine autobiographische Deutungsfolie wie auf der Tracklist sonst nur bei »Let Me Entertain You«. Dazwischen: viel, viel Gebimmel und ein Gruß an die zweite, auf dem schmalen Grat zwischen Misogynie und Lobpreis nichtnormativer Schönheitsideale wandelnde A-Seite:

»Fat bottomed girls / They'll be riding today / So look out for those beauties, oh yeah«. Diese grüßt zum Ende hin artig zurück: »Get on your bikes and ride!« »Bicycle Race«, Queens finaler Ausflug in die Welt der Operetten, ihr letzter aufrecht spinnerter Song, verfehlte trotz des PR-Geweses mit radelnden Nackedeis knapp die heimischen Top Ten. Erst die zweite und letzte Single, »Don't Stop Me Now« sollte unter die oberen zehn kommen. Dass ihnen mit der Synonymsammlung des »Mister Fahrenheit« einer ihrer nachhaltigsten Songs geglückt war, ließ sich damals nicht erahnen. Mercury sang den Song zum letzten Mal live während des Abschlusskonzerts der *Jazz*-Tour am zweiten Weihnachtsfeiertag im Londoner Hammersmith Odeon. Von den weiblichen Hinterteilen zur Sexmaschine: *Jazz* wurde je nach Lesart zum sexysten oder aber zum sexistischsten Album der Band. Zwar war Mercurys Bühnengebaren stets schon voller potenter Anzüglichkeiten. Bereits zur Zugabe des prestigeträchtigen Finales der UK-Tour zu *Opera* hatte es am Weihnachtsabend 1975 nicht nur Luftballons in den Farben des *Union Jack*, sondern auch eine Gummipuppe von der Decke auf das Publikum geregnet – und per Fernsehübertragung auch in die festlich geschmückten Haushalte. Mit »Get Down, Make Love« hatte sich auf *News* zudem der erste unverblümte Sexsong auf einem Album der Band befunden. May stellte das in einen größeren Kontext:

> »Die physische Seite eines Menschen ist gleichwertig mit der spirituellen oder intellektuellen. Das macht Spaß, und ich werde mich für nichts entschuldigen. Jegliche Musik dreht sich um Sex, manchmal sehr direkt. Unsere tut das nicht. In unserer Musik wird Sex entweder impliziert, oder wir spielen halbscherzend darauf an, aber er ist immer da.«[37]

Jazz ist eine Orgie. Und wie nach jeder vernünftigen, im Sinne von unvernünftigen Party füllen am Tag darauf auch Scham und Selbstvorwürfe den verkaterten Schädel. Auf *Jazz* wird die Sau nicht nur rausgelassen, sondern davor noch auf einer strikten Diät aus Spanischen Fliegen gehalten. Selbst Deacons Power-Pop »If You Can't Beat Them« strotzt trotz seines unterwürfigen Titels vor Kraft und Leidenschaft. Mercurys »Jealousy« ist zwar ein herzschmerzendes Eifersuchtsdrama, aber eines, das man lösen kann, in dem man einfach die Jalousie wieder zuzieht und sich vergebungs- und hingebungsvoll seinem Liebsten zuwendet. Was man hier als Sitar wahrnimmt, ist übrigens lediglich Mays surrende, da mit einem Stück Draht manipulierte, deutsche Hallfredh-Akustikgitarre, die er vom 1984-Bassisten Dave Dilloway bekommen hatte; den Effekt hatte er bereits auf »White Queen (As It Began)« eingesetzt. Auch für seinen »Dreamer's Ball« griff er in die Trickkiste: Die Trompeten- und Posaunenklänge entspringen allesamt seiner Gitarre. Den Donnerschlag am Ende des frenetischen, »Keep Yourself Alive« aufgreifenden »Dead on Time« nahm er während eines Sturms in Montreux auf, gab »Gott« dafür aber die Credits im Booklet.

Weltlich wie in kaum einem anderen Queen-Song geht es dagegen im erwähnten »Let Me Entertain You« zu, eine reißerische, mit Ironie arbeitende, letztlich aber wahrheitsgemäße Eigenreklame. Mercury besingt ihre Plattenfirmen (»With Elektra and EMI / We'll show you where it's at«), sogar Tourmanager und Chef von 35 Roadies Gerry Stickells wird gepriesen (»If you need a fix, if you want a high/ Stickells'll see to that«) sowie die Adaptionsfähigkeit der Band an verschiedene Märkte (»We'll sing to you in Japanese«). Um zu zeigen, dass Mercury wirklich alle Mittel recht sind (»To thrill you, I'll use any device!«), zieht er sogar die Widersacherin aus *101 Dalmatiner* heran: »I'll pull you, and I'll pill you / I'll Cruella DeVille you«. Ein Reim, der der gerade aufsteigenden Rapszene hätte Respekt abnötigen können. Mit der Zeile »Chicago down to New Orleans / We get you on the line« gewährte er auch einen Blick in die Zukunft. Denn in der Mississippistadt New Orleans, der »Wiege des Jazz«, sollte genau dieses Album Veröffentlichung feiern – mit der wohl berüchtigtsten Release-Party der Rockgeschichte. Was die Band mit diesem Album im Schilde führte, wurde spektakulär illustriert: Sex sells. Und Queen befriedigten die Nachfrage genüsslich. Ihr Label trieben sie derweil in den Wahnsinn: War ein so irreführend betiteltes Album nicht schon schwer genug zu verkaufen, gab ihm das zusammenhanglose Cover den Rest. Dessen Ursprung hatte Taylor Ende April gesehen, als er am Off-Tag nach ihrem Berlin-Konzert mit May einen Abstecher durch den Checkpoint Charlie machte, um die Berliner Mauer zu begutachten. Auf dieser faszinierte ihn ein Graffito aus konzentrischen Kreisen. Während sich zu dieser Zeit nur ein paar Straßenzüge weiter der kommende Weggefährte David Bowie im Schöne- und Kreuzberger Nightlife anämisch gab, gaben Queen sich der Fleischeslust hin.

Und das in vollen Zügen: Längst waren sie zu den Big Spendern geworden, die sie so lange besungen hatten. Mercury brachte es fertig, an nur einem Nachmittag 20 000 Pfund im Auktionshaus Sotheby's zu lassen. Erst kaufte er sich einen Daimler, dann einen Rolls-Royce Silver Shadow – mit Chauffeur, versteht sich. Dieser hatte einmal neben Mercury auf dessen fünfminütigem Fußweg vom EMI-Hauptquartier zum bevorzugten französischen Restaurant herzufahren – für den Fall, dass Mercury des Gehens überdrüssig würde. Mercury hatte sich diese Art Verhalten schon früh angewöhnt. »Wenn du in diesem Business anfängst, musst du selbstsicher sein«, sagte er. »Du brauchst ein gewisses Maß an Arroganz und Ego. Schließlich musst du an das glauben, was du tust.«[38] Als ihm in den Anfangstagen der Band wegen einer auffälligen Jacke der Eintritt zu einem Restaurant verwehrt wurde, entgegnete er: »Das ist eine schöne Jacke, vielleicht kann jemand wie Sie das nicht begreifen; und wenn sie Ihnen nicht gefällt, kaufe ich ihr beschissenes Restaurant!«[39]

Aus Gewinnmaximierungsgründen bestritten sie die *Jazz*-Tour bis zu ihrem Ende Anfang Mai 1979 ohne Support Acts – und aus Gründen der Steuerersparnis außerhalb des UK. Währenddessen ließen sie sich von ihrer Plattenfirma zur Veröffentlichung ihres ersten Live-Albums überreden. Nachdem Kiss 1975 ihren Durchbruch mit *Alive!* geschafft, Peter Frampton mit seinem *Frampton Comes Alive!* 1976 das erfolgreichste Album des Jahres in den USA und Thin Lizzy 1978 einen Bestseller mit *Live and Dangerous* hingelegt hatten, wollten Queen noch eins draufsetzen. Vor allem, weil sie Thin Lizzy Anfang 1977 ins Vorprogramm ihrer US-Tour genommen und als echte Herausforderung begriffen hatten. Thin Lizzy mögen gefährlich gewesen sein, Queen aber waren »Killer« – und natürlich wollten sie auch ihren Teil vom Kuchen haben. »Let them eat cake«, she says / Just like Marie Antoinette« (obwohl die verschwenderische Königin Frankreichs diesen Satz nie gesagt hat). Die Zeit war schließlich überreif. Bereits fünf Jahre zuvor hätte ihr erster Headline-Auftritt am 31. März 1974 im Londoner Rainbow Theatre in ihrem ersten Live-Album resultieren sollen. Doch nur drei Monate später kehrten Queen ins Studio zurück und wollten sich auf ihr neues Album *Sheer Heart Attack* konzentrieren. Der Mitschnitt erschien schließlich, im Verbund mit einer Auswahl der Rainbow-Shows am 19. und 20. November 1974, erst 40 Jahre später. Das am 22. Juni 1979 veröffentlichte und wie die Europa- und Japan-Legs der Jazz-Tour benannte *Live Killers* genoss da schon längst den Status eines kanonischen Klassikers. Ein umwerfendes wie mitreißendes Dokument einer Band, die all ihre Mittel beherzt einzusetzen weiß. Die »Fast Version« von »Rock You« ist ein sich selbst einlösendes Versprechen, mit schwindelerregender Verve verknüpft die Band »Killer Queen« und »Bicycle Race« mit »I'm In Love with My Car«. Die mehrminütigen Klangexperimente von »Get Down, Make Love« teleportieren einen in Welten, in denen keine unserer Gesetzmäßigkeiten geläufig ist, bevor einen »You're My Best Friend« umarmt und auf die Rückreise nach Hause mitnimmt, wo einem dann »Now I'm Here« die Wände wegsprengt. Die Anmoderation eines bestimmten Songs wurde per Zensurgepiepe entschärft: »This is about a real motherfucker of a gentleman, we call him: Death on two legs«. Und wie weit das alles von Queens Softrock der 1980er entfernt, wie schroff das im Vergleich zu ihren fein austarierten Studio-

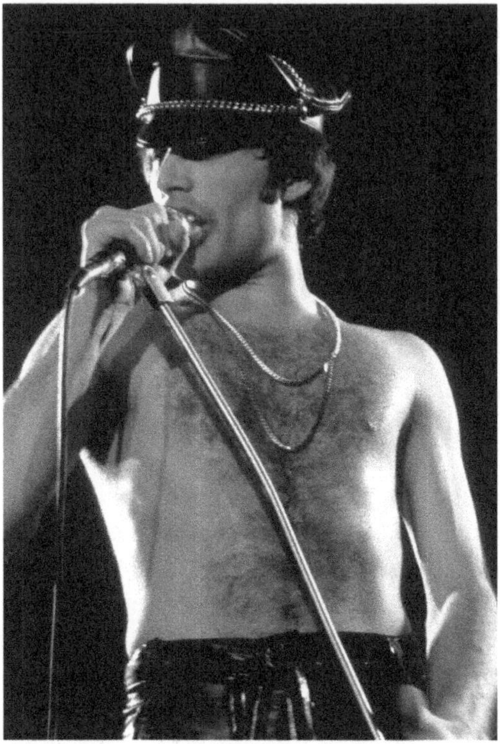

Crazy Little Man Called Mister Fahrenheit: Mercury 1979

arbeiten ist! Die Soundqualität war allerdings der größte Kritikpunkt der Band selbst, die mit dem Mix nicht zufrieden war. Immerhin nur damit. Die Kritik verriss das ganze Album. *Live Killers* – dämlicher Titel? Absolut. Aber er stimmt wenigstens. Wie üblich sahen und hörten das die Fans genauso, und bald konnte sich die Band Goldene Schallplatten aus dem UK und den USA aufhängen. Erstmals arbeiteten Queen hier auch mit David Richards zusammen, der damals noch Toningenieur John Etchells assistierte.

Ende des Jahres, nur etwa vier Jahre nachdem sie erstmals stattlich Geld verdienten, waren Queen reich. 1979 beliefen sich die Jahreseinnahmen jedes Bandmitglieds auf 700 000 Pfund, was ihnen im Folgejahr einen Eintrag im *Guinness-Buch der Rekorde* als bestverdienende Führungskräfte Großbritanniens einbrachte. Taylor hatte sich bereits 1977 einen Ferrari gekauft, dessen Motor dann auf dem Weg nach – wohin sonst als Rockmillionär? – St. Tropez hochging. 1979 durfte er endlich seine 24 Jahre andauernde Residenz auf dem 28 Hektar großen Grundstück nahe der Grafschaft Surrey antreten, etwa sechs Kilometer vom Stadtkern Londons entfernt. Darauf war 1907 das Anwesen Milhangar House errichtet worden; zur Entspannung standen Taylor ein Whirl-, sowie ein beheizbarer Swimmingpool zur Verfügung. Zur körperlichen Ertüchtigung dienten ihm ein Tennisplatz und ein Fitnessstudio. Eine geräumige Garage ließ dem Autonarren Platz für sechs Luxuskarren. Hätte er das Anwesen nicht der Familie Rutter abgekauft, hätte es wohl dennoch irgendwann eine britische Schlagzeuglegende beherbergt: Rutter-Tochter Lindy sollte später Pink-Floyd-Drummer Nick Mason heiraten.

Stadtjunge Mercury erwarb währenddessen in Form des Herrenhauses Garden Lodge, Logan Place 1, ein beträchtliches Stück Ruhe inmitten des hektischen Kensingtons – für eine halbe Million Pfund, natürlich bar bezahlt. Er hatte es der Bankiersfamilie Hoare abgekauft und nannte es scherzhaft »Hoare-House«, ein Homophon zu »Whore House« (dt. ›Bordell‹). Fünf Jahre investierte er in aufwändige Umbau- und Renovierungsarbeiten. Einer der zahlreichen Gründe, weshalb er eine Zwischenunterkunft suchte und diese mit einem Art-déco-Penthouse in Manhattan sowie in München fand, wo er zunächst monatelanges Couchsurfing betrieben hatte. In New York wohnte er allerdings nie auf Dauer – dort wäre er »innerhalb einer Woche gestorben«, wie er sagte.[40] Zwar hatten Queen immer noch so viel Geld übrig, um sich im Oktober die Mountain Studios in Montreux zu kaufen – wozu ihnen auch aus finanziellen Gründen geraten wurde, ließ sich die Anschaffung doch von der Steuer absetzen. Doch die Band langweilte sich am Genfer See. »Um ehrlich zu sein: Ich hasse mein Studio«, sagte Mercury 1984. »Ich mag Montreux, aber nur ein paar Tage lang.«[41]

Aus München dröhnte schon die Bassdrum die Alpen entlang. Die Musicland Studios versorgten seit Jahren die Clubs der Welt mit revolutionärem Disco-Sound. Unter Bakers Fittiche wollte man sich nach dem ungleichmäßigen *Jazz*, von dem Deacon und Taylor sich bald distanzierten, ohnehin nicht mehr begeben. Dazu genoss die Münchner Schwulenszene einen exzellenten Ruf. Am 2. Dezember 1974 hatten Queen vor etwa 150 Menschen im Theater an der Brienner Straße (Abendkasse: 13 DM) ihr erstes Konzert in der bayerischen Landeshauptstadt gegeben. Am 4. Mai 1978 hatten sie sich nach Verleihung einer Goldenen Schallplatte für 250 000 Verkäufe von *News* erstmals ins dortige Nachtleben gestürzt; May verliebte sich direkt in eine Dame aus Moosach, Mercury sich ins Blow Up am Elisabethplatz, Deutschlands erste Großraumdisco. 1967 eröffnet, diente es zehn Jahre später als Vorlage für die wohl bekannteste Disco der Geschichte, das Studio 54 in Manhattan. Die anhaltenden Vorteile einer Steuerflucht taten ihr Übriges. München drängte sich als Übergangsbleibe auf – ein Match *made in heaven*. Noch im Februar 1979 hatten Queen im Rahmen zweier Konzerte in der Rudi-Sedlmayer-Halle einem jungen Thomas Gottschalk ein Interview gegeben, Kernstück der Queen gewidmeten Folge der Sendereihe *Musicbox* des Südfunk Stuttgart. Auf die Frage nach dem neuem Lederlook scherzte Mercury, man habe Zandra Rhodes rausgeworfen, »she was no good«.[42] In Wahrheit kämen jetzt einfach mehr die individuellen Charaktere durch, die auch nach außen hin repräsentiert werden sollen.

Nach Tourabschluss am 6. Mai im japanischen Sapporo flog Mercury samt Entourage – Mercury reiste nie allein – in Champagnerlaune ins hochsommerliche München, bestieg dort beschwipst den Mercedes seines Fahrers Peter und ließ sich zum Hilton Hotel am Tucherpark chauffieren. Dort sollten Queen während der Münchner Aufnahmen in der Regel wohnen; manchmal auch direkt im Arabella-Hochhaus. In der fünfzimmerigen Präsidentensuite angekommen, entschied Mercury sich zunächst für ein Schaumbad. Hince behauptete zwar, er sei es gewesen, der dann im Wohnzimmer gewartet habe; doch laut Mercury[43] war es Prenter, der dort seinem Chef lauschte. Summend und einen Takt stampfend, gab Mercury immer wieder Akkordnamen von sich: D-, C- und G-Dur, eine klassische Abfolge. Immer wieder sollte Mercury – ein ausgezeichneter Pianist – betonen, dass er nur diese drei Akkorde auf dem ansonsten für ihn unbeherrschbaren Instrument draufhatte. Tatsächlich stand ihm eine Gitarre in etwa so schlecht wie sonst nur Mick Jagger. Von Handtüchern notdürftig verhüllt, stürmte Mercury zu Prenter und verlangte nach einer Gitarre, die er wie stets ohne Plektrum spielte. Er hatte eine Eingebung. Mercury musste sofort ins Studio, am besten, bevor Gitarrenbefehlshaber May dort ankam. Mercury schwebte eine simple Rockabilly-Nummer im Stile Elvis Presleys vor. May wäre da zu verkopft herangegangen, tendierte dazu, sich in unwichtigen Details zu verfangen – eine Annahme, die später auch der in den Musicland Studios angestellte Toningenieur Reinhold Mack teilen sollte. Mit ihm kam es hier zur ersten, zukunftsträchtigen Zusammenarbeit. Queen waren vor allem vom mehrschichtigen »Mr. Blue Sky« von ELO angetan gewesen, an dem Mack gearbeitet hatte. Nach einem ersten Telefonat kam man überein, es gemeinsam zu versuchen.

Insgesamt sollten Queen fünf Alben unter der Obhut Macks als Co-Produzent und Toningenieur aufnehmen, dazu Mercurys erstes sowie Taylors zweites Soloalbum. Sprachtalent Mack hatte während längerer USA-Aufenthalte sein Englisch fast auf Niveau eines Muttersprachlers gebracht und war großer Fan britischen Humors, vor allem liebte er John Cleese in der Fernsehserie *Fawlty Towers*. Cleese sollte 1980 einen kurzen Gastauftritt im TV-Konzertfilm *The Queen Special* haben, in dem er die Band

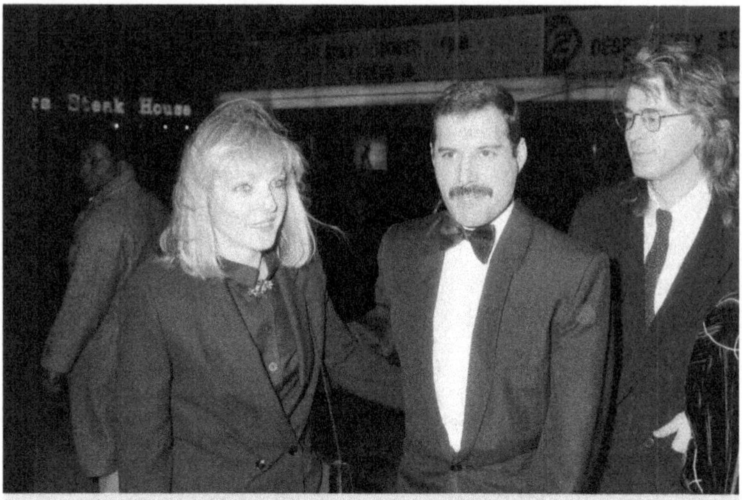

Mercury mit Langzeitpartnerin Mary Austin und Reinhold Mack

im Vergleich zu Beethoven barsch als »Rock-Müll« bezeichnete und ihr Verbot forderte. Mack war auf Effizienz gepolt. Seine »Macksimen« lauteten: Weniger ist mehr, Zeit ist Geld – und: »Take it or leave it.« Der Mann war schließlich beim Militär gewesen. So brachte er die notorischen Trödler Queen auf Spur, setzte auf die Rhythmussektion aus Drums und Bass und entschlackte den überbordenden Sound.

»Crazy Little Thing Called Love« wurde in nur fünf Stunden eingespielt. Es erschien im Oktober und passte perfekt in seine Zeit: Mit *More American Graffiti* war soeben der Nachfolger zu George Lucas' Früh-60s-seligem Coming-of-Age-Blockbuster aus dem Jahr 1973 erschienen, 1978 wurde die Verfilmung des Musical-Zeitsprungs in die 1950er, *Grease*, knapp nach *Superman* – noch so eine Retronummer – zum zweiterfolgreichsten Film des US-Kinojahres. Auch der *Grease*-Soundtrack platzierte sich im US-Jahresranking auf Platz 2 – hinter der Filmmusik zu *Saturday Night Fever* mit ebenfalls John Travolta in der männlichen Titelrolle. Überdies hatte auch der Tod Elvis Presleys am 16. August 1977 zu einem Comeback des ursprünglichen Rock 'n'

Roll geführt. Im Video zum Song posiert Mercury stilecht auf einem Motorrad, Tänzerinnen zerreißen ihm das Shirt, Tänzer schleppen ihn ab. May sah man ausnahmsweise nicht mit seiner »Red Special«-, sondern einer Fender-Telecaster-Gitarre von Taylor, mit der er den Klang von Presleys Langzeitgitarrist James Burton emulieren wollte. Ab 22. November 1979 begaben sich Queen begleitend zur Single bis Jahresende auf die 20 Stationen umfassende *Crazy*-Tour durch vergleichsweise kleinere britische Hallen. Ihre Konzertpause nach der *Jazz*-Tour war davor schon im August von einem Headliner-Auftritt beim Saarbrücken Open Air unterbrochen worden – Taylor musste seine erste Deutschlandshow unter freiem Himmel vor 30 000 Menschen dank einer Überdosis Bleichmittel mit grünlichen Haaren antreten – sehr zur Freude Mercurys. Vor ihnen im Programm stand May-Idol Rory Gallagher, für dessen alte Band Taste wiederum Smile schon Support gespielt hatten.

Während der Tour entwickelte sich die gut aufgenommene Neuvorstellung »Save Me« zum nächsten Single-Kandidaten, und der starke Applaus für »Crazy Little Thing« ermunterte Queen dazu, dessen Ende zu erweitern und so das nur 2:42 Minuten lange Stück auf mehr als 5 Minuten zu strecken. Seine Bühnenpremiere hatte es allerdings noch vor Erscheinen gehabt: Am 7. Oktober war Mercury nach einer Absage Kate Bushs für eine Benefizgala im London Coliseum eingesprungen und trat so zum ersten Mal mit dem Royal Ballet auf, tanzte und mimte Gesang zu Orchester-Arrangements des Songs sowie zu »Rhapsody«, zu dessen Ende ihn vier Tänzer in Form eines um 180 Grad gedrehten Kreuzes vor sich trugen. Mercury merkte allerdings schnell, dass er mit der Disziplin der Profitänzer nicht mithalten konnte. Und doch ist der Abend von historischer Bedeutung: Backstage lernten die unzertrennlichen Mercury und Prenter die Dienste des Garderobiers Peter Freestone kennen und schätzen. Wie sein künftiger Arbeitgeber hatte auch Freestone ein indisches Internat besucht. Mercury engagierte ihn für die *Crazy*-Tour und fand so einen der treuesten Freunde seines Lebens, der

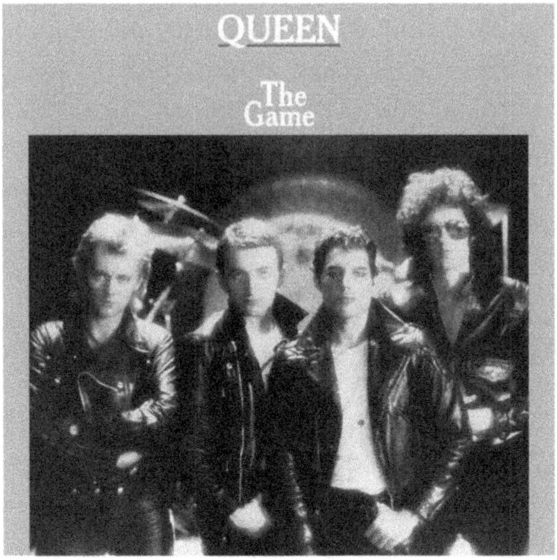

The Game (1980)

sogar bei ihm wohnen sollte. Während seiner zwölf Jahre im Dienste Seiner Majestät hatte Freestone dabei nie einen Vertrag bekommen, abgerechnet wurde auf Freundschaftsbasis. Ende Februar erreichte »Crazy Little Thing« Platz 1 in den USA und blieb dort für vier Wochen. Was Queen mit all ihren Steigerungen und der technischen Raffinesse nie gelungen war, sollte mit einem knackigen Simpelrocker glücken. Doch es würde noch weitaus *crazier* werden. Die ersten Aufnahmesessions für *The Game* im Sommer 1979 hatten vor allem in traditionelleren Songs resultiert: »Save Me«, »Sail Away Sweet Sister«, »Coming Soon« und eben »Crazy Little Thing«.

Doch die zweite Phase von Februar bis Mai 1980 brachte deutlich frischere Klänge zustande. Das Album erschien zum Tourstart in Vancouver am 30. Juni 1980 und war erst mal nicht sonderlich verhaltensauffällig. Mays vorab veröffentlichte, bezaubernde Powerballade »Save Me« schaffte es nicht in die britischen Top Ten, noch nicht mal eines seiner ergreifendsten Soli konnte den Rettungsruf retten. Das Quasi-Titelstück »Play the Game« lief noch schlechter. Der Song kreist um Mercurys damaligen Lover, den DHL-Kurier Tony Bastin. Die Beziehung endete nach einem Seitensprung Bastins. Mercury setzte ihn vor die Tür des mittlerweile gemeinsam bewohnten Apartments an der Stafford Terrace, behielt aber dessen Kater Oscar. Während Mercury in vollen Zügen promiskuitiv lebte, erwartete er von seinen Partnern strikte Loyalität. In den USA wurde die Single als Nachfolger zu »Crazy Little Thing« veröffentlicht, blieb aber vor den Top 40 stehen. Die Phrase wurde übrigens für den Albumnamen aus Sorge verkürzt, er könne als Bekenntnis an die Vorgaben des Markts missverstanden werden, im Sinne von »Queen spielen nach den Regeln«. Was eigentlich eine smarte Präventivmaßnahme gewesen wäre, geriet das Album doch zum bislang Pop-orientiertesten der Band. Da Pop in den 1980ern ohne Synthesizer nicht mehr vorstellbar war, stand stolz in den Liner-Notes »This album includes the first appearance of a Synthesizer (an Oberheim OBX [der übrigens gut im »Flash«-Video zu sehen ist]) on a Queen album«. Dazu wurde das Album mit einer Spielzeit von unter 36 Minuten das kürzeste der Bandgeschichte, abgesehen vom folgenden *Flash Gordon*-Soundtrack, der noch 31 Sekunden knapper ausfällt. Mack wusste: In der Kürze liegt die Würze! Er hatte sich durchgesetzt, die Band vertraute ihm, obwohl sie laut Taylor 40 Songs für das Album angesammelt hatte und so sogar Material für zwei Doppelalben gehabt hätte. Außerdem konfrontierten Queen ihr Publikum per Doppelschlag mit Cover und Video von »Play the Game« mit Mercurys Schnauzbart. »Er hätte nackt die Oxford Street hinuntergehen können und hätte dafür weniger Publicity als für diesen fucking Schnauzer bekommen«, sagte Taylor.[44] Überzeugt hatte Mercury eine Fotografie von Hince. Mercury, selbst Fotografiefan, allerdings im Umgang mit technischen Gerätschaften nur mäßig talentiert, überredete Hince, den neuen Oberlippenbart fotografisch festzuhalten. Ein Spiegel genügte ihm nicht; Mercury wollte sehen, wie seine neue Gesichtsdeko gedruckt wirkte. »Ja, ich mag es!«, sagte er.[45]

Mit der nächsten Single nahmen sich Queen ein aufstrebendes Genre vor und erreichten damit die Massen wie nie zuvor.

Der Titel *The Game* ist blass und aussagelos, »(Queen) Play the Game« wäre gewitzt, doch »(Queen) Change the Game« korrekt gewesen. Wie schon ihre bis dahin erfolgreichste Single »Rhapsody« trug auch ihre allererfolgreichste Single den Arbeitstitel »The Cowboy Song«. Denn Songwriter Deacon hatte nur einen Textfetzen im Kopf, den ein Pistolero mit noch rauchendem Colt und dem obligatorischen Zahnstocher zwischen den Zähnen zischen könnte: Noch einer beißt ins Gras, »Another One Bites the Dust«. Das summte er, der Nichtsänger, über einen Basslauf, den er dreist gestohlen hatte. 1978 war der Funk- und Soulbruder zu Besuch bei den dank »Le Freak« zu Discokönigen gekrönten Nile Rodgers und Bernard Edwards alias Chic in deren Studio. Das dort aufgeschnappte Riff von »Good Times« nahm er einfach mit und baute auf seinem Music Man StingRay eine entschlackte, funktionalere Version davon zum Fundament seines Songs, der Mercury so begeisterte, dass ihm die Gesangsaufnahmen vor lauter Einsatz Rachenbluten verursachten. May und Taylor war er indes zu weit vom Rock 'n' Roll entfernt. Taylor hasste es, wie seine Bassdrum mit Decken ausgestopft wurde, um einen möglichst trockenen Sound zu erzeugen. Dieser wurde dazu geloopt, um noch mechanischer zu klingen. Überdies noch die von Mack eingeworfenen, rückwärts abgespielten Klavier- und Beckensprengsel!

Doch May und Taylor ließen ihrem Bassisten das Experiment durchgehen, schließlich hatten Queen schon abenteuerlichere Albumtracks gehabt. Dann jedoch drängte Michael Jackson die Band während ihrer vier Shows im Forum im kalifornischen Inglewood backstage dazu, den Song als Single zu veröffentlichen. Zuvor hatte das Stück schon Airplay bei Radiosendern gefunden: Der Legende nach spielten einflussreiche Stationen wie die New Yorker WBLS ihn im Glauben, es müsse sich hierbei um eine Schwarze Band handeln. Eine schöne Geschichte, die aber angezweifelt werden darf: Der Song erreichte die Sender bestimmt nicht als unbeschriftetes White Label, als Release aus dem Underground. Queen waren in den USA bei einem Major mit umfassender Promo-Abteilung unter Vertrag, hatten im Frühling einen landesweiten Nummer-1-Hit gehabt, seit Juli befand sich *The Game* mit »Dust« an gut sichtbarer dritter Stelle auf der Tracklist in den Top 20 der Albumcharts, stand ab September für fünf Wochen auf Platz 1. Auch 20 Jahre vor dem Internetzeitalter muss einem Großstadtradiosender bewusst gewesen sein, wer Queen waren und wie sie aussahen. Man benötigt diese Anekdote aber auch nicht, um die These zu stützen, Queen hätten mit dem Song Barrieren überwunden. Das haben sie schließlich auch, wenn man bei der Wahrheit bleibt. Schnell kursierte der Song unter DJs der Black Community, die das Hitpotential des Songs Abend für Abend auf den Tanzböden belegt sahen – und ihn spielten, *obwohl* er von einer (mehrheitlich klassisch) weißen Band stammte. Weil er eben knallt! Nur das zählt *on the floor*. Natürlich schenkte die Killer Queen Mercury dem Thriller King Jackson Glauben, und am 4. Oktober löste »Dust« das ebenfalls auf Chic zurückgehende »Upside Down« von Diana Ross an der Spitze der Charts ab. Queen reihten sich hier einerseits nach Elvis Presley und Led Zeppelin ein, deren Erfolge maßgeblich auf den Verwertungen von Werken Schwarzer R & B-, bzw. Bluesmusiker fußten, andererseits trugen sie so ihren Teil dazu bei, dass sich sogenannte *Black Music* weiter in den Playlisten und Köpfen etablierte, bis Rap und R & B im Jahr 2017 in den USA als dominante Genres sogar Rock und Pop ablösten.

»Dust« sollte mehr als sieben Millionen Einheiten absetzen, zur meistverkauften Single des Jahres in den USA werden und Queen für ein Jahr zu größten Band der Welt machen. Und das Stück hätte sogar noch größeren Erfolg haben können: Regisseur und Hauptdarsteller Sylvester Stallone wollte »Dust« als Erkennungssong für seinen 1982er-Blockbuster *Rocky III* lizenzieren. Doch Queen und die Filmproduzenten wurden sich nicht handelseinig, und so ließ Stallone ein Band mit den ersten drei Minuten des Films, auf denen »Dust« noch zu hören war, an die US-Rockgruppe Survivor mit der Bitte schicken, einen Ersatzsong mit einem starken Beat zu verfassen: Das Ergebnis »Eye of the

Tiger« verbrachte wie »Dust« 15 Wochen in den US-Top-Ten, erreichte ebenfalls Nr. 1. und wurde ein Rock-Klassiker.

Ähnlich wie *News of the World* erinnert man sich an *The Game* vor allem für seine beiden Welthits. Doch es lohnt sich, genauer hinzuhören. Zwar findet sich hier – das wie ein Spiegel reflektierende Artwork, dessen zentrale Fotografie beim »Crazy Little Thing«-Videodreh geschossen wurde, legt das bereits nahe – Licht und Schatten. Doch die helle Seite der Macht überwiegt eindeutig. »Dragon Attack« ist ähnlich riffbasiert wie »Dust« und fungiert auf der Platte wie ein Präludium. Der Text nimmt direkten Bezug auf Queens bevorzugten Münchner Club, das Sugar Shack in der Herzogspitalstraße 6a, ein sich über mehrere Etagen ausdehnender Tanztempel. Der Song preist die renommierte Tonanlage des Ladens (»Take me to the room where the beat's all round / Gonna eat that sound«), über die Queen gerne neue Songs testeten, und weil es sich reimstrukturell anbietet, namedroppt er auch Produzent Mack. Nicht auszudenken, wäre der Mann mit einem zu seiner süddeutschen Herkunft des ostwürttembergischen Heidenheim an der Brenz passenderen Namen wie Gschwendtner, Besenwiesler oder gar Kalbfleisch zur Welt gekommen. Völlig unterschätzt ist »Need Your Loving Tonight« vom stets stoisch dreinblickenden, musikalisch aber eben vielgesichtigen Deacon: euphorischer, kompakter Powerpop von der schlagerartig textlichen Essenz frühesten Rock 'n' Rolls – einfach und direkt, mit einem Gitarrensolo Mays, das sich wie ein zufriedenstellender Sexualakt ständig steigert, sich zweiteilt und schließlich in einer Dopplung wiedervereint zum Höhepunkt kommt. Großartig ist das auch gerne gescholtene »Don't Try Suicide«: Wer sagt denn, dass Songs zu todernsten Themen auch selbst todernst zu sein haben? Vielleicht vermag die angetüdelte Beschwingtheit des Barbershop-artigen Stücks, in Einzelfällen und im richtigen Moment verabreicht, eine effektive Medizin gegen Seelenpein darzustellen? Mays »Sail Away Sweet Sister« beruhigte Oldschool-Fans und hätte sich auch auf jedem anderen Album der Band zuvor finden können. Taylors Stücke

»Rock It (Prime Jive)«, eine seiner erwartungsgemäßen Oden an den »Rock 'n' Roll on a Saturday night« und das einen immerhin mit hübschen Harmonien Richtung »Save Me« ziehende »Coming Soon« sind zu Recht die bei Spotify am wenigsten angeklickten Songs der Platte. Zum letzten Mal sollten May und Taylor ihre Kompositionen übrigens selbst einsingen, Mercury übernahm als alleiniger Leadsänger; einzige Ausnahme: Taylors späte B-Seite »Hijack My Heart«.

Nach den ersten 44 Konzerten der *The Game*-Tour war Zeit für eine Spielunterbrechung. Besser gesagt: wäre gewesen. Zwar standen nach Abschluss der Nordamerika-Gastspiele – während deren nicht nur Schnauzerskeptiker:innen Einwegrasierer auf die Bühne warfen, sondern ein Oberlippenbartkomplize Mercury einen Cockring zu Füßen legte – nach drei Nächten im New Yorker Madison Square Garden noch 37 weitere Shows in Europa, Japan und Südamerika an. Doch Queen hatten eine weitere Pflichterfüllung vor sich: ihren ersten Soundtrack zum erhofften Blockbuster *Flash Gordon*, der Neuverfilmung eines Comicstoffs um den gleichnamigen Sci-Fi-Helden aus den 1930er Jahren.

Bereits im »Play the Game«-Video hatte Mercury Sneak-Prewiew-artig ein Shirt mit »Flash«-Aufdruck getragen; auch auf der »Dust«-Hülle ist er darin – und mit einem beherzten Sprung vom Drumriser – zu sehen. *Star Wars* und *Unheimliche Begegnung der dritten Art* hatten die Renaissance der Weltraum- und Science-Fiction-Abenteuer im Kino eingeläutet. Der geschäftstüchtige italienische Filmproduzent Dino De Laurentiis, der im Laufe seines 91-jährigen Lebens mehr als 500 Filme (co-)produzieren sollte, hatte sich die Rechte an *Flash Gordon* gesichert und Mike Hodges für den Regiestuhl verpflichtet. Bei der Rollenvergabe setzte man auf die seit *Star Wars* bewährte Formel aus frischen Gesichtern und glaubwürdigen Legenden: Kämpften 1977 die Newcomer Mark Hamill und Harrison Ford Seite an Seite mit Alec Guinness und Peter Cushing, traten 1980 die weitgehend unbekannten Sam J. Jones und Melody Anderson gegen Max von Sydow an – und bekamen dabei Unterstützung von Thea-

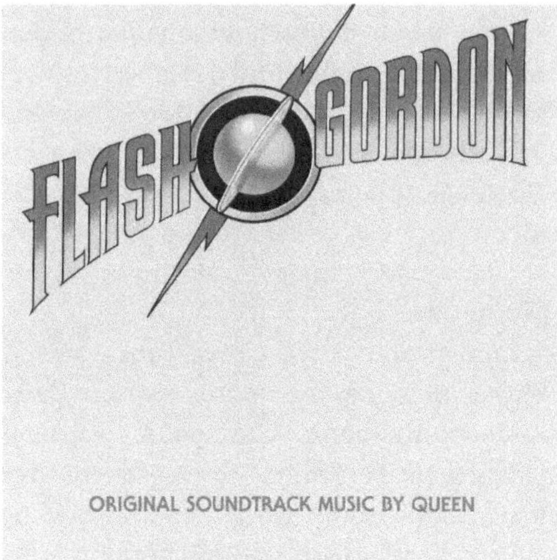

Flash Gordon (1980)

tergröße Brian Blessed. Als Elektra-Vorstand Joe Smith Queen für den Soundtrack vorgeschlagen hatte, zeigte De Laurentiis sich unwissend: »Wer sind diese Königinnen?«[46] Bereits im Sommer 1979 hatten die Bandmitglieder 20 rohe Minuten des späteren Films gesehen und waren vom ironischen Space-Trash überzeugt. Die Vereinbarung lautete: Solange die Musik zu den Szenen passe, würden Queen künstlerische Freiheit genießen. Queen sollten so zur ersten Rockband werden, die einen Soundtrack für einen Film anfertigten, der Rockmusik nicht zum zentralen Thema hat. Von interner Bedeutung war, dass May sich am allermeisten einbrachte. Derjenige, dem es nie genug Rock 'n' Roll sein konnte, der, der immer noch eine Lage draufpackte – so war es nur eine Frage der Zeit, bis sich 1987 sein Weg mit dem Meat Loafs auf dessen »A Time for Heroes« kreuzte – und vor allem der, der nie seine Gitarre aus der Hand ließ. May erarbeitete mehr oder weniger im Alleingang mit Mack und dem Filmkomponisten Howard Blake, der für die Orchesteraufnahmen zuständig war, einen fast Ambient-artigen Score. Der Synthesizer stellt bei annähernd allen der 18 Songs das dominante Instrument dar, Ausnahmen sind die Klammerstücke: Das als »Flash« in remixter Form als Leadsingle ausgekoppelte Eröffnungsstück »Flash's Theme« sowie das finale Gegengewicht dazu, »The Hero« – die beiden Rocker, dazu die einzigen Songs mit Lyrics. Mays Gitarre spielte außerdem »The Wedding March«, eine Interpretation des Brautlieds zu Beginn des dritten Aufzugs von Richard Wagners erstmals 1850 aufgeführter Oper *Lohengrin*. Der Rest ist erstaunlich nahe dran an den unheilkündenden Klanglandschaften, die David Bowie von 1977 bis 1979 mit Brian Eno für seine »Berlin-Trilogie« entworfen hatte. Entstanden war diese zwar zu großen Teilen in den Berliner Hansa Studios, aber auch in den New Yorker Record Plant Studios (bevor diese nach L. A. umzogen) sowie in den Mountain Studios, in denen die beiden Acts bald aufeinandertreffen sollten. *Flash Gordon* wurde dagegen in diversen Londoner Studios erschaffen. Die Arbeiten hatten parallel zu den *The Game*-Sessions begonnen, doch May und Mack nutzten vor allem die sechswöchige Konzertpause ab Oktober, um die selten länger als zweiminütigen Stücke zu vollenden.

Noch Anfang Dezember sollten sie erscheinen. Und zwar als offizielles Queen-Album, was der Gruppe oft vorgehalten wurde, da es sich so mit seinen hitbeladenen Vorgängern messen und daher klar verlieren müsse. Was nicht ganz greift: Was sonst sollte ein von allen Mitgliedern komponierter Tonträger denn sein als ein Queen-Album? Es ist vielmehr erstaunlich, wie gut das hochexperimentelle Werk ankam: Im UK erreichte es Platz 10, in Deutschland Platz 2 und in Österreich führte es sogar die Charts an. Mögen die Gründe hierfür an der Elektronik-Verbundenheit unserer Breitengrade liegen, am »Vorsprung durch Technik«-Sentiment? Fungierte der Soundtrack als Scharnier der Kraftwerk-Vergangenheit und einer von Techno-Schlümpfen beschallten Zukunft? Leichter zu erklären ist der Erfolg des Songs »Flash«. Eine auf einem Ton hämmernde Strophe, die, von wiederkehrenden Blitzen (eben, *Flash*), gefolgt von Donnerhall imitierenden Trommeln, unterbrochen, nicht nur den Weg zu zwei Bridges – und, kleine Sensation: keinem Refrain! – ebnete, sondern auch für Frankie Goes to Hollywoods spätere Jahrzehnthymne »Relax«. Auf der B-Seite des Hits – wie das Album Platz 10 im UK und Nr. 1 in Österreich – befand sich mit dem Riffrocker »Football Fight« ein weiteres songähnliches Exzerpt aus dem Soundtrack.

De Laurentiis, der die parodistischen Elemente des Films nicht erkannte, hasste das bewusst kindische »Flash« zunächst. Erst Hodges konnte ihm grünes Licht abringen. Live wurden nur vier Tracks des Albums gespielt: »Vultan's Theme (Attack of the Hawk Men)«, »Battle Theme« sowie »Flash« – als Opener der *Hot Space*-Setlists auch vom Band, gefolgt von »The Hero«. Der Film selbst war mit Produktionskosten von 22 Millionen US-Dollar, was dem doppelten Budget von *Star Wars* entsprach, und einem Einspielergebnis von 46 Millionen US-Dollar ein akzeptabler Erfolg, der allerdings keine Anreize für eine Fortsetzung bot. Über die Jahre entwickelte er dennoch Kultcharakter. Zum Zeitpunkt seines Erscheinens wurde der Film aber kaum als Parodie goutiert. Insbesondere im Vergleich zu *Flesh Gordon* war er zu zahm geraten, jener Pornoklamotte, die mit ihren Sexstrahlern und Vergewaltigungsrobotern sechs Jahre zuvor als Heimvideo Millionen scheffelte. Dazu war man in Erwartung einer weiteren *Krieg der Sterne*-Materialschlacht vom *campy* Charakter des Films enttäuscht, der jedenfalls gut zu Queens Auftreten passte. Eine Reibungsfläche entstand allerdings zwischen dem hochklassigen Produktionsniveau der Band und den billigen Blue-Screen-Bildern und nahezu albernen Trickeffekten des Films, die weit unter dem Level lagen, das George Lucas drei Jahre zuvor gesetzt hatte. Der große Vorteil von Queens Album: Es arbeitet mit so vielen Dialog- und Zitatfetzen, dass man den Film gar nicht erst sehen muss, um der Handlung zu folgen. Quentin Tarantino sollte den Trick 1994 für den Soundtrack zu seinem *Pulp Fiction* aufgreifen. Als Anspieltipp eignet sich Deacons an die Fünftonmelodie aus *Unheimliche Begegnung* gemahnendes »Arboria (Planet of the Tree Men)« sowie der tückische Trampelpfad durch die karge Waldlandschaft »Execution of Flash« hinüber zu Mercurys nebligem Sumpf »The Kiss (Aurora Resurrects Flash)«, in dem Howard Blake einem die rettende Hand in Form eines massiven Orchesterarrangements reicht und so vor dem Ertrinken bewahrt. Dem Schnitt zum Opfer gefallene Aufnahmen fanden zu Teilen ihren Weg auf Taylors passend zur Sci-Fi-Thematik betiteltes Solodebüt *Fun in Space*. Mays »The Dark« war den Filmemachern zu »dark«. Und so musste es in der Dunkelheit ausharren, bis es 1992 als Aufmacher seines Solodebüts zurück – eben *back to the light* – durfte. Ebenfalls auf ihren zukünftigen Einsatz in Form eines gravitätischen Songs in Queens nächstem Filmprojekt *Highlander* hatte die rhetorische Frage zu warten, die Prinz Vultan in *Flash Gordon* kurz vor einem dramatischen Sinkflug stellt: »Who wants to live forever?« Ein dem Zufall geschuldetes Easter Egg. Amüsant aber ebenso wie der Widerhall der unverkennbaren »Ah-ahs« im Titelstück, auf die Mercury schon die Zeile »There's a thief and a dragonfly trumpeter / He's my hero« in »The Fairy Feller's Master-Stroke« enden ließ.

Während *Flash Gordon* zumindest in den US-Kinos blitzartig zu Boden ging, schrieben Queen einen Kontinent weiter südlich Live-Historie. 16 Jahre nachdem die Beatles 1965 mit ihrem Auftritt im New Yorker Shea Stadium Rock 'n' Roll in die Stadien gebracht hatten, begaben sich Queen als erste Rockband auf Tour durch die Sportarenen Lateinamerikas. Argentinien, Brasilien, Venezuela und Mexiko standen auf dem Reiseplan. Earth, Wind and Fire und Peter Frampton hatten die Region zuvor schon bespielt, das Maracanã-Stadion von Rio de Janeiro diente bereits Sinatra und dem Papst als Präsentationsfläche. Doch jetzt würde die ganz große Rockshow kommen – ein einschneidendes Mega-Ereignis, an das sich jede/r Besucher:in bis ans Lebensende erinnern würde. Argentinien wurde von einer Militärjunta regiert und war von internationaler Kultur isoliert. Neun Monate wurde das Unterfangen mit dem unerfahrenen, aber stark gewillten Promoter Jose Rota geplant, der zwischen Konzertveranstalter und Establishment vermittelte. Die Obrigkeit trug Sorge, die Veranstaltung könne politische Unruhen anstiften; Mercury musste vorab versichern, nicht spontan »Don't Cry For Me Argentina« anzustimmen. Queen selbst wurden vor den De-facto-Präsidenten General Roberto Eduardo Viola geladen – einzig Taylor erschien nicht. Tourmanager Stickells sollte später ein Buch über das Abenteuer schreiben: *Gluttons for Punishment*, benannt nach einem Abschnitt der Tour und mit einem Augenzwinkern in Richtung des Umstands geschrieben, dass die Band mit der Tour kein Geld verdienen würde. Allein die täglichen Fixkosten der Band und ihrer Entourage beliefen sich damals auf 25 000 Pfund. Ein glutton for punishment meint im Englischen jemanden, der freiwillig ein unverhältnismäßiges Maß an Arbeit auf sich nimmt, also eine masochistische Ader hat. Doch es ging der Band darum, ein Zeichen zu setzen. Das Publikum dankte den Aufwand und behandelten Queen wie eine Boyband. In Buenos Aires musste die Gruppe nach der letzten Zugabe von einer 40-köpfigen Polizeieskorte aus dem Stadion geleitet werden, gefolgt von ekstatischen Fans auf Motorrädern, während andere bereits die Hoteleingänge blockierten. Beim Einkaufen wurde Mercury von Fans regelrecht überfallen und musste in Begleitung von Ex-Boyfriend Joe Fanelli im schnell abgeriegelten Laden ausharren, bis die Polizei sie in Sicherheit brachte.

Beim letzten von drei Konzerten im Estadio José Amalfitani im argentinischen Buenos Aires holte Mercury einen Volkshelden *in the making* auf die Bühne: »Ich möchte euch heute Abend gerne einen Freund von uns und euch vorstellen. Ich bin mir sicher, dass ihr ihn alle kennt: Maradona!«[47] Unter tosendem Applaus erwiderte der gerade erst 20 Jahre alt gewordene Fußballgott Diego Maradona: »Ich möchte Freddie und Queen dafür danken, mich so glücklich zu machen«, bevor er den aktuellen Nummer-1-Hit in Argentinien ankündigte als: »Otro Muerde el Polvo«. Tatsächlich war »Dust« dort unter diesem Namen bekannt. In spanischsprachigen Ländern war es üblich, dass Coverbands Stücke von Gruppen wie den Beatles oder Queen übersetzt vortrugen. Backstage hatte man bereits für Fotos posiert: Mercury im Trikot der argentinischen Nationalmannschaft, Maradona im Union-

Jack-Shirt. Nur etwa ein Jahr darauf standen sich beide der hier repräsentierten Länder im Krieg um die Falklandinseln gegenüber.

Nach Argentinien ging es nach Brasilien, wo Queen auf zwei aufeinanderfolgenden Nächten Ende März vor insgesamt über 251 000 Fans in São Paulo spielten. Der dortige Chef des Wachpersonals hatte ihnen im Vorfeld seine Kompetenz versichert, er habe schließlich bereits 206 Menschen umgebracht. Unter diesen Umständen wurden Queen also von der Hallen- zur Stadionband – eine Erfahrung, die ihnen später einen entscheidenden Vorteil gegenüber ihrer *Live Aid*-Kolleg:innen geben würde. Nach Stationen in Venezuela und Mexiko – wo Mercury mit Sombrero auftrat – flogen sie gen Norden, um für ein abschließendes Doppelkonzert in Montreal den Konzertfilm *We Will Rock You* aufzunehmen, der 2004 als *Queen Rock Montreal* wiederveröffentlicht wurde. Infolge der Lateinamerika-Konzerte erreichte die bereits 1979 als Single veröffentlichte *Live Killers*-Version des so innig geliebten »Love of My Life« – als Freud'scher Verschreiber »Love of My Live« betitelt – Platz 1 in Brasilien und Argentinien und verblieb für ein Jahr in den Charts.

Die überragenden Verkaufszahlen von »Dust« hatten die Zweifler innerhalb der Band zum Schweigen gebracht. Nach *Flash Gordon* war die Gruppe dazu von sämtlichen Rockzwängen befreit. Heiße Eisen soll man behämmern, und so kehrte die Band im Juni 1981 in ihre Schweizer Hitschmiede zurück. Dort trafen sie wieder auf David Richards, der sich 1977 in der Schweiz niedergelassen und Arbeit in den Mountain Studios gefunden hatte. An einem angeheiterten Abend entschied der, den benachbarten David Bowie anzurufen und ins Studio einzuladen. Mit Drinks und Koks in der Blutbahn jammte man sich durch alte Hits von Cream, bis Bowie den Vorschlag machte, selbst etwas zu entwerfen. Deacon hatte schon unentwegt einen simplen Basslauf aus der sechsfachen Wiederholung ein- und derselben Note, sowie dem Parallelton auf einer Saite darunter gespielt. Dennoch hatte er ihn nach einer gemeinsamen Pizzapause vergessen; Taylor rief ihn wieder in Erinnerung. Bowie schnippte dazu, und die

Grundlage für Queens und nach »Ashes to Ashes« auch Bowies zweitem Nummer-1-Hit im UK war gelegt: ein Song, der zunächst »Feel Like«, dann »People on Streets« und schließlich »Under Pressure« hieß. Dessen genialste Idee bestand wohl in der Beibehaltung von Mercurys improvisiertem Scat-Gesang. Vor allem für gern maskierte Überperfektionisten wie Queen und Bowie muss es ein weiter Sprung über ihre Schatten gewesen sein, das Gerüst eines Songs derart offenzulegen. Doch so stieß man in ihre betroffenen Herzen vor. Fertiggestellt wurde der Song in den New Yorker Power Plant Studios. Zaungast war der 19-jährige Jon Bon Jovi, der damals noch John Bongiovi hieß und in dem Studio jobbte, das sein Cousin zweiten Grades, Tony Bongiovi, gegründet hatte: »Hinter einer Glasscheibe beobachtete ich Freddie Mercury und David Bowie beim Singen«, erinnerte er sich. »Mit den Musikern sprechen durfte ich nicht, nur Kaffee bringen.«[48] May hatte damals die Reißleine gezogen, dem Projekt den Rücken zugekehrt. 2008 sagte er über die Sessions in einem wie von Bowie besungenen »Look Back in Anger«:

> »Es war hart wegen vier sehr neunmalkluger Jungs und David, der so neunmalklug war wie wir alle zusammen. David übernahm es, dem Song einen Text zu verpassen. Im Rückblick ist es ein großartiges Stück, aber hätte anders abgemischt werden sollen. Freddie und David hatten darüber eine heftige Auseinandersetzung.«[49]

Es sollte nicht die einzige bleiben: Während der gemeinsamen Session nahm Bowie auch Backing Vocals zu Deacons und Mercurys – und ganz bestimmt nicht Mays und Taylors, die mit dem Song nichts zu tun haben – Falsett-Funk »Cool Cat« auf, eine Art Vorläufer von »Pain Is so Close to Pleasure«. Nachdem man ihm den letzten Mix vorgelegt hatte, ließ Bowie seine Spuren entfernen. Doch all der Ärger sollte sich lohnen: »Under Pressure« entwickelte sich zu einem der beständigsten Hits beider Künstler, obwohl im Video keiner der Stars zu sehen war. Diese waren wegen Liveterminen verhindert gewesen. So fertigte Regisseur David Mallet aus Nachrichtensendungen und alten Stummfilmen eine bedrückende Collage an, die unsere Gesellschaften als Schnellkochtopf zeigt. Am selben Tag, an dem Queen »Under Pressure« in die Welt entließen, veröffentlichten sie auch ihren erfolgreichsten Tonträger: Am 26. Oktober 1981 erschien *Greatest Hits.*

17 Songs, nicht nach chronologischen, sondern musikalischen Gesichtspunkten geordnet, um als eigenständiges, kohärentes Album erlebt werden zu können. Dazu, marktwirtschaftlich gedacht an den Vorlieben des jeweiligen Veröffentlichungsterritoriums orientiert, unterschiedlich bestückt – japanische Fans bekamen so »Teo Torriatte«, nordamerikanische sogar vorausschauend »Under Pressure« serviert. Vorgabe für die britische Standardvariante: Berücksichtigt werden nur heimische Top-30-Hits, was die Abwesenheit von Klassikern wie »Keep Yourself Alive« und »Spread Your Wings« und vor allem »Tie Your Mother Down« und »Love of My Life« erklärt. Doch wie man's dreht und wendet: Neben dem *Roten* und dem *Blauen* Album der Beatles gibt es wohl keine bessere Zusammenstellung populärer Musik. Oder, wie es ausnahmsweise korrekt im TV-Werbeclip zur Platte hieß: »probably the most exciting record you've ever heard«. Dieser oder zumindest ähnlicher Meinung sind bis heute mehr als 25 Millionen Käufer:innen weltweit. In Großbritannien findet sich dieses Album in jedem vierten Haushalt in irgendeiner legal erworbenen Form. 2016 wurde es dank 6,3 Millionen abgesetzten Tonträgern zum meistverkauften Album der britischen Geschichte gekürt – mit souveränem Abstand zu den 5,58 Millionen von *ABBA Gold.* Am anderen Ende der Top Ten dieser Liste steht übrigens Queens Sequel von 1991, *Greatest Hits II* mit 3,99 Millionen Verkäufen. Einziger, dazu etwas unerklärlicher Schwachpunkt des Originals: die Entscheidung, das ikonische Foto von Lord Snowdon, seines Zeichens Gatte der Queen-Schwester Prinzessin Margaret, mit einem roten, schattierten Rahmen zu versehen und das Bild darin leicht zu verzerren, was umgehend

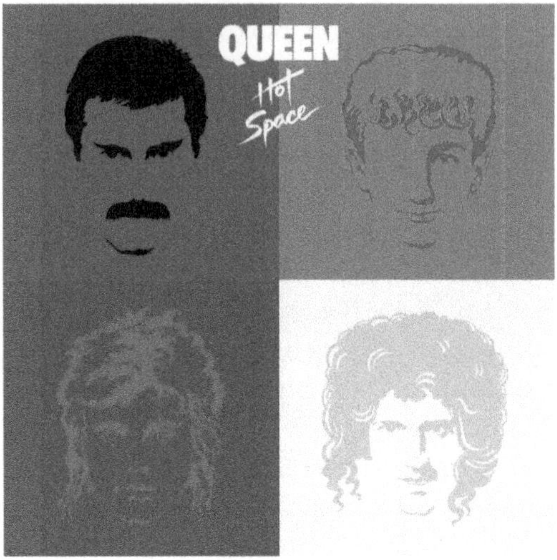

Hot Space (1982)

veraltet aussah. Erst zum 30. Geburtstag erschien das Album mit der reinen Aufnahme. Neun weitere Jahre mussten übrigens vergehen, bis *Greatest Hits* erstmals die Top Ten der USA knackte – aufgrund eines Preissturzes im Vinylsegment der Walmart-Kette. Auch hier wäre Queen fast ein Rekord gelungen – nur eine Platte benötigte noch länger auf ihrem Weg unter die obersten Zehn, immerhin auch von einem majestätischen Absender: Nat King Coles Weihnachtsalbum *The Christmas Song* war 55 Jahre unterwegs. Im parallel zur Compilation erschienen Bildband *Queen's Greatest Pix* prophezeite der Musikjournalist Ray Coleman, Queen seien »bereit, eine Band zu werden, die perfekt zum Videozeitalter passt, das uns gerade umhüllt«[50]. Wie recht er behalten sollte.

Ein Song und ein Album auf den Chartgipfeln suggerierten der Band bei ihrer Rückkehr ins Münchner Studio, dass ab jetzt wirklich alles möglich war. Alles, was diese Band anfasste, würde mindestens zu Gold werden. Vielleicht war ihnen der Ruhm zu Kopf gestiegen, vielleicht hatten sie den Faden verloren, wie das Q-Magazin 2004 in seiner Liste an 15 Beispielen »where great rock acts lost the plot« behauptete – vielleicht ist das unter diesen Umständen entstandene *Hot Space* auch kriminell unterschätzt. All diesen Fragezeichen steht ein Ausrufezeichen gegenüber: Dies ist das mit Abstand kontroverseste Queen-Album!

Für seine Beurteilung sollte man allerdings das große Ganze sehen: Die klassische Rocksause war mit dem Ende der 1970er Jahre erst mal vorbei – bis zur Jahrzehntmitte Glam-Metal den alten Rock 'n' Roll an seinen Haaren aus der Versenkung zog und mit Indie und Alternative Rock neue, mit der Bluesgrundierung ihrer Vorfahren brechende Spielarten entstanden, galt Rock als passé. Der Rauch der Punkexplosion war verweht, Dinosaurier wie Led Zeppelin und The Who waren nach den Toden ihrer unersetzlichen Drummer am Ende oder standen kurz davor, Aerosmith waren zerschlagen, und die Stones hingen immer noch in der Disco fest – noch so ein verblasster Trend, dem sich auch Rod Stewart und sogar Kiss angebiedert hatten. Tonangebend waren nun die Erdkundelehrer-Lookalikes der Dire Straits und die biederen, nicht umsonst so betitelten The Police. Von Rebellion keine Spur. Ideale Bedingungen für Meisterprovokateur Mercury. Der blühte in den Schwulenbars New Yorks und Münchens auf, wo das Album parallel zur Arbeit in den Mountain Studios innerhalb von neun Monaten entstand. Der Forderung des erstarkten »Dust«-Songwriters Deacon nach einem Stilwechsel Richtung Funk folgte Mercury nur zu bereitwillig. »Under Pressure« war zwar ans Ende der Tracklist gepackt worden und gilt daher als Leadsingle, doch eigentlich war »Body Language« der erste Vorgeschmack auf das Album. Queens radikalste Single ist ein einziges Gestöhne um eine Synthesizer-Bassline, Taylor spielt Electro-Drums, May ist annähernd arbeitslos. Durchs Video räkeln sich mit Gleitmittel eingeglitschte und mit Richtungspfeilen bepinselte Nackedeis, Mercury gibt den Macker und nicht viel mehr von sich als »Give me your body«. Erst nach zweieinhalbminütiger Spielzeit haben die anderen Queen-Mitglieder ihren ersten Auftritt. Nur durch die Sogwirkung von »Dust« zu erklären, erscheint es heute unglaublich, dass dieser Song – zumal dem Softporno-Clip die Ehre zukam, als Erstes seiner Art von MTV boykottiert zu werden – sich in den prüden USA bis auf Platz 11 vorkämpfen konnte und dort bis Mercurys Tod den letzten Hit der Band darstellte. May hatte die größten Probleme mit dem Stück, das er zu exklusiv fand: »Wir haben Freunde jeglicher Couleur da draußen. Es ist einfach gut, wenn man Leute mit einbezieht ... und nicht ausgrenzt. Und durch die ganz offensichtlich schwule Hymne [...] habe ich mich persönlich ausgegrenzt gefühlt.«[51] Taylor wurde auf der Platte vom Drumcomputer Linn LM-1 marginalisiert, auf dem Stück »Cool Cat« ist sein Schlagzeug gar nicht zu hören. Selbst Disco-Deacon war unzufrieden, er fühlte sich durch Mercurys omnipräsentem Keyboard-Bass auf vielen der Songs des Albums schlicht überflüssig. Sehr präsent ist der auch auf dem Opener »Staying Power«, ein Wortspiel mit der Durchhaltekraft der Band und männlicher Potenz, wo ihn allerdings die hochschwurbelnden Bläser verdrängen. Arrangiert wurden diese von Bee-Gees-Produzent Arif Mardin.

Nachdem sich auch die anderen Queens am Tanz-Auftrag abgearbeitet hatten – May mit »Dancer«, Deacon mit »Back Chat« und Taylor mit »Action this Day« –, kippt das Album auf seiner zweiten Seite in bewährtes Rock-Terrain. Und das ist seine größte Schwachstelle. Discokugeln gehören nicht gespalten. Man mag von den funky Experimenten der Band halten, was man will, aber immerhin regiert sie der Mut. Das kann man vom Rest nicht behaupten: Das namentlich gewiss von Moroders 1981er-Bowie-Produktion »Cat People (Putting out Fire)« entliehene »Put out the Fire« ist Standardrock, immerhin ein ›Schuss‹ gegen Organisationen wie die NRA, die National Rifle Association of America. Die erste Strophe ist dazu aus der Sicht des Lennon-Mörders Mark Chapman geschrieben. Gleich im Anschluss folgt mit »Life Is Real« ein etwas unbeholfenes Lennon-by-Numbers-Tribute. »Calling All Girls«, für dessen Video Queen sich an George Lucas *THX 1138* bedienen, und »Las Palabras de Amor« (Mays Ode an die neugewonnenen südamerikanischen Fans sowie nach »Teo Torriatte« und »Mustapha« Abschluss einer Trilogie an Songs mit nichtenglischsprachigen Strophen oder Refrains) fehlt jegliche Kraft. Vielleicht um einen Bruch mit dem schrillen Unten-ohne-Party-Konzept *Hot Space* zu signalisieren, mimte Mercury letztgenannten Song für *Top of the Pops* sehr seriös in Anzug und Fliege.

Wie schon auf *The Game* arbeiteten Queen auf *Hot Space* ihre deutsche Umgebung ein: Im Break von »Dancer« ertönt der automatisierte Reminder-Anruf einer Mitarbeiterin des Hilton Park Hotels »Guten Morgen! Sie wünschten, geweckt zu werden.« Im Wortgefecht am Ende des Stücks hört man auch ein »Danke« heraus. Sprachlich assimiliert waren Queen in ihren Münchner Jahren hingegen nicht: 1985 sagte Mercury, er kenne nur lokale Kraftausdrücke wie »Bläda Hund und Bläda Aff und Leck mi am Arsch!«[52] Der titelgebende heiße Platz ist übrigens der, der sich ergibt, wenn man nicht alle Aufnahmebänder vollkleistert. Die hörbare Pause zwischen Noten, der Blick durchs Schlüsselloch, die sexy Zahnlücke. Sie geht ausgerechnet auf einen Textbestandteil von Kleistermeister Mays »Dancer« zurück.

Doch heiß waren nicht nur die musikalische Peepshow und Videos an der Grenze zur Jugendgefährdung, heiß war auch das Cover. Nach vier illustrierten Artworks seit *Opera* war es nach der Fotografie von *The Game* wieder Zeit für Design – dem sollte die schlichte Bandfotografie auf *The Works* folgen, als Reaktion darauf die Comics auf *A Kind of Magic* – Reziprozität, Baby! Alles an Queen steht immer im Kontext zueinander. *Hot Space* wollte Mercury jedenfalls so nackt und klar halten wie die Musik: Die Band als Konterfeis, aufs Wesentliche reduziert – in diesem Fall mit Fokus auf die deutlich voneinander unterscheidbaren Frisuren – hinterlegt mit den vier knalligen Grundfarben. Da Mercury zuerst kommen musste und unser lesendes Auge daran gewöhnt ist, links oben anzufangen, benötigte er die knalligste Signalfarbe: Rot – trotz seiner Lieblingsfarbe Gelb. So prägen diese beiden Farben auch die eigens gezüchtete Freddie-Mercury-Rose. Gleich daneben als wichtigster Ideengeber der Platte: Deacon. May und Taylor stehen bezeichnend in zweiter Reihe. Dabei spiegelt das

Artwork auch das von *Let It Be* der Beatles wider – Freddie und John Lennon als Chefs zu Beginn (obwohl das Album maßgeblich McCartneys Werk ist), der Bassist daneben, Taylor an Ringo Starrs, May an George Harrisons Stelle. Julian Opies Cover zu Blurs *The Best of* von 2000 wird gerne in dieselbe Reihe gestellt, obwohl hier nur der Bassist Alex James in der positionellen Tradition seiner Vorgänger bleibt. Auch *Pop* von U2 stand 1997 in visueller wie klanglicher Verbindung. Außerdem evozierte *Hot Space* Assoziationen zum elektronischen Gesellschaftsspiel *Senso*, dessen vierfarbige Felder kurz hintereinander aufleuchteten und dabei eine Melodie spielten, die man im Anschluss wiederzugeben hatte. Neben dem Zauberwürfel avancierte *Senso* zum kennzeichnenden Geschicklichkeitsspiel der 1980er. Dass Queen davon Notiz genommen hatten, legt schon die Location seiner Premiere nah: Im zu *Hot Space* passenden Studio 54 wurde die Frisbee-förmige Gerätschaft der Welt vorgestellt.

Hot Space stach heraus – Tapeten mit dem Cover zierten die Plattenläden – und tat damit, einer (Mercury-)Rose gleich, auch weh: den Fans und der Band. Im UK und in Deutschland floppten sämtliche regulären Singles, das Album erreichte im Heimatland der Band gerade mal Platz 4 und verschwand nach nur drei Wochen aus den Top Ten. Queen waren in eine Bredouille geraten. Noch im April 1982, im Monat der Plattenveröffentlichung, hatten sie ihren Vertrag mit EMI um sechs weitere Alben verlängert. Der Druck war groß. Für die *Hot Space*-Tour engagierten sie zwar erstmals Keyboarder: Den wenig an Aftershows interessierten, dauernüchternen Mott-the-Hoople-Pianisten Morgan Fisher ließen sie nach den Europa-Dates gehen, für Nordamerika und Japan kam Fred Mandel, der unter anderem für Pink Floyds *The Wall* die Keyboards aufgenommen hatte. Dennoch spielte die Band reumütig mit Gitarren aufgerockte Versionen der Dance-Stücke. Zumindest bei »Staying Power« konnte May hier in puncto Arrangement auf eine gitarrenlastigere Demo zurückgreifen. Erschwerend kam die lange Produktionszeit der Platte hinzu, was in einer Tour mündete, die Wochen vor Albumveröffentlichung begann. Dem Publikum wurde also über weite Strecken unbekannte Kost geboten. Erst am Tag des 25. Konzerts – der ersten von zwei Shows in der Münchner Olympiahalle – erschien das Werk. Doch dessen Ruf hatte sich herumgesprochen: Bereits Ende April wurde Mercury nach Ankündigung von »Staying Power« in der Frankfurter Festhalle ausgebuht. »Wenn ihr das nicht hören wollt, dann geht verdammt noch mal nach Hause«, reagierte er.[53] Anfang Juni rechtfertigte Mercury sich sogar auf der Bühne beim für einen Konzertfilm mitgeschnittenen – und 2004 als *Queen On Fire – Live at the Bowl* veröffentlichten – Abschluss der Europatour in der Milton Keynes Bowl in Buckinghamshire: »Die meisten von euch wissen, dass wir letzte Woche neue Songs herausgebracht haben. Wozu es auch gut sein mag, spielen wir ein paar der Stücke aus der Black/Funk-Kategorie, wie immer man sie auch nennen will. Das bedeutet allerdings nicht, dass wir unser Rock-'n'-Roll-Gespür verloren haben, okay?«, spricht er in seinem Unterhemd mit den Ära-prägenden »Body Language«-Pfeilen. »Ich meine, es ist doch nur ein verdammtes Album. Manche Leute regen sich so auf wegen so was. Ich meine, wir wollen halt einfach ein paar Sounds ausprobieren.«[54] Was Mercurys Gereiztheit noch unterstützte, war eine Bissverletzung, die ihm in der Nacht zuvor sein damaliger Freund Bill Reid an der Hand verursacht hatte.

Danach ging es nach Nordamerika, wo der tonangebende *Rolling Stone* ihr aktuelles Album als »wenig kompetent«[55] bezeichnet hatte, und die Band sich sogar zu einer Autogrammstunde im Brooklyner Plattenladen Crazy Eddie herablassen musste. So schnell und steil war der Stern Queens in den USA gefallen, dass nur etwas mehr als zwei Jahre nach Jacksons Tipp mit der »Dust«-Veröffentlichung, Mercury am selben Ort, dem kalifornischen Forum, am 15. September 1982 zum letzten Mal auf einer nordamerikanischen Konzertbühne stehen sollte. Sein allerletzter Auftritt in den USA folgte zehn Tage später im Rahmen des einzigen Gastspiels bei der Varietéshow *Saturday Night Live*, wo Queen, anmoderiert von einem popelnden Chevy

Chase, »Under Pressure« und »Crazy Little Thing« spielten. Mercury war dabei in gesanglicher Hochform, obwohl er noch am Abend zuvor bei einem lautstarken Streit mit seinem Freund die Stimme verloren hatte.

Zur Ehrenrettung von *Hot Space* lässt sich festhalten, dass das Album ungeachtet seiner musikalischen Qualitäten schlicht zur falschen Zeit am falschen Ort war – zu spät für Disco, aber eben auch zu früh für den mächtigen Pop/Black-Merger, den Michael Jackson ein halbes Jahr danach mit *Thriller* vorlegen sollte – das nach Jacksons Aussage maßgeblich von *Hot Space* beeinflusst war.[56] Das meistverkaufte Album der Geschichte, inspiriert von einem ihrer verhasstesten Flops! Heiße Semmeln gehen weg, heißer Platz verbrennt im Regal.

Das erste ruhmlose Queen-Jahr seit einer Dekade endete am 3. November im japanischen Tokorozawa. Die Band hatte genug voneinander und ging getrennte Wege. Mercurys wurde vom wachsamen Auge Walter Yetnikoffs, Geschäftsführer der Plattenfirma CBS, begleitet. Der hatte mit Michael Jackson auf dem CBS-Tochterlabel Epic gesehen, wie gut es aufgehen kann, den Leadsänger einer Band zu isolieren. Zusammen mit Queen-Manager Jim Beach arbeitete er einen hochdotierten Vertrag aus: Mercurys Soloalbum sollte in den USA über Columbia, im UK und in Europa bei CBS erscheinen. Die Verkaufszahlen von *Thriller* brachten Mercury einen unerhörten Vorschuss ein, weit mehr als Queen je für ein Studioalbum bekommen hatten. Mit dem Deal wurde er zum neuen »Sechs-Millionen-Dollar-Mann«. Nur zu hilfreich war es, dass Jackson und Mercury einander ohnehin sehr zugetan waren. Nach anfänglicher Soloarbeit mit Mack in München setzte sich Mercury immer wieder nach New York ab, von wo er den Kontakt zu Jackson wiederaufnahm und den frischgekrönten King of Pop im Mai 1983 in einem prunkvollen Landhaus an der Hayvenhurst Avenue im kalifornischen Encino besuchte. Während einer sechsstündigen Session arbeiteten die beiden an den Songs »Victory«, »There Must Be More to Life Than This« und »State of Shock«. Letzterer erschien dann im Juni 1984 allerdings als letzter großer Hit der Jacksons mit Stargast Mick Jagger. Es gibt verschiedene Vermutungen, weshalb Jackson sich für den Stones-Boss als Duettpartner entschieden hatte: Mercury gab an, seine Verpflichtungen mit Queen hätten ihn trotz Jacksons Drängen daran gehindert, den Song zu vollenden.[57] Beach behauptete, Mercury sei entsetzt gewesen, dass Jackson ein Lama zu den Aufnahmen mitgenommen hatte. Von anderen Quellen heißt es, dass Jackson von Mercurys offenem Kokainkonsum mit großtuerischen Hundert-Dollar-Noten angewidert war. Freestone sah den Ursprung allen Übels dagegen in Jacksons heimischem Tierpark, Mercury habe sich dort seine weißen Boxerstiefel verdreckt – was nicht mehr als eine Anekdote sein dürfte, um die Mär von der Diva Mercury aufrechtzuerhalten; Mercury war Geschäftsmann und hätte sich wegen ein paar Schmutzflecken gewiss kein potentielles Vermögen durch die Lappen gehen lassen. Schließlich verriet sich Mercury auch selbst, indem er behauptete, einer der gemeinsam entstandenen Songs hätte auf *Thriller* erscheinen können[58] – das zum Zeitpunkt der Sessions bereits auf Platz 1 der US-Charts stand. Als er erfuhr, dass das 1984er-Album der Jacksons *Victory* heißen solle, sagte er, er wäre »angepisst«, sollte er darauf den gleichnamigen Song finden. Mick Jaggers Beitrag war wohl schlicht kommerziell attraktiver für den US-Markt; in den USA stellte dieser die größere Nummer dar. Letzten Endes sollte sowohl ihm als auch Mercury der Soloerfolg verwehrt bleiben. Und allerletzten Endes sollte sich Jackson selbst als der größte Verlierer herausstellen. Mit seinem Erlöser-Gestus verlor er zunächst die Bodenhaftung und nach Vorwürfen des Kindesmissbrauchs: alles.

Queen fanden damals parallel zueinander statt: May stand in L. A. im Record Plant Studio für die improvisierten Jams »Let Me out«, »Blues Breaker« und eine Hardrock-Neubearbeitung der Lieblingsfernsehserie seines Sohns James, *Star Fleet* – zusammen mit Fred Mandel, dem REO-Speedwagon-Drummer Alan Gratzer, Session-Bassist Phil Chen, vor allem aber mit Van-

Halen-Gitarrist Eddie Van Halen, der wiederum gerade noch das Solo für Jacksons »Beat It« eingespielt hatte. Allein aufgrund der rohen Natur der spontanen Session zog May zwar keine Veröffentlichung in Erwägung, ließ sich nach einer Abmischung Macks aber zu einer EP überreden. In deren Innenhülle stehen Mays »Red Special« und Van Halens »Frankenstrat«, die beiden ikonischsten Gitarren Marke Eigenbau, stolz nebeneinander. Auf dem Titeltrack ist Taylors Hintergrundgesang zu hören. Der nutzte die Auszeit von Queen für sein zweites Soloalbum *Strange Frontier*, das im Juni 1984 erscheinen sollte. Deacon wurde zum dritten Mal Vater.

Someone Still Loves You (1983–1990)

Nach den durchwachsenen Erfahrungen mit *Flash Gordon* war es ausgerechnet wieder ein Film, der die Band im Sommer 1983 zusammenführte. Regisseur Tony Richardson bat die Band um musikalische Beiträge für seine Verfilmung von John Irvings Roman *Das Hotel New Hampshire* mit Jodie Foster und Beau Bridges in den Hauptrollen. Die Band sagte überraschend zu, sogar Mercury las das Buch und komponierte aus der dort wiederkehrenden Phrase den gleichnamigen ersten Song für das Projekt »Keep Passing the Open Windows«. Der Aufnahmeknopf war gedrückt, die Maschine Queen wieder angelaufen. Schnell war man sich einig, parallel zu den Filmarbeiten mit einem neuen regulären Album zu beginnen. Da Mercury und May sowieso in L. A. weilten, holten sie die anderen beiden sowie Reinhold Mack hinzu. Mercury mietete für die Zeit Liz Taylors ehemaliges Zuhause an der Stone Canyon Road an, eine pinkfarbene Villa in Bel Air. Von dort aus ließ er sich in die Record Plant Studios chauffieren. Doch das zweigleisige Arbeiten fand bald ein jähes Ende: Richardson gab budgetäre Gründe an, um Queen zu entlassen, entschied sich für einen Score aus klassischer Musik. Immerhin sollte die Band so aber nicht in Zusammenhang mit ei-

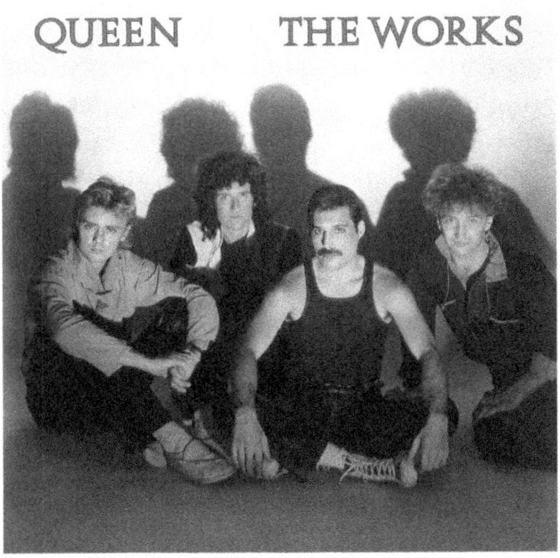

The Works (1984)

nem weiteren Filmflop stehen, und die erlernte Vorgehensweise würde ihnen zwei Jahre später bei ihrem *Highlander*-Hybriden von Nutzen sein. Außerdem bekamen sie ihren Song wieder, der Anfang von *The Works* war gemacht. Der Albumtitel fußte in einer Direktive Taylors, der die verprellten Fans zurückgewinnen wollte, zurück: »Let's give them the works!«

Der Name passte auch perfekt zur weltprägenden Wirtschaftspolitik der USA damals, den Reaganomics. Der Begriff war omnipräsent: »She Works Hard for the Money«, sang Donna Summer 1983 mit großem Erfolg, Men at Work hatten zwei Jahre davor einen Welt-Hit, 1987 sollte dann Mick Jagger fordern: »Let's Work«. Im selben Jahr fing Gordon Gekko (Michael Douglas) in Oliver Stones Blockbuster *Wallstreet* den turbokapitalistischen Spirit des Jahrzehnts mit einer Sentenz ein: »Gier ist gut«. Zu Deutsch heißt *The Works* so viel wie ›alles Mögliche‹. Und genau daraus bestand das Album: Anders als der Vorgänger, zumindest zur Hälfte ein Konzeptwerk, sollte hier die Natur der Songs die Tracklist vorgeben – und die hätte nicht diverser sein können, obwohl sie eins eint: Berechnung im Sinne von

Fan-Service. Allein das Titelbild der damals bereits 79-jährigen Fotografenikone George Hurrell hätte mit seinem Schattenspiel eine aktualisierte Version des *Queen II*-Covers, dessen Vorlage wiederum Hurrell selbst geschossen hatte, darstellen sollen – was niemandem aufgefallen war. Es sah so aus, wie sein Inhalt klang: aufgeräumt, poliert, gefahrlos. Die größte Überraschung der Platte ist Vorhersehbarkeit. May bot mit »Tear It Up« und dem als letzte Single veröffentlichten »Hammer to Fall« leicht konsumierbare (aber schwer verdauliche) Big-Mac-Varianten seiner drahtigen 70s-Riffs an, wanzte sich damit etwas an die Hair-Metal-Figuren auf MTV heran und hatte auch textlich abgesehen von etwas Atomkraftkritik nicht viel mitzuteilen außer: »Give me your mind, baby give me your body / Give me some time, baby let's have a party«. Im »Hammer«-Video trug Taylor wie im selben Jahr George Michael im Clip zu »Wake Me Up Before You Go-Go« ein T-Shirt der Aktionskünstlerin Katherine Hamnett mit dem Slogan »Choose Life« – der in den 1990ern ein *Trainspotting*-Revival erfahren würde. Mercury hatte mit dem Drei-Akkord-Rockabilly »Man on the Prowl« zwar lediglich ein aufgewärmtes »Crazy Little Thing« am Start, dafür aber auch »It's a Hard Life«, einen seiner bewegendsten und authentischsten Songs: »It's a long hard fight / To learn to care for each other / To trust in one another right from the start«. Das Stück ging allerdings im exzentrischen, 120 000 britische Pfunde verschlingenden Video unter. Passend zur Arie *Vesti la gubbia* (dt. ›Zieh das Kostüm an‹) aus Ruggero Leoncavallos Oper *Pagliacci* (1892), auf der das Intro des Songs basiert, wurde im Juni in den Münchner Arri Studios ein Maskenball wie am Hofe Ludwigs XIV. gedreht.

Queen waren vor allem zum Mix des Albums in die bayerische Hauptstadt zurückgekehrt, und offenbar war Mercury nicht nur wieder in zahlreiche Drinks im Sugar Shack, sondern auch tief in die lokale Folklore getaucht. Wie sonst ließe es sich erklären, dass er sich in seinem knallroten Kostüm als Wolpertinger aus einem der Hölle entkommenen Pferd, einem Pfau, der schon

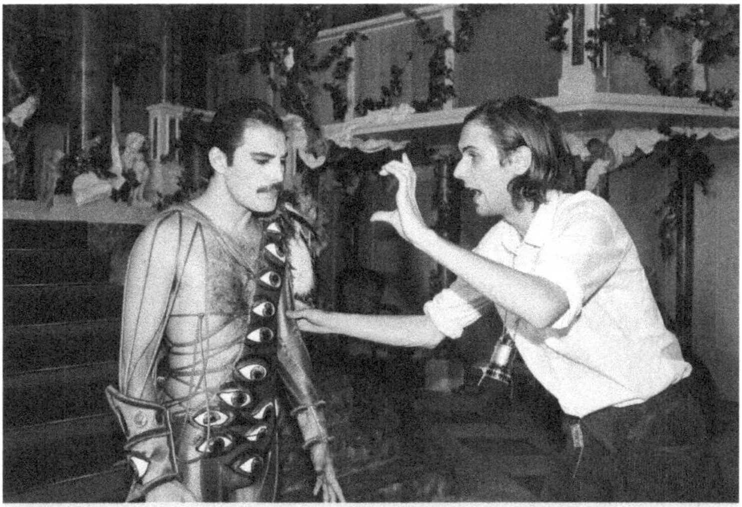

»It's A Hard Life«:
mit Regisseur Tim Pope beim Videodreh in München

für die französische Entertainerin Mistinguett Federn gelassen hatte, und einer vieläugigen »Mittelmeergarnele«[59] (Taylor) gab. Seine voluminöse Vokuhila-Perücke sollte er mit auf Tour nehmen und beim finalen »Rock You« / »Champions« präsentieren. May versuchte gar nicht erst, seiner für mehr als 1000 Pfund angefertigten Totenkopfgitarre sein Solo zu entlocken. Man kann nur vermuten, was Taylor kurz nach deren Präsentation Deacon im Video zuflüstert. Er hasste den Clip, der letztlich Mercurys Leben darstellte: wohlhabender Mittelpunkt einer Jetset-Existenz in Saus und Braus, aber stets auf der erfolglosen Suche nach einer festen Partnerschaft. In L. A. hatte sich sein Freund Vince, genannt »der Barman«, Gioielli von ihm getrennt, nachdem er ihn nicht auf Tour begleiten wollte. In München befand Mercury sich dann in einem »Bizarre Love Triangle«, wohnte ab 1981 abwechselnd bei seinem neuen Partner Winnie Kirchberger, nacheinander in zwei Wohnungen über dessen Restaurant Sebastianseck, am Sebastianplatz 4, sowie in der Stollbergstraße 11 bei der sechs Jahre älteren Fassbinder-Muse und Party-Partnerin Barbara Valentin. Bald darauf mietete er direkt gegenüber von Valentin für sich und seine Entourage die Apartments 251 und 252 im Aparthotel Stollberg Plaza in der Stollbergstraße 2 an. Valentin half oft dabei, Kirchbergers Bayerisch ins Englische zu übersetzen. Frustriert verließ Mercury 1984 eine Münchner Kinovorstellung von *Die unendliche Geschichte* nach zehn Minuten, weil er nicht mit Valentin und Kirchberger mitlachen konnte. Valentin bezeichnete Mercury später als »die größte Liebe meines Lebens [...]. 20 Frauen müssten 100 Jahre alt werden, um das zu erleben, was ich mit ihm erlebt habe.«[60] Im Video fährt die Kamera nach den Zeilen: »Now I'm waiting for something to fall from the skies / I'm waiting for love« nach oben und zeigt die von einer Empore mit einer Robe auf Mercury herabwedelnde Valentin. Alle Bandmitglieder außer ihm waren damals Familienväter, was Mercury sehr zu schaffen machte. Als Ersatzfamilie suchte er sich einen Platz bei den Macks – Mercury und Deacon wurden Patenonkel des dritten Sohns ihres Produzenten, John Frederick.

Doch Mercurys Selbstmitleidsschnulze war erst die dritte Single aus dem Album. An erster Stelle stand Taylors »Radio Ga Ga«. Mit den programmierten Patterns aus der Drum-Machine sowie von Mandel mit einem knackig arpeggierten Synthie-Basslauf und von Taylor mit roboterhaften Vocoderhooks versehen, bekannten sich Queen zur Ästhetik der mittleren 1980er in Audio und Video – nicht ohne diese dabei auch mit etwas »Früher war alles besser«-Gesinnung zu kritisieren. Mays und Taylors erste Co-Produktion, »Machines (Or ›Back to Humans‹)«, ist auf dem Album eine radikalere Fortsetzung des Stücks. »When the machines take over«, heißt es darin, »it ain't no place for Rock 'n' Roll«. Ein gutes Jahrzehnt vor den Block rockin' Beats des Drum 'n' Bass muteten diese Welten wohl tatsächlich noch unvereinbar an. Allerdings scheint wiederum ein Vierteljahrhundert später Queens Besorgnis gegenüber *Terminator*-artigen KIs gar nicht früh genug formuliert worden zu sein. »Radio Ga Ga« rechnete mit dem MTV-Zeitalter ab, das – so der gängige Vorwurf – Musik zu »some background noise« verkommen ließ. Mit den Pionieren der Kunstform Musikvideo als Absender, dazu transportiert vermittels eines aufwändigen Clips, wirkte das unfreiwillig ironisch. Queen düsen im Clip durch die Stadtwelten aus Fritz Langs 1927er-Stummfilmklassiker *Metropolis* – eigentlich saßen sie aber gutgelaunt in einem Gefährt in den Shepperton Studios von Surrey; Mercury hielt im Fußraum des Gleiters eine Wodkaflasche versteckt. Regisseur David Mallet durfte die Bilder als Teil einer Vereinbarung benutzen: Starproduzent Giorgio Moroder hatte sich für 200 000 US-Dollar die Rechte an *Metropolis* gesichert – und damit Bowie überboten, mit dem er noch 1981 »Cat People (Putting out Fire)« aufgenommen hatte – und arbeitete an einer gestutzten, von Popmusik unterlegten Restauration des Films. Für dessen Soundtrack hatte er Mercury um einen Song gebeten – dessen Solodebüt, das angeblich nur mit Mack und Moroder entstandene »Love Kills«. In seiner Urfassung sogar ein unter Beteiligung Taylors und Mays eingespielter Song, erreichte er die britischen Top Ten. Er war gleichzeitig mit »Hammer to Fall« veröffentlicht worden, was in einer Chartwoche dafür sorgte, dass beide Songs direkt nacheinander kamen: Mercury auf der 12, Queen eins drunter. Im Gegenzug zu Mercurys Soundtrack-Beteiligung durften Queen das Filmmaterial verwenden.

Noch wichtiger für den Erfolg von »Radio Ga Ga« waren aber die Szenen, in denen Queen den ikonischen Klatschrhythmus des Songs 150 in silberweiße Overalls gehüllten Fanclubmitgliedern beibrachten – was zu haltlosen Vorwürfen einer angeblichen Variation des Hitlergrußes führte. Die Idee zur Geste war Mallet gekommen. Er wollte das digital kopierte Klatschen im Refrain vermenschlichen. »Radio Ga Ga« wurde zum bitter benötigten Hit – Platz 2 im UK sowie in Deutschland. Nach Jahrzehnten im Formatradio fand er 2017 über seinen Einsatz in einer Mitgrölszene in *Trainspotting 2* auch Platz auf dem zugehörigen Soundtrack. In den USA endete der Siegeszug des ersten Releases auf Queens neuem US-Label Capitol, wohin die Band nach dem *Hot Space*-Desaster unter der Zahlung einer Ablösesumme von einer Million US-Dollar gewechselt war, jäh auf Platz 16. Während der Song die Charts emporkletterte, flog per Regierungsbericht ein Schmiergeldskandal auf. Musikpromoter, sogenannte Plugger, hatten Radio-Programmleiter bestochen, Capitol-Artists auf die Playlists zu nehmen. Es kam zu Massenentlassungen, wovon auch die für Queen zuständigen Promoter betroffen waren. Ohne weitere Bewerbung soff der Song ab. Radiosender hatten ohnehin kein übertriebenes Interesse mehr an der Band, nachdem Mercurys Assistent Paul Prenter während der US-Tour 1982 Interviewanfragen mit der gelogenen Begründung abgeblockt hatte, Mercury hätte keine Lust. Den letzten Nagel trieb dann das Video zu Deacons »I Want to Break Free« in den Bandsarg: Auf Empfehlung von Taylors Freundin verkleidete sich die Band in einer Parodie auf die Seifenoper *Coronation Street* als Frauen.

Der Humor des europaweiten Smash-Hits übertrug sich nicht in die USA; dort hatte man anscheinend vergessen, dass sich die Rolling Stones schon 1966 für das Cover von »Have You Seen Your Mother, Baby, Standing in the Shadow?« in Armeekrankenschwestern-Schale geworfen hatten. MTV liebte zwar Boy George, verstieß aber Queen. In manchen US-Staaten wurde das Video gar indiziert. Immerhin ließ der Sender aber nachfragen, ob die Band sich ein Livevideo als Alternative vorstellen könne. Doch sie konnte nicht. Ausgerechnet das Album, das Queen als einziges zumindest teilweise in den USA aufgenommen hatten, besiegelte ihren dortigen Untergang. Überall sonst befanden sie sich allerdings im Aufwind, was es ihnen erleichterte, einer angedachten US-Tour eine Absage zu erteilen. Das auf einem simplen Stotterrhythmus tänzelnde und mit einem Keyboardsolo von Mandel verzierte »Break Free« erreichte mühelos höchste Chartplätze in Europa, in Südamerika avancierte es sogar zur Hymne gegen staatliche Repression. Weil sie mit den zwei Auftritten vor je bis zu 131 000 Menschen in São Paulo im

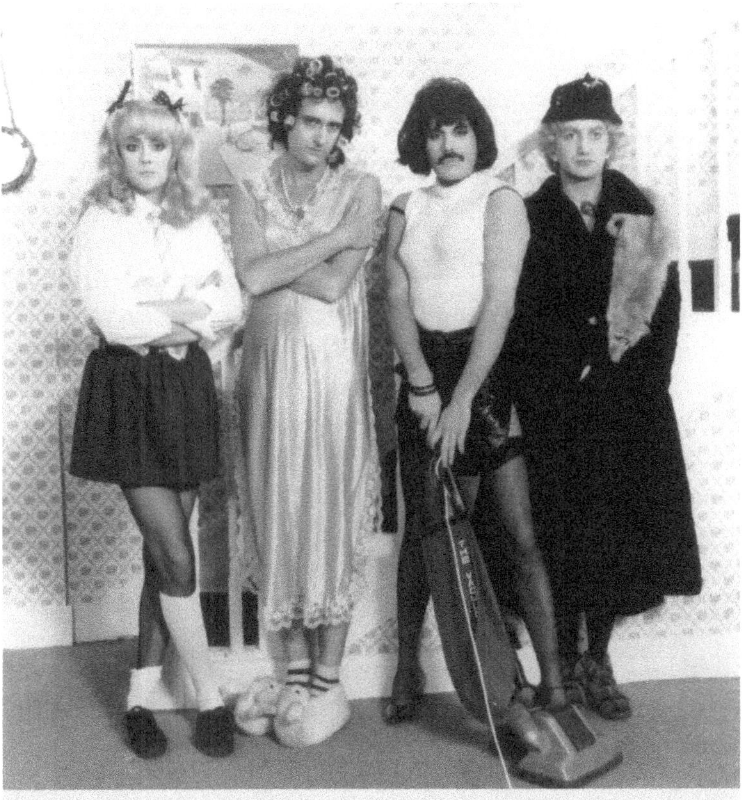

Persiflage der britischen Seifenoper *Coronation Street*:
»I Want to Break Free«-Video 1984

Rahmen der *The Game*-Tour zu Volkshelden in Brasilien geworden waren, durften Queen nun gleich an zwei Abenden die Headliner des zehntägigen *Rock in Rio*-Festivals geben. Mit insgesamt 1,4 Millionen Besucher:innen auf dem eigens für die Veranstaltung konstruierten Gelände wurde die Veranstaltung zum bis dato größten Rockfestival der Geschichte. Das Spektakel sollte sich so ins kollektive Gedächtnis Brasiliens einbrennen, dass Queen zum 30. Jubiläum 2015 erneut als Headliner bei *Rock in Rio* auftraten. 1985 begann Queens erste Show um zwei Uhr morgens. Das Publikum war nach Whitesnake und Iron Maiden maximal aufgeheizt und angesichts der Uhrzeit wie von Sinnen, als Queen endlich die Bühne betraten. In perfektem Englisch sangen die Fans zur Mitte der Setlist das zum Volkslied avancierte »Love of My Life« mit (bis Mercury fordernd wieder einstieg: »Bring it back, bring it back, don't take it away from me«), nachdem sie bereits zuvor mit dem »Rock in Rio Blues«-Jam zu gesonderten Ehren gekommen waren. Mercury wurde empfangen wie der Götterbote, nachdem er benannt ist. Neuzugang Spike Edney, der bis heute bei Queen + Adam Lambert hinter den Keyboards steht, hatte dafür eine einfache Erklärung: »Die Leute sagten, seit Freddie sich die Haare schneiden und den Schnurrbart wachsen ließ, verkörperte er das Schönheitsideal des südamerikanischen Mannes – eine Art Latino-Version von Clark Gable.«[61] Der Journalist Ray Bonici hatte bereits 1981 geschrieben: »Aus seltsamen Gründen waren die Ersten, die außerhalb Großbritanniens sehr positiv auf Queen reagierten, die Latinos. Das zeigte, dass die Musik trotz der Sprachbarriere sicherlich keine Hürde darstellte. Konzerte in Spanien sind beispielsweise weit im Vorfeld ausverkauft, und Queen-Alben sind dort, wie im benachbarten Portugal, immer in den Charts.«[62] Und dennoch kam es zur Gotteslästerung: Wie üblich bei der Tour, trat Mercury während »Break Free« mit falschen Brüsten und Perücke auf, wofür er in Rio de Janeiro mit allerhand Unrat beworfen wurde. Ihre Übersetzerin Maria Caetano erklärte der Band, der Song sei »in Südamerika heilig, da er als politische Botschaft über die Übel von Diktaturen begriffen werde«.[63] Mercury machte der Vorfall sehr zu schaffen: »Es gibt hier doch so viele Transvestiten.«[64] Sicherheitshalber ließ Mercury seine Maskerade zur zweiten Show in der Garderobe.

Die Tour repräsentierte nicht nur die Themen des Albums – die Band spielte vor riesigen, *Metropolis* entnommenen Zahnrädern (»Machines«) und einer Großstadtkulisse (»Radio Ga Ga«) als Hintergrund –, sondern zeigte auch die interne Zerrissenheit. Die erwähnte Knieverletzung (s. S. 23) schränkte Mercurys Performance stark ein. Auch gesanglich war er nicht auf der Höhe, irgendwie abgelenkt. In Australien traf es die Band am ärgsten: Scheinwerfer gaben den Geist auf, Lautsprecher knallten, Monitore pflegten regen Wackelkontakt, Mercurys am Flügel angebrachtes Mikro verzerrte zunächst den Gesang und fiel schließlich ganz aus. Immerhin spielten Queen zum ersten – und einzigen Mal – in Italien, für zwei Konzerte in Mailand. Was stark verwundert, gehören die italienischen Fans doch zu Queens loyalsten – allein von 1991 bis zur Veröffentlichung von *Made in Heaven* verkaufte die Band dort fünf Millionen Tonträger.[65] Angeblich sei die Band mehrfach gewarnt worden, man würde ihnen in Italien die Anlage stehlen.[66] 2005 stand Rom dann aber bereits an fünfter Stelle der Comeback-Tour mit Paul Rodgers. Im Internet finden sich viele Fan-Mitschnitte der *The Works*-Tour, die die mindere Qualität der Shows belegen sollen, einer davon ist amüsant »The Quirks« betitelt. Dazu kam, dass die internationale Musikszene Queen wegen ihrer kontroversen Auftritte in Südafrika schmähte, das durch die Apartheid-Doktrin segregiert war (s. a. Kap. 7).

Weitgehend getrennt voneinander hatten auch schon die Aufnahmen unter *White Album*-ähnlichen Bedingungen stattgefunden. Macks Assistent Eddie DeLena empfand die Sessions, »als ob man an vier verschiedenen Soloplatten arbeitet«.[67] Selten traf Mack die Band zusammen im Studio an. Mercurys Sologage hatte sich herumgesprochen. Selbst der sonst so bedächtige Deacon erreichte die Grenze seiner Belastbarkeit und seilte sich ohne Vorankündigung nach Bali ab.

Mercury war gedanklich eher in sein Soloalbum involviert. Immer mehr kam er von seinem ursprünglichen Plan ab, für jeden Song einen Gaststar zu engagieren. Jackson war nicht aufgetaucht, und auch mit Rod Stewart kam man nicht sonderlich weit. Der hatte in L. A. ebenfalls in den Record Plant Studios zu tun, allerdings zusammen mit Jeff Beck im Studio A, während Queen im Studio C an *The Works* werkelten, also ›workelten‹. Man traf sich bei Queen, Stewart und Mercury hänselten einan-

Queen für Insider: B-Side-Rendezvous (mit alten Bekannten)

Zwei weitere Aspekte stoßen bei »Thank God It's Christmas« auf, an denen sich exemplarisch Kritik an der Singles-Gestaltung Queens üben lässt: Zunächst das beliebige Coverdesign mit Livebildern, das zwar mit dem Freudenfest eines Queen-Konzerts, nichts aber mit der Geburt Jesu zu tun hat. Generell fällt auf, mit welch geringer Kreativität die an sich stark visuell arbeitende Band ihre Singles behandelte: Meist finden sich dort willkürlich gestaltete Titelseiten, wie etwa die Band-Karikatur auf »Somebody to Love« oder die rein schwarz gehaltene Optik von »Calling All Girls« – 1982 nur neun Monate nach dem fast identischen »Under Pressure« veröffentlicht. Die Art›works‹ der Ära 1984 boten beeindruckend wenig fürs Fangeld: Lediglich »Radio Ga Ga« verfügte über ein originäres Bild, »I Want to Break Free« zeigte nur einen Ausschnitt des Albumcovers, »It's a Hard Life« ein Bild vom Videodreh und mit dem roten Cover von »Hammer to Fall« – auf Mays Wunsch wurde die erste Version der Single mit einem als irreführend empfundenen Livebild vom Markt genommen – war der Zenit der Einfallslosigkeit wieder erreicht. Den hatten sie davor bereits mit den Singles aus News of the World *erklommen: allesamt Ausschnitte der Außen- und der Innenhülle des Albums. Nach den »Highlander«-Stills der* Magic*-Singles standen Queen mit den Auskopplungen aus* The Miracle *erneut auf dieser kargen Bergkuppe: vier Variationen des Albumcovers, nur »Scandal« verfügte über ein vollständig neues Bild. Darüber hinaus sind die B-Seiten der Singles zu tadeln. Mit »Keep Passing the Open Windows« und »Man on the Prowl« auf der Rückseite von »Thank God It's Christmas« war* The Works *vollständig recycelt: Jeder Song auf der Tracklist wurde entweder als A- oder B-Seite zweitveröffentlicht. Ohnehin enthielten nur 9 der 40 re-*

der, woraus ein Jam über große Nasen und hervorstehende Zähne entstand. Die Basis für eine weitere Schnaps- oder wohl eher Wodkaidee: Bald darauf feierten die beiden in Mercurys Haus zusammen mit Elton John den 37. Geburtstag des Gastgebers, wo der Gedanke zu einer leider nie realisierten Supergroup der drei geboren wurde, Nose, Teeth & Hair. Zu dieser Zeit gruben *gulären UK-Singles Queens vor Mercurys Tod einen genuin neuen oder neu veröffentlichten Song als B-Seite. Manchmal gab es Live-Versionen oder einen wenig aufschlussreichen Remix wie »Blurred Vision«. In der Regel befüllte die Band ihre Singles allerdings mit Albummaterial der entsprechenden Phase oder, parallel zu ihrem Live-Programm, zu Magic-Zeiten gerne auch mit anscheinend willkürlich gewählten 70er-Oldies. Dreist auch die Entscheidung der Band, »Good Old-Fashioned Lover Boy« 1977 im Rahmen ihrer ersten und letzten EP zu veröffentlichen – immerhin zum Preis einer regulären Single. Die drei weiteren Stücke waren längst veröffentlicht und wiesen keinerlei inhaltliche Kohärenz auf. Es erscheint einigermaßen evident, dass es sich bei dieser Praxis um schnöde Abzocke handelt. Professionell mitgeschnittene Konzerte hatte es schließlich zuhauf gegeben, um immerhin etwas geringfügig Besonderes mitanzubieten. Den Vorwurf belegte die Band post-Mercury selbst, indem sie sich als Meistertrödler der immergleichen Ware erwies. So erschien beispielsweise die »Comeback«-Single »Heaven for Everyone« gleich auf zwei Single-CDs – ein damals üblicher Trick, um basierend auf der Hörigkeit der alleskaufenden Fans bessere Chartplätze zu erreichen –, lieferte aber sogar auf beiden Formaten nur aktuelle Albumstücke oder olle Kamellen. Vor diesem Hintergrund verwundert, wie unglaublich viele Singles Queen verkauften – allein im UK sind es knapp 13 Millionen. Allerdings wird so auch erklärlich, weshalb eine der beliebtesten A-Seiten der Band wie »Who Wants to Live Forever« im UK nicht über Platz 24 hinauskam: Wem die bisherigen Singles aus dem Album gefallen hatten, der oder die griff statt zu Nr. 4 gleich zum ganzen Album; dazu bot die Single auch nur ein aufgewärmtes »Killer Queen« als schwachen Kaufanreiz.*

Stewart und Mercury auch einen alten Song aus, an den sie schon 1976 gearbeitet hatten: das stark an Erma – Arethas Schwester – Franklin angelehnte »Another Piece of My Heart«. Dies war zuerst für Queen, dann für Mercury gedacht gewesen, schließlich verworfen und erst 1995 als »Let Me Live« veröffentlicht worden. Neben dem ebenfalls 1976 entstandenen und 1992 von George

Michael mit Gospelensemble aufgeführtem »Somebody to Love« ist es der einzige Queen-Song mit Chorbegleitung.

Die Band tat damals gut daran, die Pläne für »Man on the Prowl« als fünfter Single zugunsten eines Weihnachtssongs zu verwerfen. Zur Debatte standen sogar zwei: Mays »I Dream of Christmas« und Taylors »Thank God It's Christmas«. Nach Demo-Aufnahmen im – wie es sich bei von langer Hand geplanten Hits dieser Art meist notgedrungen so verhält – brütend heißen Juli wurde Letzterem der Vorzug gegeben. Mays Komposition erschien 1987 zusammen mit dem von ihm und seiner späteren Frau Anita Dobson geschriebenen »Silly Christmas« auf deren Weihnachtssingle. »Thank God It's Christmas« floppte auf Platz 21 der britischen und Platz 57 der deutschen Charts. May schob das auf das fehlende Video. In Wahrheit war die Konkurrenz einfach stärker: 1984 war mit »Do They Know It's Christmas?« der Band Aid, »Last Christmas« von Wham!, »The Power of Love« von Frankie Goes to Hollywod und Gary Glitters »Another Rock and Roll Christmas« das Jahr schlechthin für Festtags-Pop. Dazu nahm man Queen den etwas schwerfälligen Song nicht recht ab, obwohl die Band zu einem auf Kitsch und großen Gefühlen basierenden Ereignis wie Weihnachten eigentlich passen sollte wie Glühwein zu rotnasigen Rentieren. Vielleicht waren es auch die separaten Aufnahmen – May, Deacon und Taylor in London, Mercury in München –, die keine Stimmung aufkommen ließen. Erst steter Tropfen und exzessive Nostalgie höhlten den Stein und ließen den Song zur Saison 2020/21 erstmals in die deutschen Top Ten einziehen.

Doch zurück aus der Zukunft ins Jahr 1985, in dem ein ähnlich genannter Film jahrzehntelange Fanliebe auslösen – und nach Frankie Goes to Hollywood im Sommer einen weiteren Song namens »The Power of Love« als Soundtrack an die Chartspitze pushen sollte. Im Herbst vollendete dann Jennifer Rush mit ihrem gleichnamigen Titel die Dreifaltigkeit. Queen brachten währenddessen ihre *The Works*-Tour an ihr Finale. Am letzten Tag ihres Abstechers nach Ozeanien, am 29. April, erschien dann tatsächlich Mercurys mühsam erarbeitetes Soloalbum: *Mr. Bad Guy*. Anders als das unerreichbare Vergleichswerk *Thriller*, das mit dutzenden Gastmusikern und -songwritern, Beiträgen von Superstars wie Paul McCartney, Eddie Van Halen und Mitgliedern von Toto eingespielt und von Produzentengott Quincy Jones betreut wurde, hatte Mercury alle Songs allein geschrieben. Er beteiligte sich an jedem Schritt der von Mack angeleiteten Aufnahmen mit vorrangig Münchner Sessionmusikern sowie Mandel, der nun schon zum dritten Mal seine Finger im Queen-Game und somit an den Tasten hatte. Dass Mercury sich mit dem Vorhaben übernommen hatte, wurde offensichtlich, als er sich für die Aufnahmen zum Titelstück einen jahrelang gehegten Traum erfüllte und Orchestermusiker ins Studio holte – dann aber nicht wusste, wie er ihnen ihren Job erklären sollte. Wie ein junger Vater, der er in diesen Jahren so gerne geworden wäre, war er von seinem ersten eigenen Baby überfordert. Dazu überkamen ihn Zweifel. Noch Wochen vor der Pressung änderte er den Namen. Mercury dazu:

> »Als ich das Album fertig hatte, brauchte ich noch einen Titel, aber was mich betrifft, so sind mir Albumtitel völlig egal. Es kommt darauf an, was man hört, nicht, wie der Titel ist. Man soll nicht so sehr nach dem Äußeren urteilen – obwohl ein wunderschönes Foto von mir auf dem Cover ist. Ursprünglich nannte ich die LP ›Made in Heaven‹, doch das änderte sich später. Ich wurde nicht ›im Himmel gemacht‹, da ist nicht plötzlich irgendein Blitz herabgefahren.«[68]

Seine Unschlüssigkeit manifestierte sich auch in der Songauswahl: Noch 1984 stellte er klar, er würde für seine Soloplatte auf keine Songs zurückgreifen, die es nicht auf Queen-Alben geschafft hatten: »Das wäre doch schrecklich, das wäre doch sozusagen nur abgelehntes Material! Ich möchte frisches Material schreiben, das mich im Hier und Jetzt repräsentiert.«[69] Tatsächlich wurden »There Must Be More to Life Than This« und »Man

Made Paradise« bereits 1981 von Queen zunächst für *Hot Space* aufgenommen, liegengelassen und für *The Works* wieder aufgeweckt. In den Liner-Notes des Albums dankte Mercury abschließend seinen Queen-Kollegen »for not interfering«. Eine kleine Unverfrorenheit, nahm May doch beispielsweise das Solo der B-Seite »She Blows Hot and Cold« auf, das danach von Sessiongitarrist Paul Vincent imitiert wurde. Und wie ›mayesk‹ sind bitte die Licks auf »Let's Turn It On« und das Solo auf »Man Made Paradise«? Taylor sagte später:

> »Ich glaube nicht, dass Freddie wirklich eine Solokarriere starten wollte. Er bekam nur einfach einen Riesenbatzen Geld von CBS. Und als er das Soloalbum dann tatsächlich machen sollte, fehlten wir ihm irgendwie. Er rief mich immer an, und ich musste dann nach München fliegen und den Backing-Gesang für ihn machen.«[70]

Im Begleitheft zu Mercurys Boxset *The Solo Collection* gab May zu Protokoll, dass auch auf der Finalversion von »Love Kills« seine Gitarre zu hören sei und Taylor die Drum-Machine programmiert habe. *Mr. Bad Guy* konnte sich nicht von seiner schweren Geburt erholen. Die Balladen sind kitschig, die Clubsongs zu vorsichtig und poppy für den Einsatz auf dem Dancefloor. Der »Under Pressure«-artige Scat-Exzess am Ende von »Living on My Own« ist schwer erträglich und wurde daher auch für den weitaus erfolgreicheren Remix acht Jahre später entfernt. Wie Mercury 1985 bekundete, sei er »kein Dichter. Ich hasse es sowieso, Texte zu schreiben«.[71] Obwohl er schon oft das Gegenteil bewiesen hat, scheint auf *Mr. Bad Guy* doch nur selten Erhellendes durch, wie die Zeilen: »When you refuse me all the time I'm suicidal on my own« auf »Man Made Paradise« oder »Sometimes I feel I'm gonna break down and cry (so lonely) / Nowhere to go, nothing to do with my time« in »Living on My Own«, das bezeichnenderweise ursprünglich »Always on My Own« hieß. Zwar versicherte Mercury später, dass er mit diesem Song keine

Empathie provozieren wolle: »Ich möchte nicht, dass die Leute sagen: ›Oooh!‹, verstehst du? Ich sage einfach, dass das mein Leben ist, und es kann sehr einsam sein, aber ich habe es mir eben auch so ausgesucht.«[72] Doch Mercury »was dancing with tears in his eyes«. Auf dem Single-Cover sitzt er allein auf einem Barhocker vor einem Menschenmeer. Mack erinnerte sich, wie Mercury ihm damals Geldsorgen austrieb: »Warum solltest du dir deswegen Sorgen machen? Du hast es doch geschafft. Du hast alles, was du brauchst – eine wundervolle Familie und Kinder. Du hast alles, was ich nie haben kann.«[73] Dazu habe ihm Mercury mehrfach gesagt: »Vielleicht gebe ich bald dieses ganze Schwulen-Ding auf.«[74] Gegenüber David Wigg gestand er damals, er wünsche sich Kinder – wobei der pflichtschuldige Zusatz »mit der richtigen Frau«[75] vernachlässigt werden darf. Wahrscheinlich befand sich Mercury damals in einer Midlife-Crisis. Diese muss für ihn von großer Bedeutung gewesen sein, da er wohl davon ausgehen konnte, die Hälfte seines Lebens schon längst hinter sich gebracht zu haben. Künstlerisch stand er an einem Scheideweg und entschied sich mit *Mr. Bad Guy* für den Holzweg.

Das Album stieg im UK auf Platz 6 der Charts ein, verblieb dort eine weitere Woche, bevor es die Top Ten für immer verließ. In Deutschland verfehlte es die oberen Zehn knapp auf Platz 11, in den USA verendete die Platte auf Rang 159. Sogar die Leadsingle »I Was Born to Love You«, die auf Drängen der Plattenfirma entstand, weil bis dahin noch der offensichtliche Hit gefehlt hatte, erreichte nur Platz 11 im UK. Im kostspieligen Video dazu stellte Mercury Debbie Ash nach, einem Mitglied der Tanztruppe Hot Gossip. Danach präsentierte er seinen drahtigen Leib auf einem Tempel über einem Meer aus 200 von Diana Moseley eingekleideten Tänzerinnen. Als Ash sich beim Dreh verletzte, brachte Mercury sie persönlich ins Krankenhaus. Die Folgesingle »Made in Heaven« krepierte trotz gleichsam epischen Videos mit Mercury als BDSM-Superman »on top of the world« inmitten einer Szenerie aus *Dantes Inferno* auf Platz 57. 36 Jahre sollten vergehen bis Lil Nas X mit »Montero (Call Me By Your Name)«

Mit Freddie Mercury im Wirtshaus

Interview mit Curt Cress

Curt Cress dürfte der umtriebigste deutsche Schlagzeuger sein: Er haute für Superstars wie Meat Loaf und Tina Turner auf die Felle und ist auf Klassikern wie Rio Reisers »Junimond« und Stephan Remmlers »Alles hat ein Ende nur die Wurst hat zwei« zu hören. Und natürlich, natürlich ist er der Drummer auf Freddie Mercurys Solo-LP *Mr. Bad Guy*. Für uns denkt er an die gemeinsame Zeit zurück.

An etwa 12 000 veröffentlichten Aufnahmen bist du beteiligt – an die kann man sich doch unmöglich alle erinnern, oder?
Wahrscheinlich ist die Zahl sogar noch höher, weil ich darüber auch nie Buch geführt habe. Klar, manches davon ist einfach weg. Manchmal spielt man auch eine Schlagzeugspur für ein Projekt ein, für das es noch gar keinen Gesang gibt. So bin ich zum Beispiel zu meiner Überraschung auf einem Stück von Sting gelandet. Es gibt auch eine Version von Freddies »There Must Be More to Life Than This«, auf der er im Duett mit Michael Jackson zu meinen Drums singt. Da musste mich erst ein Queen-Fan-Magazin drauf aufmerksam machen.

Wie ist das, wenn Freddie Mercury durch die Studiotür kommt?
Der hatte eine enorme Aura, aber mich spornt so etwas eher an. Ich hab' Risiken immer geliebt. Und das Bild, das man von solchen Stars hat, das gibt es ja nur in deinem Kopf. Der Freddie konnte ja nichts dafür. Der kommt auf dich zu, umarmt dich, sagt »Hi, Curt!« und hat dann eher selbst ein Problem damit, vor dir Klavier zu spielen, weil er ja ein Ama-

teur ist und ich der Profi. Diese Ehrfurcht normalisiert sich dann also schnell. Freddie war ja auch nur ein Mensch, der kam dahin und wollte ein schönes Produkt erstellen.

Wie entwickelt man mit Freddie Mercury Drumspuren?
Gar nicht, der hat mir da voll vertraut. Jeder trug da die Verantwortung für seinen Bereich – wir waren Partner. Roger Taylor hatte ja auch zum Beispiel schon für den Titelsong »Mr. Bad Guy« Drums eingespielt, und ich meinte: »Lass' das doch, das kann man nicht besser machen.« Roger hat auch einfach so einen geilen Sound! Aber Freddie wollte nun mal keine Queen-Mitglieder auf dem Album haben. Also habe ich einfach eigene Drums für die Nummer eingespielt, ohne mich groß an Taylors Original zu halten. Ich habe dennoch Roger gefragt, ob das so okay für ihn ist. Der war da auch ganz entspannt. Die standen damals ja nicht im Streit miteinander – wie es leider auch im Film dargestellt wird. Brian May war auch bei der Releaseparty der LP, die standen alle in Kontakt.

An welche Anekdote mit Freddie erinnerst du dich am liebsten?
Wie wir mal zusammen mit meiner Frau und Freunden von ihm über den Münchner Viktualienmarkt gegangen sind – der kam da ganz lässig in Jeans und im Schiesser-Unterhemd mit seiner »Tengelmann«-Plastiktüte an. Er hat den Viktualienmarkt geliebt – so wie auch ganz München; das wird im Film *Bohemian Rhapsody* ganz falsch dargestellt. Da werden seine Münchner Jahre als sehr düster präsentiert. Doch der hat das total genossen, dass er sich da so unbehelligt in der Öffentlichkeit aufhalten konnte – er war ja auch sehr klein und dadurch relativ unscheinbar. Das kann man sich gar nicht vorstellen, denn auf der Bühne wirkt er ja drei

Meter groß. Wir waren dann auch in so einem urbayerischen Wirtshaus mit ihm, total relaxt war er, sehr höflich und charmant.

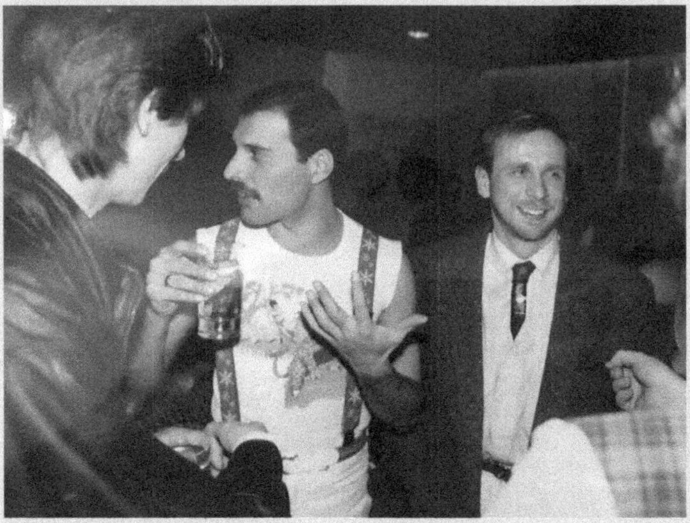

Let's Turn It On: Curt Cress (r.) und Mercury bei der Release-Party von *Mr. Bad Guy*

ein bestimmt nicht davon inspiriertes, aber optisch durchaus ähnliches Video veröffentlichte, in dem der offen schwule Rap-Star dem Teufel persönlich einen Lapdance zukommen lässt. Mercury hielt man trotz aller Anspielungen in heteronormativen Grenzen, was die Zielgruppe dieses ›Produkts‹ noch undefinierter als ohnehin schon machte. Denn für klassische Queen-Fans war *Mr. Bad Guy* erwartungsgemäß nichts. Walter Yetnikoff bezeichnete den Solodeal später als den schlechtesten seines Lebens. In den Liner-Notes hatte Mercury ihm noch gedankt: »for having the sheer nerve to take me on«. Weiterer Dank ging an: »Mary Austin, Barbara Valentin for big tits and misconduct. Winnie for board lodging« sowie an seine Katzen: »This album is dedicated to my cat Jerry – also Tom, Oscar and Tiffany and all the cat lovers across the universe – screw everybody else«. Eine Art vorausschauende Trotzreaktion. Tatsächlich sollte die Platte so wenig Anklang finden, dass Mercury keinen einzigen Song daraus je live spielen würde. Doch er sollte das größtmögliche Trostpflaster bekommen. Eine Woche nachdem »Made in Heaven« auf dem Zahnfleisch in die Charts gekrochen kam, riss Mercury bei *Live Aid* die Krone wieder an sich.

An die halbjährige Auszeit, die sich die Band nach der strapaziösen *The Works*-Tour verordnet hatte, war nach diesem Auftritt nicht mehr zu denken. Nach sechs Wochen Urlaub kehrte die Band im September nach München zurück. Zunächst stand Mercurys 39. Geburtstag an, den er im Travestieclub Old Mrs. Henderson (seit 2008 befindet sich am selben Ort die Paradiso Tanzbar) in der Rumfordstraße 2 mit 300 Gästen begehen sollte. »Freddie Mercury invites you to a Black and White drag ball«, stand auf der selbstredend in Schwarzweiß gehaltenen Einladung. »Please come in Black/White Drag Costume«. 50 000 Pfund ließ er sich The March of the Black and White Drag Queens kosten. Mercurys Leibgerichte Kaviar und Kartoffelbrei wurden gereicht, die dreistöckige Torte hatte die Form eines schwarzweißen Konzertflügels. Augenzeuge Wigg erinnerte sich: »Alle Männer mussten als weibliche Prominente kommen und alle Frauen als männliche, und alles musste Schwarz und Weiß sein. Manche kamen fast nackt an, denn natürlich war das eine ziemliche Sexparty.«[76] Mercury war wie immer die Ausnahme und erschien neben Freund:innen wie May (als Hexe), Austin (in ihrer Schuluniform), Boy George und Steve Strange als Harlekinversion seiner selbst in einem Militärjackett mit Epauletten und schwarzen und weißen Diamanten entlang der Spandexhose; entworfen vom Designerteam Emanuels, das bereits Lady Dianas Hochzeitskleid geschneidert hatte. Einen passablen Eindruck davon vermittelt zumindest das freizügige Video zu »Living on My Own«, das währenddessen gedreht wurde. Vier Kameras dokumentierten den Abend. Nachdem ein Dutzend der extra für die Party von Heathrow nach München-Riem eingeflogenen Gäste, darunter der Starfotograf Richard Young, schon am Morgen danach wieder per Flugzeug nach Hause verfrachtet wurden – »Budget, Darlings, Budget!«[77] –, kam Mercury zwei Tage später mit einer Teilgefolgschaft für Nachdrehs zurück an den Ort des wilden Geschehens. Alle Szenen, in denen Mercury den Song performt, entstammen dem zweiten Termin. Co-Regisseur Rudi Dolezal erinnerte sich, wie wichtig es Mercury war, dass seine Freundinnen und Freunde im Video zu sehen waren,[78] so auch sein künftiger Partner Jim Hutton.

Für Mercury-Ultras funktioniert das Video so wie ein Wimmelbuch-in-motion. Alles in allem ein enormer Aufwand, der zumindest hinsichtlich des US-Markts erst mal für die Katz war: Yetnikoff verbot den Einsatz des Clips im US-Fernsehen wegen der »gefühlten Promiskuität«.[79] Doch selbst im UK, wo die Single filmisch begleitet wurde, ging sie auf Platz 50 unter. Mercury versetzte dies einen weiteren Schlag. Im Video gab er zwar den Partylöwen, doch auf Privataufnahmen der Geburtstagsfeier ist zu sehen, wie er fast gegen seinen Willen zum Ausblasen der 39 Kerzen gezerrt wird und sich nach einem wenig beherzten Versuch in eine Ecke des Raums zurückzog und dort den größten Teil des Abends verbrachte. Mercury war eigentlich nicht gern in Gesellschaft. Er hatte seinen engsten Vertrautenkreis und die anonymen Konzertmassen. Dazwischen fühlte er sich unwohl. Und sein vom Schulalter an antrainiertes Misstrauen sollte immer wieder gerechtfertigt werden: Neben Cristal-Champagner in Magnumflaschen entwendeten seine Gäste sogar zwei Pakete mit Geburtstagsgeschenken von der Party. Außerdem trennte er sich dort von Kirchberger. Doch die Arme Huttons warteten ja schon auf ihn. Der zog zu ihm in die Garden Lodge und ließ sich von Mercury anstellen. Statt seines wöchentlichen Friseurlohns von 70 Pfund bekam er nun für Garten- und Tischlerarbeiten aller Art bald 600 Pfund netto – schließlich sollten es 1000 werden.

Wieder ausgenüchtert, ging es in die Musicland Studios, um

»One Vision« aufzunehmen. Ähnlich wie die Beatles, die nach dem *Weißen Album* wieder Einheit demonstrieren wollten und sich mit geringem Erfolg bei den Aufnahmen zur geplanten *Get Back*-Platte filmen ließen, luden auch Queen eine Filmcrew ins Studio. Dazu sollte das Stück erstmalig schlicht »Queen« bei den Credits ausweisen, obwohl es hauptsächlich auf Taylor zurückging. Im Video, ein Zusammenschnitt der Sessions zum Song, sieht man auch eine blendend gelaunte Gruppe, aufgeputscht wie vor einem Sprintlauf – und in legeren Freizeitoutfits; nachgedrehte Szenen in London erkennt man am Klamottenwechsel. Ohne die imitierte *Queen II*-Fotografie könnte man glatt vergessen, dass diese Band einst die Superdivas der Glamszene waren. Wie ein Querschläger im Schulchor verballhornt Mercury den Text: »One dump, one turd, two tits, John Deacon«. Im Jahr davor wandelte er bei Bandproben auch gerne »Radio Ga Ga« in »Fellatio Ga Ga« ab. Doch hinter den Kulissen sah es anders aus: »Die Kameras haben alles ruiniert«, sagte May, »weil, wie ich es sehe, sich jeder ihrer so bewusst war. Jeder spielte irgendwie für die Kamera. Wenn ich mir das heute ansehe, wirkt es total gefälscht.«[80] Queen konnten dem Schatten der Beatles nicht entkommen. Mercury pflichtete ihm andernorts bei: »Ich weiß nicht, wofür Queen stehen. Wir sind verschiedene Songwriter, die grundverschiedene Songs schreiben.«[81] Generell wirkt »One Vision« etwas richtungslos – angefangen beim länglichen Drumsolo, das wohl die wiedergefundene Spielfreude belegen soll. Für die Lyrics wollte man den Spirit von *Live Aid* mit Martin Luther Kings »I Have a Dream«-Rede koppeln. Gute Absichten also, die sich allerdings der Singbarkeit unterordnen mussten, und so wanderte der Text schnell unfreiwillig in fragwürdiges Terrain ab: »One race, one hope, one real decision«. Völlig zu Recht noch im selben Jahr von den Slowenen Laibach karikiert mit einer überspitzten deutschen Übersetzung des Texts (»Eine Rasse und ein Traum / Ein starker Wille / Jawohl! Ja! Ja! Ja! Jawohl«) unter dem bösen Titel des gleichnamigen US-amerikanischen White-Supremacy-Blockbusters von 1915, *Geburt einer Nation* (R: David Wark Griffith). Damals nach der Bedeutung des Texts gefragt, antwortete Taylor: »dieser Schuft Freddie«[82] habe seine Wörter bis zur Unkenntlichkeit verändert. Nur folgerichtig, dass der Song auf die Zeile endet: »Just gimme, gimme, gimme / Gimme fried chicken!« Damit wollte die Band das Pathos vorm Umkippen bewahren. Doch letztlich offenbart sie sich in dieser Pointe als die Partytruppe, die sie damals waren: »No hate, no fight, just excitation / All through the night it's a celebration«. Das sind wohl nicht die Ergebnisse langwieriger Auseinandersetzungen mit den Übeln der Welt. Zu diesem Wirrwarr passend, landete der Song auf dem Soundtrack zum Actionflop *Der stählerne Adler* (1986, R: Sidney J. Furie) – einerseits seltsam, da der Film mit seiner Story eines Zweimannfeldzugs gegen einen arabischen Schurkenstaat dem zumindest an-, wenn eben auch nicht ganz durchdachten Pazifismus des Lieds entgegensteht, andererseits, weil das Album zum Song als Soundtrack zu einem ganz anderen Film dienen sollte. Dies wiederum nur zur Hälfte. It's nicht nur »a kind of magic«, it's vor allem *complicated* – wie üblich, wenn es um Film und Queen geht.

Die Band war entsprechend reserviert, als sie eine Einladung von Russell Mulcahy erhielt, sich erste Szenen seines neuen Films anzusehen. Der Australier hatte sich davor einen Namen als Regisseur von Musikvideos für Duran Duran, Ultravox und Spandau Ballet gemacht und mit *Razorback* 1984 einen Film vorgelegt, in dem sich ein Riesenwildschwein durch das australische Outback metzelt. Nun hatte er nicht nur 007-Legende Sean Connery, sondern auch den späteren Dauergast auf der *Wetten, dass …?*-Couch Christopher Lambert (weder verwandt noch ›verirgendwas‹ mit Adam Lambert) für den Film *Highlander – Es kann nur einen geben* (1986) verpflichtet. Darin enthaupten Unsterbliche einander über Jahrhunderte hinweg, bis nur noch einer übrig bleibt. Der Sieger kann die Welt beherrschen – oder, im Falle des friedliebenden Connor McLeod (Lambert), endlich sterblich sein und Kinder zeugen. Auch für den Soundtrack konnte es für Mulcahy nur eine Gruppe geben: »Ich dachte nur an eine Band, nämlich Queen«, sagte er. »Die schreiben starke, hymnische Songs, und der Film braucht ihre Energie.«[83]

Trotz seiner abgeschlossenen Handlung und breiten Desinteresses an den US-amerikanischen Kinokassen (in Europa lief der Film, wie zuvor *Flash Gordon*, ganz gut) zog der Film ein ganzes, von der Kritik verachtetes Franchise nach sich. Queen konnten von alldem nichts ahnen. Das erste Angebot hatten sie noch abgelehnt, doch die Vorführung von 20 Minuten Rohschnitt des ersten Films führte wie zuvor bei *Flash Gordon* zum Sinnenwandel. Nach den So-lala-Erfahrungen mit »One Vision« – mit Platz 7 im UK immerhin ein Hit – ging man allerdings vorerst wieder auseinander. Taylor und May arbeiteten in Montreux bei David Richards, Mercury und Deacon gingen zu Mack nach München. Dieser Split ist hörbar und führte zum wohl am tiefsten gespaltenen Album der Band – in zweifacher Hinsicht. Denn während der Aufnahmen entschied man sich, dann doch keinen reinen Soundtrack aufzunehmen, sondern ein Album, das auch für sich allein stehen sollte. Das Titelstück kommt nicht von ungefähr an zweiter Stelle nach dem Opener »One Vision«; in einer frühen Demo sind die beiden Stücke sogar *ein* Song, der sich eben um den zentralen Begriff ›one‹ dreht: »One man, one goal, one mission / One heart, one soul« heißt es hier, »One dream, one soul / One prize, one goal«, heißt es da. Die Zeilen »No mortal man« und »There can be only one« verorten uns im Film. Taylor hatte die Komposition vor einem Urlaub in Los Angeles hinterlassen, Mercury sie wie schon bei »Radio Ga Ga« an sich gerissen, den prägnanten Basslauf verfasst und den Song mit einem Dance-Beat untermauert. May schuf dazu eines seiner denkwürdigsten Riffs, bei dem er per geschickt eingesetztem Tremolo seine »Red Special« wie eine Hawaiigitarre ertönen ließ. Und Spezialgast Chris Rea steuerte das einleitende Fingerschnippen bei – das nach »Killer Queen« und »Under Pressure« dritte prominente im Werk der Band. Im von Mulcahy verwirklichten Video zum leichtgewichtigen Song spaziert Mercury als Zauberer in das Londoner Playhouse-Theater und verwandelt nacheinander seine Vagabunden darstellenden Kollegen in Queen – und am Ende wieder zurück. Ordnung muss sein. Gesangliche Unterstützung bekommt er dabei vom bereits vom Backcover des Albums bekannten Cartoon-Damenchor. Sowieso: das Artwork. Mit seinen vier muskulösen und dank fetter Schulterpolster v-förmigen Queens als von Roger Chiasson entworfenen Zeichentrickfiguren sowie seinen umherfetzenden Symbolen bestimmt keine Platte, die der dauerseufzende Smiths-Fan Mitte der 1980er in der Hoffnung auf sozialen Aufstieg gut sichtbar vom Plattenladen nach Hause trug. Queen wollten wieder die Wellen des Mainstreams reiten und wussten, dass dies vorerst nur mit Anpassung möglich war. So entschieden sie sich auch für unterschiedliche, den Neigungen des jeweiligen Publikums angepasste Leadsingles. Während der Rest der Welt das radiofreundliche »A Kind of Magic« bekam, ging man in den USA mit dem Hardrocker »Princes of the Universe«, dem einzigen, nur von Mercury geschriebenen Song des Albums, an den Start. Im ebenfalls von Mulcahy betreuten Video setzte man deutlicher auf den erhofften Erfolg von *Highlander*.

Filmszenen wechseln sich mit der vor einem Funkenregen auf einem martialischen Gerüst stehenden Band ab, bis sich die beiden Welten vereinen und Lambert sich mit Mercury ein Duell mit Schwert gegen Mikroständer liefert, das bis heute das Internet amüsiert. Seine heroischen Bühnengesten konnte Mercury hier voll ausspielen. Um der Dramatik noch eins draufzusetzen, verzichtete May sogar auf sein Stamminstrument und schwingt eine scharfkantige »Washburn RR11V«-Flying-V-Gitarre. Half alles nichts: Die Single wurde in den USA kaum registriert. »Princes of the Universe« war der Arbeitstitel von *Highlander*, was angesichts der damals Kinderzimmer bevölkernden *Masters of the Universe* frappierend uninformiert wirkt. Mit Deacons gitarrenloser (!) Ballade »One Year of Love« (der hier auftrumpfende Saxofonist hatte zuvor schon George Michaels »Careless Whisper« unsterblich gemacht), Mays Bizepsbombast »Gimme the Prize (Kurgan's Theme)«, Taylors Elektrogepolter

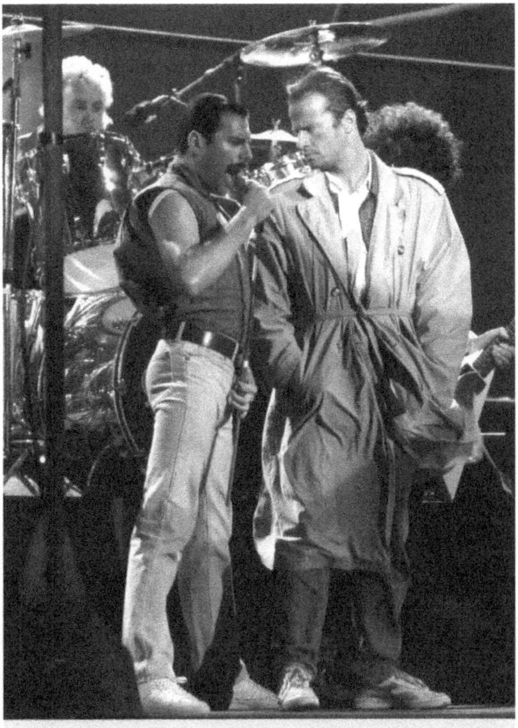

»Es kann nur einen geben«: mit Christopher Lambert beim »Princes of the Universe«-Videodreh

»Don't Lose Your Head« mit Joan Armatrading als Gastsängerin, eher: -sprecherin, schließlich sagt sie nur den Titel (wie wenig Platz Queen ihren Gästen anboten, siehe: Chris Rea), findet sich nur noch ein Song mit Filmbezug auf der Tracklist: »Who Wants to Live Forever«. Einer, der – wie sollte es bei dem Namen anders sein? – langlebigsten Queen-Songs. Aufgemotzt mit dem von Michael Kamen angeführten National Philharmonic Orchestra sowie einem – zumindest im Video – 40-köpfigen Kinderchor in einer Kulisse von 2000 Kerzen, zeigte ein anzugtragender Mercury bereits Trailer-artig, um im Filmsprech zu bleiben, wohin ihn seine nächsten Schritte führen würden: in die Hochkultur der Oper. Ein großartiger Song, weil Queen sich hier ungeniert ihrem Hang zum Prunk hingeben und kraftvoll eine Schicht auf die nächste setzen wie John Lennon, der in einer Traumsequenz des Films *Magical Mystery Tour* (1967) als diabolisch grinsender Kellner einer betagten Restaurantbesucherin mit Schaufelladungen Spaghetti zusetzte. Ganz bestimmt nicht jedermanns und jederfraus Geschmack! Die weiteren Albumtracks standen in keinem Bezug zum Fantasy-Epos: In »Pain Is so Close to Pleasure« ging Deacon seiner Motown-Liebe nach und bediente sich an »Baby Love« der Supremes. Für das Video des Schunklers »Friends Will Be Friends« lud man sich erneut Mitglieder des Fanclubs ein und gab sich mit einem High-Fives verteilenden Mercury publikumsnah. *A Kind of Magic* hat fraglos seine Glanzlichter, leidet aber insgesamt unter seinem alles vereinigen wollenden Konzept und ist daher nichts Halbes und nichts Ganzes.

So hängen Zeilen wie »Yeah, watch this man fly« aus »Princes of the Universe« für *Highlander*-Unkundige ebenso in der Luft wie die Wrestler, deren Filmszene der Song untermalt. Nachdem *The Works* als erstes Queen-Album auch als CD erschienen war, machte man sich deren längere Spielzeit erst jetzt zunutze und überfrachtete das Album mit erweiterten Versionen von »A Kind of Magic« und »Friends Will Be Friends« sowie einer annehmbaren Klavierfassung von »Who Wants to Live Forever«, die ebenfalls die 12-Inch-Version beschloss. Eigens komponierte B-Seiten waren wie üblich kaum vorhanden, dafür bewiesen Queen mit dem bescheuerten Titel der Instrumentalversion von »Don't Lose Your Head« wieder Humor: »A Dozen Red Roses for My Darling«. Ein weiteres Grinsen lässt sich in diesem Zusammenhang nicht verkneifen: Der erhobene Zeigefinger »Don't drink and drive my car« im Original richtete sich kurz danach an den Verfasser Taylor, der nach einer Kneipentour mit Phil Collins wegen Trunkenheit am Steuer angeklagt wurde.

Besondere Beachtung verdient im Rahmen dieser Platte das erstmalige Auftreten von Fotograf und Designer Richard Gray,

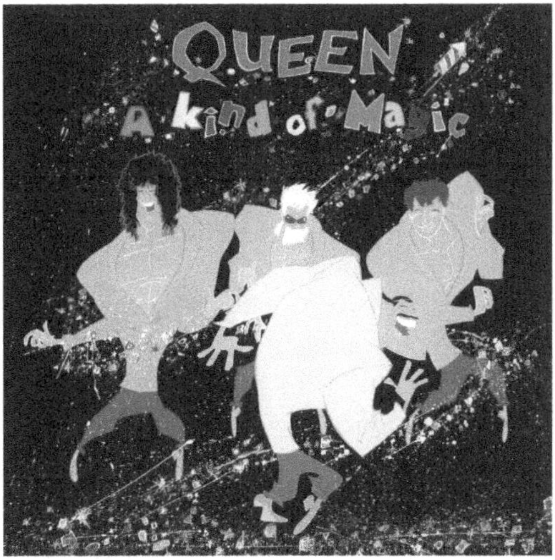

A Kind of Magic (1986)

der ab *A Kind of Magic* mit wenigen Ausnahmen bis heute sämtliche Covers der Band und der Soloprojekte gestaltet. Wer einen Blick auf den öffentlichkeitsscheuen Herrn werfen mag, dem gelingt dies etwa auf YouTube im »Making-of«-Video zum Artwork von *The Miracle*[84].

Sosehr die 1986er-Tour zum Siegeszug der Band wurde, so stand sie doch bereits unter den Anzeichen von Mercurys AIDS-Erkrankung. In Nordamerika zu spielen stand gar nicht erst zur Debatte. Als offizielle Begründung hatte man die mauen Plattenverkäufe angegeben – *The Works* kam über Platz 23 nicht hinaus, *A Kind of Magic* sollte mit Rang 46 quasi doppelt so schlecht abschneiden. Doch Mercury wusste auch, dass die für die Durchführung eines solchen Unternehmens unerlässlichen Versicherungsgeber in den USA mittlerweile AIDS-Tests von ihren betreuten Acts verlangten. Mercury gab an, 1985 in London negativ getestet worden zu sein.[85] Doch aller Wahrscheinlichkeit nach unterzog er sich später im Jahr auch einem Test in München, der ein anderes Ergebnis hervorbrachte.[86] Schockiert zog er sich abrupt und grußlos aus München zurück. Abgesehen von kurzen Stippvisiten, brach er weitgehend mit seinen Münchner Kontakten – ein weiteres rigoroses Ende – und igelte sich in der Garden Lodge ein. Die Musicland Studios waren ohnehin dabei, sich aufzulösen, nachdem das Münchner U-Bahnnetz bis fast vor die Studiotür ausgebaut worden war und Arbeiten unmöglich machte. Seit Sommer 2021 erinnert übrigens die Freddie-Mercury-Straße im Kreativquartier der ehemaligen Luitpoldkaserne an schwarzweiße Nächte unter weißblauem Himmel. Bereits 2019 wurde die Freddie Mercury Alley in Warschau eingeweiht, 2020 eine Straße der britischen Heimatstadt der Bulsaras, Feltham, in Freddie Mercury Close umbenannt.

1986 ließ Mercury sich in London weitere zehn Male testen. Um sicherzugehen. Man kann sich doch nie ganz sicher sein, oder? Sicher ist sicher! Dabei war alles bereits absolut sicher. Mercurys Schicksal war unabwendbar. Warum hätte er also in den USA vor halbleeren Arenen spielen sollen, während er in Europa seinen Abschied geschichtsträchtig in Szene setzen konnte? 2000 sagte Mary Austin, dass Mercury bereits sieben Jahre vor seinem Tod von seiner Erkrankung gewusst habe,[87] was uns sogar ins Jahr 1984 bringt. Immer wieder plagten ihn während der Tour gesundheitliche Probleme. Aufgrund von Knötchen an den Stimmbändern reiste er mit einem Inhaliergerät. Auf Großaufnahmen der Knebworth-Show sieht man mehrere kleine Beulen auf seiner linken Wange, die auf Herpes hindeuten könnten – ebenfalls ein typisches Symptom bei HIV-Infizierten. Nachdem der letzte Vorhang sprichwörtlich gefallen war, verließ Mercury das Gelände rasch; die Abschlussfeier mit ihren Schlammcatcherinnen besuchte er nur kurz zur Pflichterfüllung. Im Vorbeigehen stammelte er May zu: »Ach, ich kann das einfach nicht mehr machen, mein ganzer Körper tut mir weh!«[88] Allerdings habe er laut May nach jeder Tour eine solche Bilanz gezogen. Kein Grund zur Beunruhigung. Der kam von woanders: Noch während des Rückflugs im Hubschrauber erfuhr Mercury, dass ein Fan während des Konzerts erstochen worden war. Das setzte ihm sehr zu. Verstand er es doch stets als seinen Auftrag, mit seinen Shows den Rahmen für eskapistische, sorgenlose Abende zu schaffen.

Von den fast exakt drei Jahren zwischen den Veröffentlichungen von *A Kind of Magic* (2. Juni 1986) und dem folgenden Album *The Miracle* (22. Mai 1989) wird häufig als größte Pause der Band gesprochen. Der Superlativ ist zwar faktisch korrekt, erzeugt aber eine verzerrte zeitliche Vorstellung. Vor allem unter heutigen Maßstäben, wenn ganze Jahrzehnte zwischen Alben von Portishead vergehen und sich sogar junge Acts wie FKA Twigs und Frank Ocean mehr als fünf Jahre Zeit zwischen Platten nehmen. Queens Abstands›rekord‹ ist zum einen schlicht dem rasanten Erscheinungsrhythmus ihrer sämtlichen Vorgänger geschuldet – in den 1970ern hatten Queen innerhalb von fünfeinhalb Jahren sieben Studioalben veröffentlicht. Zum anderen war die *Magic*-Phase erst mit Erscheinen des Live-Albums *Live Magic* am 1. Dezember 1986 abgeschlossen. Bereits im Januar 1988 begannen die Aufnahmen zur nächsten Platte. Das Jahr dazwischen nutzten Queen für allerhand Soloaktivitäten, in denen sie aber auch den Kontakt zueinander aufrechterhielten.

Nach der vierten Single aus *Mr. Bad Guy*, dem Barbara Valentin gewidmeten »Love Me Like There's No Tomorrow« (1961 hatte Valentin die Hauptrolle im US-Exploitationfilm *Küß' mich als gäb's kein Morgen* gespielt), sah es so aus, als gäbe es keinen Morgen für Mercurys Solokarriere. Der Song unterbot im November 1985 noch die miesen Platzierungen seiner Vorgänger und verhungerte auf Platz 76. Doch wieder bewies Mercury Mut. Nie einer, der den Schwanz einzog – wer ihn je auf einer Bühne gesehen hat, weiß, dass er meist das Gegenteil davon tat –, veröffentlichte er nur ein halbes Jahr später eine weitere Single, zwar nicht aus seiner Feder, aber unter seinem Namen. Und das, obwohl es so einfach gewesen wäre, es sich endgültig im gemachten Nest von Queen gemütlich zu machen. »Time« war der Titelsong eines Sci-Fi-Musicals von Dave Clark. Der hatte in den 1960ern als Drummer und Manager der Dave Clark Five große Erfolge gefeiert – mit ihrem »Glad All Over« entthronten sie zu Hause nicht nur »I Want to Hold Your Hand« von den Beatles, sondern wurden damit auch zur ersten Band der British Invasion nach den Liverpudlians, denen ein Hit in den USA vergönnt war. Nach einem Schlittenunfall, bei dem er sich vier Fingerknöchel gebrochen hatte, musste Clark das Schlagzeugspielen aufgeben und avancierte zum millionenschweren Businessmann. Allein mit Zweitverwertungen der TV-Show *Ready Steady Go!*, deren Rechte er in den 1980ern erwarb, machte er ein Vermögen. Nun hatte er ein Musical geschrieben und Mercury für die Rolle des Protagonisten Chris Wilder vorgesehen, ein Rockstar, der durchs Weltall gebeamt wird und vor dem Obersten Gerichtshof des Universums die Erde verteidigen muss. Doch Mercury lehnte ab:

> »Erstens, mein Lieber, stehe ich vor drei Uhr nachmittags nicht auf, also kann ich keine Frühvorstellungen machen. Zweitens singe ich mir bei Shows drei Stunden lang den Arsch ab und falle danach tot um. Es wäre also unmöglich, acht Vorstellungen pro Woche zu machen.«[89]

Die Rolle ging an Cliff Richard und danach an Dave Cassidy. Bei der Premiere im Londoner Dominion Theatre, später Heimstätte von *We Will Rock You*, überfiel Mercury den Eiswagen und verschenkte dessen Inhalt ans Publikum. Während das von der Kritik mit Abscheu aufgenommene Musical ein Publikumsrenner wurde und über Jahre lief, kam die Single nicht über Platz 32 hinaus. Und dennoch konnte Mercury die Erfahrung als Erfolg verbuchen. Clark wurde ein Freund fürs – leider gar nicht mehr so lange – Leben und stellte Mercury für die Aufnahme eines zweiten Soundtrack-Songs einen Mann vor, der ihn zu seinem größten Solotriumph führen sollte. Der Song heißt »In My Defence« – eine von Mercurys stärksten Gesangsleistungen (die veröffentlichte Version ist der erste Take) – und dessen Produzent Mike Moran. Am 14. April 1988 sollte Mercury die Ballade als Herzstück einer Benefizaufführung im Duett mit Cliff Richard und damit zum letzten Mal live auf einer Bühne singen. Während Queen letzte Hand an ihr *A Kind of Magic*-Album legten, fand Mercury überdies Zeit für Studioarbeit mit dem US-Rockstar

Billy Squier. Mercury sang Backing Vocals für dessen Single »Love Is the Hero« ein – auf deren 12-Inch-Version spielte er auch Klavier – und schrieb mit ihm den Song »Lady With a Tenor Sax«. Mit Squier waren Queen seit langem verbunden: Mercury und Taylor hatten den Hintergrundgesang zum Titelstück seines 1982er-Albums *Emotions in Motion* beigesteuert, May für den Nachfolger ein Gitarrensolo eingespielt. Wie bei Queen hatte 1984 ein Video mit homoerotischen Zügen Squier zu Fall gebracht. Von dem Spott, den er für das 80s-typische Filmchen zu »Rock Me Tonite« bezog, sollte sich seine Karriere nie mehr erholen.

Mercury nahm außerdem mit der Sängerin Jo Dare, die mit Katzenbemalung prominent im Video zu »Living on My Own« zu sehen ist, den Song »Hold On« für den Soundtrack zum Schimanski-Kinofilm *Zabou* (1987) mit Götz George auf. Mercury findet sich so auf der Tracklist in Gesellschaft von Purple Schulz, Wolf Maahn und Klaus Lage wieder. Von den bisherigen Misserfolgen als Solokünstler wollte er sich nicht geschlagen geben und begann noch während der *Magic*-Tour ernsthaft über ein zweites Soloalbum nachzudenken. Als Produzent stand Mike Moran fest. Mit David Richards als Co-Produzent gelang den dreien dann im Februar 1987 der durchschlagende Hit: »The Great Pretender«, der ersten unter Mercurys Namen veröffentlichten Coverversion – passend dazu posierte er für ein TV-Interview vor einer alten Wurlitzer, wie man sie auch auf dem Titelbild der Single sieht. Dabei ist es bezeichnend, dass Mercury sich mit einer Coverversion am authentischsten zeigte.

> »Das ist es, was ich tue«, sagte Mercury. »Ich täusche vor, ich schauspielere. Ich gehe auf die Bühne und täusche vor, ein Macho zu sein. In meinen Videos nehme ich verschiedene Rollen ein, es ist alles Vorspiegelung. Das ist also ein großartiger Titel für das, was ich mache. Er passt.«[90]

Schon der Proto-Dandy Oscar Wilde wusste: »Der Mensch ist am wenigsten er selbst, wenn er für sich selbst spricht. Gib ihm eine

Maske, und er wird dir die Wahrheit sagen.«[91] Deswegen lieben wir den Karneval. Weil wir uns hier so geben können, wie wir uns im Innersten fühlen. Wie eine Glücksfee, eine Prinzessin oder ein pubertierender Schildkrötenmutant. »Oh yes, I'm the great pretender / Pretending I'm doing well / My need is such I pretend too much / I'm lonely but no one can tell«. Während das von Buck Ram geschriebene Original das Hinwegtäuschen über ein gebrochenes Herz verhandelte, erweiterte Mercury dessen Sinn und übertrug ihn auf sein Dasein – »The Great Pretender« wurde so zu seinem Theme-Song. Die ungewollte Doppeldeutigkeit der Zeile »just laughing and *gay* like a clown« dürfte ihn besonders erheitert haben. Im 100 000 Pfund teuren Video posierte Mercury im Februar zwischen Kartonaufstellern seiner selbst und erinnerte mit Reminiszenzen an seine Clips zu »I Was Born to Love You« und »Made in Heaven« nicht nur an die Rollen seiner bisherigen Solokarriere, sondern griff auch klassische Bilder aus den Queen-Videos »Rhapsody«, »Crazy Little Thing«, »Radio Ga Ga«, »It's a Hard Life« und »Break Free« auf – bis auf »I Was Born to Love You« zeigt er sich in den jeweiligen Neuaufnahmen sogar originalgetreu mit und ohne Schnauzbart, der nach dem »Pretender«-Dreh endgültig der Vergangenheit angehörte.

Mercury hatte seine Pappkameraden bereits am 15. November 1986 für einen Auftritt in der zweiten Folge von *Vier gegen Willi* nach Deutschland bringen lassen. In der anarchischen ARD-Samstagabendshow mussten zwei Familien in diversen Spielrunden gegeneinander antreten, um im Finale eine virtuelle Version des titelgebenden Hamsters auf einer Leinwand zu schnappen. Moderator Mike Krüger kündigte seinen Stargast fälschlicherweise an mit den Worten: »Er war früher der Leadsinger von der Gruppe Queen«, darauf folgte eine offensichtlich hineinmontierte, im Vorfeld aufgezeichnete Playback-Darbietung. Die anderen musikalischen Gäste waren Everybody's Darling Sandra, aber auch die durchgeknallten britischen Cyber-Punks Sigue Sigue Sputnik – eine Band, die Taylor bald darauf remixen sollte. Der hatte im »Pretender«-Video eine Gastrolle neben Peter Straker als Drag

Queen. Mercury revanchierte sich mit den Lead Vocals zum Stück »Heaven for Everyone« auf dem ersten Album von Taylors per Anzeige im *Melody Maker* neugegründeter Band The Cross – die Singleversion erschien dann allerdings mit Taylor als Hauptsänger und Mercury im Hintergrund. Zum Hit wurde der Song erst 1995 als Queen-Remake. Damals verpuffte er wie das in der zweiten Jahreshälfte 1987 aufgenommene, im April 1988 erschienene Album *Shove It*, zu dem auch May seinen Teil beitrug und die Leadgitarre auf »Love Lies Bleeding (She Was a Wicked, Wily Waitress)« spielte. Jedes der vier Bandmitglieder arbeitete außerdem an der dreiteiligen DoRo-Dokumentation *Magic Years* mit. Von persönlicher Entfremdung konnte also nicht gesprochen werden, als die Band wieder zusammenkam. Dennoch profitierten sie von der relativen Distanz. »Das ist wie bei einem Künstler, der ein Bild malt«, kommentierte Mercury. »Er tritt dann einen Schritt zurück, um zu sehen, wie es wirkt. Durch eine Pause bekommt man einen ganz anderen Blickwinkel.«[92]

Eigentlich hätte »Pretender« der Auftakt zu einem Album voller Coverversionen sein sollen. Doch nur ein Telefonanruf änderte alles. Dem waren drei Ereignisse vorausgegangen. Das erste lag sechs Jahre zurück. 1981 hatten Mercury und Freestone einer Aufführung von Verdis *Un Ballo in Maschera* – ein Maskenball, wie passend – im Londoner Covent Garden beigewohnt. Mercury war tief beeindruckt von der Stimmgewalt des Startenors Luciano Pavarotti. Doch erst als die Mezzo-Sopranistin auf die Bühne kam, knallte sein Unterkiefer auf den Boden des Royal Opera House. Die Stimme gehörte Montserrat Caballé.

Bei den Aufnahmen zu *Mr. Bad Guy* spielte Mercury dann Beach Aufnahmen von »La Superba« vor. Möglicherweise war er sich der Aussichtslosigkeit seiner Soloplatte da bereits bewusst und hatte sie gedanklich hinter sich gelassen. Das ausschlaggebende dritte Ereignis lief Anfang August 1986 über die spanischen Bildschirme: Als Queen in Madrid gastierten, fragte ein Reporter des Programms *Informe Semanal* Mercury nach gesanglichen Vorbildern. Die Antwort: »Ich sage das nicht, weil wir gerade in Spanien sind, aber meiner Meinung nach hat Montserrat Caballé die beste Stimme auf diesem Planeten.«[93] Später verglich er sie mit Aretha Franklin, beide hätten »dasselbe Gefühl«.[94] Caballés Bruder und Manager Carlos meldete sich daraufhin bei Beach. Caballé hatte damals eine Anfrage nach einem Beitrag für die Eröffnungsfeier der Olympischen Spiele 1992 in ihrer Heimatstadt Barcelona vorliegen. Die Herren hinter den Kulissen witterten einen Coup. Mercury nahm die Einladung zu einem persönlichen Treffen vor Ort in Barcelona am 24. März 1987 natürlich an. Im Vorfeld ließ Caballé ihm Aufzeichnungen ihrer Auftritte schicken und hörte sich durch den Katalog Queens. »Dining at the Ritz, we'll meet at nine precisely« hatte Mercury elf Jahre zuvor Pünktlichkeit erbittend in »Good Old-Fashioned Lover Boy« gesungen. Zwar handelte es sich um ein Mittagessen im Ritz-Hotel von Barcelona, und es ist auch nicht exakt überliefert, wann die beiden einander vorgestellt wurden, doch Caballé ließ ihren Verehrer über Stunden warten. Das imponierte Mercury, der sich über die verkehrte Neue Welt freute und in seiner Bewunderung aufging. Aufgeregt wie der Schuljunge, der die leibhaftige Lata Mangeshkar vor sich sah, nahm er Platz in einem abgetrennten Gartenzimmer des Hotels, in das man extra ein Klavier geschoben hatte. Mercury, der mit Beach, Freestone und Moran angereist war, präsentierte Caballé die B-Seite der »Pretender«-Single, das im Falsett gesungene Klavierstück »Exercises in Free Love«, mit der er seine Opern-Bestrebungen belegte – gemeinsam sollten sie den Song später zu ihrem »Ensueño« ausgestalten. Zwar würden bis dahin noch einige Monate in den proppenvollen Terminkalendern der beiden Weltstars vergehen, aber der Grundstein war gelegt. Drei Wochen nach ihrem ersten Treffen sang Caballé den Song mit Moran am Klavier als dritte Zugabe eines Auftritts im Royal Opera House und erschien darauf zum Abendessen in Mercurys Garden Lodge. Obwohl Caballé um neun Uhr morgens zum Flughafen musste, sangen die beiden, von viel Champagner und Moran am Klavier begleitet bis sechs Uhr in der Früh, vor allem Queen-Songs. Die verfügbaren Dialogmitschnitte des Abends zeugen von einer ausgelassenen, aber rücksichtsvollen Stimmung. Besorgt über die fortgeschrittene Stunde empfahl Mercury: »Bist du nicht müde? Du solltest dich ein wenig ausruhen!«, worauf Caballé keck antwortete: »Möchtest du, dass ich gehe?«[95], was Mercury vehement abstritt. Die beiden hatten mindestens einen Narren aneinander gefressen. Caballé fragte Mercury, wie viele Songs ein reguläres Rock-Album habe, was der mit »ungefähr zehn«[96] beantwortete.

So spontan die Idee zum Duettalbum auch entstand, so schwer war sie doch in ihrer Umsetzung. Caballé war für die nächsten fünf Jahre ausgebucht. Die Stücke müssten also getrennt voneinander aufgenommen und dann im Studio zusammengefügt werden. Yetnikoff entließ Mercury mit Freuden aus seinem Vertrag, bezahlte ihn sogar dafür, sich für sein nächstes Album ein anderes Label zu suchen. Bei Polydor wurde man fündig. Den Song »Barcelona« stellten sie erstmals am 29. Mai 1987 als Abschluss des *Ibiza '92*-Festivals in der größten Diskothek der Welt vor, dem Ku Club (heute: Privilege). 500 Millionen Menschen sahen vor den Fernsehgeräten zu. Mercury litt zu diesem Zeitpunkt an einer offenen Wunde am rechten Fuß, die nie wieder verheilen sollte. Backstage gestand er Wigg nach Abschalten des Aufnahmegeräts damals, sich mit dem HI-Virus infiziert zu haben.[97] Die Single erschien Ende Oktober 1987 und setzte Mercurys Solosträhne mit einem Platz 8 im UK fort. In ihrer ganzen Pracht sollte sie allerdings erst 1992 stehen: Anfang August erreichte sie Platz 2 im UK. Ende des Monats untermalte sie dann als Eröffnungssong der Olympischen Sommerspiele ein Best-of-Video der Hauptstadt Kataloniens, bis ein Countdown in die Zeremonie überführte. 15 Tage später sangen Sarah Brightman und José Carreras den offiziellen Abschlusssong »Amigos Para Siempre«.

Als Mercury und Caballé den Song am 8. Oktober 1988 beim *La Nit*-Festival anlässlich der Ankunft der olympischen Flagge aus Seoul und vor dem König und der Königin Spaniens in Barcelona aufführen wollten, wurde das Playback zu langsam abgespielt, was einen Neustart erforderlich machte. Perfektionist Mercury zürnte. Das zugehörige Album erschien wegen Caballés Verpflichtungen erst im Oktober 1988 und hieß ebenfalls *Barcelona*. Doch jenseits des Novelty-Charakters und der eventbezogenen Relevanz des Titelstücks war die Welt einfach noch nicht bereit für ein Crossover dieser Art. Unter »Rockoper« verstand man bis dahin Werke wie *Tommy* von The Who oder ein Musical wie *Hair*, die herzlich wenig mit klassischer Oper zu tun hatten. Vermutlich aus Angst der mit U-Musik befassten Kritiker:innen, sich mit einer Bewertung einer Gigantin der E-Musik zu blamieren, wurde das Album gar nicht erst breitflächig besprochen. Dennoch stellte das Projekt für Mercury einen seiner größten künstlerischen wie persönlichen Erfolge dar. So verkraftete er auch die Schmach, dass sein anderes Idol, Aretha Franklin, ebenfalls 1987 mit George Michael ins Studio gegangen war. Der BBC sagte er 1989 mit einem lachenden und einem weinenden Auge:

> »Es ärgert mich, dass George Michael ein Duett [mit ihr] gemacht hat – ich hätte das viel besser gemacht. Abgesehen davon, bin ich der Meinung, dass George Michael eine sehr gute Stimme hat – er ist einer der anderen Sänger, die ich mag, neben Robert Plant.«[98]

Die Opernform erlaubte ihm gesangliche Extreme und größtmögliche Gesten. Um sich auf seine stimmliche Leistung konzentrieren zu können, gab er Teile des Songwritings ab. So verfasste etwa der britische Musical- und Filmmusiktexter Tim Rice die Lyrics zu »The Fallen Priest«. Der Text ist Mercury dabei auf den Leib geschneidert: »But I promised I would serve / I should be a rock against depravity and sin / Oh, no sin, no sin / Free yourself, let your life begin / Oh, to yourself be true / I am a man of God / I should not be here with you«. In »La Japonaise« sang er erstmals seit »Teo Torriatte« wieder auf Japanisch. Mit »The Golden Boy« variierte er nach »Somebody to Love« seinen Traum von der perfekten Soulnummer und ließ den Song von Gospelsänger:innen, unter anderem feat. Peter Straker, in himmlische Höhen hieven. Und auch sein Soul Brother Deacon war mit von der Partie, er zupfte Bass auf »How Can I Go On«. Caballé erschloss sich mit dem Projekt eine ungeahnte Hörerschaft. Sie wurde mit ihrer ansteckenden Heiterkeit vor allem in Deutschland zum Publikumsliebling. Fünfmal besuchte sie Thomas Gottschalk zwischen 1993 und 2005 bei *Wetten, dass ...?*. Caballé starb am 6. Oktober 2018 in der Stadt, in der sie geboren wurde und die auf immer mit ihr in Verbindung gebracht werden wird: Barcelona.

Als Queen wieder zueinanderfanden, geschah dies unter anderen Vorzeichen: Zunächst trennte man sich im Guten von Mack und setzte endgültig auf Richards als Co-Produzenten der Aufnahmen, die sich in den Londoner Olympic sowie den Townhouse Studios und den Mountain Studios ein ganzes Jahr hinziehen sollten. Um künftig Streit über die Tantiemen zu vermeiden, beschloss man, fortan bei allen Stücken »Queen« als Komponisten anzugeben (s. a. Kap. 6). Erlöse aus künftigen Aufnahmen würden also durch vier geteilt werden. Den neuen Gleichklang demonstrierten Queen mit dem damals aufsehenerregenden, heute eine traurige Existenz in Internetlisten mit den schlimmsten Albumcovers führenden Titelbild der Platte: Designer Richard Gray morphte mit der Workstation *Quantel Paintbox* vier Porträts der Bandmitglieder zusammen. Jeder büßte dabei ein Auge ein, nur Mercury durfte beide behalten. Umso nachvollziehbarer die Entscheidung der Band, noch drei Wochen vor Veröffentlichung den Titel des Albums abzuändern: Mit »The Invisible Men« wäre es doch zu einer klassischen Text-Bild-Schere gekommen.

Wobei auch der Name *The Miracle* keinen Anlass zu Jubelschreien gab, ist er doch inhaltlich nah am übersinnlichen Thema des Vorgängers und mit dem bestimmten Artikel wiederum der syntaktischen Struktur des Vorvor- sowie des Vorvorvorvorvorgängers ähnlich, 50 Prozent der Albentitel Queens aus den 1980er Jahren beginnen mit »The«. Außer mit der Frontansicht sorgte *The Miracle* jedenfalls nicht für viel Aufsehen, obwohl es

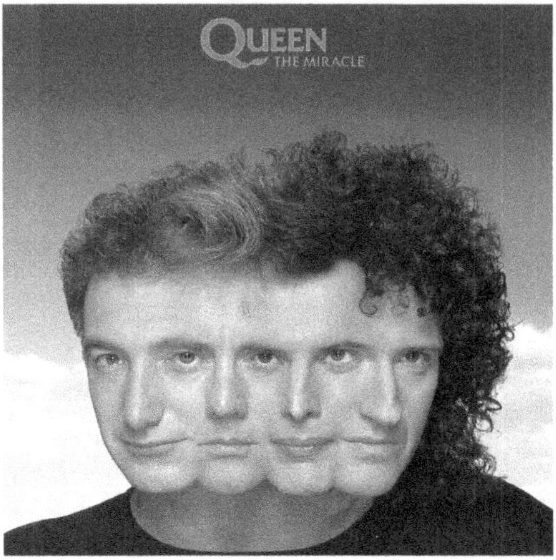

The Miracle (1989)

sich mehr als anständig verkaufte. Queen waren zu diesem Zeitpunkt allerdings längst ein Selbstläufer geworden. Außerdem ist Queens 13. Album, wenn auch vielleicht *ihre* schlechteste, bestimmt keine schlechte Platte.

»Party« steht als Hybrid aus A-cappella-Vortrag und Heavy Metal in der Tradition kurioser Opener. Mit den Zeilen: »Come back and play« und »Goodbye, the party is over« nahm Mercury die öffentliche Diskussion über Queens Verzicht auf eine weitere Tour vorweg, nur um in nahtlosem Übergang »Kashoggi's Ship« mit den Zeilen zu eröffnen: »Who said my party was all over? / I'm in pretty good shape«. Hier bezog er sich auf die Gerüchte um seine HIV-Infektion – auch hieran sollte sich Bowie ein Beispiel nehmen und 2013 im ersten Stück seines Überraschungsalbums *The Next Day* dem Krebsklatsch entgegenhalten: »Here I am, not quite dying«. Seine Bandkollegen hatte Mercury 1989 während eines Restaurantbesuchs in Montreux lakonisch eingeweiht:

> »Seht her, ihr habt wahrscheinlich schon herausgefunden, womit ich es zu tun habe. Ich habe diese Sache und soweit ich

weiß, gibt es dafür keine Heilung, und mir verbleibt nur noch eine gewisse Zeit«.

Mit ruhiger Stimme fügte er hinzu:

> »Ich möchte mein Leben genauso wie bisher fortsetzen. Ich will Platten machen. Ich will, dass keiner davon was weiß. Ich möchte, dass genau ab jetzt keiner drüber spricht, und das war's.«[99]

Geheimhaltung war dabei oberstes Gebot: »Ich will nicht, dass die Leute unsere Scheißplatten aus Mitleid kaufen.«[100] *The Miracle* ist sowohl ein reaktionäres, wie sich noch zeigt, als auch ein reaktives Album. »Kashoggi's Ship« ist die Nachzeichnung einer langen Nacht, die Mercury auf einer der Luxusjachten des verschwenderischen Milliardärs Adnan Kashoggi, übrigens der Onkel von Dodi Al-Fayed, durchfeierte. Mays Ehefrau seit 1974, Chrissie Mullen, hatte sich nach einer öffentlichkeitswirksamen Affäre Mays mit *Eastenders*-Schauspielerin Anita Dobson trotz Geburt ihrer zweiten Tochter Emily Ruth von ihrem Mann getrennt. May zog sich aus seinen Depressionen mit der Abrechnung »Scandal« empor: »Now you've left me all the world's gonna know / Hey scandal, they're gonna turn our lives into a freak show«. Auch seine später weltweite Verwendung als Protestsong findende Leadsingle »I Want It All«, basierend auf Dobsons Lieblingsredensart »I want it all, and I want it now«, ist pure Sturheit; mit dem Kopf durch die selbstgebaute Wand des Lebens. Mercurys breitbeiniges Auftreten im Video lenkte von seinem Dreitagebart ab, den er sich stehen ließ, um die beginnenden, AIDS-bedingten bräunlichen Tumorknoten auf seiner Haut zu verdecken; »Next Scandal Coming Soon!«, hieß es am Ende des Clips. Auch im Video zur nächsten Single, dem einzigen Außendreh der Band in den 1980ern, gab Mercury sich agil wie eh und je: »Breakthru« beginnt mit seinem balladesken Fragment »A New Life Is Born«. Im Video räkelt sich hier Taylors neue Freundin Debbie

Leng auf Zuggleisen; die beiden hatten sich beim Dreh zum Clip der The-Cross-Single »Cowboys and Indians« ineinander verliebt. Danach beginnt Taylors Song, und Queen durchbrechen, wie es der Titel gebietet, auf der Dampflokomotive »Miracle Express« aus einem Tunnel rasend eine Mauer aus Kunststoffbacksteinen. Das heißt: Die Lok hatte im Tunnel solch einen Druck aufgebaut, dass die Wand sogar noch vor dem Aufprall barst. Danach gockelt Mercury in scheinbar bester Verfassung über die Tragfläche auf dem privaten Nene Valley Railway in Cambridgeshire, wirft sich in die gewohnt lasziven, marcatoartigen Gesten. Im Video zu »The Invisible Man«, wieder federführend von Taylor geschrieben, entsteigen Queen dann einem Videospiel und rocken im Kinderzimmer eines jungen Fans. Das erinnert nicht nur an andere 80er-Videos wie zu Twisted Sisters »We're Not Gonna Take It« – die Band im Verbund mit den Kids gegen die gestrengen Eltern –, sondern auch Michael Jacksons damaligem Image als übernatürlichem Kinderfreund, wie im wunderlichen *Moonwalker*-Film dargestellt.

Queen blieben auf Disney-artigem Terrain und ließen sich nach Mercurys Idee im Video zum Titelsong in verschiedenen Inkarnationen von Kindern spielen (mit dem späteren *Band of Brothers*-Darsteller Ross McCall als Mercury) bis sie zum Break zu ihnen stoßen und zusammen die melodisch wunderbare, textlich aber arg naive Coda anstimmen: »That time will come, one day you'll see / When we can all be friends«. Die seichten Mercury/Deacon-Nummern »Rain Must Fall« und »My Baby Does Me« am Ende der Platte sind klassische Filler, die zumindest dazu taugen, das finale »Was It All Worth It« hervorstechen zu lassen. Getrieben von einem zupackenden Metal-Riff und einer gespenstischen Synthie-Melodie rekapituliert Mercury in einem verfrühten Schwanengesang, einer Art Trockenübung für »The Show Must Go On«, die Karriere seiner Band: »We bought a drum kit, I blew my own trumpet / Played the circuit, thought we were perfect«. Nach einem orchestralen Zwischenspiel aus dem Kurzweil-K250-Synthesizer beantwortet er die Titelfrage:

»Yes, it was a worthwhile experience / Ha ha ha ha haa«. Ein versöhnlicher Abschluss, für die Band wie für die Fans. Zumindest auf der LP-Fassung. Der CD-Variante meinte man wieder drei Bonustracks dreingeben zu müssen: Die »I Want It All«-B-Seite »Hang on in There«, das passend betitelte Gitarrensolo »Chinese Torture«, das May in Teilen schon in den letzten Solos der *Magic*-Tour gespielt hatte, sowie ein mit allerhand Studiofiltern in die Länge gezogener 12-Inch-Mix von »The Invisible Man«.

Was in diesem Zuge auffällt: Erstmals nahmen Queen für fast jede der fünf Singles eine B-Seite auf. »Stealin'«, »Hijack My Heart«, besagtes »Hang on in There« und das später für *Made in Heaven* umarrangierte »My Life Has Been Saved« können sich zwar zu recht lediglich über ihren Platz im Schatten der A-Seiten freuen, aber sie sind Zeugnis einer hochproduktiven Band, die wieder Gefallen aneinander gefunden hat. Queen waren eine Einheit wie selten zuvor – in »The Invisible Man« wurden zur weiteren Unterstreichung die Namen aller Bandmitglieder genannt (Taylor dabei mit trommelwirbelimitierend gerolltem »r«). Im Überschwang feierten die eins gewordenen vier das Album als Rückkehr zu ihren Wurzeln, was es aufgrund der vielen synthetischen Drums und der aalglatten 1980er-Produktion indes nicht sein konnte. Mit der biblischen Wucht des Werbespruchs »And the Miracle occurred on the sixth day« priesen sie in den USA ihr dort am 6. Juni erschienenes Album an.

Im Dezember erschien dann als erste Veröffentlichung des Independent-Labels Band of Joy, in Zusammenarbeit mit EMI und BBC, *At The Beeb*, ein aus acht Stücken bestehender Mitschnitt zweier Sessions, die Queen im Februar und Dezember 1973 für die Radioshow *Sounds of the Seventies* von John Peel aufgenommen hatten; die erste Session betreute dabei übrigens John Etchells, später für *Live Killers* verantwortlich. Nur für Komplettisten interessant, stand die Compilation lediglich eine Woche auf Platz 67 der britischen Charts. Kurz nach Weihnachten ging die Band erneut ins Studio, wieder mit Richards. Da das Songwriting zügig voranging, entschied man sich gegen das geplante Mini-Album »Another Miracle« mit den versammelten B-Seiten und Remixes von *The Miracle*. Nichts sollte die Aufmerksamkeit für die kommende Großtat stören. Dabei war diese längst woanders. Warum tourte die Band nicht? Warum wollte sie ihren Fans keinen zweiten magischen Sommer schenken? Mercury erklärte den Schritt mit dem ureigenen Wunsch nach Ausbruch von Konventionen und Erwartungen:

> »Was mich angeht, so haben wir auf all diesen großen Bühnen und so weiter gespielt und müssen uns jetzt etwas anderes ausdenken. Während der letzten Jahre haben wir nichts anderes gemacht, als ein Studioalbum pro Jahr aufzunehmen und danach eine Tournee um die ganze Welt zu absolvieren. Und dann kommen wir wieder zurück und müssen schon wieder an das nächste Album denken.«[101]

Erst im Laufe der Zeit wurde er konkreter und machte sich selbst verantwortlich:

> »Manchmal denke ich, dass es noch mehr im Leben geben muss, als nur wie ein Verrückter um die Welt zu brausen. Ich kann nicht so weiterfeiern, wie ich es in der Vergangenheit getan habe – es ist einfach zu viel. So kann man sich als erwachsener Mann nicht benehmen. Ich habe meine wilden Partynächte hinter mir, aber das liegt nicht daran, dass ich krank bin, sondern am Alter. Ich bin schließlich kein junger Hüpfer mehr. Heute ziehe ich es vor, meine Freizeit zu Hause zu verbringen.«[102]

Und zu Hause, dort sah ihn die Welt nicht. Umso erschrockener war sie bei Mercurys letztem öffentlichen Auftritt, der alle Gerüchte zu bestätigen schien. Am 18. Februar 1990 schritt er – mutig noch vor seinen Bandmitgliedern – auf die Bühne des Dominion Theatre, um den »Brit Award for Outstanding Contribution to British Music« entgegenzunehmen. May hielt die Dankesrede,

Taylor bedankte sich knapp, Deacon schwieg verlässlich, dann trat ein ausgemergelter Mercury mit schütterem Haar vors Mikrophon, »Thank you, good night!« Die letzte Performance eines Mannes, der sich nur dreieinhalb Jahre zuvor vom Live-Geschäft verabschiedet hatte, nachdem eine Million Menschen auf der *Magic*-Tour von der akkumulierten Energie eines gutbesuchten Kindergeburtstags kurz vor dem Zuckerschock königlich unterhalten worden war. Queen verzichteten auf die Aftershow-Party und luden 400 Gäste zur Parallelveranstaltung anlässlich ihres 20-jährigen Bestehens in den Groucho Club in Soho. Mercury ließ sich kurz bei seinen Freund:innen wie Liza Minnelli und Rod Stewart blicken, zog sich aber schnell müde zurück.

Paparazzi versorgten zu dieser Zeit die Revolverblätter mit grobkörnigen Bildern eines Mercury, etwa beim Heimweg nach einem Arztbesuch. »Er bat nur um zwei Dinge«, sagte Taylor. »Er wollte weiterarbeiten und, als er richtig krank wurde, dass wir ihn besuchen.«[103] May warf später noch ein überraschend helles Licht auf den Prozess:

> »Es war immer eine Freude, Freddie im Studio zu haben. Er sprühte vor Ideen, bis ganz zum Schluss. Für ihn war das Studio eine wirkliche Rettungsleine. Und deshalb waren diese letzten Aufnahmen keineswegs anstrengend, ganz im Gegenteil.«[104]

Natürlich wurde die Studioarbeit aber Mercurys Bedürfnissen angepasst: drei Wochen Arbeit, zwei Wochen Pause, repeat.

Währenddessen trugen Queen im Sommer 1990, zehn Jahre nach »Dust«, unbeabsichtigt erneut zum Aufschwung des Hip-Hops bei. Der Rapper Robert Matthew Van Winkle alias Vanilla Ice (der Name wurde ihm als Teenager verpasst, weil er der einzige Nichtschwarze in seiner Breakdance-Crew war) hatte bereits 1983 »Under Pressure« in der Plattensammlung seines älteren Bruders entdeckt. Nun raste er mit dessen prägnantem Basslauf und den beiden Klaviertönen als Grundlage seines »Ice Ice

Baby« weltweit die Charts hoch. Dazu erdreistete er sich zu behaupten, es handle sich hierbei nicht um ein Sample, da er die Melodie leicht verändert habe – tatsächlich hatte er eine einzige Note vor der ersten Wiederholung des Exzerpts eingefügt. Queen drohten mit einer Urheberrechtsklage, man einigte sich außergerichtlich. Künftig mussten alle am Song Beteiligten bei den Credits angegeben werden. Bevor Vanilla Ice zur Hasselhoff'schen Witzfigur verkam, war er für eine Saison Megastar. Er wurde als Action-Figur veröffentlicht, trat im Kinohit *Teenage Mutant Ninja Turtles II* auf und hatte sogar eine mehrmonatige Romanze mit Madonna. Zusammen mit MC Hammers »U Can't Touch This«, das ebenfalls auf einen 1981er-Basslauf – den aus Rick James' »Superfreak« zurückgeht – sorgte er 1990 dafür, dass Rap auch die hinterletzten Ecken der Welt erreichte.

Seinen 44. Geburtstag beging Mercury im engsten Kreis: 20 Gäste, darunter die Frauen, Mary Austin und Barbara Valentin, und die Männer, Jim Hutton, Dave Clark, Peter Freestone und der vom Lover zum persönlichen Koch modifizierte Joe Fanelli (ein Veganer, der Mercury aber dennoch dessen Lieblingssteaks briet), seines Lebens saßen ihm zur Seite, als er die Kerzen auf einer dem Taj Mahal nachempfundenen Torte auspustete. Das indische Mausoleum war einer seiner Lieblingsbauten, in »The Miracle« hatte er ihn besungen. Queen gingen ihrem sicheren Ende entgegen, doch Beach handelte noch einen neuen Plattenvertrag für sie aus. Sie verabschiedeten sich von Capitol und von September an waren die zum Teil dem Disney-Konzern gehörenden Hollywood Records für Queen in den USA zuständig. In einer Video-Grußbotschaft an ihr neues Label drückte May im Namen der Band deren »Vorfreude auf eine großartige und strahlende Zukunft unter dem Disneyland- oder sollte ich sagen: Hollywood-Schriftzug« aus. Nach der Verabschiedung empfiehlt der Regisseur – dem österreichischen Akzent nach Dolezal – einen weiteren Take, worauf der bis dahin stumme und sichtlich abgemagerte Mercury erwidert: »O Scheiße, den ganzen Mist noch mal?«[105] Da das Gerede um Mercurys Krankheit bis zum

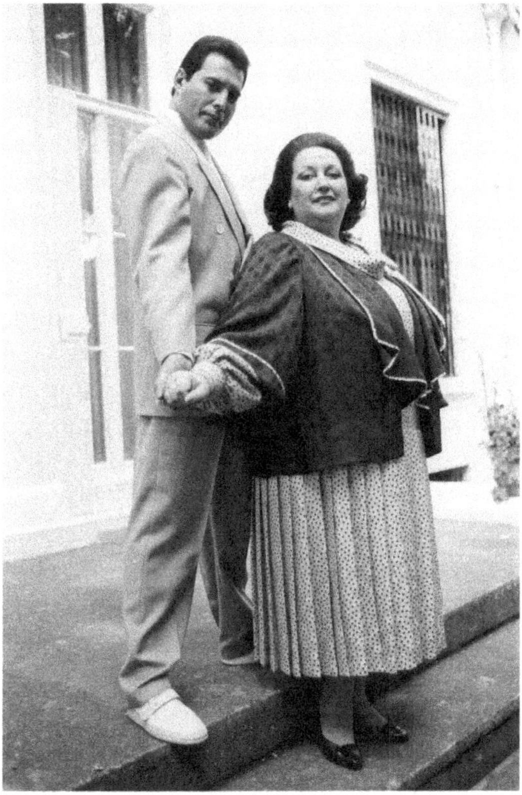

»I had this perfect dream / This dream was me and you«: Mercury mit Idol Montserrat Caballé, 24. September 1987

Disney-CEO Michael Eisner durchgedrungen war, wollte der eine Ausstiegsklausel für den Todesfall in den zehn Millionen US-Dollar schweren Vertrag einführen. Hollywood-Chef Peter Paterno sollte allerdings recht behalten mit dem Gegenargument, dass der Tod in der Regel gut fürs Business sei. In fünf Chargen von März bis Dezember des folgenden Jahres kamen alle Alben der Band, teilweise mit groben Fehlern im Schnitt und bei den abgedruckten Lyrics (sogar für die instrumentale Version von »Seven Seas of Rhye« wird hier Text angegeben) und mit stets sinnlosen Remixes versehen, in remasterter Form zurück auf den US-Markt.

Innuendo hieß das letzte reguläre Album der Band. Ein mysteriöses Lieblingswort von Mercury, das er gerne bei *Scrabble* legte. Das Album hätte zum Weihnachtgeschäft 1990 im Handel sein sollen, doch Mercury war zu angeschlagen, um die Aufnahmen rechtzeitig zu beenden. Immerhin debütierte Ende Dezember das Video des als Leadsingle ausgekoppelten Titelstücks. Die Welt, zumindest die europäische, hielt den Atem an. Wie würde Mercury aussehen? Was hätte er zu sagen? Obwohl die Band von der Klatschpresse bis zum drohenden Erstickungstod im Schwitzkasten gehalten wurde, nutzte sie ihre freien Arme, um mit den Erwartungshaltungen zu spielen, ja zu jonglieren. Mercury zeigte sich zwar nicht, doch er sagte alles. Aber von Anfang, vom dramatischen Anfang an: Zunächst erschien das animierte Artwork der Platte auf der nächtlichen Außenwand der Londoner Metropolis Studios, in denen das Album fertiggestellt wurde. Es handelte sich um eine Adaption der Illustration »Jongleur der Universen« des französischen Malers und Zeichners Grandville (1803–1847). Im Original hat der dem Jongleur entgleitende und somit einen umstehenden Mann bedrohende Meteorit die Form eines Kreuzes der napoleonischen Ehrenlegion, bei Queen fällt an seiner Stelle symbolträchtig eine Banane – sie wird uns noch später auf *Innuendo* begegnen.

Den unheilvollen Trommelwirbel, darunter machen es Queen bei ihrem großen Finale nicht, beendet Mercury mit einem klassischen Einzähler, der wie ein Countdown wirkt. Die »Party« von *The Miracle* war endgültig vorbei, den Wundern der Welt Adieu gesagt, es würde keinen *Breakthru* zum Herzen eines anderen mehr geben. Der letzte Partner in Mercurys Leben würde der Tod sein. Jetzt stellt er sich ihm. Noch einmal durchatmen – »One, two, three, four …«. Ein schwerer E-Dur-Akkord erhebt sich immer wieder zum F, schreitet wellenartig voran wie eine unaufhaltbare Flut. Mercury steht an der Küste, sieht das Unheil auf sich zukommen und fordert das, was hinter alldem steckt,

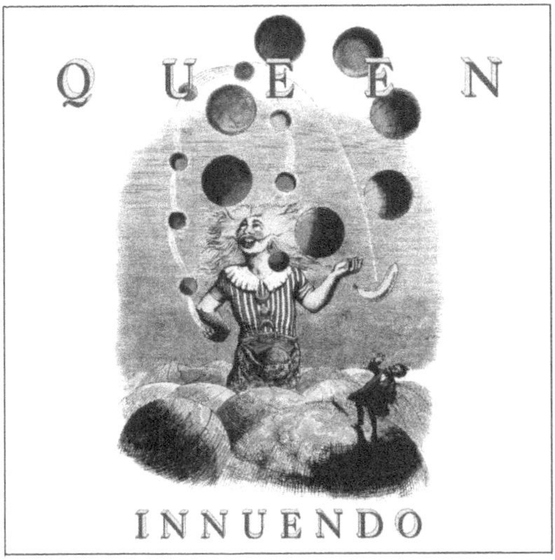

Innuendo (1991)

heraus: »If there's a God or any kind of justice under the sky / [...] Show yourself, destroy our fears / Release your mask!«

Die Band spielt im zugehörigen Clip nicht mit, ist nur in Rückblenden aus den *Miracle*-Clips sowie ihren letzten Wembley-Auftritten auf der Leinwand eines von unheimlich maskierten Knetfiguren besuchten Kinos zu sehen. Jedes Bandmitglied wurde dazu durch einen unterschiedlichen Stilfilter gejagt: Mercury sieht wie eine Zeichnung Leonardo da Vincis aus, May wie eine Radierung aus dem Viktorianischen Zeitalter, Taylor lässt die Farben auf seinen Trommelfellen spritzen wie Jackson Pollock, und Deacon ist als abstraktes Picasso'sches Formenmännchen zu sehen. Unterbrochen wird die Performance von Archivaufnahmen betender Gläubiger, marschierender Soldaten und einem Flugzeugabsturz. Dazu klagt Mercury an, von Taylor bei der Wortwahl assistiert: »Our lives dictated by tradition, superstition, false religion / Through the aeons, and on and on«. Dann setzt Ausnahmegitarrist Steve Howe von Yes mit einem Flamenco-Part ein und wird so zum einzigen Nichtbandmitglied, das jemals auf einer Queen-Platte Gitarre spielen durfte.

Kurzzeitig beruhigt er damit die düstere Szenerie, bis sich die Wesen aus den Aardman Studios (*Wallace & Gromit, Shaun das Schaf*) erheben und einen gespenstischen Tanz aufführen. Mercury fleht: »Please don't take offence at my innuendo.« Möglicherweise wendet er sich dabei an die vielen homosexuellen und HIV-positiven Menschen, die ihn zu einem Coming-out sowie zum Bekenntnis seiner Krankheit gedrängt hatten, um zur Aufklärung und gesellschaftlichen Sensibilisierung beizutragen. »Bitte nehmt mir nicht übel, dass ich euch nur eine Andeutung mache.«

Mercury wollte sich nie als Sprachrohr instrumentalisieren lassen. Seine Selbstbestimmtheit unterstreicht er im folgenden Opernteil und bietet damit auch einen Ausweg aus zahlreichen Problemen der Welt an: »You can be anything you want to be«, »Surrender your ego, be free / Be free to yourself«. Doch wie schon bei »Rhapsody«, obwohl die Band versicherte, kein Update ihres Klassikers liefern zu wollen, schlägt auch hier die Abrissbirne Rock 'n' Roll die Opernwände ein. May führt mit einem Speed-Metal-artigen Solo in den Anfang des epischen Songs zurück, der in der »explosive version« sogar mit infernalischem Lärm endet. 16 Jahre nach »Rhapsody« gab es keine Beanstandungen der Plattenfirma, diesen sechseinhalbminütigen Magenschwinger von einem Song als Leadsingle zu veröffentlichen. Tatsächlich sollten Queen damit zum ersten Mal seit zehn Jahren wieder auf Platz 1 im UK stehen. Das öffentliche Interesse war schlicht zu groß. Alles wäre jetzt ein Hit geworden. Mitte Februar debütierte auch das Album ganz oben. Beginnend mit seinem Titelstück wurden die nächsten Singles in der Reihenfolge der Tracklist veröffentlicht: »I'm Going Slightly Mad« bot *comic relief* nach dem apokalyptischen Intro an – musikalisch wie inhaltlich und nur im direkten Vergleich zu sehen. »Mad« ist bei allem Nonsens keine Ulknummer, eine nervöse Unruhe durchströmt den Song. Über eine spitze Berglandschaft aus Synthesizern balancierend, macht Mercury sich über seinen fortschreitenden geistigen Abbau lustig. Bevor er sich der als Produktionsassistentin verkleideten Sandy Miller auf den Schoß setzt, rastet er in einem Beet aus »One thousand and one yellow daffodils«, während May sich wie bereits auf dem Backcover des ersten Queen-Albums als Pinguin verkleidet unter Artgenossen begibt. Deacon in Harlekin-Outfit entmumifiziert den einbandagierten Taylor, dem gerade noch buchstäblich der Hut brannte, bis er seinen eigenen emporsteigenden Basslauf verbildlichend eine Treppe hinaufsprintet und sich auflöst. Dazwischen beißt Mercury lasziv in eine der vielen Bananen, die ihm in einer Einstellung vom Kopf hängen. Die Lyrics entstanden mithilfe von Mercurys langjährigem Freund Straker bei einer heiteren, durchwachten Nacht an Mercurys Küchentisch. Im Making-of ist zu sehen, wie einem der (echten) Pinguine ein Toilettenmalheur auf dem Sofa neben Mercury passiert, was die Ausgelassenheit des Videodrehs – immerhin im Februar 1991, keine neun Monate vor Mercurys Tod – noch verstärkte. Was wir nicht zu sehen bekommen: Wie sich Mercury immer wieder für längere Pausen von den Blödeleien auf einem Bett erholen musste. Und dass er Thermounterwäsche unter seinem Kostüm trug, um dies einigermaßen auszufüllen und trotz der Studiobeleuchtung nicht zu frieren.

Noch potenter, wenngleich schon eindeutig von seiner Krankheit gezeichnet, zeigte Mercury sich im allerdings bereits Ende 1990 gedrehten Video zum folgenden »Headlong«. Diesmal dringen große Lichtkegel aus dem Inneren der Metropolis Studios, die Band präsentiert einen ihrer härtesten Songs mit einer Mischung aus Studio-Albereien und einer energetischen Performance. Wie schon auf *The Miracle* bei »I Want It All«, »Scandal« und »Breakthru« war es der nicht mehr tourenden Band wichtig, sich immer noch als Live-Stärke darzustellen. Doch die zufällige Doppeldeutigkeit von Mays Zeilen dürfte Mercury nicht entgangen sein: »You're rushing headlong out of control / And you think you're so strong / But there ain't no stopping / And there's nothing you can do about it at all.« Es ist das letzte Video mit Mercury, das in Farbe gedreht wurde. Mit den in Schwarzweiß gehaltenen folgenden ließen sich die Spuren, die AIDS hinterlassen hatte, leichter verbergen. »Headlong« war wie der nächste, ähnlich dynamische Song »I Can't Live With You«, auf dem May seine zerbrochene Ehe aufzuarbeiten versuchte, ursprünglich für dessen erstes Soloalbum gedacht. Doch Probeaufnahmen mit Mercury am Mikro überzeugten May, das Material der Band zu überlassen. Nicht jeder Song auf *Innuendo* thematisierte also den Elefanten im Zimmer. Mit »Ride the Wild Wind« setzte Tempo-Liebhaber Taylor etwa »I'm in Love with My Car« fort, »All God's People« datiert aus *Barcelona*-Tagen und hieß ursprünglich »Africa by Night«. Mercurys aggressives »Hitman« mag zunächst deplatziert wirken: Wem wollte der auf Haut und Knochen reduzierte Mercury bitte drohen mit »Hey, I'm the hitman – stand aside!« Doch lässt sich leicht vorstellen, dass Mercury hier in die Rolle seiner Krankheit schlüpft: »I want your life, ain't no escaping«, »Struggle with the beast – what a thief what a pest / Come back, mother, nuke that sucker!«

»These Are the Days of Our Lives« ist Taylors Rückblick auf die gemeinsamen Jahre mit Mercury, begonnen bei dem kleinen Stand am Kensington Market. Der Song wird oft vorschnell als seichter Radiopop abgetan, dabei stellt er erneut Queens Drang nach Veränderung – bis zuletzt – unter Beweis. Weg war der Pomp, weg das Drama. Taylor streichelt die Congas, Deacon lässt seinen Bass munter hüpfen, und May hält sich weitestgehend zurück bis zu einem seiner gefühlvollsten Soli. Die aufgetakelten Queen – hier standen sie nackt vor einem. Co-Regisseur Dolezal erinnerte sich 2019 im Gespräch mit dem *People Magazine* an die Aufnahmen:

> »Er muss schreckliche Schmerzen gehabt haben, aber das sieht man nicht. Man sieht nur einen Mann und sein Schicksal. Aber unabhängig davon, ob er Schmerzen hatte oder nicht, er hat immer seine Leistung erbracht. Er wollte keine Extrabehandlung. Er war so tapfer. Im Nachhinein wäre es so einfach gewesen, eine Diva zu sein, aber so war er nicht.«

Über seine AIDS-Erkrankung habe Mercury nicht sprechen wollen.

> »Die meisten Leute wussten nicht einmal, ob er es hatte, abgesehen von der Band und ein paar Leuten aus dem inneren Kreis. Er sagte immer: ›Ich möchte anderen Menschen keine Last aufbürden‹.«[106]

»The Show Must Go On« zum Ende ist Mays dramatischer Versuch, über eine schaurige Synthesizer-Akkordfolge von Taylor und Deacon Zeilen zu schreiben, die Mercury aus der Seele sprechen: »I'll face it with a grin / I'm never giving in / On with the show«. May quälten Zweifel, ob der Song nicht zu direkt sei, konnte sich aber gegen jemanden, der »Champions« geschrieben hatte, nicht durchsetzen. Auch seine Bedenken ob der gesanglichen Herausforderungen des Stücks zerstreute Mercury: »Verflucht noch mal, ich mach es, Darling«, sagte er, kippte zwei Wodka-Shots und bezwang den Song.[107] Der, wäre er ein Bauwerk, dem Brutalismus entstammen müsste. Im Zwischenteil geht kurz die Sonne über dem bedrohlichen Betonklotz auf, ein letzter Hoffnungsschimmer – vielleicht war alles nur ein böser Traum –, doch schon ziehen die pechschwarzen Wolken wieder zu. Mitte Oktober als letzte Queen-Single zu Mercurys Lebzeiten veröffentlicht, schließt sich auf der Tracklist ein Kreis: Auf der B-Seite fordert Mercury mit der ersten Single Queens »Keep Yourself Alive«, möglicherweise sein letzter Insider-Gag. Bevor alles zu spät wurde, nimmt Mercury sich auf dem Album aber noch im leichtherzigen »Delilah« Zeit für eine Ode an seine Lieblingskatze. »Inside my heart is breaking, my makeup may be flaking / But my smile still stays on«. Eben. Denn zwischen seinen beiden finsteren Klammertracks ist *Innuendo* ein erstaunlich lichtdurchflutetes Album. Im Booklet sowie im »Days«-Video zeigte sich Mercury in einer eigens handbemalten Weste mit den Abbildern seiner Katzen. Sechs Miezen hatte die Garden Lodge bei Mercurys Ableben Obdach geboten, in der Regel haben sie Mercury mindestens so viel bedeutet wie seine liebsten Mitmenschen. Die und seine Katzen scharte er am 5. September um sich, um seinen 45. Geburtstag zumindest mit einer kleinen Dinnerparty zu feiern – von der er sich allerdings früh ermattet zurückziehen musste. Dennoch ließ er über Jim Beach noch eine Penthouse-Wohnung im La-Tourelle-Komplex von Montreux erstehen, wo er hoffte, Weihnachten verbringen zu können. Vergebliche Einrichtungspläne retteten ihn durch die Tage. *Use Your Illusion*, wie Guns N' Roses damals rieten. Am 10. November 1991 sollte er diese Wohnung zum letzten Mal verlassen. Bald darauf verkündete er seinen Mitbewohnern Hutton, Freestone und Fanelli, dass er außer Schmerzmitteln seine Medikamente nicht mehr nehmen möchte.

Suizid war für ihn nie eine Option, *nobody's worth it*. Er stellte sich seinem Schicksal. Bis zuletzt klagte er nie über Schmerzen, obwohl sie höllisch gewesen sein müssen. Für das Video zum Mitte Oktober veröffentlichten »The Show Must Go On« entschied man sich für eine Collage aus Clips des zurückliegenden Jahrzehnts – auch zur Bewerbung des anstehenden *Greatest Hits II*. Wie sein Vorgänger enthielt das Album 17 Songs aus zehn Jahren, diesmal allerdings in international einheitlicher Reihenfolge. Die Compilation wurde umgehend zum Bestseller. Vor diesem Hintergrund erschienen die im Booklet verzeichneten aufgeblähten bis frei erfundenen Erfolge unnötig. Bereits auf *Greatest Hits* wurden Zahlen geschönt und die Doppelsingle »Rock You« / »Champions« zum Nummer-1-Hit in den USA erklärt, obwohl sie »nur« Platz 4 erreicht hatte. Nachdem der Schwindel unbemerkt geblieben war, ging man auf *II* noch dreister vor: Schon zu Beginn bei »A Kind of Magic« heißt es, der Song hätte »in no less than 35 countries« die Nr. 1 erreicht. Es ist unbekannt, auf welche Hitlisten sich diese Zahl beziehen soll, doch die offiziellen Verkaufscharts sah sich der Song in keinem Land der Welt von oben an. Auch dass »The Invisible Man« »made Top 20 all over Europe« ist mindestens so weit von der Wahrheit entfernt wie die Behauptung das abschließende »One Vision« sei in den »Top 10 in most European countries« gewesen. Verbürgt ist hingegen, dass *Greatest Hits II* bis heute allein im UK 13-fach mit Platin ausgezeichnet wurde. Und in Deutschland, obwohl auch hier ein immenser Erfolg mit 13 Wochen auf Platz 2, nicht an Genesis' *We Can't Dance* vorbeikam.

Die letzten Tage vor seinem Tod nutzte Mercury vor allem, um sich zu verabschieden: Seine Eltern kamen in der Garden Lodge vorbei, ebenso seine Schwester, deren Mann und die beiden Kinder. Obwohl bettlägerig, schaffte es Mercury, sie bis zu drei Stunden zu unterhalten. Auch bei dieser, seiner letzten Gelegenheit erzählte er ihnen nichts von seiner Erkrankung. »Er musste gar nichts sagen«, sagte seine Mutter Jer später. »Ich wusste auch so, dass er sehr krank war.«[108] Sie hatten vor, ihm im Lauf der Woche noch einen weiteren Besuch abzustatten, doch Mercury schlug die Angebote aus. Er wusste, dass er nicht noch mal eine solche Energie aufbringen konnte, und wollte ihnen mit dem optimalen Eindruck in Erinnerung bleiben. Seit Tagen war er ans Bett gebunden, wo er sich zur Behandlung einer von AIDS verursachten Bronchialpneumonie einer Sauerstofftherapie unterzog. Elton John durchbrach die Mauer aus Journalisten, die Garden Lodge eingekreist hatten, ohne falsche Rücksicht mit seinem Bentley und ließ sich darin bis zur Eingangstür fahren. Auf den Grund seiner Visite angesprochen, antwortete er wahrheitsgetreu: »Ich bin gekommen, um meinen Freund zu sehen.«[109] Taylor begegnete der Aggressivität der Presse auf Augenhöhe, bei einem seiner Besuche schlug er einen Fotografen, bei einem anderen fuhr er einem anderen mit dem Auto über den Fuß.

Zum letzten Mal sah er Mercury mit seiner Freundin Leng. May und Dobson ließen sich ein letztes Mal blicken. Clark ebenso wie Austin, obwohl schon im siebten Monat schwanger, kamen fast täglich. Alles war und alle waren abgehakt. Außer: der Welt. Doch die war Mercury egal. Seinen Fans zuliebe und um seine Freunde und Familie von der Pflicht zu entbinden, weiterhin zu lügen. Außerdem wollte er, nachdem Fanelli und Hutton ebenfalls positiv auf HIV getestet worden waren, vermeiden, dass seinem beschützten wie beschützendem Refugium ein Ruf als Todeshaus zukam. Für den 22. November ließ er daher Beach einbestellen. In einem fünfeinhalbstündigen Meeting hinter verschlossenen Türen fertigten sie eine Pressemitteilung an, die den Spekulationen ein Ende setzen würde. Queens Pressebeauftragte Roxy Meade sollte das Statement gezielt am Freitagabend um 20 Uhr versenden. Man hatte sich davon erhofft, dass dies zu kurzfristig für die Yellow Press sei, die Mercury in den letzten Jahren so drangsaliert hatte. Von den etwas weniger sensationsgierigen Sonntagsblättern hatte man sich einen würdevolleren Umgang mit der Information erwartet. Hier die Nachricht im Wortlaut:

> »Nach den heftigen Spekulationen in den Medien in den letzten zwei Wochen möchte ich bestätigen, dass ich HIV-positiv getestet worden bin und AIDS habe. Ich habe es für richtig erachtet, diese Information privat zu halten, um die Privatsphäre jener um mich herum zu schützen. Nun aber ist die Zeit für meine Freunde und Fans weltweit gekommen, die Wahrheit zu erfahren, und ich hoffe, dass jeder mit mir, meinen Ärzten und allen weltweit gegen diese schreckliche Krankheit ankämpft. Meine Privatsphäre war mir immer sehr wichtig, und ich bin dafür bekannt, nur wenige Interviews zu geben. Bitte versteht, dass ich das so beibehalten werde.«[110]

Mit der Veröffentlichung fiel die letzte Last von ihm, er sollte noch eine ruhige Nacht durchleben. Die ihm präsentierten Samstagsausgaben der Presse, die natürlich allesamt ihn auf der Titelseite hatten, kümmerten ihn nicht. Er hatte seinen Frieden gemacht und alles erledigt. Er war bereit. Hutton, Austin, Clark, Fanelli und Freestone wechselten sich in ihrer Krankenwache ab. In der Nacht schrieb Brian May den Song »Nothin' But Blue« über seinen Freund. In den Morgenstunden des Sonntags war Mercury in ein Koma gefallen. Sein Doktor Gordon Atkinson wurde gerufen, doch was hätte er schon ausrichten können? Die entscheidenden Minuten wurden von verschiedenen Menschen verschieden wiedergegeben. Freestones Version erscheint am plausibelsten: Als Fanelli Dr. Atkinson nach draußen begleitete, erwachte Mercury und bat Clark darum, ihm beim Toilettengang unter die Arme zu greifen. Während Clark Freestone und Hutton zur Unterstützung herbeirief, starb Mercury. Um 18:48 Uhr erklärte man ihn für tot. Als Todesursache wurde »Lungenentzündung infolge von AIDS« notiert. Mercury hatte selbst seinem Vertrauten Freestone kaum von seiner Jugend erzählt. Der Mann, der über zwölf Jahre an seiner Seite stand, kannte Mercurys Geburtsnamen nicht und gab im Totenschein »Frederick Mercury, auch genannt Frederick Bulsara« an. Die Polizei hinderte die Presse mit einer Straßensperre daran, den Bestatter bei der Abholung des Leichnams zu stören. Um Mitternacht wurde Mercurys Tod bekanntgegeben. Queen veröffentlichten eine Pressemitteilung:

> »Wir haben das bedeutendste und beliebteste Familienmitglied verloren. Wir fühlen abgrundtiefen Kummer darüber, dass er von uns gegangen ist, Trauer, dass er auf dem Höhepunkt seiner Kreativität abberufen wurde, vor allem aber Stolz über die mutige Art und Weise, wie er gelebt hat und gestorben ist.«[111]

Begleitet von Aretha Franklins »You've Got a Friend«, erreichte Mercurys Eichensarg, bedeckt mit einer roten Rose, am 27. November das West London Crematorium in Kensel Green. Etwa 65 Gäste, darunter Mercurys Familie, seine Band, Beach und Elton John, wurden Zeuge einer Einäscherung nach parsischem Brauch. Mercurys Eltern hatten sich dafür entschieden, er selbst hatte keine Vorkehrungen getroffen. Freestones Vater war der Bestatter. Zu den Klängen von Caballés »D'amor sull'ali rosee« aus Verdis *Il Trovatore* verließ Mercury die Zeremonie. 1981 waren die ersten Menschen an AIDS gestorben, 1991 waren bereits zehn Millionen Menschen infiziert. May meinte später, hätte Mercury sich nur ein Jahr später mit HIV angesteckt, könnte er heute noch leben.[112] Und vermutlich würde er das noch sehr lange. Seine Eltern hatten ihm in dieser Hinsicht beste Gene mitgegeben: Sein Vater wurde 95 Jahre alt, seine 94-jährige Mutter überlebte ihren Sohn um 25 Jahre.

Wo Mercury seine letzte Ruhe fand, weiß nur Mary Austin. Diese erinnert sich:

> »An einem Sonntag nach dem Mittagessen verkündete er mir plötzlich: Ich weiß genau, wohin du mich eines Tages bringen sollst. Aber außer dir darf das niemand wissen; ich möchte nicht, dass mich jemand ausgräbt. Ich möchte einfach in Frieden ruhen.«[113]

Bekannt ist, dass Austin die Urne mit Mercurys Asche seinem Wunsch gemäß für zwei Jahre nach seinem Tod in ihrem Schlafzimmer aufbewahrte, bevor sie die Urne an einer geheimen Stelle begrub. Ende Februar 2013 wurde zwar auf dem Nordwestlondoner Friedhof Kensal Green eine Gedenktafel mit der Inschrift »In Loving Memory of Farrokh Bulsara 5. Sept. 1946 – 24. Nov. 1991«, gefolgt vom französischen Text »Pour être toujours près de toi avec tout mon amour« und der Initiale »M« entdeckt. Doch kurz darauf war die Tafel auch schon wieder verschwunden. Austin äußerte sich dazu in einer Stellungnahme: »Ich habe am Sterbebett versprochen, den Verbleib der Asche niemals zu verraten. Ich weiß, wo sie ist, aber das ist alles, was ich dazu zu sagen habe.«[114]

Bereits eine Woche nach der Beisetzung saßen Taylor und May im britischen Frühstücksfernsehen, mit beherzten Plädoyers gegen die Stigmatisierung Homosexueller und dem Appell, HIV als universales Problem zu begreifen. Unglücklicherweise versuchte der Moderator den ebenfalls anwesenden Gast, Fernsehzauberer Paul Daniels, in die Unterhaltung einzubeziehen. Daniels, der freimütig angab, nicht mit der Musik Queens vertraut zu sein, riss die Unterhaltung an sich, was ihm später Taylors Schelte einbrachte: »What a dick!«[115] Bereits hier deuteten die beiden an, was keine fünf Monate später Realität werden sollte: »eine Art Event«, kündigte Taylor an, »wahrscheinlich unter [Freddies] Namen«.[116] Die Trauergemeinschaft zerbrach kurz darauf an Erbstreitigkeiten. Mercury hatte Austin mit der Hälfte seines Vermögens bedacht und ihr dazu Garden Lodge hinterlassen. Hutton, Freestone und Fanelli hatten entgegen ihren Erwartungen kein dauerhaftes Wohnrecht bekommen und mussten unter Protest gehen. Alle drei erhielten zudem den gleichen Erbanteil: 20 000 Pfund, weniger als die erwarteten 50 000. Hutton rechnete 1995 in seinem Buch *Mercury and Me* mit Austin ab. Fanelli verlor seinen Kampf gegen AIDS 1992, Hutton konnte die Krankheit in Zaum halten, starb 2010 an Lungenkrebs. Valentin, die (wahrscheinlich von Beach)[117] explizit von der Beerdigung ausgeschlossen wurde, starb 2002 nach einem Schlaganfall. Auf ihrer Beerdigung lief »Love Me Like There's No Tomorrow«.

Am 12. Februar 1992 nahmen May und Taylor den Brit Award für »Days« als »Best British Single« entgegen. Taylor kündigte nun ein Mega-Event an: »Ich hoffe, ihr werdet in großer Zahl am 20. April ins Wembley-Stadion kommen, um Freddies Leben und seine Karriere zu feiern. Es werden viele Freunde dabei sein, und ihr seid alle willkommen.«[118] Zehn Wochen darauf sollte die internationale Rock- und Pop-Elite das Versprechen einlösen. 1991 war nicht nur das Jahr des Durchbruchs von Nirvana gewesen, die das Line-up des Tributes stimmig ergänzt hätten, sondern auch das von U2, die sich mit dem Elektro-Rock von *Achtung Baby* erfolgreich neu aufstellten, von Extreme, die mit »More Than Words« einen weltweiten Smash-Hit hatten, von Guns N' Roses, die mit zwei simultan veröffentlichten Doppel-LPs ihre Vorherrschaft zementierten, und von Metallica, die mit dem *Black Album* Heavy Metal im Mainstream verankerten. Doch an diesem Abend waren sie alle nur Opening Acts. Extreme lieferten mit einem energetischen, hüftbetonten Medley aus Queen-Songs eine Art Trailer für die Hauptshow – ihre abschließende Verquickung von »Love of My Life« und ihrem eigenen Nummer-1-Hit fand aus lizenzrechtlichen Gründen bedauerlicherweise nicht den Weg auf die Heimvideo-Variante. U2 wurden per Satellit aus dem kalifornischen Sacramento für »Until the End of the World« zugeschaltet. Bob Geldof revanchierte sich mit seinem »Too Late God« für Queens *Live Aid*-Auftritt. Doch wie sieben Jahre zuvor an selber Stelle sollte Mercury erneut allen die Schau stehlen. Nach einer Ansprache von Elizabeth Taylor zum mindestens zweitwichtigsten Thema des Abends, der AIDS-Aufklärung, erschien er auf den riesigen Videoleinwänden und animierte mit einem Zusammenschnitt diverser »Ay-ohs« das Publikum sogar noch aus dem Jenseits. Danach kehrten May, Taylor und Deacon zurück und holten Stargast nach Stargast für ein Best-of-Set auf die Bühne.

Den Anfang machte Def Leppards Joe Elliott, sozusagen der Ur-Adam-Lambert für eine peitschende Fassung von »Tie Your Mother Down«. Danach bat May sein Vorbild Tony Iommi, mit dessen Schnauzer eine optische Mischung aus May und Mercury, für »I Want It All« hinzu. Endlich war der Song dort angekommen, wo er immer schon hingehört hatte. Neben dem eingangs bereits gerühmten Duett von Axl Rose – im Herrenrock! – und Elton John verblasste David Bowies wohl als heimlicher Höhepunkt geplante, aber ohnehin befremdliche »Vaterunser«-Improvisation auf Knien. »Ich dachte nur: ›Was zum Teufel macht der da?‹«[119], erinnerte sich May. Schließlich war Mercury nicht gläubig und schon gar kein Christ. Davor hatte Bowie bereits drei Glanzlichter strahlen lassen: das betörende »Under Pressure« etwa, im Duett mit einer den Look Marilyn Mansons vorwegnehmenden Annie Lennox, zwei Kolosse des Gender-Bending. Zu »All the Young Dudes« lud Bowie nicht nur den kongenialen Gitarristen seiner Spiders from Mars, Mick Ronson, sondern auch den Sänger der Band, für die er den Song 1972 geschrieben hatte: Ian Hunter von Mott the Hoople, Queens ehemaligen Tour-Kumpanen. Mit dem folgenden »Heroes« sprach er dem Geist der Veranstaltung aus der Seele. Denn mit den Einnahmen aus dem Konzert wurde der Mercury Phoenix Trust gegründet, eine gemeinnützige Organisation zur Bekämpfung von AIDS, die bis heute mehr als 18 Millionen Euro gespendet hat. »We can be Heroes, just for one day.« Eine ironisch gefärbte Liebesanalyse aus Sicht eines Säufers, stets falsch verstanden als Selbstermächtigungshymne. An diesem Abend war das okay.

Robert Plant berief sich auf die Ähnlichkeiten von »Innuendo« mit »Kashmir« und »Thank You« seiner Led Zeppelin, vermengte die Songs miteinander. Leider versagten Stimme und Textgedächtnis. Beschämt verweigerte er die Veröffentlichung des Medleys für die zahlreichen Zweitverwertungen. Ekstatisch wurde die »Ready, Freddie!«-Zeile in Plants anschließendem, etwas gelungenerem »Crazy Little Thing« gleich doppelt wiederholt. In nachhaltigster Erinnerung bleibt aber wohl: George Michaels Darbietung von »Somebody to Love«, das unterstützt vom London Community Gospel Choir endlich als die Gospelnummer erblühen durfte, als die sie konzipiert worden war. Auf deren Höhepunkt ist Michael nicht zu hören: Zum Ende des Call-and-Response-Parts richtete er das Mikro zum Publikum, das mit einem notengetreu komplex gesungenen »Love« in die letzten Refrains überführte. Michael sollte den Auftritt später als den »größten [s]einer Karriere und einsamsten Moment [s]eines Lebens«[120] bezeichnen. Seine Performance ist so überragend, weil sie aus tiefstem Herzen kam: Das erste Konzert, das er je besucht hatte, war von Queen. Dazu hatte er nach langen Jahren *In the Closet* 1991 mit Anselmo Feleppa erstmals *somebody to love* gefunden, doch der war bereits todkrank. Im März 1993 starb er an AIDS. Lange Zeit galt Michael als heißer Anwärter auf die Thronfolge im Hause Queen. Im Oktober 2021 bestätigte Taylor im britischen Frühstücksfernsehen, dass es damals entsprechende Überlegungen gegeben, man aber schlicht Mercury noch zu sehr vermisst habe.[121] Was Mercurys Original 1976 verwehrt geblieben war, gelang Michael: Im Rahmen der zum ersten Jahrestag der Veranstaltung veröffentlichten *Five Live*-EP erreichte der Song Platz 1 im UK. Was aber über allem an diesem wichtigen Abend stand: dass auch die besten Sänger:innen des Planeten selbst mit vereinten Kräften Mercury nicht das Wasser reichen konnten – oder das Bier, über das er sich auf der Bühne am meisten gefreut hätte. Spätestens als er zu den traditionellen Klängen von »God Save the Queen« wieder auf der Videoleinwand erschien und seine Krone zum Himmel hob, war klar, dass die Welt noch nicht bereit war, Goodbye zu sagen. Passend endete die *Five Live*-EP mit »Dear Friends«: »Go to sleep and dream again / Soon your hopes will rise / And then from all this gloom / Life can start anew / And there'll be no crying soon.«

Let Me Live (1995–1996)

Kurz vor seinem Ende begann die bis heute anhaltende Rückschau auf das 20. Jahrhundert. Im Oktober 1995 waren drei der prägendsten Alben der Dekade erschienen: *(What's The Story) Morning Glory?* von Oasis, *Mellon Collie and the Infinite Sadness* der Smashing Pumpkins und Pulps *Different Class*. Trotz all dieser Instant-Klassiker brachte der deutsche *Musikexpress* einen noch viel größeren Knüller als Titelgeschichte: »The Beatles Come Back«. Über den Zeitraum eines Jahres sollten drei *Anthology*-Doppelalben mit Demos, Outtakes, Interviews und Live-Aufnahmen erscheinen – darunter zwei »neue« Songs, die McCartney, Harrison und Starr basierend auf alten Demos Lennons vollendet hatten. Die begleitende sechsteilige Fernsehserie wurde zum Straßenfeger, die Beatlemania war wieder entfacht. Obwohl es zunächst nicht danach aussah – die erste reguläre Beatles-Single seit 25 Jahren, »Free as a Bird«, kam in den britischen Charts nicht an Michael Jacksons »Earth Song« vorbei. Noch zwei Wochen vor den Beatles war die zweitgrößtmögliche artverwandte Platte erschienen: *Made in Heaven*, das von May, Taylor und Deacon fertiggestellte letzte reguläre Album unter dem Namen Queen.

Zwei Jahre nach *Jurassic Park* (1993) kamen auch die geklonten Rockdinosaurier zurück ins Leben. (Einschub: Kam Ihnen Deacon-Darsteller Joseph Mazzello im Film *Bohemian Rhap-*

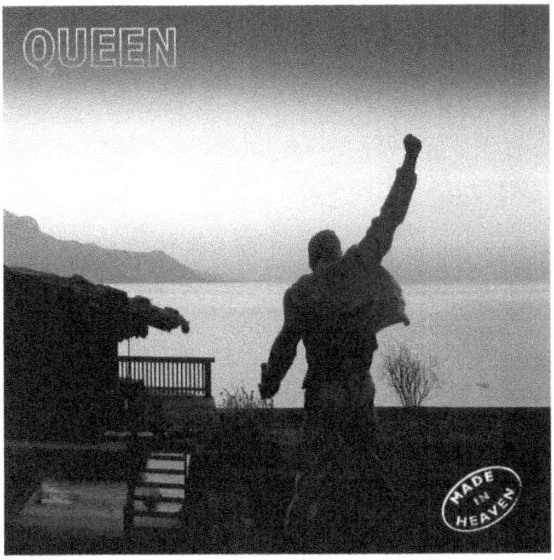

Made in Heaven (1995)

sody bekannt vor? Der hatte 25 Jahre zuvor Tim Murphy, den Jungen in *Jurassic Park*, gespielt. 1976 urlaubte die Band übrigens auf der hawaiianischen Insel Kauai, später Drehort für die Filmreihe.) Obwohl auch Queen mit ihrer Leadsingle »Heaven for Everyone« ›nur‹ auf Platz 2 im UK charteten, in diesem Fall hinter »Gangsta's Paradise« von Coolio feat. L. V., erwies sich ihr Album als deutlich erfolgreicher. 39 Wochen hielt es sich unter den britischen Bestsellern, die Beatles waren dort schon nach drei Monaten wieder verschwunden. In Deutschland stand *Made in Heaven* ganze 69 Wochen in den Top 100 und wurde zum meistverkauften Studioalbum der Band. Ein Erfolg, der ohne den Tod Mercurys nicht möglich gewesen wäre. Sex und Tod, der Anfang und das Ende des Lebens, verkaufen nun mal. Als mit letzter Kraft eingesungen, wurde das Album vermarktet und in der Presse besprochen. Dass das nicht stimmen konnte, hätte leicht auffallen müssen. Obwohl Mercury noch auf *Innuendo* unfassbare Gesangsleistungen ablieferte, war doch deutlich zu hören, wie die Krankheit seine Stimme auszehrte. Höher und dünner wurde sie. Auch sein sonst so dezentes Lispeln schlug nun voll durch. Mit nur drei Ausnahmen sollte er dann auf *Made in Hea-*

ven plötzlich wieder im Vollbesitz seiner stimmlichen Kräfte gewesen sein. Selbst May sagte damals:

> »Bevor Freddie starb, hatten wir genügend Material für ein letztes Queen-Album aufgenommen … gute Sachen, wirklich. Wir hatten nicht vor, daraus Kapital zu schlagen, sondern haben mit aller Sorgfalt geprüft, welche Sachen unter dem Namen der Band herauskommen sollten.«[122]

Doch es hatte sich ganz anders zugetragen. Bereits 1992 waren Taylor und Deacon ins Studio zurückgekehrt, um das vorhandene Liedgut zu sichten und mit der Arbeit zu beginnen – ohne May davon zu unterrichten. Als der wütende Gitarrist nach seiner Solotour dazustieß, kam man überein, dass man musikalisch auf dem falschen Weg war. Außerdem hatte man schlicht nicht genug Stoff für ein ganzes Album. Nach Abschluss der *Innuendo*-Sessions im November 1990 wollte Mercury sofort ins Studio zurück. Er war allerdings nur noch in der Lage, an zwei bis drei Tagen pro Woche zu arbeiten, weswegen die anderen Mitglieder die Studiozeit für Soloprojekte nutzten oder, im Falle Deacons, auf längere Familienurlaube gingen. Die in dieser Zeit eingesungenen Queen-Stücke waren ursprünglich nur als B-Seiten für das Album geplant. Doch die Band entschied sich dafür, ihrem Sänger ein Denkmal zu setzen. So nahmen sie die übrigen Fragmente und brachten die Songs zu Ende. Für »Mother Love«, eine Annäherung an Chris Isaaks »Wicked Game«, war Mercury zwischen 13. und 22. Mai zum letzten Mal im Studio, allerdings nur im Regieraum, für den Gang ins Aufnahmezimmer fehlte ihm die Kraft. Auf seiner Website erinnerte sich May:

> »Freddie sagte damals: ›Schreib mir Material. Ich weiß, ich habe nicht mehr lange; schreib mir Wörter, gib mir Sachen zum Singen, danach kannst du damit machen, was du willst, weißt du; mach es fertig.‹ Und so schrieb ich ihm auf Papierzettel diese Zeilen zu ›Mother Love‹, und jedes Mal, wenn ich ihm eine

> Zeile gab, sang er sie, dann noch mal und noch mal, so dass wir drei Aufnahmen pro Zeile hatten, und das war's ... Wir kamen zur letzten Strophe, und er sagte: ›Ich pack das gerade nicht, ich muss weg, um mich auszuruhen. Ich komme wieder und mach's fertig.‹ ... Aber er kam nicht mehr zurück.«[123]

So musste May die letzte Strophe singen. Es ist die traurigste Stelle des Albums, gefolgt von seiner rührendsten. Denn May überließ Mercury dennoch das letzte Wort: Über das Intro von »One Vision« ertönt ein Teil aus Mercurys »Ay-oh« aus dem Wembley-Stadion, dann das Riff von »Tie Your Mother Down« und als Exzerpt aus »Goin' Back« die erste von Mercury je in einem Aufnahmestudio festgehaltene Zeile – May hatte persönlich die Genehmigung von Songwriterin Carole King eingeholt – sowie eine High-Speed-Collage aus Bestandteilen aus jedem Queen-Song bis am Schluss ein Baby weint. Das verträumte, als zweite Single veröffentlichte »A Winter's Tale« ist der letzte Song, den Mercury geschrieben hat – in der von ihm sogenannten Entenhütte, eigentlich eine 5-Zimmer-Villa namens The Cygnets im Quartier Clarens am Genfer See, deren Bootshütte auf dem Artwork des Albums neben Mercurys drei Meter hoher Statue zu sehen ist. Er sang das Stück in einem Take ein – sehr entgegen seiner Gewohnheit, erst nach Aufnahme aller Instrumente ans Mikro zu gehen. Doch die Zeit drängte. Die letzte Single des Albums sollte zumindest zu einem der unüblichen Hits von Queen – unter anderem Nr. 1 in Italien – werden. »You Don't Fool Me« war noch nicht mal als Skizze angelegt. Produzent David Richards nahm minimale Gesangsspuren Mercurys aus dem Jahr 1991 und kreierte daraus eine überraschende Dance-Demo, zu der dann die Band spielte. Für den Rest der Platte griff die Gruppe auf bestehendes Material zurück. Zwei der Songs waren in anderer Form schon auf *Mr. Bad Guy* erschienen: »I Was Born to Love You« und der Titelsong. Mays gemeinsam mit den Songwritern Frank Musker und Elizabeth Lamers geschriebenes »Too Much Love Will Kill You« entstammte den *Miracle*-Sessions, schaffte es aber aufgrund eines Streits mit den Verlegern der Co-Komponisten nicht auf die Tracklist. 1992 wurde es von May an den Keyboards beim *Freddie Mercury Tribute* uraufgeführt und geriet im folgenden Sommer zu einem Top-Ten-Hit. »My Life Has Been Saved« war in weniger schmalziger Form bereits auf der »Scandal«-Single erschienen. »Let Me Live« war in den 80ern an der Hürde gleich zweier Queen-Alben gestrauchelt. »It's a Beautiful Day« ist sogar noch älter, wurde bereits 1980 für *The Game* in München aufgenommen. Dieser Song umarmt das Album als Opener sowie als Reprise am Ende, die in »Seven Seas of Rhye«, den ersten Hit der Band, übergeht. Gefolgt von einem kurzen »Yeah« Mercurys endet das Album in der CD-Version mit dem 22-minütigen »hidden« Ambient-Track »13«, einem von May leicht überarbeiteten Experiment von Richards. Der wohl außergewöhnlichste offizielle Queen-Song hatte seinen Anfang in Richards Spielereien auf dem ASR-10-Sampler, mit dem er die Anfangsakkorde von »It's a Beautiful Day« endlos loopte und Mercurys Stimme mit Echo-Filtern bearbeitete. Immer intensiver wird das Stück, bis es in einer Art Himmelsfahrt endet. Auf einer LP fand es erst im Zuge der 2005er-Wiederveröffentlichung Platz, wo es die komplette 4. Seite einnahm. »Dedicated to the immortal spirit of Freddie Mercury«, heißt es im Booklet.

Der Vorschlag zum Albumtitel kam vom Fanclub Queens – und anders als bei Mercurys Soloalbum passte er diesmal auch. May, Taylor und Deacon wollten ein würdevolles Requiem, und das haben sie auch geschafft. Was sie allerdings auch geschafft hatten, war, eine Debatte über Pietät auszulösen. Darf die ewige Ruhe unterbrochen werden? Hätte Mercury das gewollt? Dazu wählten Rest-Queen für das Album fast nur Archivmaterial mit direktem oder indirektem Todesbezug: Gleich zwei Titel tragen »Heaven« im Titel, »Let Me Live« mag im Kontext des Albums als letztes Flehen Mercurys betrachtet werden, »My Life Has Been Saved« als der finale Hoffnungsfunke vor dem letztgültigen »Too Much Love Will Kill You« – wie oft May sich allein für diesen Song erklären musste, der eben nicht, wie oft unterstellt, eine

Warnung vor unkontrolliertem Geschlechtsverkehr darstellt. Einerseits wurde so eine gewisse Kohäsion hergestellt, andererseits auch stark die Tränendrüse massiert.

Am 25. November 1996, einen Tag nach Mercurys 5. Todestag, wurde die coverzierende, von der tschechischen Bildhauerin Irena Sedlecká geschaffene Mercury-Statue mit der emporgereckten Siegesfaust feierlich am Ufer des Genfer Sees in Montreux enthüllt. Pläne, sie in London aufzustellen, waren an den örtlichen Behörden gescheitert. May enschied sich für die Inschrift »Lover of Life – Singer of Songs, 1946 – 1991«. Er und Caballé hielten Reden. Dabei wurde ihm klar, dass das letzte Wort noch nicht gesprochen, die letzte Note noch nicht gesungen sein konnte.

> »Die Zeremonie war sehr bewegend, aber plötzlich überkam mich Wut. Ich dachte: ›Das ist alles, was von meinem Freund übriggeblieben ist. Und jeder findet es normal und fabelhaft, aber eigentlich ist es schrecklich, dass ich auf ein Stück Bronze starre, das das Bild meines Freundes zeigt, und mein Freund ist nicht mehr hier.‹«[124]

In diesem Moment und an diesem Ort bekam er die Idee zu »No-One But You (Only the Good Die Young)«: »A hand above the water / An angel reaching for the sky«. Es war der Startpunkt von Queens Zweitkarriere als Nachlassverwalter ihres majestätischen Erbes. Die nur 400 Meter von der Statue entfernten Mountain Studios fungieren heute als Museum »Queen – The Studio Experience«, in dem Fans am Mischpult eigene Mixe erstellen können. Hausproduzent Richards starb 2013. Die Entenhütte dient heute Gästen als Ferienwohnung, die gewillt sind, pro Nacht etwa 700 Euro zu berappen.

May und Taylor sprechen über die letzten drei Jahre mit Mercury stets als die harmonischsten der Band-Geschichte. Die Mitglieder waren jetzt erwachsen, die Credits geteilt, Eitelkeiten somit besiegt, Egos besänftigt, das Ende absehbar. Im Zusammenspiel mit dem eher sentimentalen Nachlass der Gruppe

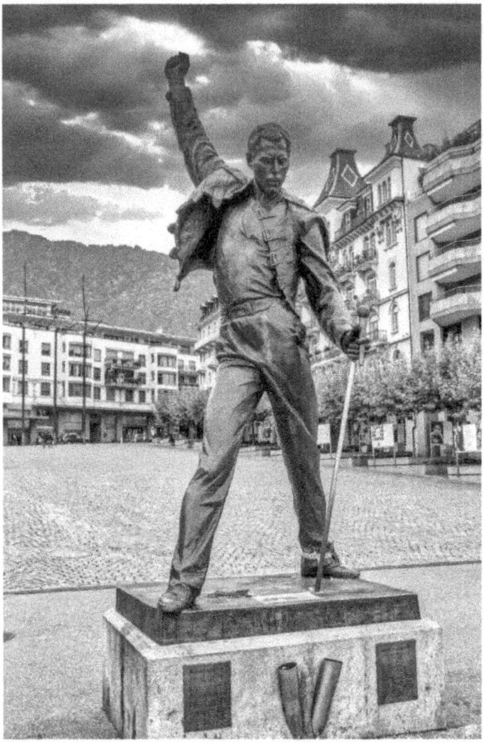

Lover of Life – Singer of Songs: Irena Sedleckás Bronze-Statue am Genfer See

konnte so leicht der Anschein von Einklang entstehen. Dass dieser trotz eines wahren Kerns trügerisch ist, zeigen die folgenden beiden Kapitel, in denen zunächst die internen, dann die externen Querelen Queens im Mittelpunkt stehen.

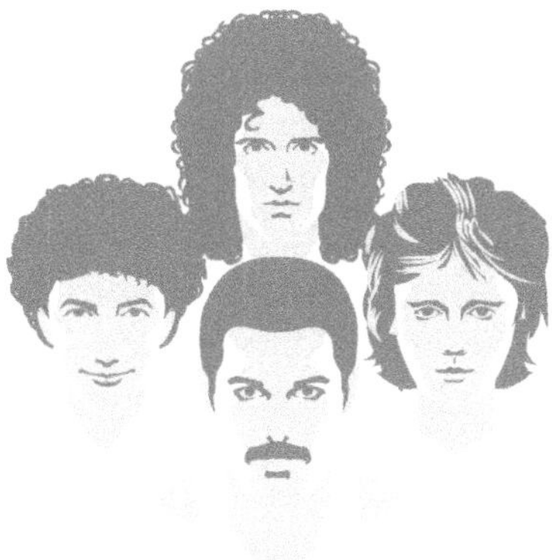

6 Fight from the Inside: Hahnenkampf mit vier Siegern

»Die Band ist jetzt unsere stabilste Familie, obwohl es für uns schwer zu verstehen ist, wie wir bis jetzt zusammenbleiben konnten. Roger ist der Extravaganteste und der größte Rock 'n' Roller unter uns. Freddie ist ein Mysterium, niemand hat ihn je ganz durchschauen können. Das Gleiche gilt für John, die Karikatur des unauffälligen Bassisten, auch wenn er manchmal – und auf unerklärliche Weise – unglaublich verletzend sein kann […]. *Was mich betrifft, so werden Ihnen die anderen wohl sagen können, dass ich der Sturkopf bin.«*

Brian May, März 1991[1]

Wie in jeder schrecklich netten Familie flogen auch bei Queen die Fetzen. So sind in den Liner-Notes zu *Races* neben den Zuständigkeiten der Bandmitglieder auch folgende Merkmale angegeben: Mercury als »choir meister« mit »tantrums«, May als

»leader of the orchestra«, Taylor mit »pandemonium«. Neben den branchengängigen künstlerischen Differenzen bissen sich Queen die meisten Zähne beim Zankapfel Geld aus – vor allem bei dem, welches die Tantiemen hereinspülte.

Die meisten Songs der Band waren Gemeinschaftsarbeiten – was wäre selbst »Freddies Baby« »Rhapsody« schließlich ohne Mays Gitarrensolo (nicht zu verwechseln mit dem Riff aus dem Hardrock-Teil, das hat Mercury geschrieben)? Dennoch hieß es bei Abrechnungen stets »Getrennt, bitte!« Das Übel wurzelt in der ersten Aufnahmesession Queens in den De Lane Lea Studios zum Song »Liar«. Ursprünglich entstammte dieser dem Song »Lover«, den Mercury und Gitarrist Mike Bersin für Ibex geschrieben hatten. May steuerte einige Riffs bei, letztlich gaben alle vier Queen-Mitglieder ihren kreativen Input. Doch Mercury schrieb den Text. Das genügte ihm als Argument dafür, als alleiniger Songwriter angeführt zu werden, was ihn deutlich mehr als den Rest abkassieren ließ und so auch früh dazu führte, dass die Band insgesamt wenig zusammenarbeitete. Dass jeder sein eigenes Süppchen kochte und dieses im Studio auftischte. Der traurige Höhepunkt dieser zu permanenter Verbitterung führenden Aufteilung wurde 1975 erreicht. Taylor war von seinem »I'm in Love with My Car« so begeistert, dass ihm alle Mittel recht waren, Mercury davon zu überreden, den Song auf die B-Seite von »Rhapsody« zu nehmen. Er sperrte sich sogar in einen Schrank ein, bis Mercury zustimmte. Taylor konnte freilich nicht ahnen, was für ein phänomenaler Erfolg die Single werden würde. Doch dass er aus den Verkäufen ebenso hohe Tantiemen wie Mercury bekam, stieß May und Deacon übel auf. Taylor vereinfachte die Sachlage nicht, indem er als erstes Bandmitglied seinen neugefundenen Reichtum neben seinem Townhouse in Fulham in sein luxuriöses Landhaus in einem Börsenmaklerviertel in Surrey investierte, während May immerhin auf eine Doppelhaushälfte im Londoner Stadtteil Barnes upgradete. Der Konflikt sollte die Band latent bis kurz vor ihrem Ende begleiten, was untereinander immer wieder zu passiver Aggressivität führte. Der Alltag tat sein Übriges: 1977 ließ sich die Band während des US-Legs der *News of the World*-Tour getrennt voneinander in vier Limousinen vom Hotel zum Veranstaltungsort chauffieren; wobei Taylor einräumte:

> »Limousinen sind die dümmsten Autos. Drinnen ist eigentlich nur Platz für zwei Personen und üblicherweise hat man eben seine Freundin, Frau oder Ähnliches, Begleiter, seinen Assistenten dabei. Wir konnten uns vier leisten. Das hatte aber nichts damit zu tun, dass wir nicht miteinander sprechen wollten.«[2]

Doch es sollte nicht beim Kalten Krieg bleiben. Heißer als beim passenden *Hot Space* wurde er zwar nicht, aber wie bei den Kollegen der Stones waren die 80er nicht die harmonischsten Jahre der Band. »It's like a cockfight … four cocks fighting«[3], beschrieb Mercury die Szenerie 1984, als Mays krachiges »I Go Crazy« mit derartiger Vehemenz der anderen abgelehnt wurde, dass diese sich sogar schämten, es einzuspielen. Vielleicht lag es am selbstreferenziellen Text, in dem der Protagonist seine Freundin an Mick Jagger verliert und sich daraufhin schwört, mit der Rockszene zu brechen: »So I ain't gonna go and see the Rolling Stones no more / I don't want to go and see Queen no more, no more.« Der Song wurde von der *The Works*-Tracklist gekegelt – fand aber als B-Seite der Leadsingle »Radio Ga Ga« seinen Weg in Millionen Haushalte.

Um dem Tantiemengerangel Einhalt zu gebieten, achteten sie 1986 darauf, dass jedes Bandmitglied gleich viele Songs auf *A Kind of Magic* unterbekam – was zum zerklüfteten Wesen des Albums beitrug. 1989 hatte dann das Dekret, bei allen künftigen Songs die ganze Band als Songwriter anzugeben, die finanziellen Zwists befriedet, aber die Geschmäcker blieben unvereinbar. Fehden prägten selbst die von Sorge, Angst und Rücksichtnahme geprägten Aufnahmen zu *Innuendo*. Taylor hasste Mercurys unverblümte Liebeserklärung an seine Katze »Delilah«, in der jener sogar miaut. »You're all claws and you bite«, »[...] you pee all over / My Chippendale suite«. Ein gemütlich im Regieraum sitzender Mercury piesackte dafür grinsend May bei dessen strapaziösen Versuchen, das Solo von »All God's People« einzuspielen. Möglicherweise die Eingebung für »Don't Try so Hard«. Queen stritten nicht nur bis zuletzt, sondern sogar bis zuallerletzt. Insbesondere die *Made in Heaven*-Sessions waren von Disputen überschattet. May erinnerte sich:

> »Während ich auf Tour für das Album *Back to the Light* war, hörte ich, dass die anderen Mitglieder von Queen die Entscheidung getroffen hatten, mit der Arbeit an diesem letzten Album zu beginnen, ohne mich überhaupt nach meiner Meinung zu fragen. Ich war nicht davon überzeugt, dass es eine gute Idee war, diese Platte herauszubringen. Sobald ich die Neuigkeiten gehört hatte, kontaktierte ich Roger und John, um ihnen mein Missfallen mitzuteilen. Darauf antworteten sie, wenn es mir nicht passe, würden sie ohne mich weitermachen! Ich war schon außer mir vor Wut, so behandelt worden zu sein, aber das war nichts im Vergleich zu der Wut, die ich empfand, nachdem ich gehört hatte, was sie in meiner Abwesenheit aufgenommen hatten: Es war wirklich katastrophal!«[4]

Doch er stand in einem Zwiespalt, wie er an anderer Stelle ausführte:

> »Ich dachte, dass man dieses Kapitel [Queen] beenden sollte. Aber es galt auch anderes zu berücksichtigen. Bis zum Ende bat Freddie mich um Lyrics, mit denen er arbeiten konnte, und er war felsenfest davon überzeugt, dass dieses Material veröffentlicht werden sollte. Nach seinem Tod war mein Weg, damit klarzukommen, auf Tour zu gehen. Roger und John wurden ungeduldig und begannen an den Aufnahmen zu arbeiten. Ich wollte aber nicht, dass das Zeug ohne meine Beteiligung erscheint. Also nahm ich ihnen die Aufnahmen weg,

weil ich dachte, sie hätten das falsch angegangen. Ich verwendete dann Monate darauf, alles umzubauen. Die Arbeit an *Made in Heaven* war wie ein Puzzlespiel.«[5]

Doch Queen benötigten diesen kreativen Wettstreit wie davor schon die Beatles. Kam Lennon mit »Strawberry Fields Forever« ins Studio, versuchte ihn McCartney mit »Penny Lane« zu toppen. Wenn zwei sich streiten, freut sich der Dritte: Fans bekamen 1967 beide Songs als Doppel-A-Seite. Und zehn Jahre später »Rock You« und »Champions«.

»Through the madness, through the tears
We've still got each other
For a million years, yeah«

(»I Can't Live With You«, 1991)

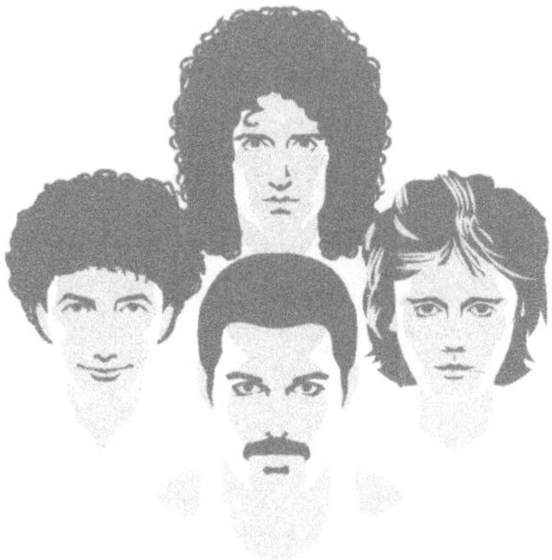

7 Scandal: Majestätsbeleidigungen und Kontroversen

Aufgrund ihres akademischen Hintergrunds und familienfreundlichen Outputs genießen Queen nicht unbedingt den räudigen Rockerruf von Iggy Pop oder Janis Joplin. Mercurys Feldzüge durch die Schwulenclubs der Welt fanden weitgehend unter Ausschluss der Öffentlichkeit statt, wurden erst nach seinem Tod protokolliert. Von May und Taylor sind kaum Eskapaden bekannt. Den wildesten Videobeweis, den man für Deacons Partyleben im Internet findet, zeigt ihn beim schelmischen Tanzen im Sitzen. Aber auch Queen folgten dem Gebot des Sex, Drugs & Rock 'n' Roll und sorgten nicht nur damit für Schlagzeilen. Am spektakulärsten wohl in ihrer *Jazz*-Phase im Herbst 1978.

Am 17. September ließ man den Amerikaner Dennis de Vallance ein Video zur buchstäblich abgefahrenen Leadsingle »Bicycle Race« drehen, das die immer noch im Steuerexil ausharrende *Band on the Run* vor dem Fiskus nicht zeigte, dafür aber 65 Nacktmodels, die durch das angemietete Wimbledon Greyhound Stadion Rad fuhren. Ein Gruppenfoto mit 49 Teilnehmerinnen der Aktion lag der LP-Version des Albums sogar als Poster bei – in den USA nur mit der ersten Auflage, alle folgenden verfügten lediglich über ein Bestellformular für das aufreizende Großbild. Musikjournalist Jim DeRogatis verteidigte das Extra als nichtsexistische »Zelebrierung weiblicher Diversität, mit Frauen jeder Größe, Form und Farbe – keine davon ein *Playboy*-perfektes Supermodel.«[1] Doch vielleicht ist es nicht an einem Herrn, dies zu beurteilen. Und vielleicht sollte DeRogatis, mit Verlaub, seine Sehkraft überprüfen lassen. Das Poster präsentiert eine Parade vom Manne genormter Schönheitsideale. Heute gottlob undenkbar, stieß die Aktion auch damals auf Protest. Vielleicht wollten Queen mit der Heterokeule auch gegen die permanenten Fragen nach Mercurys Sexualität austeilen. Möglicherweise fanden sie es auch an der Zeit, selbst mal die bösen Buben zu sein. Der abstoßende Mythos ihrer Idole Led Zeppelin, die aus einem Hotelfenster im Edgewater Inn von Seattle einen Dornhai angelten, den dann zwei ihrer Mitarbeiter einem minderjährigen Groupie eingeführt haben sollen, war immerhin schon neun Jahre alt. Doch Queen kniffen. Die schlüpfrigsten Szenen des Videos entschärfte der Regisseur mit Kamera-Effekten, Plattenfirma EMI zog der radelnden Nackerten auf dem Single-Cover einen Slip übers entblößte Hinterteil. Zu allem Ärger verweigerte dann auch noch Halfords, die Firma, welche die Fahrräder zur Verfügung gestellt hatte, die Rücknahme der Sattel.

Sechs Wochen darauf, am dritten Tag der *Jazz*-Tour, sowie zehn Tage vor Erscheinen des Albums, luden Queen zu Halloween 1978 400 ausgewählte Gäste, darunter 100 per Charterflugzeug eingeflogene britische Journalist:innen, in den Imperial Ballroom des Fairmont Hotel von New Orleans. PR-Agent Bob Gibson hatte im Vorfeld Castings abgehaltem, um bis zu 70 Straßenkünstler für das Event zu engagieren. Doch dem nicht genug: Er hatte zusätzlich den Auftrag bekommen, die zahlrei-

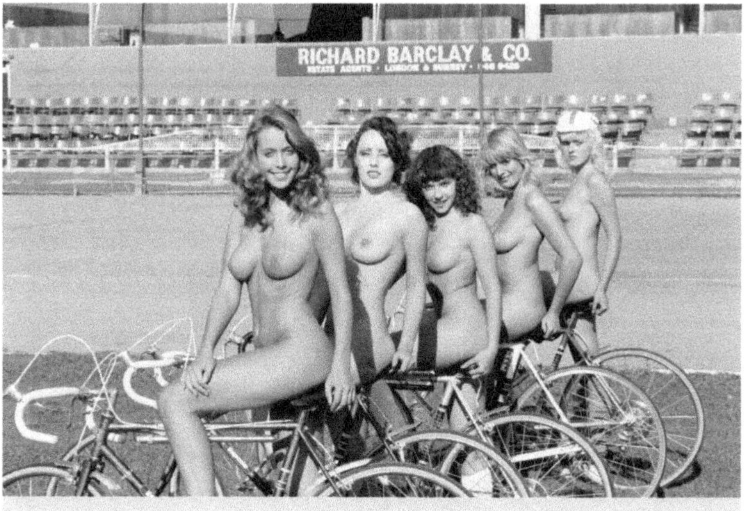

»Get on your bikes and ride«,
Nacktmodels beim »Bicycle Race«-Videodreh, 17. September 1978

chen Bars der Bourbon Street im Französischen Viertel der Stadt nach besonders auffälligen Feierwilligen abzuklappern, um diese auf die mit 50 abgestorbenen Bäumen gruselig dekorierte Party zu schleppen. Supergroupie Pamela des Barres beschrieb die Gäste als »wollüstige Stripperinnen, die mit ihren Vaginen Zigaretten rauchen, ein Dutzend Minstrels mit Blackface, Zwerge, Schlangenbeschwörer und einige vollbusige Blondinen, die Partygänger überraschten, indem sie ihre hauchdünnen Kostüme ablegten und sich als gut bestückte Männer erwiesen«[2].

Um Mitternacht marschierte zunächst die aufspielende Olympia Brass Band ein, gefolgt von als Nonnen verkleideten Stripperinen und den unverzeihlichen Minstrel-Darstellern sowie den Bandmitgliedern, die gerade eben im ausverkauftem Municipal Auditorium gespielt hatten. »Miss You« von den Stones drückte aus den Boxen und der Wahnsinn nahm seinen Lauf. De Barres berichtete von einer Hinterstube, in der Führungskräfte aus der Musikindustrie sexuelle Gefälligkeiten in Anspruch nahmen. Sie zitierte Mercury mit den Worten: »Die meisten Hotels bieten ihren Gästen Zimmerservice an, wir bieten ›lip service‹ an.« Jacky Gunn und Jim Jenkins bestätigten dies in ihrem in Kooperation mit der Band entstandenem Buch *Queen: As It Began.*[3] Kokain ist der Stoff, aus dem Rockträume sind, und da das weiße Pulver großzügig serviert wurde, gehen die Erinnerungen an den Abend weit auseinander. Von öffentlichem Sex ist die Rede. Als hartnäckigste Legende hielt sich jahrzehntelang die Mär von Zwitterzwergen, die auf ihren Glatzköpfen Schalen voll Kokain anboten. Peter Hince verneinte die Anwesenheit kahler Kleinwüchsiger in Geberlaune, bestätigte aber, dass sich ein nackter Mensch unter einem Buffettisch voller Aufschnitt und Filetstücken versteckt hielt, um hungrige Partygäste zu erschrecken. May konkretisierte, dass es sich um eine mit Leberstücken behängte Frau gehandelt habe, die sich allerdings unter einem Berg aus Innereien verbarg.[4] Im Hintergrund die radelnden Schönheiten von Wimbledon auf einer Videoleinwand. Auch Taylor bestritt die spezielle Rauschgiftversorgung, räumte allerdings zögerlich ein: »Nun, sie hätte wahr sein können. Schau mal, wenn sie wahr war, dann habe ich nichts davon mitbekommen.«[5]

Tatsächlich hielt es die Gastgeber nicht sonderlich lange auf der Party. Bereits gegen drei Uhr morgens zogen sie weiter. Mercury auf der Suche nach dem eigenen, May und Taylor nach dem anderen Geschlecht. Vor allem May hatte sich bei der ersten US-Tour Queens in New Orleans in ein Mädchen namens Peaches verliebt, das er vergeblich hoffte, im Nachtleben wiederzufinden. »Down in the dungeon, just Peaches and me. / Don't I love her so?«, dieses aus seinem Leben gegriffene Szenario aus »Now I'm Here« sollte sich nicht wiederholen. Bittere Realität wurde allerdings die Partyrechnung: 200 000 US-Dollar. Die beglichen immerhin EMI und Elektra. »Wenn wir unseren Plattenfirmen für eine allmächtige Fresserei so viel Geld herausleiern können – warum nicht?«[6], sagte Taylor später, räumte aber auch ein, dass eine Party mit hundert Stripper:innen kein empfehlenswertes Marketing-Tool sei.

Wer denkt, die Band hätte sich damit die Hörner abgestoßen, irrt. Noch während ihrer letzten Tour 1986 schlugen sie über die Stränge: Nach dem Konzert in Köln luden sie ihre Entourage in ein Freudenhaus. Nach der zweiten Wembley-Show geleiteten nur in Tangas gekleidete Kellnerinnen mit aufgemalten Uniformen die 500 Gäste im Lift zum vornehmen Londoner Roof Gardens Restaurant. 80 000 Pfund ließ sich die Band den Abend kosten. Mercury sang mit seiner neuen Busenfreundin Samantha Fox – man kann es leider kaum anders sagen, er interessierte sich für das Oben-ohne-Modell vor allem wegen ihrer prominenten Oberweite – Karaoke-Duette von »Tutti Frutti«, »Sweet Little Rock and Roller« und »All Right Now«. Als Gruß an die Vergangenheit zierte ein von einem Hocker gestützter Damenpo im Stringtanga die Crew-Pässe der *Magic*-Tour. Mit Sexismus hatten Queen bei der Gestaltung ihrer Mitarbeiterausweise offenbar nie ein größeres Problem. 1981 entwarf Mercury persönlich die Pässe für die Abstecher der Band nach Japan und Südamerika der *The Game*-Tour. Darauf zu sehen: zwei die jeweiligen Regionen darstellende, einander umschlingende Damen, selbstredend voll entblößt, mit einer eindeutig zweideutigen, geschälten Banane zur Hand. Die Pässe wurden als »obszön« beschlagnahmt und durften lediglich in Argentinien zum Einsatz kommen.[7] Doch daraus hatte die Band wenig gelernt. Im Jahr darauf zeigten die Crew-Pässe in Anspielung auf James Montgomery Flaggs endlos adaptierte Armee-Anwerbung von 1917, »I Want YOU for U. S. Army«, bei Queen statt Uncle Sam eine westensprengende Dame. Auf den 1984er-Pendants versohlte eine Apparatur aus Roboterhänden den Hintern einer Bauarbeiterin. Hatte man sich in dieser Hinsicht auf klassische Fantasien von straighten Männern eingeschossen, wurde das engere Team in Unterkünften in sexuelle Neigungen aufgeteilt: Im Münchner Hilton-Hotel richteten Queen so den »Presidential Poofter Parlour« und den »Hetero Hangout« ein.

Stets in Ermangelung eines für Rockbands eigentlich unabdingbaren Anstrichs der Gefährlichkeit, sollten Queen aber nur ein einziges Mal weltweit für Empörung sorgen. Und das auch noch ungewollt. Im Oktober 1984 fielen der Band ihre apolitische Grundhaltung und ihre imperiale Strebsamkeit zentnerschwer auf die Füße. 1985 hatte sie im Rahmen ihrer *The Works*-Tour das Angebot angenommen, zwölfmal im südafrikanischen Luxusressort Sun City aufzutreten, einer im Nordwesten der Republik errichteten Enklave für reiche Amüsiersüchtige, vom Apartheid-Regime mit Millionen mitfinanziert. Die Vereinten Nationen hatten 1980 zu einem umfassenden, internationalen Kulturboykott Südafrikas aufgerufen, an das sich auch die meisten Künstler:innen hielten. Ausnahmen bildeten etwa Elton John, Rod Stewart, Gloria Gaynor, Dolly Parton, Chicago – und eben Queen. Auch die britische Musikergewerkschaft hatte ihren Mitgliedern dortige Konzerte verboten. Queen standen daraufhin hart in der Kritik. Ihre neun Auftritte – die vereinbarte Konzertzahl konnte wegen Stimmproblemen Mercurys nicht erreicht werden – galten als Ausverkauf an ein menschenverachtendes Establishment. Queen kamen vorerst auf die Schwarze Liste der UN. Da halfen auch keine Verweise auf Mercurys afrikanische Herkunft oder das angeblich gemischte Publikum, das nachweislich mehrheitlich weiß war. Taylor bezeichnete die Shows dort zwar im Nachhinein als Fehler, hielt aber auch fest, dass »sich die Schwarzen und weißen Communities dort gefreut haben, dass wir kommen. Wir hatten einen Riesenhit auf dem südafrikanischen Schwarzmarkt mit ›I Want to Break Free‹, und Brian reiste dort als Laudator der Soweto Music Awards hin.«[8] Als Zugeständnis spendeten Queen die südafrikanischen Erlöse ihrer als Queen *Live* veröffentlichten kondensierten Fassung von *Live Killers* einer Schule sowie der dortigen Tauben- und Blindenhilfe.

Die fatalsten Headlines gingen allerdings auf Paul Prenter zurück, spätestens seit seiner simplifizierten Biopic-Darstellung als eigentlicher »Mr. Bad Guy« in Queens Reich verankert. Prenter stammte aus Belfast und kam wie Mercury 1946 zur Welt. 1976 stand er in der ersten Moderatorenriege des nordirischen

Radiosenders Downtown. Mercury holte ihn aus dem Umfeld ihres damaligen Managers John Reid, von 1977 bis 1986 arbeitete er in seinem Team, zunächst als Assistent der Band. Während er zum Rest der Gruppe nicht so recht passen wollte, waren er und Mercury schnell beste Freunde und machten das schwule Nachtleben unsicher – ein rückblickend tragisch passender Begriff. Die Fronten verhärteten sich, da Prenter seine Aversion gegen die als altmodisch empfundene Rockmusik zunehmend artikulierte; er förderte Mercurys Interesse an elektronischen Clubsounds und hatte großen Einfluss auf *Hot Space.* 1985 ließen Queen ihn fallen, Mercury fing ihn auf, stellte ihn als persönlichen Manager an und ließ ihn sogar mietfrei in seinem Apartment an der Stafford Terrace Nr. 12 weiterwohnen.

Zum Bruch kam es, als Prenter dort eine wilde Party gefeiert und dabei wenig Rücksicht auf die Einrichtung genommen hatte. Da feuerte ihn auch Mercury. Doch Prenter sann auf Rache. Zwei Tage nach Mercurys 40. Geburtstag, den er im Rahmen einer Party mit Dresscode »Verrückte Hüte« beging – er selbst trug einen Mischling aus Angorakatze und Tiefseeangler –, schenkte ihm Hutton einen goldenen Ring, den Mercury allerdings nur zu Hause trug. Nach den Feierlichkeiten begaben sich die »Eheleute« auf ihre »Flitterwochen« nach Japan, wo Mercury innerhalb eines Monats mehr als eine Million Pfund ausgab, allein die Hälfte davon in einem Spezialgeschäft für Lackarbeiten. »Shop til you drop«[9], lautete das Motto. Bei seiner Rückkehr dann der Schock: Die Boulevardzeitung *News of the World* hatte am 13. Oktober eine Geschichte gebracht, in der behauptet wurde, Mercury hätte unter falschem Namen einen Bluttest in einer Londoner AIDS-Klinik gemacht, reißerisch betitelt mit »Queen Star Freddie in AIDS shock«. Noch am Flughafen konfrontierte ein Reporter der *Sun* Mercury mit dem Artikel. Der erwiderte darauf: »Sehe ich so aus, als würde ich an AIDS sterben? Ich bin absolut fit und gesund […]. Und jetzt gehen Sie bitte und lassen Sie mich allein.«[10] Entsprechend lautete die *Sun*-Schlagzeile am Folgetag: »Do I Look Like I'm Dying From Aids?«; der Artikel beginnt mit der stigmatisierenden Beschreibung »The bisexual Rock Star …«. Doch am 11. November erfuhr Mercury, dass sein One-Night-Stand vor zwei Jahren, Flugbegleiter John Murphy, an AIDS gestorben war. Wenige Wochen darauf erlag auch sein Ex-Freund Tony Bastin dem Virus. Mercury verbrachte den Rest des Jahres weitgehend zu Hause. Doch er sollte sich nicht lange vor der Welt verstecken können: Am 4. Mai 1987 packte Prenter für ein Honorar von 32 000 Pfund Mercurys so streng geschütztes Privatleben aus. Unter der Überschrift »AIDS Kills Freddie's Two Lovers« wurden auf drei Seiten der *Sun* die Tode Bastins und Murphys enthüllt. Prenter berichtete von einem nächtlichen Anruf Mercurys, bei dem dieser ihm seine Angst vor dem Killervirus dargelegt haben soll. Angeblich hätte Mercury ihm auch anvertraut, »dass er seine erste homosexuelle Beziehung auf dem Internat in Indien hatte, als er 14 Jahre alt war«.[11] Prenter erzählte von Mercurys Kokainnächten mit Elton John und Bowie und seinem Männerverschleiß:

> »Während wir auf Tour waren, hatte er jede Nacht einen anderen Mann. Er ging immer zwischen 6 und 7 Uhr morgens ins Bett – aber selten allein. Es wäre wahrscheinlicher gewesen, Freddie übers Wasser laufen zu sehen, als dass er mit einer Frau schlafen würde. Er hatte Angst davor, allein zu schlafen oder auch nur lange allein zu sein.«

Auch Hutton wurde in dem Bericht namentlich erwähnt. Prenter verkaufte der Zeitung außerdem viele Bilder, die Mercury mit diversen Liebhabern zeigen. Sie erschienen in zahlreichen Folgeartikeln wie »All The Queen's Men«. Prenter versuchte daraufhin bei Mercury anzurufen, um sich zu erklären. Er sei von der Presse bedrängt worden. Doch Mercury wechselte nie wieder ein Wort mit ihm. Schon Jahre zuvor hatte er gesagt: »Ich traue niemandem, ich wurde zu oft enttäuscht. Ich fühle mich, als würde ich von Narben übersät durchs Leben gehen.«[12] Nun verlor er den letzten Rest Urvertrauen in die Menschheit und schloss bis zu seinem Tod kaum neue Freundschaften. Davor hatte er schon mit Entertainer Kenny Everett und Peter Straker gebrochen. Schon beim geringsten Fehlverhalten fiel man in Mercurys Ungnade. Immer wieder drohte er sogar Hutton nach Streit oder Missverständnissen, mit Rauswurf. Prenter starb im August 1991, drei Monate vor Mercury, an AIDS. Um die Inszenierung als Superschurken etwas zu relativieren, postete May im August 2019 ein Gruppenfoto mit Prenter, bei dem er gestand, Prenter »wasn't ALL bad!« Es ist allerdings bezeichnend, dass er das »all« in Versalien setzte. Die Dämonisierung Prenters als Skeletor-artigen Superschurken in *Bohemian Rhapsody* ist jedenfalls der Notwendigkeit eines Antagonisten im Drehbuch einer Multimillionenproduktion geschuldet. Generell folgt der Film sowohl Mercurys Vorbild der freizügigen Komposition der eigenen Biographie als auch dessen sportiven Stretchings auf der Bühne und dehnt und verrenkt so die Wirklichkeit.

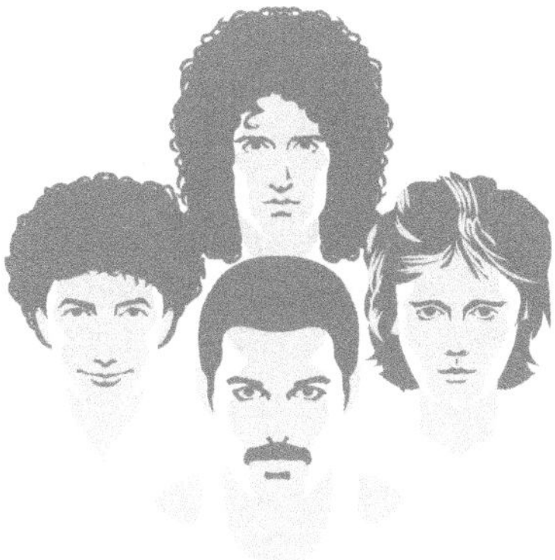

8 You Don't Fool Me: Fakten und Fiktion im Film *Bohemian Rhapsody*

Wie nicht anders zu erwarten, schlug dem Biopic *Bohemian Rhapsody* eine Welle der Kritik entgegen: Vom »Straightwashing« war da schnell die Rede, da der Film die homosexuellen Elemente ins Schattenreich von Mercurys Existenz rücke und nahelege, Mercurys von Prenter begleitete Tollheit im schwulen Nachtleben hätten seinen Untergang eingeläutet und ihn von der Band getrennt. Als Kontrapunkt werde Mary Austin als seine einzig wahre Liebe stilisiert, im (Irr-)Sinne von: Hätte er sich nur nicht für die Homosexualität, Anakin-Skywalker-artig für die dunkle Seite der Macht entschieden! Dagegen lässt sich einwenden: Wäre der Film tatsächlich ein wirrköpfiges Plädoyer für heteronormatives Leben, weshalb verschweigt er dann Mercurys engste Münchner Bezugsperson, Barbara Valentin? Vom echten Mercury ist der Film wahrscheinlich gar nicht so weit entfernt. Schließlich waren May und Taylor durchweg als Berater involviert. Die sind zwar auch von ihrer jeweils eigenen Agenda getrieben, kannten den Protagonisten aber natürlich besser als jeder einzelne Fan. Und hätten sie den Film nicht gemacht, hätte es jemand anderes getan. Wo wäre die Wahrheit also am ehesten zu vermuten? Es kann jedenfalls davon ausgegangen werden, dass Mercury folgende Szene sehr gut gefallen hätte: Queen befinden sich auf ihrer ersten US-Tour, und Mercury ruft die zu Hause gebliebene Austin von einer Telefonzelle aus an. Währenddessen entsteigt ein vollbärtiger, langhaariger Kerl in Jeansjacke seinem Truck und mustert Mercury wohlwollend, bevor er in die Herrentoilette entschwindet. Ein Schlüsselerlebnis. Die Rolle des Truckers spielt, ohne dafür im Abspann aufgeführt zu werden: Adam Lambert. Eine originelle Szene in einem sonst eher konservativ inszenierten Film – ein Schulterschluss der beiden Sänger mit der provokanten Frage: Hätten Mercury und Lambert einander anziehend gefunden?

Der in der Szene gezeigte Truck ist dabei ein Fabrikat der Marke Mack, um eine Anspielung auf Queens Münchner Produzenten unterzubringen. Generell hat der Film ein gutes Auge für Details: Wenn Mercury am Anfang Garden Lodge auf dem Weg ins Wembley-Stadion verlässt, passiert er dabei das der *Queen II*-Optik zugrundeliegende Foto Marlene Dietrichs. Auch das Klavier mit der ungewöhnlich schwarzen Farbgebung für die natürlichen Töne und weißen Halbtöne, auf dem Mercury in der gemeinsamen Wohnung mit Austin die ersten Töne von »Rhapsody« klimpert, entspricht Mercurys damaligem Instrument. Es stand sogar am Kopfende seines Betts, so dass er nächtliche musikalische Eingebungen sofort umsetzen konnte – wie im Film gezeigt, über seinen Rücken. Mercury war sehr gelenkig. Es sind diese kleinen augenzwinkernden Gesten, die dem Fan zu verstehen geben: Keine Sorge, wir kennen uns aus! Auch wenn wir ab und an notgedrungen ver- und hinzudichten, teilweise ganz mit der Chronologie brechen müssen. Denn wie Drehbuchschreiber Anthony McCarten sagte: »Wir machen hier einen Spielfilm und keinen Dokumentarfilm«.[1] May führte aus: »[Der Film] musste

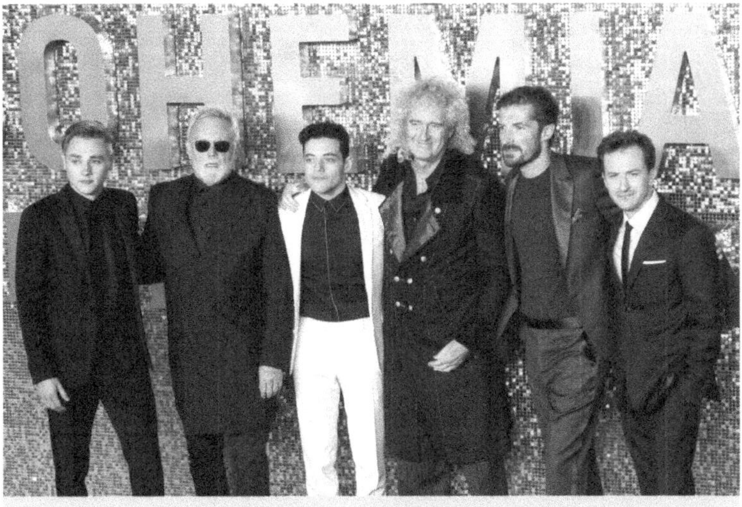

A Night at the Movies:
(v. l.) Ben Hardy, Taylor, Rami Malek, May, Gwilym Lee, Joe Mazzello bei der *Bohemian Rhapsody*-Premiere am 23. Oktober 2018 in London

wahrheitsgemäß sein, nicht zu milde, sehenswert, und wie ich meine, hätte es Freddie als oberste Vorgabe empfunden, dass er unterhaltsam ist.«[2]

Doch bei allem Verständnis für die Anforderungen eines Hollywood-Blockbusters, oft genug führt die Fantasie der Filmemacher zu regelrecht affigen Szenen. Wenn etwa ein handgreiflicher Richtungsstreit zwischen Mercury und Taylor – sollen Queen zur Discoband werden oder nicht – im Nu damit aufgelöst wird, dass Deacon einfach sein »Dust«-Riff uraufführt – und damit umgehend alle glücklich macht und wieder miteinander versöhnt. Am dreistesten gestaltet sich aber der Aufbau zum großen Finale, dem Tag des *Live Aid*-Auftritts. Zunächst macht Mercury Jim Hutton ausfindig. Der war ihm vier Jahre davor bei einer Privatparty in Garden Lodge begegnet, wo er als Kellner arbeitete. Nach einem ersten Kuss verschwindet Hutton, hinterlässt nur seinen Namen. Mercury arbeitet sich danach an einer endlosen Liste Londoner Jim Huttons im Telefonbuch ab.

Ausgerechnet an seinem größten Tag sollte er die Liebe seines Lebensabends also aufstöbern. Dazu ist Hutton tagsüber auch zu Hause, als Mercury an seiner Tür klingelt. Und natürlich wäre es Mercury auch nicht in den Sinn gekommen, einfach bei dem Catering-Service, den er für seine Party gebucht hatte, nachzuforschen, wer denn dieser Hutton sei. In Wahrheit hatten Hutton und Mercury sich unter ganz anderen und späteren Umständen kennengelernt: zuerst im Londoner Nachtclub Copacabana Ende 1983. Mercury wartete den Zeitpunkt ab, an dem Huttons Partner John Alexander die Toilette aufsuchte, um dem Objekt seiner Begierde einen Drink anzubieten. Der hatte noch ein fast volles Dosenbier vor sich und lehnte höflich ab. Doch Mercury ließ nicht locker, fragte, was Hutton später noch so vorhabe, worauf der ihn mit einem bestimmten »Fuck off!«[3] abwimmelte. Erst Alexander klärte Hutton darüber auf, wer grade versucht habe, ihn ihm abspenstig zu machen. »Freddie wer?«, entgegnete der Pop-ferne Hutton.

Vier bis fünf Monate später sah Hutton Mercury zufällig im schicken Londoner Restaurant September's, nahm aber keinen Kontakt auf. Weitere 18 Monate sollten vergehen, als die beiden am 23. März 1985 im berühmten Schwulenclub Heaven aufeinanderstießen. Hutton war mittlerweile Single und gab Mercury einen aus. Dieser bestellte seinen Lieblingsdrink, einen großen Wodka-Tonic, und es entspann sich folgender geschichtsträchtiger Dialog: »Wie groß ist dein Schwanz?«, fragte Mercury. Hutton: »Das geht dich nichts an!« Doch Mercury ließ nicht locker, stellte Hutton seiner Entourage, darunter Joe Fanelli und Peter Straker, vor. Am nächsten Morgen wachten die beiden aneinandergeschmiegt in Mercurys Apartment in der Stafford Terrace auf. Es war Liebe auf den dritten Blick. Durch einen Zufall kannte Hutton bereits Freestone – in früheren Leben waren sie Kollegen im Selfridge's-Kaufhaus. Im Film überzeugt Mercury dann seine neue Liebe zu einem umgehenden Kaffeekränzchen – bei seinen strenggläubigen Eltern. Huttons Hand streichelnd, stellt er ihn dort als »meinen Freund« vor. Danach die Absolution seines Vaters in Form einer innigen Umarmung. Bomi Bulsara war zuvor als Gegenspieler zur grundgütigen Mutter inszeniert worden, der versuchte Mercury mit den zoroastrischen Geboten »Gute Gedanken, gute Worte, gute Taten« vom »falschen« Weg abzubringen. Zeit für einen weiteren Schluck bleibt nicht, denn nun müsse man auf nach Wembley! Um dort vor einem Milliardenpublikum aufzutreten. Wirkt alles etwas viel für einen Tag – selbst im Leben eines Freddie Mercury? Und das ist, wie gesagt, nur die Spitze des Eisbergs. Es folgt eine Top Ten der gröbsten Filmschnitzer.

1. Mercury stieg nicht so spontan als Nachfolger Tim Staffells bei Smile ein; vielmehr war es ein gradueller Übergang: Mercury war längst mit seinem Kommilitonen Staffell befreundet, gehörte zur festen Clique der Band, wohnte sogar in deren WG und betrieb mit Taylor einen Kleiderstand am Kensington Market.
2. Die Entscheidung zur Demokratisierung der Songwriting-Credits wurde nicht 1985, sondern Jahre später während der Aufnahmen zu *The Miracle* getroffen.
3. Mercury erzählte seinen Kollegen nicht bereits während der *Live Aid*-Proben von seiner HIV-Infektion. Laut Taylor geschah dies erst im Frühjahr 1989.
4. Das gigantische *Rock in Rio*-Festival fand nicht 1979 statt, sondern erstmals im Januar 1985.
5. Queen waren nie getrennt; bei *Live Aid* fand daher auch keine Reunion statt.
6. Die Figur ihres Plattenchefs Ray Foster ist erfunden, basiert allerdings auf EMI-CEO Roy Featherstone. Der zeigte sich zwar reserviert, was die Wahl von »Rhapsody« als Leadsingle betraf – genauso wie Deacon, der sogar einen Edit ohne den Opern- und den Rockteil produzierte, war aber großer Unterstützer der Band.
7. »We Will Rock You« wurde 1977 komponiert und nicht 1980. Mercury trug damals noch keinen Schnauzbart.

8. Queens erste US-Tour 1974 wird im Film mit »Fat Bottomed Girls« musikalisch unterlegt – ein Song, der erst drei Jahre später entstand.
9. Manager John Reid wurde nicht im Streit als Folge eines Betrugs von Paul Prenter in den 1980ern gefeuert. Die Band und er hatten sich bereits 1978 in aller Freundschaft getrennt.
10. Die Figur des Paul Prenter ist stark dramatisiert: Der Filmkuss mit Mercury ist historisch nicht belegt; Prenters Familie distanzierte sich von den Anschuldigungen im Film, sie hätte die Homosexualität ihres Sohns nicht akzeptiert, und wies darauf hin, dass Mercury und er nie Liebhaber gewesen seien. Prenters jüngerer Bruder Stephen sagte: »Zu 100 Prozent standen Freddie und mein Bruder in keinerlei sexuellem Verhältnis zueinander – jeder, der sie kannte, wusste das.«[4] Weder wurde Prenter vor *Live Aid* gefeuert, noch hatte er die Einladung zum Event vor Mercury zurückgehalten.

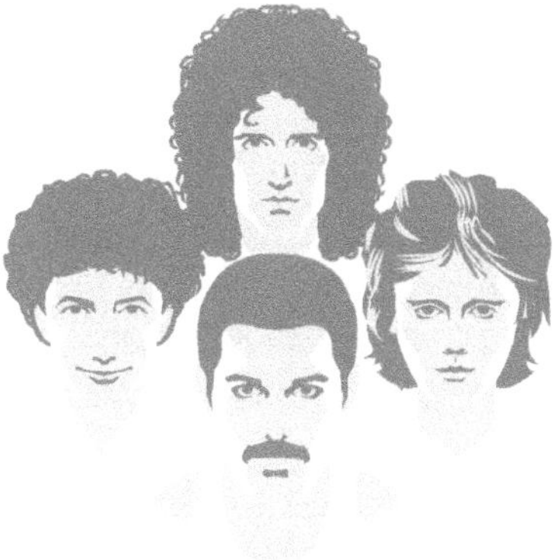

9 Who Wants to Live Forever: Lang lebe die Königin

Schnell wurden nach dem Kinostart von *Bohemian Rhapsody* Rufe nach einem Sequel laut – vor allem von May, der vorschlug, in einer Fortsetzung zu zeigen, wie die Band nach dem Tod ihres Sängers weitermacht. Mindestens genauso schnell fing er sich dafür Kritik ein, insbesondere aus dem Umfeld Mercurys. Peter Freestone, der auch als Berater an *Bohemian Rhapsody* mitgearbeitet hatte, sagte: »Was auch immer sie in den Film einbauen, man müsste 20 Minuten oder eine halbe Stunde zeigen, wie Freddie stirbt, und ich glaube nicht, dass das jemand sehen muss.«[1] Der 2019er-Dokumentarfilm *The Show Must Go On: The Queen + Adam Lambert Story* schien die Debatte dann beendet zu haben, zeichnet er doch den Werdegang der Band ab 1991 nach. Überraschend erklärte May im August 2021, dass sehr wohl über einen zweiten Teil gegrübelt werde: »Ja, wir denken, dass es vielleicht bald klappen könnte, aber es müsste ein tolles Drehbuch sein. Es wird eine Weile dauern, das hinzubekommen.«[2]

Obwohl *Bohemian Rhapsody* die letzten sechseinhalb Jahre der klassischen Karriere Queens bis auf knappe Hinweistafeln ausspart, erscheint doch fraglich, wie gehaltvoll ein »Part II« ausfallen könnte. Zumal aufgrund der zeitlichen Verschiebungen im Original schon zentrale spätere Ereignisse wie Mercurys AIDS-Geständnis gegenüber seinen Bandkollegen vorweggenommen wurden. Überdies gibt es zahllose Dokumentationen über die Band mit den immer gleichen Talking Heads, ebenso viele Erinnerungen in Buchform vom Roadie bis zum Lebenspartner. Mercurys New-York-Tage wurden ebenso detailliert geschildert wie seine Münchner Jahre. Mit *Royal Recipes* veröffentlichte Freestone sogar ein Kochbuch mit Mercurys Leibspeisen (darunter mediterrane Linsensuppe und marinierte Pilze). Auch das vorliegende Buch erzählt die Geschichte der Band nicht zum ersten Mal. Doch anstatt weiteres Re- und Downcycling zu betreiben, statt Überfütterung mit wiedergekautem Fraß zu riskieren, sei hier lieber dazu aufgerufen, die versunkenen Schätze der Band zu heben.

Denn die Compilations, mit denen May, Taylor und ihre jeweiligen Labels nach Mercurys Tod den Markt fluteten, überbieten einander fast an Absurdität. So erschien bereits 1992 das etwas inkonsequente Raritäten-Boxset *Box of Tricks* mit einem stark bearbeiteten VHS-Mitschnitt der Rainbow-Shows aus dem November 1974 sowie der Compilation The *12" Collection*, das zahlreiche 12-Inch-Versionen unterschlug, dafür aber zwei reguläre A-Seiten anbot. Zum Weihnachtsgeschäft 1994 kam das Set *Greatest Hits I & II*, immerhin ohne neues Material, weswegen es auch fast niemand kaufte. Und das streitbare, aber in jedem Fall unstrittig softe *Made in Heaven* vom Jahresende 1995 auszubalancieren kam 1997, erneut rechtzeitig zum Advent, *Queen Rocks*, eine auf Initiative der Plattenfirma entstandene Zusammenstellung härteren Stoffs der Band, wieder mit dem Queen Crest als Artwork, in dessen Mitte zur Abwechslung aber die Krone explodiert. Wollten Queen damit ihr Erbe abstreifen? Mercury überwinden? Jedenfalls waren sie selbst nicht angetan von der Ausführung ihrer obskuren Idee: »Auf T-Shirts gedruckt sieht es aus, als hätte jemand draufgekotzt«[3], sagte Taylor bei der Pressekonferenz in Köln. Ein ausgesprochen hässliches Cover einer überflüssigen Platte, die dazu – neben dem »Rocks Retake« von »I Can't Live With You« –, noch einigermaßen unpassend mit einer Ballade als neuem Song aufwartete, »No-One But You (Only the Good Die Young)« – ursprünglich als einziger Originalsong für ein nie realisiertes Covers-Album Mays mit dem Titel »Heroes« gedacht, dann angeblich auf Druck der Fans als Queen-Single veröffentlicht. 1999 folgte die Mogelpackung *Greatest Hits III* unter dem Namen Queen+, die u. a. Arbeiten mit George Michael, Wyclef Jean und Elton John enthielt. Dazu gesellten sich Soloerfolge von May und Mercury – Mercurys »Living on My Own« allerdings nicht in der Hit-Version – sowie ein neuer Remix von »Under Pressure« als trashige Tanznummer, immerhin mit wenigen neuveröffentlichten Gesangszeilen von Bowie und Mercury.

Aufgefüllt wurde die Tracklist mit Ausschussware der Vorgänger wie »Princes of the Universe« und »Las Palabras de Amor« und erstaunlicherweise nicht mit deutlich populärerem Material wie »Tie Your Mother Down« und »Love of My Life (Live)«. An 17. Stelle dann, unerklärlicherweise als Bonustrack ausgewiesen, »Thank God It's Christmas«. Selbstredend erschien der Sampler zu ebendiesem Festtag, ebenso wie im Jahr darauf *The Platinum Collection* mit allen drei Hitsammlungen (2022 passgenau zum Platinjubiläum von Elizabeth II. erstmals auf Vinyl veröffentlicht). Nur Taylors Intervention verhinderte die Bewerbung auf einem deutschen Shoppingkanal. 2007 wurde dann an die US-Supermarktkette Walmart der Sampler *The A-Z of Queen, Volume 1* mit, eben: alphabetisch von A bis G angeordneten Hits der Band ausgeliefert. Der nähere Sinn entzieht sich hier. Vol. 2 fehlt bis heute. Zu Weihnachten 2009 erschien mit *Absolute Greatest* eine Best-of der drei Best-ofs. Von 2008 bis 2010 kam jährlich ein Boxset auf den Markt mit CD-Versionen der klassischen Vinyl-Singles Queens. Etwas konfus nicht immer mit den geläufigen Artworks für den britischen Markt, sondern wie im Falle von »Killer Queen« auch mal der belgischen 7-Inch oder der in Ungarn veröffentlichten Fassung von »Bicycle Race / Fat Bottomed Girls« versehen, auf deren Hülle sich Radfahrer ein Wettrennen auf dem Hintern einer Riesin liefern. Dazu wird sogar Mercurys ohnehin überschaubarer Solo-Output exzessiv wiederverwertet: Zwei reguläre Alben und eine Handvoll Singles stehen mittlerweile sechs Compilations und Boxsets gegenüber. Alter Wein in neuen Schläuchen. Irgendwann wird er sauer. Und die Fans auch.

2014 hätte es dann mit der Ankündigung sensationeller Ausgrabungen interessant werden können. Hätte. Dass die Band auf *Made in Heaven* eine gewisse klangliche Kohärenz anbieten wollte – anders als beispielsweise Led Zeppelin auf *Coda* –, rechtfertigte, dass sie dafür auf kein übriggebliebenes Material aus den 70ern zurückgegriffen hat. Doch ist es nicht nachvollziehbar, warum Queen für die Zusammenstellung *Forever* von 2014 sogar Mercurys Soloerfolg »Love Kills« von einer dezidierten Disconummer in eine Rockballade verwandelten – zumal der Song zuvor schon von den Fugitive Brothers verrockremixt und so 2000 erstmals veröffentlicht wurde. Die beiden anderen, »neuen« Stücke entstammten wenigstens dem Queen-Archiv wie Mays *The Works*-Outtake »Let Me in Your Heart Again« und »There Must Be More to Life Than This« – so ist auf diesen von Starproduzent William Orbit betreuten Songs auch Deacon zu hören. Laut Band hatte man die Gesangsspuren der Nummern schlicht »vergessen«. Wie man sich an den ersten Solo-Top-Ten-Erfolg eines Mitglieds wie »Love Kills« nicht erinnern kann, ist schleierhaft. Selbst May und Taylor sind keine Freunde der Platte. »Das ist ein eher seltsamer Mix unserer langsameren Sachen«[4], beschwerte sich Taylor. Den Rest des Albums machen 33 mehr oder weniger greatest Hits um das lose Konzept »Love« aus, die jeder Fan bereits x-fach besitzt. »Ich wollte die Doppelalbum-Version, die sie veröffentlicht hatten, nie.« May stimmte ihm bei: »Das war eigentlich nicht unsere Idee. Wäre es nach mir gegangen, wäre das eine EP mit den neuen Songs geworden, aber wir hatten der Plattenfirma schon eine Art Compilation zugesagt.«[5] Über die Jahre hatte May immer wieder betont, dass er die Chancen auf ein weiteres posthumes Album aufgrund der schwierigen Arbeiten an *Made in Heaven* für unwahrscheinlich halte. Doch auch dieses Argument trägt nach *Forever* nicht mehr. 2016 erschienen mit dem Boxset *On Air* immerhin zahlreiche Live-Raritäten von 1973 bis 1986 sowie im Jahr darauf mit der *40th Anniversary Edition* von *News of the World* Schmuckstücke wie der vorzüglichste Boogie-Rocker »Feelings, Feelings«, eine von Mercury gesungene Livefassung von »Sleeping on the Sidewalk« aus Boston und ein ebenfalls von ihm vorgetragenes »All Dead, All Dead«. Im November 2022 überraschten sie dann im Zuge des Re-Releases von *The Miracle* mit sechs bislang unveröffentlichten Songs aus den Sessions zur Platte: Mercurys »When Love Breaks up« (dem späteren »A New Life is Born«-Auftakt zu »Breakthru«), Mays »You Know You Belong to Me« und »Water«, Taylors »Dog with a Bone«, Deacons »I Guess We're Falling Out«, sowie ein Song, an dem alle gleichmäßig beteiligt waren und der als Single aus dem Boxset ausgekoppelt wurde, eine aus einer elfminütigen Demo zusammengefrankensteinerte Fassung des melancholischen »Face It Alone«. »Es war irgendwie einfach versteckt«, sagte May über den Song auf BBC Radio 2: »Wir haben es uns oft angehört und dachten: ›O nein, das können wir nicht wirklich retten.‹ Aber tatsächlich sind wir noch einmal rangegangen, und unser großartiges Ingenieurteam hat gesagt: ›Okay, wir können das und das machen. Es ist wie eine Art Zusammennähen von Teilen … Aber es ist wunderschön. Es ist sehr berührend.‹«

Warum also statt des Peu-à-peu-Prozederes nicht gleich den ganzen Weg gehen und die Tür zum Queen-Archiv sperrangelweit aufreißen? Dort erschlagen einen keine Unmengen wie im »Vault« von Prince, aber ein eklektisches Übersichtsalbum bekäme man zusammen. Entweder wie *Made in Heaven* fertiggestellt oder als authentisch rohe Aneinanderreihung im Stile der Beatles-*Anthology* belassen. Hier ein Vorschlag für eine weitgehend chronologisch gehaltene Tracklist mit kurzen Beschreibungen bislang unveröffentlichter Songs und Demos der Band:

»Polar Bear«: 1972er-Queen-Version eines Smile-Stücks. Lyrics sind noch nicht ganz ausgereift, bestehen in der zweiten Strophe mehrheitlich aus Ad-Libs. Schwelgerische, sanfte Psychedelik im Stil von Queens Debütalbum.

»Silver Salmon (Take 4)«: noch von Tim Staffell geschrieben, von einem monolithischen Gitarrenriff und donnernden Drums getragen. Diese, die geläufigste Aufnahme beginnt mit Geplänkel Mercurys, wurde auf diversen Fanclub-Treffen gespielt und entstammt entweder der Periode 1972 bis 1974 oder sogar 1977.

»Hangman«: von 1970 bis 1976 live aufgeführter Hardrocker mit zeittypischen Zeilen »Have you made any more pork pies for me? / Hangman, says you make a very nice cup of tea, oh yes you do«. Völlig ausformulierter Song, von dem der private Sammler John S. Stuart behauptet, eine Studioaufnahme zu besitzen. Greg Brooks, der offizielle Band-Archivar, bestreitet dies.

»Sandbox«: pianogetriebenes Hochgeschwindigkeits-Instrumental ohne Beteiligung Mays vom Sommer 1979 und somit »Don't Stop Me Now« durchaus ähnlich. Ideales Zwischenspiel.

»Play The Game (feat. Andy Gibb)«: Dem Queen-Fanclubmagazin und Reinhold Mack zufolge existiert eine Duettversion des Stücks mit dem Gibb-Bruder, der nicht bei den Bee Gees war.

»Sorry / You Are The Only One«: Pianoballade Mercurys, 1983 entweder für *The Works* oder *Mr. Bad Guy* als Demo aufgenommen. Besteht nur aus den Lyrics »I'm so sorry« und der titelgebenden Phrase.

»Love Makin' Love«: im Dezember 1984 für *Mr. Bad Guy* festgehaltene und posthum bereits veröffentlichte Demo; 1986 versuchten sich Queen für *A Kind of Magic* daran. Weit ausgearbeiteter Song – daher vielleicht einen zweiten Versuch wert?

»State Of Shock« und »Victory«: die anderen beiden Songs von Mercury und Michael Jackson. May und Taylor hatten auch hier um eine Verwendung für *Forever* gebeten, stießen bei Jacksons Nachlassverwaltern aber auf Ablehnung. Es wäre zu überlegen, ob man angesichts des rettungslos in Ungnade gestürzten »King of Pop« dessen Spuren von May oder Taylor neu einsingen ließe.

»She Blows Hot & Cold«: anzüglicher 80s-Rock (»She's a sexy lady / She can bring you to a very sticky end«), als B-Seite zu Mercurys »Made in Heaven« erschienen. Da bereits eine Alternativfassung mit May vorliegt, wäre es ein kurzer Schritt zu einem Queen-Song.

»Theme from New York, New York«: Im Film *Highlander* wird die Entführungsszene von Brenda Wyatt mit »Don't Lose Your Head« unterlegt, das dann, vom Schurken Kurgan persönlich angestimmt, in ein Cover des Liza-Minnelli-Klassikers übergeht. May dementiert die Existenz einer kompletten Version des Songs. Als Interlude wäre der Ausschnitt aber ein Paradebeispiel für Fan-Service sowie eine passende Überleitung zu …

»The Man From Manhattan«: ein Kinks-artiges Stück, das der Singer/Songwriter Eddie Howell 1974 schrieb. Erstmals als Bonusnummer vorgestellt während der Launchparty zu seinem Debütalbum *The Eddie Howell Gramophone Record* mit Phil Collins an den Congas, war Gast Mercury so entzückt von dem Song, dass er Howell anbot, ihn zu produzieren. Mitte Januar 1976 nahm Mercury sich eine luxuriöse Woche Zeit für seine erste Produktionsarbeit. Mercury war für die Backing Vocals zuständig, May spielte ein Gitarrensolo ein. Stark mit deren Namen beworben, fand der Song zunächst großen Radioeinsatz, bevor er aus einem rechtlichen Grund auf dem Weg zum Hit gestoppt wurde: Der von Mercury angeheuerte US-amerikanische Bassist Jerome Rimson hatte keine Arbeitserlaubnis. Der bereits auf Platz 50 der Charts stehende Song wurde vom Markt genommen und ist seither nur auf zahlreichen europäischen Bootlegs erhältlich.

»New York«: Den Reigen über Mercurys Wahlheimat Anfang der 1980er könnte diese klaviergetragene Kabarettnummer abschließen. Am 6. Juli 1984 für *Mr. Bad Guy* aufgenommen und in dieser Form im Jahr 2000 als Teil des Boxsets *The Solo Collection* veröffentlicht.

»Back to Storm« / »Coming on Far Too Strong«: Pendant zu »Sandbox« aus den mittleren 1980ern mit Gesangsskizzen Mercurys.

»Battle Scene«: atmosphärisches Instrumental aus Keyboards, E-Gitarre und verhalltem Gesang, ähnlich dem *Flash Gordon*-Score. Gedacht für den *Highlander*-Soundtrack.

»Affairs«: Midtempo-Poprock, Mercury singt (vermutlich): »When your lover's dead, you look up to the skies«. 1989 entstanden zu einer Zeit, in der AIDS schon einigen Freunden und Ex-Partnern Mecurys das Leben gekostet hat. Solides Songgerüst.

»Grand Dame«: bluesiges Hardrock-Instrumental mit Synthieflächen mit der Kraft von »One Vision«. Sollte unbedingt ausgebaut werden, allein schon, um einen solchen Songtitel im Katalog der Band zu haben.

Allein mit Überbleibseln aus den *Innuendo*-Sessions ließe sich eine ganze Albumseite füllen:

»Self Made Man«: Spät-80er-Snythie-Rocker, hauptsächlich von May getragen. In einem stark vom Rest abweichenden, Aerosmith-artigen Mittelteil singt Mercury »Do you wanna be my honey? Do you wanna be my girl?«

»Robbery«: zweiminütiger, an »You Really Got Me« der Kinks angelehnter Rocker, lediglich mit angedeuteten Lyrics Mercurys.

»My Secret Fantasy«: knackiger Deacon-Funk; Mercury singt zwar nur sogenannte Guidevocals zur Orientierung für die spätere Textarbeit, dafür aber durchgehend, so dass seine Spuren gut als Hintergrundgesang genutzt werden könnten.

»Freedom Train«: düsterer, polternder Song, vollständig aufgenommen und in anderer Fassung auf Roger Taylors 1994er-Album *Happiness?* erschienen.

»Dog With a Bone (Convention Version)«: auf knapp vier Minuten gekürzt bereits auf der *Collector's Edition* von *The Miracle* erschienen; doch die siebenminütige Vollversion des schleppenden Duetts von Mercury und Taylor sollte nicht unterschlagen werden. Nur ein einziges Mal aufgeführt, beim Fanclub-Treffen 1988, war sie am Ende mit individuellen, ausgelassenen Grußbotschaften der Band versehen, ähnlich der Beatles-Weihnachtssingles. Während May trotz launigen Tonfalls einigermaßen tief blicken lässt: »We'd love to be with you, we're sorry we're not with you. But we're too busy making silly noises and thinking up new chords like this one and having mid-life crises and things«, schäkert ausgerechnet Deacon in Richtung Fanclub-Leiterin Jacky Smith: »And Jacky, in return for us doing this musical offering for you, is, after we've finished, she's going to come on and do a strip for you.« Wahrscheinlich war es der Sexismus dieser Bemerkung, der die Band dazu veranlasste, sich für den 2022 veröffentlichten Nummer-sicher-Edit zu entscheiden. Doch mit entsprechendem Kommentar versehen, hätte die Gesamtfassung absolut ihren historischen Wert, fängt sie doch wunderbar die wiedererstandene Kameradschaft innerhalb der Band ein.

Abgerundet werden könnte das Ganze mit einer Auswahl von alternativen Takes sowie einem tatsächlich neuen Song, an dem Lambert, May und Taylor in Nashville arbeiteten – bis May plötzlich das Interesse daran verlor. »Wir konnten uns auf keinen Titel einigen, und der Text fühlte sich vielleicht etwas zu negativ für Queen an«, sagte Taylor im Oktober 2021 dem Magazin *Mojo*. »Aber der Song war echt gut, und ich hoffe, er erscheint irgendwann.«[6] Die Frage, ob neues Material nach mehr als 30 Jahren Plattenpause tatsächlich notwendig ist, beantwortet sich zumindest seit dem fulminanten ABBA-Comeback 2021 nicht mehr so selbstverständlich ablehnend wie bisher. Wir halten fest: Queen haben ihr Pulver noch nicht verschossen. Und: Queens Zukunft hängt nicht von ihrem Archivbestand ab.

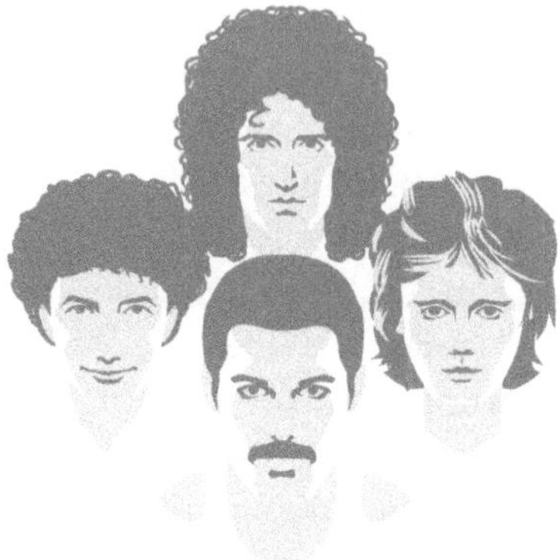

10 The Prophet's Song: Queens Œuvre im Wandel der Zeit

Nur noch krampfhaft um Distinktion bemühte Snobs vermögen heute die Nase über Queens Kanon zu rümpfen. Obwohl Musik stets eine Frage subjektiven Geschmacks bleiben muss und Mercurys Gesangsakrobatik oder der Schwulst der Produktionen als anstrengend empfunden werden darf, so herrscht doch ein breiter Konsens, die Errungenschaften, die Experimentierfreude und den Mut dieser Band nicht in Frage zu stellen. Diesen Status hätte sich die Gruppe nach 20-jähriger verlässlicher Kritikerhäme nicht mehr träumen lassen. Während der legendäre Musikjournalist Nick Kent im *NME* bereits das Debütalbum 1974 einen »Kübel Urin«[1] nannte, fand es *Rolling Stone* noch »superb«[2]. Doch mit dem Nachfolger drehte sich der Wind. Ab hier schoss *Rolling Stone* quasi nur mehr Zornespfeile in Richtung Queen. Deren zweites Album hielt man für »haltlos und erbärmlich unoriginell«[3], kanzelte die »pathetischen Vocals« sowie die »sinnlose kompositorische Komplexität« ab und behauptete einen »Mangel an Melodien«. *Melody Maker* bescheinigte *Queen II* »keinerlei Tiefe im Sound oder Gefühl«. Sollte diese Gruppe den Durchbruch schaffen, würde der Autor seinen »Hut essen«[4]. *Record Mirror* nannte die Platte den »Bodensatz des Glamrock. Schwach und überproduziert. Falls diese Band unsere größte Hoffnung für die Zukunft« sei, begehe man, in Anlehnung an Bowie, »Rock 'n' Roll Suicide«[5]. Noch nicht einmal »Rhapsody« war vor Hass und Häme gefeit. »[Queen] klingen extrem selbst-wichtig«[6], urteilte der *NME*. Die Konkurrenz vom *Melody Maker* bezeichnete den Song als »oberflächlich beeindruckendes Pastiche miteinander unvereinbarer musikalischer Stile«, dem Autor entziehe sich »die Bedeutung dieser Komposition komplett«.[7] In Deutschland mutmaßte der *Musikexpress*, dass das zugehörige Album das Publikum zunächst »erschlägt« und dass »eingefleischte Rockfans [...] diesen Sound als unecht, als nicht der Spontaneität und Frische des üblichen Rock entsprechend abqualifizieren« mögen. Er lobte allerdings Mercurys »variable Stimme« und konstatierte, dass »nur sehr wenige Gitarristen solche heißen Klänge produzieren wie Brian May«[8].

Die Gegensprecher eint ihre Skepsis gegenüber der diversen Natur Queens. Zelebrierte man zehn Jahre zuvor noch die Buntheit von Alben wie *Revolver* und *Sgt. Pepper's ...* hielt man dies Queen vor. Die wohl brutalste Schmähschrift dürfte David Marsh vom *Rolling Stone* verfasst haben; in seiner Besprechung von *Jazz* schrieb er 1979: »Queen haben nicht die Vorstellungskraft, Jazz zu spielen – Queen haben übrigens auch nicht die Vorstellungskraft, Rock & Roll zu spielen.« Nach dem Vorwurf, die Band würde Menschen zu Objekten degradieren, beschloss er seine Besprechung mit dem Urteil: »Diese Gruppe ist angetreten, um klarzustellen, wer überlegen und wer unterlegen ist. Ihre Hymne ›We Will Rock You‹ ist ein Marschbefehl: Ihr werdet nicht uns rocken, wir rocken euch. Tatsächlich könnten Queen die erste wahrhaft faschistische Rockband sein.«[9] Musikjournalismus der 1970er. Konträr zu Marshs Interpretation war »Rock You« als Aufforderung der Vereinigung von Künstler und Publikum gedacht, zur Aufhebung des Oben und Unten, des Wir und Sie, letztlich also ein urdemokratischer Song. In seiner Kritik zu *Live Killers* erneuerte David Fricke vom *Rolling Stone* die Annahme seines Kollegen und deklarierte »Rock You« als »arischen Befehl«. Queen seien nichts als »weitere Ersatz-Led-Zeppelin, die billige Klassikparodien mit Heavy-Metal-Nonsens kombinieren«[10] würden. Unverständnis, gelinde gesagt, äußerte er vor allem für die, in den Liner-Notes der Platte sogar begründete Entscheidung, den Opern-Teil aus »Rhapsody« vom Band kommen zu lassen. Dass dies auch die Fans nicht goutierten, kann man den lauten Buh-Rufen während des Segments entnehmen. Dem Publikum ist deswegen kein Vorwurf zu machen. Aber von einem erfahrenen Journalisten hätte man sich wohl die Einsicht erwarten dürfen, dass diese filigran aufgenommene Overdub-Orgie live nicht reproduzierbar sein kann. Mercury sagte dazu:

> »Soweit ich weiß, sind die meisten Leute, die unsere Platten kaufen, intelligent genug, um zu wissen, dass sämtliche Gesangsstimmen nur von uns vieren gesungen werden. Daher wissen sie auch, dass wir das vermutlich nicht so auf die Bühne bringen können, wie sehr wir uns auch bemühen. Was mich betrifft, so finde ich es wichtiger, dass die Stimmung eines Stücks auf die Bühne gebracht wird.«[11]

Wie bei praktisch jedem Konzert zu erleben, dient es dem Spannungsbogen eines Abends, wenn die Attraktion kurz verschwindet und so neue Begehrlichkeiten weckt. Nicht umsonst sind Zugaben seit jeher Standard. So wirkt es auch hocheffektiv, wenn Queen während der ohnehin nur einminütigen Oper die Bühne mit Kunstnebel einhüllen, um dann wie gleißendes Sonnenlicht diese Wolken mit dem Hardrock-Teil zu vertreiben.

In den 80ern rissen die Verrisse nicht ab. *The Times* nannte *A Kind of Magic* eine der »spektakulär erfolgreichsten Veröffentlichungen des Jahres«, fragte sich aber, warum sich die Begeisterung »nicht auf jene von uns überträgt, die das Album zum

Rezensieren bekommen?«[12] *Rolling Stone* trat wie üblich nach: »[Queens] Mitglieder werden nie zu würdevollen Elder Statesmen werden.«[13] Sogar beim dramatischen *Innuendo* kannte die Kritik kein Erbarmen. *Rolling Stone* bezeichnete das Album als »so seicht, dass man es umgehend vergisst, sobald es vorbei ist – was bei dieser Band ohnehin selbstverständlich sein sollte.«[14] *The Times* hielt es für »verblüffend, dass Queen auch in 20 Jahren ihren Appetit für Musik der grandiosesten Banalität nicht verloren haben.«[15] Der *Musikexpress* befand dagegen: »Nach einer Reihe mittelmäßiger, ja peinlicher Alben gelingt der betagten Rock-Königin […] eine echte Überraschung«, und kürte das Album zur »Platte des Monats«. *Innuendo* sei »das erste Album, das Verletzlichkeit nicht in falsche Stärke, Ohnmacht nicht in scheinbare Macht ummünzt.«[16]

Auch ein Grammy blieb der Band stets verwehrt. Bis zu Mercurys Tod waren Queen überhaupt nur viermal nominiert. Sogar »Rhapsody« musste sich 1977 gleich doppelt geschlagen geben – zum einen in der Kategorie »Best Pop Vocal Performance by a Duo, Group or Chorus« gegen Chicagos »If You Leave Me Now«, zum anderen in der noch viel passenderen Sparte »Best Vocal Arrangement for Two or More Voices«: Hier gewann die Starland Vocal Band mit ihrem »Afternoon Delight«. Den Brit Award für die beste britische Single der vergangenen 25 Jahre musste sich der Ausbund an Ideenreichtum, »Rhapsody«, 1977 mit Procol Harums stark an Bachs »Air aus der Suite Nr. 3 D-Dur« angelehntem »A Whiter Shade of Pale« teilen.

Queen gingen unterschiedlich mit der Kritik um. Taylor gab sich pragmatisch: »Queen sind eine Band, die man entweder liebt oder mit aller Kraft hasst – das ist okay so.«[17] Bei der *News*-Releaseparty auf »Champions« angesprochen, sagte er: »Es gibt keine irgend geartete Bescheidenheit. Nachdem uns die englische Musikpresse so heruntergemacht hat, ist uns das egal. Wir haben nichts mehr zu verlieren.«[18] May hatte mit den negativen Reaktionen größere Probleme: »Kritik berührt mich immer. Es ist egal, wie weit du kommst – wenn jemand sagt, du bist ein

Haufen Scheiße, dann tut das weh.«[19] In seinem 3D-Buch schreibt er: »Irgendwie schafften es die Kritiker immer, es nicht auf die Reihe zu kriegen, auch wenn das Publikum begeistert war.«[20] Mercury sah den Ursprung der Ablehnung in verletzter Eitelkeit der Presse: »Wir absolvierten unsere erste Headliner-Tournee und kamen so ins Gespräch, ohne jegliche Unterstützung seitens der Medien. Ich glaube, sie entdecken ihre Bands gern selbst, und wir waren einfach zu schnell für sie.«[21]

Selbst unter zeitgenössischen Kolleg:innen schmückte man sich nicht mit den Pfauenfedern Queens. Mick Jagger behauptete lachend, dass »Freddie sich sehr freuen würde, der nächste Mick Jagger genannt zu werden«[22]. 2004 für seine Website von einem Fan gefragt, ober er jemals Mercury begegnet sei, antwortete Kollege Keith Richards: »Nein – was gut für ihn war«, Mercury sei »nicht [s]ein Fall«[23]. Symptomatisch zeigt sich diese Einstellung in einem Sketch der TV-Sendung *The Queen Special* von 1980, in dem sich Ringo Starr und seine Frau Barbara Bach nur gegen Schmiergeld als Fans der Band präsentieren. Paul McCartney bescheinigte Mercury großes Gesangstalent, merkte aber auch an, dass die Show- und Camp-Aspekte der Band ihn nicht sonderlich interessierten – »aber auch dafür gibt es einen Markt«[24]. John Entwistle, Gründungsmitglied und Bassist von The Who, fand Deacon »gut«, empfahl ihm aber einen »schwereren Bass«.

Neben persönlicher wie professionell begründeter Missbilligung mag die Schelte all dieser Autoritäten noch weitere, von der Arbeit der Band unabhängige Ursachen haben: Zum einen ist hier die damals noch deutlich weiter verbreitete Homofeindlichkeit nicht außer Acht zu lassen. Aufgedonnerte Glamrock-Zeitgenossen wie Womanizer Bryan Ferry, Marc Bolan und die auf ein weibliches Teenie-Publikum zugeschnittenen The Sweet waren gewiss auch deswegen wohlgelittener, weil es keinen Zweifel an deren Heterosexualität gab. Die Bestseller des Genres, Slade, untermalten grölend die Pub-Gelage der Working Class. Zum anderen waren Queen eben vieles, aber ganz bestimmt nie cool – zumindest nicht nach der gängigen Auslegung; denn cool bedeutet zunächst »kühl, distanziert, unnahbar«. Doch Queen zielten immer aufs Herz. Dazu waren sie zu rasch zu tief im Mainstream; die in den orientierungslosen Teenagerjahren des 20. Jahrhunderts so wichtige Abgrenzung zum Geschmack der Massen war mit diesen Chartchamps nicht möglich.

Die gegenwärtige, fast globale Beliebtheit der Band geht daher auch auf die sich wandelnden popkulturell geformten Identitäten zurück: In Zeiten, in denen dank Streamingdiensten und Videoplattformen nahezu sämtliche Musik überall verfügbar ist, sind sich durch ihre Expertise im Underground definierende Connaisseurs, wie wir sie insbesondere auch unter Kritiker:innen fanden, eine Seltenheit geworden. Die Wertsteigerung der Ironie durch die diffuse Hipster-Bewegung brach weitere Geschmacksgrenzen auf: In der Ära des *Anything goes*, in der Vokuhila-Frisuren und in Badelatschen getragene weiße Tennissocken deswegen en vogue sind, weil sie eigentlich das exakte Gegenteil sein müssten, lässt es sich auch sorglos zu »A Kind of Magic« summen. Unter dem ironischen Deckmantel sind aufrichtige Verbindungen zu Musik entstanden, deren Emotionalität eben noch verpönt war. Kitsch ist König-in!

Dazu sind in unseren liberaleren Gesellschaften die zu Mercurys Lebzeiten vorherrschenden sozialen Parameter immer weniger oft anzulegen. Neben der deutlich gestiegenen Akzeptanz von nichtheteronormativen Lebensentwürfen hat sich etwa die Rolle der Geschlechter gewandelt. Der bewusst absurdisierende Albumtitel der Hamburger Hip-Hopper Fischmob, *Männer können seine Gefühle nicht zeigen* (1995), greift nicht mehr. Es ist daher kein Zufall, dass ein Künstler wie Kurt Cobain, der seine vielgestaltigen Fragilitäten auf der Zunge trug und dazu mit missionarischem Eifer feministische Überzeugungen propagierte und wie selbstverständlich Make-up trug, Queen-Fan war. Neben seinem unfassbaren Vermächtnis als Songwriter prägt er die Jetztzeit auch als Blaupause für einen neuen Typ Mann. In einer Art Staffelübergabe veröffentlichte seine Band Nirvana exakt zwei Monate vor Mercurys Tod ihr Durchbruchsalbum *Nevermind*, dessen Pop-Produktion sie in der dialektischen Tradition ihrer Vorbilder 1993 das fast schmerzhaft rohe *In Utero* (1993) folgen ließen. Queen umklammerten Cobains Leben: In Jugendjahren drückte er sich vor seinem Wochenendjob, versteckte sich in einem Van und hörte *News* auf Kassette, immer und immer wieder. Noch in seinem Abschiedsbrief zog er Mercury zur Erklärung heran, warum er nicht mehr könne:

> »Ich fühle mich schuldig wegen dieser Dinge, zum Beispiel, wenn wir hinter der Bühne sind und das Licht ausgeht und das Rufen der Menge beginnt. Das berührt mich nicht, wie es etwa Freddie Mercury berührte, der, wie es schien, es liebte, von der Menge geliebt und verehrt zu werden, was ich mir selber gewünscht habe und worum ich ihn beneide. Aber ich kann euch nichts vormachen.«[25]

Mercurys Saat war aufgegangen. Und der prominente Support mehrte sich – lagerübergreifend. So war Cobain in seiner Liebe zu Queen sogar mit Erzfeind Axl Rose verbunden. Der sagte:

> »Bei Queen habe ich meinen Favoriten: *Queen II*. Wenn eine neue Platte von ihnen herauskam mit all diesen anderen Arten von Musik, gefiel mir zunächst immer nur der eine oder andere Song. Aber nach einer Weile und mehrfachem Anhören erschlossen sich mir diese vielen verschiedenen Stilrichtungen. Das schätze ich sehr an ihnen. Das wollte ich auch immer selbst erreichen.«[26]

Auch Billy Corgan fand die Grundlage für den Sound seiner Smashing Pumpkins in *Queen II*, das er beim Jobben in einem Plattenladen entdeckte:

»Es ist so überdreht, so viele Gesangs- und Gitarren-Overdubs, totaler Queen-Overload. Ich habe das geliebt. Ich liebte die coolen, seltsamen, mehrdeutigen Songs über Freddies Sexualität und wie die Platte von Heavy-Stücken zu wunderschönen Balladen wechselt.«[27]

Ebenfalls aus dem Feld des Alternative Rock stammend, veröffentlichten schon 1990 die hochinnovativen, die Regeln harter Musik verändernden Nine Inch Nails eine eigenwillige Fassung von »Get Down, Make Love« als B-Seite ihres Stücks »Sin«. Trent Reznor lässt die verführerische Vorlage in manischen Mayhem ausarten, bewahrt aber sogar in dieser Aggression den Sinn für Humor, wenn am Ende des Stücks nach einer High-Speed-Collage aus Sounds die letzten Töne von »Rock You« erklingen.

1997 erschien mit *Dragon Attack: A Tribute to Queen* ein Coveralbum mit Beiträgen hochkarätiger Vertreter der Heavy-Spielart wie Yngwie Malmsteen und dem Papst unbeirrbaren Rock 'n' Rolls, Lemmy Kilmister. Wenn dieser Mann Queen seinen Segen erteilt, hat das Befehlscharakter. Kurz vor dessen Tod Ende 2015 sollte Brian May übrigens ein Solo auf dem letzten Motörhead-Album einspielen. 1997 duettierte der für seinen opernhaften Vortrag berühmte Iron-Maiden-Sänger Bruce Dickinson mit Montserrat Caballé auf »Rhapsody«. Höchste Ehren auch von Maynard James Keenan von den Prog-Metallern Tool, der 2013 für sein Projekt Puscifer »Rhapsody« coverte. Ebenfalls 2013 lieferten die Cobain-Idole Melvins eine unbeschwerte Version von »You're My Best Friend« ab. Doch vor allem zählt in dieser Sparte das Lob von Steve Jones, dem Gitarristen der Sex Pistols. 1991 nannte er Queen im Rahmen der *Innuendo*-Releaseparty »eine großartige Band«[28]. Wenn er Queen als gegenüber der Musikindustrie unangepasst beschreibt, klingt das wie eine Definition seiner eigenen Band. Um zu verstehen, wie bedeutsam diese Aussagen sind, sei kurz das besondere Verhältnis dieser beiden Gruppen skizziert.

Queen für Insider: I'm a Sex Pistol, ready to reload

Das erste Aufeinandertreffen von Queen und den Sex Pistols ereignete sich im Herbst 1976 in den Nordlondoner Wessex Studios: Queen waren gerade noch mit den Aufnahmen zu A Day at the Races *beschäftigt. Die Sex Pistols, frisch vom Queen-Label EMI unter Vertrag genommen, befanden sich in friedlicher Koexistenz nebenan für erste Sessions. Am 1. Dezember musste Mercury wegen Zahnschmerzen zum ersten Mal seit 15 Jahren zum Zahnarzt. Queen sagten den für diesen Tag geplanten Auftritt in der britischen TV-Show* Today *in letzter Minute ab. EMI schickte stattdessen die Sex Pistols dorthin, um deren neue Single »Anarchy in The U.K.« zu bewerben. Die liefen zur Teatime mit ihrer Gefolgschaft, dem Hakenkreuzarmbinde tragenden »Bromley Contingent«, auf. Nach dem schmierigen Versuch des Moderators Bill Grundy, sich mit deren Mitglied Siouxsie Sioux zu verabreden, nannte ihn Jones einen »dirty sod. You dirty old man!«[29] Grundy stachelte ihn zu weiteren Kraftausdrücken an: »You dirty bastard! You dirty fucker! What a fucking rotter.« Grundy verabschiedete sich schließlich mit einem hoffnungsvollen »Ich hoffe, ich sehe euch nie wieder« und sollte recht behalten. Seine TV-Karriere war nach diesem Skandalauftritt beendet, und die Sex Pistols wurden über Nacht zum Pop-Aufreger des Jahrzehnts. Nach weiteren Eklats ließ EMI die Band Anfang 1977 fallen, im Februar 1977 stieg Bassist Glen Matlock aus, für ihn kam Kamikaze-Kid Sid Vicious. Am 6. und 7. Juni beendeten Queen ihre* Races*-Tour im Londoner Earl's Court wie gehabt mit »God Save the Queen«. Queen widmeten die Shows Elizabeth II., die dieser Tage ihr 25. Thronjubiläum feierte, und spendeten die Einnahmen dem Wohltätigkeitsfonds der Königin. Zur selben Zeit spuckten die Sex Pistols auf Platz 2 der Charts mit ihrem »God Save the Queen« Gift und Galle gegen das »faschistische Regime« ihrer Heimat. Gerüchten zufolge wurde ihnen der erste Platz verwehrt, weil man einen gesellschaftlichen Aufschrei befürchtete. Mitte Juni hatte Mercury im Haus von Queen-Manager John Reid dem* NME *ein Interview gegeben, welches das Blatt als Streitgespräch abdruckte. Fragensteller Tony Stewart hatte zuvor ein Hamburg-Konzert der Band negativ besprochen; Mercury, der damals in seinem von Nijinsky inspirierten Harlekinkostüm auftrat, konterte daher gleich eingangs: »Ich erinnere mich daran, vor drei/vier Jahren mit dir gesprochen zu haben. Stimmt das? Du arbeitest* *also immer noch für den NME? Das Leben ist nicht sehr gut zu dir, oder?«*[30] *Mercury verteidigte seine Liebe zum Ballett und erklärte dessen notwendige Vereinbarkeit mit Rock 'n' Roll: »Es klingt ungeheuerlich und extrem. Aber ich weiß, dass eine Zeit kommen wird, in der das völlig normal ist.« Er warf seinem Gegenüber Engstirnigkeit vor und beleidigte ihn sogar: »Ihr seid diese verdammten, arroganten Säcke, die einfach nicht dazulernen wollen. Euch kann man nichts sagen. Ihr meint schon alles zu wissen, bevor es überhaupt passiert ist.« Stewart revanchierte sich mit der unflätigen Überschrift »Is This Man a Prat?«. Später fanden sich Queen und die Sex Pistols wieder in den Wessex Studios ein, um ihre Platten* News of the World *und* Never Mind the Bollocks, Here's the Sex Pistols *aufzunehmen. May und Jones tauschten Gitarrentipps aus, Taylor sprach mit Rotten über Musik – vor allem Taylor war der neuen Bewegung zugetan, liebte die Pistols, schätzte The Clash, The Damned fand er urkomisch, aber nicht sehr gut. Johnny Rotten war wie Freddie Mercury eine Eigenkreation, eine überlebensgroße Kunstfigur, die vom schüchternen John Lydon ablenken sollte. Rotten hatte Queen schon live gesehen und bezeugte sein Interesse an Mercury in typischer Manier, kroch auf allen vieren durch Queens Studio, um Mercury an dessen Klavier mit einem simplen »Hallo, Freddie!« zu überraschen.*[31] *Roy Thomas Baker ermahnte dann Pistols-Tontechniker Bill Price, dafür zu sorgen, dass sein Schützling dies nicht wiederholen solle. Doch während Mercury und Hince in einem der Regieräume saßen, kam es zum Eklat: Vicious – laut Taylor »ein Trottel, ein Idiot«*[32] *– platzte herein. Mercury spielte ihm ein paar der neuen Aufnahmen vor, darunter das punkige »Sheer Heart Attack«, das Vicious an die Bristoler Punks The Cortinas erinnerte. Dann fragte er Mercury, den er nur »Freddie Platinum« nannte, ob der schon Erfolg dabei gehabt habe, Ballett massentauglich zu machen. Mercury bezeichnete ihn als Simon Ferocious und zeigte ihm den Weg nach draußen. Später behauptete Mercury, er habe den Pistols damals sogar gegenseitige Gastauftritte auf den parallel produzierten Alben angeboten, was aber abgelehnt worden sei.*[33] News *erreichte Mitte November nur Platz 4 der britischen Charts, darüber: Rod Stewart, Bread und ganz oben: die Sex Pistols. Die Lager Anarchie vs. Monarchie standen einander fortan unvereinbar gegenüber – bis Jones' Kommentar 1991.*

Auch die Kinder und Enkel der Pistols knien vor Queen: Die Ärzte ließen etwa in ihrem Song »›Was hat der Junge doch für Nerven‹« der Zeile »Denn keiner hier spielt Schlagzeug so wie ich« den »Rock You«-Beat folgen (obwohl dieser ja – gut informierter Gag oder verzeihlicher Fehler – ohne Drums auskommt). Green Day nahmen ihre Version von »Champions« sogar in ihr von Abermillionen verfolgtes *Live 8*-Set im Jahre 2005 auf. Im selben Jahr schlossen sich The Used mit My Chemical Romance zusammen und spielten »Under Pressure« neu ein. Bei Letzteren stand May 2011 auf der Bühne und spielte »Rock You« und deren von Queen beeinflusstes »Welcome to the Black Parade«. 2022 verteidigte May das kontrovers aufgenommene »Champions«-Cover des britischen Pop-Punks Yungblud.

Tiefe Knickse lassen sich ebenfalls in der Welt des Pop registrieren: 2004 zitierte Gwen Stefani »Dust« in ihrem Welthit »Hollaback Girl«, und Altmeister Björn Ulvaeus von ABBA gestand, er sei »blass vor Neid« gewesen, als er »›Bohemian Rhapsody‹ zum ersten Mal gehört habe«.[34] 2007 verhehlte der libanesisch-britische Sänger Mika seinen Einfluss auf seinen Nummer-1-Hit »Grace Kelly« nicht und sang in dessen Bridge »So I try a little Freddie«. Katy Perry coverte 2009 während ihrer *Hello Katy*-Tour »Don't Stop Me Now«, sang 2013 in »Roar«: »I am a champion« und veröffentlichte sogar ein eigenes Parfüm namens »Killer Queen«. Stimmwunder wie »Downtown«-Sängerin Petula Clark (»These Are the Days«) und der Kraftprotz der 007-Soundtracks Dame Shirley Bassey (»Who Wants to Live Forever«) nahmen sich ebenfalls des königlichen Kanons an. Céline Dion sang »The Show Must Go On« und »Love of My Life«. Auch die Wege von Queen und Deutschlands größtem Popstar Helene Fischer kreuzten sich schon mehrfach: Nach einigen Queen-Covers in ihren Live-Repertoires hieß sie 2014 Queen + Adam Lambert in ihrer alle Jahre wiederkehrenden TV-Gala willkommen. Ganz vorne in der Schlange einer Queen-Autogrammstunde steht aber: Lady Gaga. Ihren Künstlernamen hatte der 20-jährigen Stefani Germanotta ihr damaliger Produzent Rob Fusari verpasst, ihr Timbre hatte ihn an »Radio Ga Ga« erinnert. Auf ihrem Rockalbum *Born this Way* lud sie dann auch May zur Gitarrenbegleitung des mit dem Queen-esken Doppelstampfklatsch-Beat arbeitenden Hits »Yoü and I« ein. Im August 2014 überraschte »Mother Monster« die Fans, als sie in einem mit Kronen verzierten Anzug für ein »Dust«-Duett zu Queen + Adam Lambert in Sydney auf die Bühne kam. 2018 erschienen zur Wegbereitung des Films *Bohemian Rhapsody* gleich drei hochkarätige Coverversionen: Teen-Superstar und Queer-Ikone Troye Sivan nahm sich »Somebody to Love« an, die australische Boyband 5 Seconds of Summer der »Killer Queen«, und der kanadische Singer/Songwriter Shawn Mendes modelte »Under Pressure« in eine Lagerfeuerhymne um.

Verneigungen auch in den Bereichen Rhythm 'n' Blues und Hip-Hop: Ice Cube eröffnete seinen 1992er-Albumklassiker *The Predator* mit dem »Rock You«-Beat, Macy Gray nahm den Song komplett neu auf, Public Enemy sampelten »Flash« auf ihrem Meisterwerk *It Takes a Nation of Millions to Hold Us Back*. Deacon dürfte sich 2006 kurz aus dem Ruhestand in freudige Bewegung versetzt haben, als sein Jugendidol Diana Ross »Crazy Little Thing« coverte, sogar mit Unterstützung von May, der sein spartanisches Solo von 1980 endlich mit einem ausufernden ersetzen durfte. DJ-Pionier Grandmaster Flash zeigte in seiner Sample-Collage »The Adventures of Grandmaster Flash on the Wheels of Steel« von 1981 die Traditionslinie von Chics »Good Times«, über »Dust« bis zum ersten Hip-Hop-Hit, »Rapper's Delight« der Sugarhill Gang, auf. Mobb-Deep-Mitglied Prodigy rappte 2012 sein »Life Is What You Make It« über »The Show Must Go On«. Als Kanye West auf dem Höhepunkt seiner messianischen Power 2015 als Headliner des *Glastonbury*-Festivals auftrat, spielte er »Rhapsody«. Aber auch hierzulande gehören Queen in die Plattenkoffer oder Datenbanken von Hip-Hop-Künstlern: So basiert Celo & Abdis »Last Action Hero« auf »Flash«.

Die beiden Bands, an denen sich der Einfluss Queens am deutlichsten zeigt, sind zum einen die Briten von The Struts, deren Sänger Luke Spiller den Mercury der mittleren 70er peinlich genau nachstellt. Leider ist seine Band genau das: eine ideenlose Imitation, mutlose Möchtegerns. Die einzige authentische Verbindung, die sie zu den frühen Queen haben, ist die notorische Erfolglosigkeit in all ihrer Großmannssucht. Die anderen, weitaus originelleren Gefolgsmänner sind die bereits erwähnten britischen Hardrocker The Darkness. Durch seine Liebe zum Vibrato von May kam Leadgitarrist und Sänger Justin Hawkins zur Gitarre, nach einer angetrunkenen Darbietung von »Rhapsody« in einem Pub seiner Heimatstadt Lowestoft schlug ihm Bruder Dan die Bandgründung vor. Gleich durchs Video zu ihrer ersten Single »Get Your Hands Off My Woman« tänzelte Hawkins in schwarzweißem Catsuit mit XXL-Ausschnitt. Ihr zweites Album ließen sie dann stilecht von Roy Thomas Baker produzieren.

Die groteskeste Art, mit der ein Star seine Queen-Liebe zum Ausdruck brachte, dürfte aber 2011 erneut »Rhapsody« gewesen sein – diesmal als Spoken-Word-Cover von »Cpt. James T. Kirk«, dem damals bereits 80-jährigen William Shatner. Oder war es doch das »Hot Buns«-Video, mit dem die Foo Fighters ihre Nordamerika-Tour 2011 ankündigten, vor allem aber als Trucker in einer Gemeinschaftsdusche einer Raststätte zu den Klängen von »Body Language« die verpixelten Hintern schüttelten? Live huldigen die Foo Fighters Queen seit Jahren mit Covers wie »Tie Your Mother Down«, »Under Pressure« oder »Somebody to Love«. Taylor Hawkins sang diesen Song bei seinem letzten Konzert, nur fünf Tage vor seinem Tod. Live trug Hawkins gerne eigens gefertigte Smile-Shirts ; so nahe stand er der Band, dass er sogar die Songauswahl für *Deep Cuts* mitbestimmte. Die Detroiter Glam-Popper Electric Six setzten 2004, nachdem ihnen im Jahr davor Hits mit »Danger! High Voltage« und »Gay Bar« gelungen waren, ein Manifest ihrer Bewunderung für Queen mit dem Video zu ihrem »Radio Ga Ga«-Cover. Sänger Dick Valentine tanzt als Geist Mercurys auf seinem eigenen Grab. Danach spielt er gegen wohl Mays Mähne parodierende Pudel Schach (nicht *Scrabble*), bevor er in der größten Szene des Videos durch eine Wand aus überdimensionalen Schneidezähnen bricht. Natürlich haben auch die Comedy-Rocker Tenacious D Queen im Programm, auch Polka- und Lounge-Parodien von »Rhapsody« aus den Händen von »Weird Al« Yankovic, bzw. Richard Cheese müssen existieren. Yankovic hatte 1981 mit »Another One Rides the Bus« sogar seinen ersten landesweiten TV-Auftritt in den USA.

Neben diesen Ulknudeln stehen No-Bullshit-Künstler aus dem Indie-Lager wie die todernsten Glasvegas (»I'm Going Slightly Mad«) und die US-Dreampopper von Beach House (»Play the Game«). Michael Stipe feierte 1996 in R.E.M.s »The Wake-Up Bomb«: »My head's on fire and high esteem / Get drunk and sing along to Queen«. Die Indiedisco-Lieferanten Franz Ferdinand machten sich vor Konzerten mit »Don't Stop Me Now« bereit für das Spotlight; Bandkopf Alex Kapranos schwärmt für Queen: »Das ist Musik von Menschen, die das Leben genießen, es bis aufs Äußerste auskosten und dich dazu verführen, dasselbe tun zu wollen.«[35] 39 Jahre nach Erscheinen von »Under Pressure« veröffentlichte Karen O von den Indie-Rockern Yeah Yeah Yeahs ein Duett des Songs mit Willie Nelson, dem damals 87-jährigen Outlaw Willie Nelson. Sogar Radiohead sehen in Queen ihre Anfänge. Sänger Thom Yorke bekam im Alter von sieben Jahren seine erste Gitarre geschenkt, nachdem er May bei einem Queen-Konzert im Fernsehen erblickt und eine Obsession entwickelt hatte. Diese führte drei Jahre später zu seiner ersten selbstgebauten Gitarre, der Grundstein war gelegt. Mitte der 90er coverten Yorke und Gitarrist Johnny Greenwood für eine MTV-Show »Crazy Little Thing«. Bald drauf stand der Song, mit dem sich die Gruppe von emotionsgeladenen Alternative-Rockern zu Konstrukteuren verwinkelter Songtürme umschulten, in einer klaren Tradition zu »Rhapsody«: das vielteilige »Paranoid Android« aus dem Jahr 1997. Bassist Colin Greenwood sagte, die Band habe sich damals »wie verantwortungslose Schuljungen gefühlt. Niemand macht einen sechseinhalbminütigen Song mit all diesen

Wechseln. Das ist doch lächerlich.«[36] Wirkt wie ein Echo der Ereignisse von 1975. Ebenfalls wie ein Nachhall Queens klingt Yorkes und Johnny Greenwoods 2021 gegründetes Nebenprojekt: The Smile. Tiefe Spuren haben Queen auch im Werk der britischen Rockband Muse hinterlassen, die auf »Panic Station« den »Dust«-Basslauf weiterführten und mit »Uprising« ihren Versuch eines eigenen »Champions« vorlegten. Unter dem Namen *Seaside Rendezvous* luden Muse 2009 40 000 Fans zu zwei Konzerten anlässlich des 10-jährigen Bandjubiläums in ihre Heimatstadt Teignmouth an der britischen Südküste. Auf ihre Prägung angesprochen, versicherten sie zumindest, dass Sänger Matt Bellamy nicht vorhabe, sich einen Schnauzbart wachsen zu lassen.[37] Ex-Oasis-Sänger Liam Gallagher sagte 2022 über seine Solo-Auftritte in Knebworth, dass er sonst nur Freddie Mercury zutrauen würde, eine so enorme Fläche allein zu füllen.

Die Liste prominenter Queen-Fans ließe sich endlos fortsetzen: von der Retrosoul-Sensation Adele über K-Pop-Superstar Psy sowie den Grungern von Janes's Addiction bis zu den Funk-Rockern Red Hot Chili Peppers. Queen streckten ihre Arme nach der ganzen Welt aus, und die Welt erwiderte die Umarmung, letztendlich auch die der Kritik. 2018 nahmen May und Taylor den »Lifetime Achievement Award« bei den Grammys entgegen – eine Art Wiedergutmachungs-Auszeichnung. 2001 führten sie Dave Grohl und ein sichtlich nervöser Taylor Hawkins überdies in die Rock 'n' Roll Hall of Fame ein. 2002 bekam die Band ihren Stern auf dem Walk of Fame in Hollywood. »It's late, it's late, but not too late.«

Und May und Taylor werden noch vieles tun, um ständig neue Empfänger:innen ihres Erbes zu finden. Die beiden haben heute zwar das Gegenteil dessen als Raison d'Être, wofür sie einst standen: Innovation, Neuerung und Mut. Mit ihrer ständigen Bestandsaufarbeitung hat ihr Schaffen in Bild und Ton dafür aber ein Eigenleben entwickelt. Die letztlich einzige Botschaft der Band hat sich verselbständigt: »Just turn yourself into anything you think that you could ever be«. Im Kern das Ethos der mit Queen Ende der 70er so hart konkurrierenden Punks. 40 Jahre später sang die angesagte britische Polit-Punkband Idles in »Danny Nedelko«, einer Hymne auf Solidarität und Miteinander: »My blood brother is an immigrant / A beautiful immigrant / My blood brother's Freddie Mercury / A Nigerian mother of three«. Zu Lebzeiten Mercurys standen Queen stets neben den Trends, heute gilt der multinationale Sänger mit Bodyshaming-Issues, der sich in einem Jahrzehnt als genderfluides Zwischenwesen gab, nur um sich danach zum megamaskulinen Macho zu transformieren, als Pionier sowie Symbolfigur unserer Diversity-Epoche. Rami Malek nannte Queen »den Inbegriff von Inklusivität und das ist es, was die Welt gerade wirklich braucht«[38]. May stellte richtig fest: »Die Musik von Queen hat sämtliche Grenzen in Bezug auf Alter, Herkunft, Hautfarbe und Glaube überschritten«[39].

Mercurys Streben nach breitestmöglicher Akzeptanz, seine von Kindesbeinen an trainierte Gabe der Anpassung an die Wünsche der Massen, ermöglichten der Randfigur bis zum Herzen des Mainstreams vorzudringen, um ihn dort für immer zu verändern. Durch sein jahrelanges Studium der Spielregeln und Teilnahmebedingungen des Konsenses konnte er letztlich zu dessen Dompteur werden. Um einen Song Deacons zu paraphrasieren: »If you can't beat them, join them … and then beat them!« Mercury scherte von seinem vorgefertigten Lebensplan aus. Er löste sich im Frieden vom Konservativismus seines sozialen wie kulturellen Backgrounds und riss vor den Augen und Ohren der Weltöffentlichkeit künstliche Grenzen ein. Das alles unter der Maxime, Spaß zu haben, das Leben voll auszukosten. »Traurigkeit war kein Bestandteil seiner Persönlichkeit«, erinnerte sich Freestone Ende 2021.

> »Er war ernst, ja. Besorgt, ja. Aber glücklich, lächelnd, nicht traurig und deprimiert. Selbst als er seine Diagnose bekam, war er nicht deprimiert. Dadurch verschwand der Fakt, dass er alt werden würde. Davor hatte er wirklich Angst«.[40]

»I hope I die before I get old«, wie seine Idole The Who sangen. Farrokh Bulsara schenkte uns mit seiner cartoonhaften Kunstfigur Freddie Mercury einen wahr gewordenen Traum an Selbstverwirklichung. »Is this the real life, is this just fantasy?« Er zeigte uns, dass auch hier keine Trennlinie verlaufen muss. Freddie Mercury ist der unwahrscheinlichste und auch daher freieste aller Rockstars. Die Welt wollte er nie verändern,[41] aber er inspirierte uns dazu, es selbst zu tun. Ay-oh!, das Animations-Ass.

Vielleicht war es ein kosmischer Zufall, der ihn über die Meere, die *Seven Seas of Rhye*, in die Arme der Ausnahmemusiker Deacon, May und Taylor spülte. Zusammen schufen sie eine einzigartige Dynamik aus Halt und Antrieb und gaben uns den Soundtrack für den Weg in eine offenere Zukunft. Man kann sie bereits am Horizont ausmachen. Wenn wir endlich angekommen sind, mag dort Mays kathartisches Solo »Last Horizon« erklingen. Aber noch haben wir einige beschwerliche Meilen vor uns. Es wird kein Pleasure Cruise, aber wir kommen da durch. »We mean to go on and on and on and on […] and we'll keep on fighting till the end«.

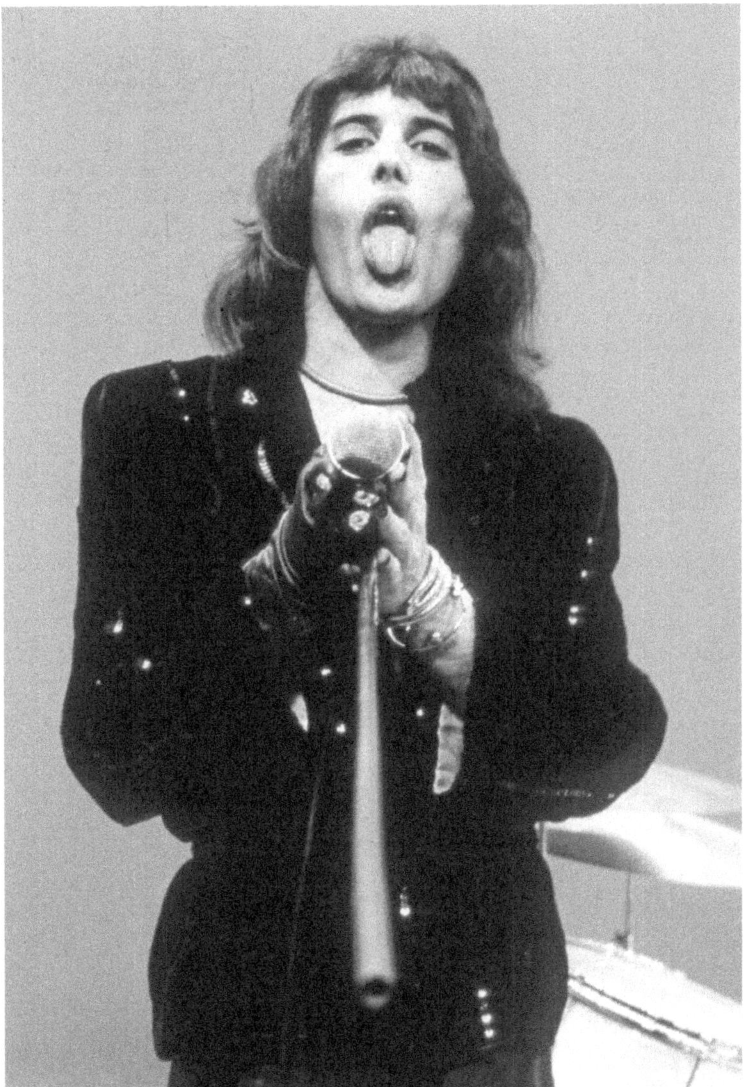

Anmerkungen

Soweit nicht anders angegeben, stammen alle Übersetzungen von Stephan Rehm Rozanes.

1 God Save Queen: Provokation als Markenzeichen

1 freddiemercury.com 2019.
2 Brooks/Lupton 2007, S. 14.
3 Ebd., S. 18 f.

2 Staying Power: 50 Jahre Faszination

1 Uncut 2013.
2 Mercury/Dolezal 1984.
3 Brooks/Lupton, S. 13.
4 Ebd., S. 217.
5 Doherty 2019, S. 144.
6 Jones 2018, S. 411.
7 *Rolling Stone* (dt. Ausg.) 12 (2021), S. 38.
8 Dallach 2015.
9 Power 2007, S. 31.
10 Für eine bessere Lesbarkeit werden viele der allseits bekannten Song- und Albentitel nach der ersten Nennung in Kurzform angegeben.
11 Mercury/Turner 1984.
12 Freestone 2021.
13 *Melody Maker*, 14. 3. 1981; s. a. Pinnock 2016.
14 Mercury/Turner 1984.
15 Chilton 2021.
16 Goodwyn 2011.
17 BBC-News 2002.
18 Rehm Rozanes 2016.
19 *The Show Must Go On: The Queen + Adam Lambert Story.*
20 Q, März 2011, S. 86.
21 Walker/Eden 2013.
22 Kitchener 2019.
23 *The Show Must Go On: The Queen + Adam Lambert Story.*
24 Blake 2016, S. 197.
25 Bardola 2021, S. 279.
26 Irwin 2021.
27 *Champions of the World.*
28 *Musikexpress* 2020.
29 Malek 2019.
30 Allen/Bell 2019.
31 Maged 2019.
32 *Freddie Mercury, The Final Act.*
33 Purvis 2018.
34 Brooks/Lupton 2007, S. 210.
35 Blake 2016, S. 202.
36 *The Freddie Mercury Tribute Concert 10th Anniversary Documentary.*
37 Döringer 2020.
38 *Classic Rock*, Februar 2015, S. 40 f.
39 Freddie Mercury / David Wigg, »Munich 1984«, Interview, in: F. M.: *The Solo Collection* (CD 3).
40 Hyatt 2009.
41 Rehm Rozanes 2018.

3 Live Killers: Auf den Brettern, die die Welt rockten

1 *Circus Magazin*, März 1977.
2 *The Road to Wembley*, in: *Live at Wembley Stadium.*
3 Hince 2015, S. 12.
4 Ebd., S. 14.
5 *The Road to Wembley*, in: *Live at Wembley Stadium.*
6 Jones 2018, S. 29.
7 May 2017, S. 38.
8 Jones 2018, S. 36.
9 Queen 1985.
10 *Being Freddie Mercury: Under Pressure.*
11 *A Magic Year, Hungarian Rhapsody.*
12 Jones 2018, S. 33.
13 Brooks/Lupton 2007, S. 51.
14 Ebd., S. 50.
15 Blake 2016, S. 160.
16 *The Road to Wembley*, in: *Live at Wembley Stadium.*
17 Steve Lake, »Interview mit Freddie Mercury« in: *Musikexpress/Sounds* 3 (1992) S. 28.
18 *The Road to Wembley*, in: *Live at Wembley Stadium.*
19 Mercury/Wigg, »Munich 1984«, Interview, in: F. M., *The Solo Collection* (CD 3).
20 *Musikexpress* 3 (1979), S. 36 f.
21 *The Road to Wembley*, in: *Live at Wembley Stadium.*
22 Mercury/Turner 1986.

4 They Want It All: Die Kings of Queen

1 Mercury/Wigg, »Munich 1984«, Interview, in: F. M., *The Solo Collection* (CD 3).
2 Q, März 2011, S. 86.
3 Zit. nach Jones 2018, S. 72.
4 BBC-News 2006.
5 Blake 2016, S. 91.
6 Chilton 2021.
7 Jones 2018, S. 59.
8 Mercury/Coon 1974; s. a.: Coon 2011.
9 Richards/Langthorne 2016, S. 16 f.
10 *Being Freddie Mercury: Under Pressure.*
11 *Freddie Mercury: The Untold Story.*
12 Webb 1974, S. 10.
13 Richards/Langthorne 2016, S. 18, (*The Hindustan Times*, 30. 8. 2008).
14 *Being Freddie Mercury: Under Pressure.*
15 *Freddie Mercury: The Untold Story.*
16 Ebd.
17 *Mojo* 2021, S. 39.
18 Huntman 2014.
19 Luck 2021.
20 Huntman 2014.
21 Ebd.
22 Shearing 2015.
23 Parker 2013.
24 *The Show Must Go On: The Queen + Adam Lambert Story.*
25 May 2021.
26 Q, März 2011, S. 86.

27 Lowe 1982, S. 62.
28 Beaumont 2021.
29 Power 2007, S. 32.
30 Meddows Taylor/Lester 2013.
31 *From Rags to Rhapsody.*
32 May 2017, S. 51.
33 *Melody Maker*, 14. 3. 1981.
34 Taylor 2021.
35 Ibex, Live at the Liverpool Sink Club (Full Album): https://www.youtube.com/watch?v=YbQpxcqCMmE.
36 *Mojo* 2021, S. 18.
37 Stuart/Davis 1969.
38 Jackson 1996.
39 Deacon 1994.
40 *The Show Must Go On: The Queen + Adam Lambert Story.*
41 Smoothradio 2021.
42 Kyriazis 2020.
43 Hayat Hacialioglu 2020.
44 *The Sun*, 21. 4. 2001.
45 Greene 2014.
46 McNair 2013.
47 Kyriazi 2020.
48 Deacon/Taylor 1991.
49 Deacon/Townsend 1985.
50 *Mojo* 2021, S. 27.
51 *Rolling Stone*, 12. 12. 1973.
52 Magnotta 2019.
53 Songfacts.
54 *The American Dream.*
55 Ebd.
56 Power 2007, S. 38.
57 Freestone/Evans 1999, S. 252, 254, 256.
58 Clerc 2021, S. 326.
59 *Days of Our Lives.*
60 Gunn/Jenkins 1992.
61 Mautz 2021, S. 43.

5 How Music Changes Through the Years: Werk und Wirkung

1 *From Rags to Rhapsody.*
2 Sutcliffe 2021, S. 30.
3 Brooks/Lupton 2007, S. 74.
4 Jones 2018, S. 53.
5 Webb 1974, S. 10.
6 *Melody Maker*, 21. 12. 1974.
7 Sutcliffe 2009, S. 40.
8 *Melody Maker*, 21. 12. 1974.
9 Wilkinson 2021, S. 38.
10 https://www.youtube.com/watch?v=IsKfdrWqWo8.
11 May 2017, S. 148.
12 Q, März 1991.
13 Hince 2015, S. 111.
14 *Days of Our Lives.*
15 *The Amercian Dream.*
16 *Mojo* 2021, S. 56.
17 Chilton 2022.
18 Clerc 2021, S. 141.
19 *Freddie Mercury: The Final Act.*
20 *Being Freddie Mercury: Under Pressure.*
21 Power 2007, S. 43.
22 Sutcliffe 2009, S. 63.
23 Chilton 2022
24 *Sounds*, 7. 8. 1976.
25 Davis 1993.
26 *Classic Albums: The Making of A Night at the Opera.*
27 Hodges 2019.
28 *Classic Albums: The Making of A Night at the Opera.*
29 Clerc 2021, S. 188.
30 Hutton 2019, S. 16.

31 Sutcliffe 2009, S. 97.
32 *NME*, 18. 6. 1977.
33 Queen 2021.
34 *The American Dream.*
35 Lowe 1982, S. 20.
36 Brooks/Lupton 2007, S. 105.
37 Sutcliffe 2009, S. 127.
38 *Classic Albums: The Making of A Night at the Opera.*
39 May 2017, S. 110.
40 *Freddie Mercury: The Final Act.*
41 Mercury/Turner 1984.
42 Queen/Gottschalk 1979.
43 Bardola 2021, S. 104.
44 *Q*, März 2011, S. 83.
45 Hince 2015, S. 185.
46 Clerc 2021, S. 280.
47 Slingerland 2020.
48 Gernandt 2016.
49 http://www.queencuttings.com/dblog/articolo.asp?articolo=407.
50 Lowe 1982, S. 51.
51 Power 2007, S. 97.
52 Mercury/Wigg, »Munich 1984«, Interview, in: F. M., *The Solo Collection* (CD 3).
53 Clerc 2021, S. 304.
54 *Queen on Fire – Live at the Bowl.*
55 *Rolling Stone*, 10. 6. 1982.
56 May 2017, S. 193.
57 Jones 2018, S. 318.
58 Mercury/Robinson 1990.
59 May 2017, S. 210.
60 Jones 2018, S. 411.
61 Ebd., S. 340.
62 Lowe 1982, S. 62.
63 Radio X 2022.
64 *Record Mirror*, 13. 1. 1985.
65 *La Stampa*, 7. 10. 1995, S. 20.
66 May 2017, S. 148.
67 Jones 2018, S. 320.
68 Brooks/Lupton 2007, S. 119.
69 Mercury/Turner 1984.
70 Blake 2016, S. 143.
71 Mercury/Wigg, »Munich 1984«, Interview, in: F. M., *The Solo Collection* (CD 3).
72 Ebd.
73 Bardola 2021, S. 290.
74 Ebd., S. 291.
75 Mercury/Wigg, »Munich 1984«, Interview, in: F. M., *The Solo Collection* (CD 3).
76 Simpson 2020.
77 Bardola 2012, S. 24.
78 Dolezal/Rossacher.
79 *The Irish Independent* 2021.
80 *Greatest Video Hits* 2.
81 Blake 2016, S. 155.
82 Queen 1985.
83 Blake 2016, S. 153.
84 Queen 1989.
85 Richards/Langthorne 2016, S. 276.
86 Ebd., S. 281.
87 *OK!*, 17. 3. 2000.
88 *Guitar World*, 19. 7. 2015.
89 Blake 2011.
90 *The Great Pretender.*
91 Oscar Wilde, *The Critic As Artist*, Part II.
92 Power 2007, S. 123.
93 Jones 2018, S. 383.
94 Blake 2016, S. 169.
95 *The Great Pretender.*
96 Mercury/Dolezal 1987.
97 *Freddie Mercury: The Final Act.*
98 BBC 1989.
99 Lhooq 2018, S. 83.
100 Clerc 2021, S. 404.
101 Brooks/Lupton2007, S. 212.
102 Ebd., S. 213.

103 *Q*, März 2011, S. 83.
104 Power 2007, S. 133.
105 Queen 1990.
106 Sycha 2021.
107 *Rolling Stone* 2008.
108 Blake 2016, S. 189.
109 Freestone/Evans 1999, S. 241.
110 Saunders 2019.
111 Power 2007, S. 134.
112 May 2017, S. 152.
113 Neumann 2020.
114 *Kurier* 2013.
115 *Days of Our Lives.*
116 *TV AM, ITV*, 2. 12. 1991.
117 Jones 2018, S. 410.
118 Clerc 2021, S. 452.
119 Blake 2016, S. 194.
120 Scott 2021.
121 Taylor/Walker/Nugent 2021.
122 Power 2007, S. 144.
123 https://brianmay.com.
124 *Q*, März 2011.

6 Fight from The Inside: Hahnenkampf mit vier Siegern

1 *Q*, März 1991.
2 *Q*, März 2011, S. 86.
3 Mercury/Dolezal 1984.
4 Clerc 2021, S. 462.
5 *Q*, Juli 1998.

7 Scandal: Majestätsbeleidigungen und Kontroversen

1 Sutcliffe 2009, S. 127.
2 Des Barres 1996.
3 Gunn/Jenkins1992.
4 Sutcliffe 2009, S. 121.
5 *Mojo* 2021, »The Imperial Decade«, S. 100 ff.
6 *Q*, März 2011, S. 83.
7 Pinnock 2016.
8 Thomas 1999.
9 Hutton 2019, S. 58.
10 Richards/Langthorne 2016, S. 293.
11 *The Sun*, 4. 5. 1987.
12 *Being Freddie Mercury: Under Pressure.*

8 You Don't Fool Me: Fakten und Fiktion im Film *Bohemian Rhapsody*

1 Baillie 2018.
2 Queen 2018.
3 Hutton 2019, S. 1.
4 O'Dornan 2019.

9 Who Wants to Live Forever: Lang lebe die Königin

1 Earls 2019.
2 *Rolling Stone* 2021.
3 Clerc 2021, S. 491.
4 Hasted 2015, S. 36.
5 *Something Else!* 2014.
6 *Mojo* 336, November 2021.

10 The Prophet's Song: Queens Œuvre im Wandel der Zeit

1 *NME*, 4. 4. 1974.
2 *Rolling Stone*, 6. 12. 1973.
3 *Rolling Stone*, 20. 6. 1974.
4 Gunn/Jenkins 1992, S. 75 ff.
5 Ebd.
6 *NME*, 1. 11. 1974, S. 19.
7 *Melody Maker*, 1. 11. 1974, S. 16.
8 *Musikexpress* 1 (1976).
9 *Rolling Stone*, 8. 2. 1979.
10 *Rolling Stone*, 6. 9. 1979.
11 Brooks/Lupton 2007, S. 37.
12 *The Times*, 21. 6. 1986.
13 *Rolling Stone*, 9. 10. 1986.
14 *Rolling Stone*, 7. 3. 1991.
15 *The Times*, 1. 2. 1991.
16 *Musikexpress* 3 (1991).
17 *Creem* 4 (1978).
18 *The American Dream*.
19 *Sounds*, 22. 1. 1977.
20 May 2017, S. 51.
21 Brooks/Lupton 2007, S. 184.
22 »Celebrities Talking About Freddie Mercury and Queen«.
23 Richards.
24 McCartney.
25 Cobain 2002.
26 *Rolling Stone*, 10. 8. 1989.
27 *Melody Maker*, 14. 8. 1993.
28 Innuendo Press Launch 1991.
29 »Sex Pistols: The Grundy Show Incident« 1976.
30 *NME*, 18. 6. 1977.
31 Chiu 2017.
32 *Days of Our Lives*.
33 Blake 2016, S. 86.
34 *The Story of Bohemian Rhapsody*.
35 Chase 2009, S. 58.
36 Randall 2002, S. 214 f.
37 NTV 2012.
38 Queen 2018.
39 May 2017, S. 6.
40 Dolezal/Freestone.
41 Mercury 1985.

Literaturhinweise

Allen, Kerry / Bell, Chris: Chinese Broadcaster Censors Rami Malek Oscars Speech. 26. 2. 2019: https://www.bbc.co.uk/news/blogs-trending-47370948.

Baillie, Russell: How Kiwi Anthony McCarten Wrote the Queen Movie Bohemian Rhapsody. 14. 11. 2018: https://web.archive.org/web/20190106153255/https://www.noted.co.nz/culture/movies/bohemian-rhapsody-kiwi-anthony-mccarten-wrote-queen-movie/.

Bardola, Nicola: Mercury in München – seine besten Jahre. München 2021.

BBC-News: Freddie Mercury Talking About George Michael. 1989: https://www.youtube.com/watch?v=BrzoQ_zVrG8.

– Raspberries for Queen's Rhapsody. 15. 5. 2002: http://news.bbc.co.uk/2/hi/entertainment/1988767.stm.

– Zanzibar Angry Over Mercury Bash. 1. 9. 2006 : http://news.bbc.co.uk/2/hi/africa/5306792.stm.

Beaumont, Mark: Brian May: »I Nearly Drove Off Hammersmith Bridge – I Couldn't Cope«. In: The Independent. 7. 8. 2021.

Blake, Mark: Is This the Real Life? The Untold Story of Queen. Cambridge 2011.

– Freddie Mercury – A Kind of Magic. München 2016.

Brooks, Greg / Lupton, Simon (Hrsg.): Freddie Mercury – ein Leben in eigenen Worten. Höfen 2007.

Celebrities Talking About Freddie Mercury and Queen: https://www.youtube.com/watch?v=YZnP7RXoJGQ.

Chase, Helen: Franz Ferdinand von A bis Z. Hamburg 2009.

Chilton, Martin: »Er konnte dort machen, was er wollte«: Freddie Mercurys München-Jahre. 3. 9. 2021: https://www.udiscover-music.de/popkultur/freddie-mercury-munchen.

– Freddie Mercury Photos: A Visual History of the Iconic Queen Frontman. 5. 11. 2021: https://www.udiscovermusic.com/stories/freddie-mercury-pictures/.

– Bohemian Rhapsody: Die Geschichte des Klassikers, für den Queen alle Regeln brachen. 21. 3. 2022: https://www.udiscover-music.de/platten/bohemian-rhapsody-die-geschichte-des-klassikers-fur-den-queen-alle-regeln-brachen.

Chiu, David: How Queen Weathered The Sex Pistols & Punk With News of the World. 16. 10. 2017: https://thequietus.com/articles/23392-queen-news-of-the-world-review-anniversary-brian-may-interview.

Circus Magazin. März 1977.

Classic Rock. Februar 2015.

Clerc, Benoît: Queen – Alle Songs. Die Geschichten hinter den Tracks. Bielefeld 2021.
Cobain, Kurt: Tagebücher. Hrsg. und übers. von Clara Drechsler und Harald Hellmann. Köln 2002.
Creem 4 (1978).
Dallach, Christoph: Queen zum Hören und Lesen. Monarchie und Nachtrag. 16. 10. 2015: https://www.spiegel.de/kultur/musik/queen-studioalben-restauriert-memoiren-von-mercurys-roadie-a-1057913.html.
Davis, Jamie: Queen's Bohemian Rhapsody. Andy Davis Does the Fandango to Queen's Greatest Achievement and Reveals the true Story Behind Their Rarest Single. Record Collector. Juni 1993 (#166): https://brianmay.com/queen/rcjun93/rcjun93.html.
Deacon, John: The Last Queen Fan Club Message from John Deacon 1994: https://www.youtube.com/watch?v=DcznhgjT44Y.
– / Taylor, Roger: Interview 1991: https://www.youtube.com/watch?v=xG52IxDbo7w&t=28s.
– / Townsend, Martin: Bored? Depressed? Lonely? Cheer up. Interview. In: The Hit (1985).
Dean, Ken: Queen & Freddie Mercury. Wien 1992.
Des Barres, Pamela: Rock Bottom: Dark Moments in Music Babylon. New York 1996.
Doherty, Harry: Queen – das offizielle Fanbuch. Dornbirn 2019.
Döringer, Michael: Vor Adam Lambert: Robbie Williams sollte der neue Sänger von Queen werden! 6. 3. 2020: https://www.udiscover-music.de/news/robbie-williams-sanger-queen.
Dolezal, Rudi / Freestone, Peter: »Mein Vater hat Freddie beerdigt«: https://www.youtube.com/watch?v=BTVtN6KfrEs&t=2115s.
– / Rossacher, Hannes: Freddie Mercury – Living on My Own (The Story): https://www.youtube.com/watch?v=AJWTtbGsYC8.
Earls, John: Freddie Mercury's Closest Friend Hits Out at Idea of New Queen Movie: »Nobody Should See Freddie Die on Screen«. 28. 10. 2019: https://www.nme.com/news/music/bohemian-rhapsody-queen-peter-freestone-attacks-second-freddie-mercury-film-2560690.
freddiemercury.com: Never Boring – Released Today!. 11. 10. 2019: http://www.freddiemercury.com/en/news/never-boring-released-today.
Freestone, Peter: Online Talkshow – Available from 26. 9. 21–31. 10. 21: https://www.youtube.com/watch?v=cOhJX9aQaJQ.
– / Evans, David E.: Freddie Mercury: An Intimate Memoir by the Man Who Knew Him Best. London 1999.
Gernandt, Axel: Rockstar Jon Bon Jovi. »Verwandt mit Sinatra? Ich lach mich

tot«. 8. 11. 2016: https://www.spiegel.de/geschichte/jon-bon-jovi-ueber-seine-karriere-als-rockstar-und-schauspieler-a-1119514.html.
Greene, Andy: Q & A: Queen, Adam Lambert Talk New Tour, Pressure and John Deacon. In: Rolling Stone (US-Ausg.). 3. 7. 2014: https://www.rollingstone.com/music/music-news/qa-queen-adam-lambert-talk-new-tour-pressure-and-john-deacon-63856/.
Guitar World. 19. 7. 2015.
Gunn, Jacky /Jenkins, Jim: Queen. As It Began. London 1992.
Hasted, Nick: Queen Reborn. In: Classic Rock (UK). Februar 2015.
Hayat Hacialioglu, Selin: The Story of How Freddie Mercury Took Care of Queen Bassist John Deacon Is Revealed by Freddie's Assistant. 30. 12. 2020: https://metalheadzone.com/the-story-of-how-freddie-mercury-took-care-of-queen-bassist-john-deacon-is-revealed-by-freddies-assistant/.
Hince, Peter: Queen intim. Groupies, Gin und Glitter – auf Tour mit Queen. Übers. von Alan Tepper. Höfen 2015.
Hodges, Nathan: A Picnic by The Serpentine – The Legacy of Queen's 1976 Concert at Hyde Park. 18. 9. 2019: https://www.queenonline.com/features/a-picnic-by-the-serpentine-the-legacy-of-queens-1976-concert-at-hyde-park-fan-feature-by-nathan-hodges.
Huntman, Ruth: Brian May: Me, my Dad and »the Old Lady«. 18. 10. 2014: https://www.theguardian.com/lifeandstyle/2014/oct/18/brian-may-queen-guitar-red-special-dad.
Hutton, Jim: Mercury and Me. An Intimate Memoir by the Man Freddie Loved [1994]. London 2019.
Hyatt, Brian: Exclusive: Queen's Brian May Addresses Adam Lambert Rumors. 22. 5. 2009: https://www.rollingstone.com/music/music-news/exclusive-queens-brian-may-addresses-adam-lambert-rumors-103202/.
Innuendo Press Launch. MTV. 1991: https://www.youtube.com/watch?v=VkLzejoZoyQ&t=104s.
Irwin, Corey: 25 Times Queen Were Covered by Other Artists. 22. 1. 2021: https://ultimateclassicrock.com/queen-cover-songs/.
Jackson, Laura: Queen and I: The Brian May Story. London 1996.
Jones, Lesley-Anne: Freddie Mercury – Die Biografie. München 2018.
Kitchener, Shaun: Queen: Roger Taylor Was NOT a Fan of THIS Huge Moment in Band's History – »Slightly Crass«. 3. 8. 2019: https://www.express.co.uk/entertainment/music/1161043/Queen-Roger-Taylor-We-Will-Rock-You-crass-musical-Brian-May-Freddie-Mercury.
Kurier: Freddie Mercury-Gedenktafel verschwunden. 6. 3. 2013: https://kurier.at/kultur/kuerzlich-in-london-entdeckte-freddie-mercury-gedenktafel-verschwunden/4.516.792.
Kyriazis, Stefan: Freddie Mercury and John Deacon's Beautiful Friendship

»He Wanted to Protect Him«. 7. 12. 2020: https://www.express.co.uk/entertainment/music/1369158/Freddie-Mercury-Queen-John-Deacon-band-bond-Brian-May-Roger-Taylor-quit.

La Stampa. 7. 10. 1995, S. 20.

Lhooq, Michelle: Queen. Bands That Rock! New Jersey 2018.

Lowe, Jacque: Queen's Greatest Pix. New York 1982.

Luck, Adam: Exclusive: Three Surviving Members of Queen Scoop Nearly £ 10 m Each From Success of Bohemian Rhapsody While Freddie Mercury's Ex-Fiancee Mary Austin Gets £ 7 m Despite Having No Role in Making the Film. 1. 7. 2021: https://www.dailymail.co.uk/news/article-9747027/Three-surviving-members-Queen-scoop-nearly-10m-success-Bohemian-Rhapsody.html.

Maged, Mira: MP Criticizes Rami Malek Over Homosexual Role. 27. 2. 2019: https://www.egyptindependent.com/mp-criticizes-rami-malek-over-homosexual-role/.

Magnotta, Andrew: Why Freddie Mercury Believed John Deacon Saved Queen in the '70s. 4. 12. 2019: https://www.iheart.com/content/2019-12-04-why-freddie-mercury-believed-john-deacon-saved-queen-in-the-70s/.

Malek, Rami: Runterfallen, Oscar festhalten, weitermachen. 25. 2. 2019: https://www.spiegel.de/panorama/leute/rami-malek-oscar-preistraeger-stolpert-von-buehne-a-1254947.html.

Mautz, Ina Simone: Die magischen Vier. In: Rolling Stone (dt. Ausg.) 12 (2021).

May, Brian: Queen in 3-D. Hamburg 2017.

– The Dark – Clip from Track by Track. 27. 8. 2021: https://www.youtube.com/watch?v=jVvGGEDoSgQ.

McCartney, Paul: Paul McCartney Talks About Freddie Mercury: https://www.youtube.com/watch?v=seMr5fMl_bM.

McNair, James: He Will Rock You: Roger Taylor on Solo Recordings, Freddie Mercury's Biopic – and Assembling the Ultimate Queen Tribute Act. in: The Independent. 24. 10. 2013: https://www.independent.co.uk/arts-entertainment/music/features/he-will-rock-you-roger-taylor-solo-recordings-freddie-mercury-s-biopic-and-assembling-ultimate-queen-tribute-act-8899899.html.

Meddows Taylor, Roger / Lester, Paul: If People Don't Like It, Tough Shit. Interview. 25. 11. 2013: https://recordcollectormag.com/articles/if-people-dont-like-it-tough-shit.

Melody Maker. 1. 11. 1974; 21. 12. 1974; 14. 3. 1981; 14. 8. 1993.

Mercury, Freddie: Interview Japan. 1985: https://www.youtube.com/watch?v=kxOdIgT-_aY&t=331s.

– / Coon, Caroline: Interview. In: Melody Maker 12 (1974).

– / Dolezal, Rudi: A Musical Prostitute. Interview. München 1984: https://www.youtube.com/watch?v=8wk9hPubD1Q.
– / – The Jukebox Interview. 1987: https://www.youtube.com/watch?v=eojbdaAHzoA.
– / Robinson, Lisa: Interview. Radio 1990. 1. 2. 1984: https://www.youtube.com/watch?v=unM1TQD6HZA.
– / Turner, Mary: American Westwood One »Off the Record«. Interview. München 1984: https://www.youtube.com/watch?v=gPboTnYe7D4.
Mojo – The Collector's Edition. Queen. The Works 1970–1979. London 2021.
Musikexpress 1 (1976); 3 (1979); 3 (1991).
– Wayne's World: Reunion mit Aerosmith, Alice Cooper und Queen. 8. 12. 2020: https://www.musikexpress.de/waynes-world-reunion-mit-aerosmith-alice-cooper-und-queen-1696739/#titel.
Neumann, Sarah: Freddie-Mercury-Fans haben neue Vermutungen über seinen Beisetzungsort. 28. 12. 2020: https://www.musikexpress.de/freddie-mercury-fans-haben-neue-vermutungen-ueber-seinen-beisetzungsort-1753813/.
NME. 4. 4. 1974; 1. 11. 1974; 18. 6. 1977.
NTV: Die neuen Queen? Muse sind Gesetz. 28. 9. 2012: https://www.n-tv.de/leute/musik/Muse-sind-Gesetz-article7310101.html.
O'Dornan, David: Family of Belfast Man Prenter Who Was Freddie Mercury's PA Claim Movie's Portrayal Destroys His Name. 17. 3. 2019: https://www.belfasttelegraph.co.uk/sunday-life/news/family-of-belfast-man-prenter-who-was-freddie-mercurys-pa-claim-movies-portrayal-destroys-his-name-37920667.html.
OK! 17. 3. 2000.
Parker, Matt: Queen Talk First Gig and Band Early Days. »We Made Our Own Popcorn and Orange Juice«. 6. 3. 2013: https://brianmay.com/queen/queennews/queennewsmar13a.html#13.
Pinnock, Tom: Freddie Mercury: »I'm Very Conscious of the Fact That Queen Must Not Get Too Cerebral«. 9. 9. 2016: https://www.uncut.co.uk/features/freddie-mercury-im-conscious-fact-queen-must-not-get-cerebral-94346/.
Power, Martin: Queen – Story und Songs kompakt. Berlin 2007.
Purvis, Georg: Queen: Complete Works. London 2018.
Q. Juli 1998; März 2011.
Queen: Interview Before Live Aid 1985: https://www.youtube.com/watch?v=ltOxVumTcEM&t=69s.
– The Making of The Miracle Album Cover with Richard Gray 1989. Greatest Video Hits 2: https://www.youtube.com/watch?v=_42uJoU41yo.
– The Greatest. 1985. Episode 31. One Vision: https://www.youtube.com/watch? v=2wmk_C6fzOo&t=121s.

– Queen's Message to Hollywood Records. 1990: https://www.youtube.com/watch?v=HtlH8U1FCtg.
– The Greatest. 2018. Episode 48. Queen at the Movies Take 3 – Bohemian Rhapsody: https://www.youtube.com/watch?v=l8scWyIPCJ8.
– The Greatest. 2021. Episode 12. We Will Rock You – Part 2: Rocking the World: https://www.youtube.com/watch?v=184c_d9nEos&t=223s.
– / Gottschalk, Thomas: Music Box. Interview. SDR 1979: https://www.youtube.com/watch?v=C_Bj53I6HFc&t=1391s.
Record Mirror. 13. 1. 1985.
Radio X: How »I Want To Break Free« Became Queen's Most Controversial Song. 2. 4. 2022: https://www.radiox.co.uk/artists/queen/i-want-to-break-free-queen-most-controversial-song/.
Rehm Rozanes, Stephan: »Falco meets Queen« – Was kann da schon schiefgehen?«, 17. 10. 2016: https://www.musikexpress.de/falco-meets-queen-was-kann-da-schon-schiefgehen-685857/.
– Queen + Adam Lambert live in Berlin: Freddie Mercury hätte diese Show gefallen. 20. 6. 2018: https://www.musikexpress.de/queen-adam-lambert-live-in-berlin-2018-konzertbericht-fotos-1075363/.
Reynolds, Simon: Retromania: Warum Pop nicht von seiner Vergangenheit lassen kann. Mainz 2012.
Richards, Keith: Have You Ever Met Freddie Mercury? Interview. https://www.youtube.com/watch?v=38poCsdSlY8.
Richards, Matt / Langthorne, Mark: Somebody to Love. The Life, Death and Legacy of Freddie Mercury. London 2016.
Rolling Stone. 6. 12. 1973; 12. 12. 1973; 20. 6. 1974; 8. 2. 1979; 6. 9. 1979; 9. 10. 1986; 10. 8. 1989; 7. 3. 1991; (dt. Ausg.) 12 (2021).
– 100 Greatest Singers of All Time. 2008: https://www.rollingstone.com/music/music-lists/100-greatest-singers-of-all-time-147019/freddie-mercury-5-225069/.
– Sequel zu »Bohemian Rhapsody«: Jetzt werden Ideen gesammelt! 9. 8. 2021: https://www.rollingstone.de/sequel-bohemian-rhapsody-brian-may-2341623/.
Saunders, Emmeline: Freddie Mercury's Groundbreakingly Brave Statement About Aids Just 24 Hours Before His Death. 28. 10. 2019: https://www.mirror.co.uk/3am/celebrity-news/freddie-mercurys-groundbreakingly-brave-statement-20742866.
Scott, Caroline: How Brian May and Roger Taylor Kept Freddie Mercury's HIV Agony a Secret. 21. 11. 2021: https://www.thetimes.co.uk/article/how-brian-may-and-roger-taylor-kept-freddie-mercurys-hiv-agony-a-secret-vl9hszxtq.
Sex Pistols: The Grundy Show Incident. 1. 12. 1976: https://www.youtube.com/watch?v=8XGe_hncsiM&t=30s.

Shearing, Caroline: Brian May Reveals Plans for Final Resting Place. 29. 4. 2015: https://www.telegraph.co.uk/travel/destinations/europe/spain/news/Brian-May-reveals-plans-for-final-resting-place/.

Simpson, George: Freddie Mercury Party Secrets Revealed by Close Friends – »Everything Was an Extravaganza«. 10. 5. 2020: https://www.express.co.uk/entertainment/music/1280216/Freddie-Mercury-parties-Munich-birthday-party-Living-On-My-Own.

Slingerland, Calum: Here's How Maradona Joined Queen Onstage in Argentina. 25. 11. 2020: https://exclaim.ca/music/article/heres_how_maradona_joined_queen_onstage_in_argentina.

Smith, Jacky / Jenkins, Jim: Queen: As it Began. London 1992.

Smoothradio: Queen's Roger Taylor Explains Why John Deacon Quit the Band. 4. 3. 2021: https://www.Smoothradio.com/artists/queen/john-deacon-roger-taylor-interview/.

Something Else: Roger Taylor Hates the New Queen Forever Compilation: »It's Bloody Miserable!«. 22. 12. 2014: https://somethingelsereviews.com/2014/12/22/roger-taylor-hates-queen-forever/.

Songfacts: You're My Best Friend: https://www.songfacts.com/facts/queen/youre-my-best-friend.

Sounds. 7. 8. 1976; 22. 1. 1977.

St. Michael, Mick: Queen. Rastatt 1994.

Stuart, John / Davis, Andy: Queen Before Queen: The 1960s Recordings. Part 3: Smile. Januar 1969: https://brianmay.com/queen/queenbeforequeen/rcjan96/rcjan96.html.

Sutcliffe, Phil: Queen – The Ultimate Illustrated History of the Crown Kings of Rock. Zürich 2009.

– As It Began. In: Mojo 2021.

Sycha, Lisa: Freddie Mercury: das letzte Video, das berühmte »I Still Love You«. 4. 9. 2021: https://www.rollingstone.de/freddie-mercury-queen-these-are-the-days-of-our-lives-1971537.

Taylor, Roger: ITV News at Ten. 21. 9. 2021: https://www.youtube.com/watch?v=_OJioPSuxcs.

– / Walker, Dan / Nugent, Sally: Roger Taylor Interview on BBC Breakfast. 4.10. 2021: https://www.youtube.com/watch?v=oSvRgHZFp2Y.

The Irish Independent: The Top 10 Chart This Week in 1993: The Solo Number One Hit Freddie Did Not Live to See. 17. 8. 2021: https://www.independent.ie/regionals/wexford/lifestyle/the-top-10-chart-this-week-in1993-the-solo-number-one-hit-freddie-did-not-live-to-see-40755700.html.

The Sun. 4. 5. 1987.

– Robbie Has Ruined Our Song … He's No Freddie. 21. 4. 2001: https://brianmay.com/john/sun21apr01.html.

The Times. 21. 6. 1986; 1. 2. 1991.
Thomas, David: Their Britannic Majesties Request. In: Mojo. August 1999.
TV AM, ITV, 2. 12. 1991.
Uncut: Queen: It Was All Like a Fantasy to See How Far We Could Go. 6. 9. 2013: https://www.uncut.co.uk/features/queen-it-was-all-like-a-fantasy-to-see-how-far-we-could-go-18631/4/.
Walker, Tim / Eden, Richard: Queen Drummer Roger Taylor Says We Will Rock You Musical Is ›Crass‹. 11. 10. 2013: https://www.telegraph.co.uk/news/celebritynews/10370452/Queen-drummer-Roger-Taylor-says-We-Will-Rock-You-musical-is-crass.html.
Webb, Julie: Highly-strung? We Fight Over Hairspray. In: NME. 27. 4. 1974.
White, Rupert: Queen in Cornwall. San Francisco 2011.
Wilkinson, Roy: Stone Cold Crazy. In: Mojo 2021.

Filme

The Queen Special. Regie: Keef. 1980.
Magic Years. Regie: Rudi Dolezal, Hannes Rossacher. DoRo. 1987.
Champions of the World. Dokumentation. Parlophone. DoRo. VHS. 1995.
Freddie Mercury: The Untold Story. Regie: Rudi Dolezal, Hannes Rossacher. DoRo. ZDF/Arte. 2000.
The Freddie Mercury Tribute Concert 10th Anniversary Documentary. Parlophone. DVD. 2002.
The Road to Wembley. In: Live at Wembley Stadium. EMI. DVD. 2003.
Greatest Video Hits 2. Audiokommentar Brian May. Parlophone/EMI. DVD. 2003.
The Story of Bohemian Rhapsody. Regie: Carl Johnston. BBC. 2004.
Queen on Fire – Live at the Bowl. Parlophone/EMI. DVD. 2004.
Classic Albums. The Making of A Night at the Opera. Regie: Matthew Longfellow. 2004.
Days of Our Lives. Regie: Matt O'Casey. BBC. 2011.
A Magic Year. In: Hungarian Rhapsody. DVD. 2012.
The Great Pretender. Dokumentation. Regie: Rhys Thomas. BBC. DVD. 2012.
From Rags to Rhapsody. Dokumentation. Regie: Simon Lupton und Rhys Thomas. BBC. 2015.
The American Dream. Dokumentation. (Im Box-Set: News of the World. 40th Anniversary Edition.) BBC. DVD. 2017.
Bohemian Rhapsody. Filmbiographie. Regie: Bryan Singer. 2018.
The Show Must Go On: The Queen + Adam Lambert Story. Regie: Christopher Bird, Simon Lupton. ABC. 2019.

Bohemian Rhapsody. 20th Century Fox. DVD. 2019.
Being Freddie Mercury: Under Pressure. Dokumentation. Channel 5. 2021.
Freddie Mercury: The Final Act. BBC. 2021.

Diskographie

Queen

Studioalben

Queen (1973)
Queen II (1974)
Sheer Heart Attack (1974)
A Night at the Opera (1975)
A Day at the Races (1976)
News of the World (1977)
Jazz (1978)
The Game (1980)
Flash Gordon (1980)
Hot Space (1982)
The Works (1984)
A Kind of Magic (1986)
The Miracle (1989)
Innuendo (1991)
Made in Heaven (1995)
The Cosmos Rocks (als Queen + Paul Rodgers, 2008)

Live-Alben

Live Killers (1979)
Live Magic (1986)
At the Beeb (1989)
Live at Wembley '86 (1992)
Queen On Fire – Live at the Bowl (2004)
Return of the Champions (als Queen + Paul Rodgers, 2005)
Queen Rock Montreal (2007)
Live in Ukraine (als Queen + Paul Rodgers, 2009)
Hungarian Rhapsody: Queen Live in Budapest (2012)
Live at the Rainbow '74 (2014)
A Night at the Odeon – Hammersmith 1975 (2015)
Live in Japan (als Queen + Adam Lambert, nur Japan, 2016)
On Air (2016)
Live Around the World (als Queen + Adam Lambert, 2020)

Compilations

Greatest Hits (1981)
Greatest Hits II (1991)
Classic Queen (nur USA, 1992)
Queen Rocks (1997)
Greatest Hits III als Queen+ (1999)
Stone Cold Classics (nur USA, 2006)
The A–Z of Queen, Volume 1 (nur USA, 2007)
Absolute Greatest (2009)
Deep Cuts. Volume 1: 1973–1976 (2011)
Deep Cuts. Volume 2: 1977–1982 (2011)
Deep Cuts. Volume 3: 1984–1995 (2011)
Icon (nur Kanada und USA, 2013)
Queen Forever (2014)
Bohemian Rhapsody: The Original Soundtrack (2018)
Greatest Hits in Japan (nur Japan, 2020)

Boxsets

The Complete Works (1985)
CD Single Box (nur Japan, 1991)
Box of Tricks (1992)
Greatest Hits I & II (1992)
Ultimate Queen (1995)
The Crown Jewels (nur USA, 1998)
The Platinum Collection: Greatest Hits I, II & III (2000)
The Singles Collection. Volume 1 (2008)
The Singles Collection. Volume 2 (2009)
The Singles Collection. Volume 3 (2010)
The Singles Collection. Volume 4 (2010)
Queen: The Studio Collection (2015)
News of the World – 40th Anniversary Edition (2017)
The Miracle Collector's Edition (2022)

EPs

Queen's First E. P. (1977)
Five Live (mit George Michael und Lisa Stansfield, 1993)
Live Around the World EP (als Queen + Adam Lambert, 2020)

Singles (des UK-Kanons, Abweichungen gekennzeichnet)

Keep Yourself Alive (1973)
Liar (nur USA und Neuseeland, 1974)
Seven Seas of Rhye (1974)
Killer Queen (1974)
Now I'm Here (1974)
Bohemian Rhapsody (1975)
You're My Best Friend (1976)
Somebody to Love (1976)
Tie Your Mother Down (1977)
Teo Torriatte (Let Us Cling Together) (nur Japan, 1977)
Long Away (nur USA und Thailand, 1977)
We Are the Champions / We Will Rock You (1977)
Spread Your Wings (1978)
It's Late (nur USA, 1978)
Bicycle Race / Fat Bottomed Girls (1978)
Jealousy (nur Brasilien, Kanada, Neuseeland, UdSSR und USA, 1979)
Don't Stop Me Now (1979)
Crazy Little Thing Called Love (1979)
Mustapha (nur Bolivien, Deutschland und Jugoslawien, 1979)
Love of My Life (Live) (1979)
Save Me (1980)
Play the Game (1980)
Another One Bites the Dust (1980)
Need Your Loving Tonight (nur USA und Japan, 1989)
Flash (1980)
Under Pressure (mit David Bowie, 1981)
Body Language (1982)
Las Palabras de Amor (1982)
Calling All Girls (nur Kanada, Polen und USA, 1982)
Staying Power (nur Japan, 1982)

Back Chat (1982)
Radio Ga Ga (1984)
I Want To Break Free (1984)
It's a Hard Life (1984)
Hammer to Fall (1984)
Thank God It's Christmas (1984)
One Vision (1985)
A Kind of Magic (1986)
Princes of the Universe (nur Australien, Japan und USA, 1986)
Pain Is So Close to Pleasure (nur Kanada, Deutschland, Niederlande und USA, 1986)
Friends Will Be Friends (1986)
Who Wants To Live Forever (1986)
One Year of Love (nur Frankreich und Spanien, 1986)
I Want It All (1989)
Breakthru (1989)
The Invisible Man (1989)
Scandal (1989)
The Miracle (1989)
Innuendo (1991)
I'm Going Slightly Mad (1991)
Headlong (1991)
The Show Must Go On (1991)
Bohemian Rhapsody / These Are the Days of Our Lives (1991)
Heaven For Everyone (1995)
A Winter's Tale (1995)
Too Much Love Will Kill You (1996)
Let Me Live (1996)
You Don't Fool Me (1996)
No-One But You (Only the Good Die Young) (1997)
Another One Bites the Dust (Remix) (mit Wyclef Jean, Pras und Free, 1998)
Under Pressure (Rah Mix) (mit David Bowie, 1999)
Reaching Out (Live) / Tie Your Mother Down (Live) (als Queen + Paul Rodgers, 2005)
Say It's Not True (als Queen + Paul Rodgers, 2007)
C-lebrity (als Queen + Paul Rodgers, 2008)
We Believe (als Queen + Paul Rodgers, 2008)
Keep Yourself Alive (Long-Lost Retake) (zum Record Store Day, 2011)
Let Me in Your Heart Again (William Orbit Mix) (2014)
There Must Be More To Life Than This (mit Michael Jackson) (2014)
We Are the Champions (Raw Session Version) (2017)
You Are the Champions (als Queen + Adam Lambert, 2020)
Face it Alone (2022)
Machines (Or ›Back to Humans‹) (nur digital, 2023)
Cool Cat (zum Record Store Day, 2024)

Als ausgewiesene Gäste auf Singles

5ive: We Will Rock You (2000)
Vanguard: Flash (2003)
The Miami Project: Another One Bites the Dust (2006)
The Muppets: Bohemian Rhaposdy (2009)
Vonlichten: We Will Rock You Vonlichten (2012)

Freddie Mercury

Studioalben

Mr. Bad Guy (1985)
Barcelona (mit Montserrat Caballé, 1988)

Compilations

The Freddie Mercury Album (1992)
The Great Pretender (nur USA, 1992)
Remixes (1993)
Solo (2000)
Lover of Life, Singer of Songs – The Very Best of Freddie Mercury Solo (2006)
Barcelona: Special Edition (mit Montserrat Caballé, 2012)
Messenger of the Gods: The Singles (2016)
Never Boring (2019)

Boxsets

The Solo Collection (2000)
Never Boring (2019)

Singles

I Can Hear Music / Goin' Back (als Larry Lurex, 1973)
Love Kills (1984)
I Was Born to Love You (1985)
Made in Heaven (1985)
Living on My Own (1985)
Love Me Like There's No Tomorrow (1985)
Time (1986)
The Great Pretender (1987)
Barcelona (mit Montserrat Caballé, 1987)
The Golden Boy (mit Montserrat Caballé, 1988)
Guide Me Home / How Can I Go On (mit Montserrat Caballé, 1989)
In My Defence (1992)
Living on My Own (Remix, 1993)
Time Waits For No One (2019)

Brian May

Studioalben

Back to the Light (1992)
Another World (1998)
La musique de Furia (2000)

Kooperationsalben

Radio Voices (mit Chris Thompson, 1985)
Starmus – Sonic Universe (mit Tangerine Dream, 2013)
Acoustic by Candlelight (mit Kerry Ellis, 2013)
Golden Days (mit Kerry Ellis, 2017)

Live-Album

Live at the Brixton Academy (mit The Brian May Band, 1994)

EPs

Star Fleet Project (als Brian May + Friends, 1983)
Resurrection – Japanese Tour Mini Album (nur Japan, 1993)
Red Special – Japanese Tour Mini Album (nur Japan, 1998)
Retro Rock Special (als T. E. Conway, 1998)

Singles

Star Fleet (1983)
Driven By You (1991)
Too Much Love Will Kill You (1992)
Back to the Light (1992)
Resurrection (mit Cozy Powell, 1993)
Last Horizon (1993)
Nobody Knew (Black White House) (mit Carmine Appice's Guitar Zeus, 1995)
The Business (Rock On Cozy Mix) (1998)
On My Way Up (1998)
Another World (1998)
Why Don't We Try Again (1998)
Born Free (mit Kerry Ellis, 2012)
The Kissing Me Song (mit Kerry Ellis, 2013)
Save the Badger Badger Badger (als Weebl & Brian May feat. Brian Blessed, 2013)
One Night in Hell (mit Czech National Symphony Orchestra, 2014)
One Voice (mit Norah Jones, Aimee Mann, Susanna Hoffs, Lydia Loveless, Neko Case, Kathryn Calder, 2016)
New Horizons (Ultima Thule Mix) (2019)
Holy Man (mit Dennis Wilson, Taylor Hawkins und Roger Taylor) (2019)
Panic Attack 2021 (It's Gonna Be Alright) (mit Kerry Ellis, 2021)

Als ausgewiesener Gast auf Singles

Meat Loaf: A Time For Heroes (1987)
Hank Marvin: We Are the Champions (1992)
Lynn Carey Saylor: If We Believe (2002)
Cliff Richard & Brian Bennett: Move It (2006)
Catherine Porter: Somebody to Love (2009)
Dappy: Rockstar (2012)
Five Finger Death Punch feat. Kenny Wayne Shepherd, Brantley Gilbert: Blue On Black (2019)
Kerry Ellis: One Beautiful Christmas Day (2020)

Roger Taylor

Studioalben

Fun in Space (1981)
Strange Frontier (1984)
Happiness? (1994)
Electric Fire (1998)
Fun on Earth (2013)
Outsider (2021)

Compilations

The Lot (2013)

Singles

I Wanna Testify (1977)
Future Management (1981)
My Country (1981)
Let's Get Crazy (nur Australia, Japan, Neuseeland, USA, 1981)
Man On Fire (1984)
Strange Frontier (1984)
Beautiful Dreams (nur Portugal, 1984)
Nazis 1994 (1994)
Foreign Sand (mit Yoshiki, 1994)
Happiness (1994)
Pressure On (1998)
Surrender (1999)
The Unblinking Eye (Everything Is Broken) (2009)
Dear Mr Murdoch 2011 (2011)
Journey's End (2017)
Christmas in Love (mit ZoaK, 2018)
That's Football (mit Petr Cech, 2019)
Gangsters Are Running this World (2019)
Isolation (2020)
We're All Just Trying to Get By (mit KT Tunstall, 2021)

The Cross

Studioalben

Shove It (1988)
Mad, Bad and Dangerous to Know (1990)
Blue Rock (1991)

Singles

Cowboys and Indians (1987)
Shove It (1988)
Heaven For Everyone (1988)
Manipulator (1988)
Power to Love (1990)
Liar (1990)
Final Destination (1990)
New Dark Ages (1991)
Life Changes (nur Deutschland, 1991)

John Deacon

Singles

Picking Up Sounds (mit Jive Junior and Man Friday, 1983)
No Turning Back (als The Immortals, 1986)

Abbildungsnachweis

Archivio GBB / Alamy Stock Foto: S. 82 | Stephen Chung / Alamy Stock Foto: S. 291 | Fabio Diena / Alamy Stock Foto: S. 47 | Mary Evans / Studiocanal Films Ltd / Alamy Stock Foto: S. 233 | Roberto Finizio / Alamy Stock Foto: S. 49 | Goddard Archive / Alamy Stock Foto: S. 92, 106, 167 | Victoria Hurn / Alamy Stock Foto: S. 30 | Anwar Hussein / Alamy Stock Foto: S. 180 | Jaubert French Collection / Alamy Stock Foto: S. 274 | Pictorial Press Ltd / Alamy Stock Foto: S. 129, 152, 215, 321 | PictureLux / The Hollywood Archive / Alamy Stock Foto: S. 140 | Trinity Mirror / Mirrorpix / Alamy Stock Foto: S. 7, 72, 184, 211, 253, 282 | United Archives GmbH / Alamy Stock Foto: S. 67 | Mit Genehmigung von Curt Cress: S. 226 | Universal Music GmbH: S. 16, 137, 140, 147, 155, 163, 165, 169, 174, 186, 192, 200, 209, 235, 246, 255, 269

Farbtafel: dcphoto / Alamy Stock Foto: (4 o.) | Scott Garfitt / Alamy Stock Foto: (16 u.) | John Graham / Bassline Images / Alamy Stock Foto: (15 u.) | John Henshall / Alamy Stock Foto: (6 o.) | Robert Hoetink / Alamy Stock Foto: (7) | Anwar Hussein / Alamy Stock Foto: (14 o.) | ilpo musto / Alamy Stock Foto: (10, 11) | Imago / United Archives International: (12/13) | Freddie Jones / Alamy Stock Foto: (9 u.) | PA Images / Alamy Stock Foto: (15 o., 16 o.) | Pictorial Press Ltd / Alamy Stock Foto: (2, 3 o., 5) | Tracksimages.com / Alamy Stock Foto: (1) | Trinity Mirror / Mirrorpix / Alamy Stock Foto: (8/9, 10, 12) | Universal Music GmbH: (3 u., 4 u.) | Zuma Press, Inc. / Alamy Stock Foto: (14 u.)

Der Verlag Philipp Reclam jun. dankt für die Nachdruck- und Reproduktionsgenehmigung den Rechteinhabern. In einigen Fällen konnten die Rechteinhaber nicht ermittelt werden. Hier ist der Verlag bereit, nach Anforderung rechtmäßige Ansprüche abzugelten.